# Das Innere Kind in Dir

## Ein Reiseführer zu sich selbst

**Eva-Maria Thal**

**spirit Rainbow Verlag**

**ISBN 3-937568-01-8**


Buchblocklayout: Andrea Vollath
Lektorat: Angela Willmann
Coverbild: Carmen Vasiliou, Valle Gran Rey
Coverdesign: Computer-Artwork, Hermann R. Lehner
http://www.nisarga.de
Herstellung:
Books on Demand GmbH, Norderstedt
Erstausgabe: Mai 2004

**spirit Rainbow Verlag**
**Inh. Gudrun Anders**
**Forsterstraße 75, 52080 Aachen**
**Telefon: 0241 / 70 14 721**
**Fax: 0241 / 446 566 8**
**E-Mail: rainbowverlag@aol.com**
**Homepage: www.spirit-rainbow-verlag.de**

# Widmung

**Dieses Buch widmen wir Dr. Klaus Jung** (✝ Februar 2003).

Ohne ihn, der uns auf unserem neuen Weg
liebevoll begleitet und unterstützt hat,
wäre dieses Buch niemals entstanden.

Mit tief empfundener Dankbarkeit
und einem liebevollen Lächeln für ihn.

Die kleine und die große Eva
Dezember 2003

**Ein erster Gedanke**

*Wir haben lange genug gewartet!*
*Jetzt werf' ich die Zeit*
*aus dem Fenster,*
*jetzt mach ich mich auf*
*und lass mich zu,*
*jetzt trau ich mich*
*so verrückt zu werden*
*wie ich bin!*

*Hans Kruppa, Weil es Dich gibt, Goldmann 2002*

# Inhaltsverzeichnis

# Vorwort

Vor Jahren kam eine Patientin zu mir, mit sich selbst uneins, verzweifelt, getrieben durch Handlungen wider dem eigenen Willen, Zwängen unterworfen, die sie weder verstehen noch steuern konnte.

Niemand, der sie erlebte, mochte glauben, dass dieses fröhliche, kapriziöse Energiebündel in einer Not lebte, die sie wiederholt an die Grenze der Selbstzerstörung trieb. Andererseits war sie unter gewissen Bedingungen so „obenauf", dass sie selbst diese Lebensbedrohung in sich nicht wahr haben wollte. Dazu fand sie noch einen Partner, der ihr über Jahre hinweg mit einer außerordentlichen Stärke immer wieder in liebender Zuwendung über die tiefen Krisen hinweg half.

Durch dieses Buch verstehen wir auch, dass es Verstrickungen gibt, die ein Suchen nach therapeutischer Hilfe trotz großer Bedrängnis verhindern. Ist es für die meisten Menschen an sich schon schwer, einen Psychotherapeuten aufzusuchen, so liegt in dem mit einem solchen Zustand verbundenen ständigen Wollen und zugleich Nichtwollen, eine weitere Behinderung, nach echten Lösungen zu suchen.

In dem vorliegenden authentischen Bericht der Autorin wird ihre Not, in der eine Hilfe von außen unumgänglich wird, greifbar. Auch wird klar, dass es keineswegs Intelligenz- oder Willensmangel ist, der einen Menschen so lange zögern lässt, den helfenden Weg einzuschlagen.

Wenn im Ablauf der Therapie Konturen dieser aus der Tiefe heraus zerreißenden Kräfte immer deutlicher werden, bedarf es nicht nur der Erfahrung eines Therapeuten. Mut und Gewissheit sind gefordert, die er auf den in großen Ängsten schwebenden Patienten übertragen muss. Die Patientin lässt durch ihr Buch jeden miterleben, in welche Verzweifelung sie durch die DeKiD-Arbeit gerät. Gleichzeitig zeigt sie aber sehr lebensnah auf, wie es ebenfalls möglich ist, sich hieraus zu befreien.

In den letzten Jahrzehnten sind Methoden entwickelt worden, die, in DeKiD gebündelt, Wege aufzeigen, die der Patient dann auch unabhängig vom Therapeuten alleine gehen kann, um weitere Reifungsschritte zu machen, d.h. selbstsicherer, ausgeglichener und angstfrei zu werden.

Manchmal stellt sich einige Zeit nach der Therapie heraus, dass noch nicht alle Störkräfte ausgeräumt werden konnten. Dazu müssen nicht, wie bei der Autorin, mehrere Jahre vergehen. Meistens sind dann auch nur wenige Stunden erneuter Arbeit zusammen mit dem Therapeuten erforderlich, um eine weitere Reifungsstufe zu erreichen.

In dem hier im Buch dargestellten Fall ist in harter Arbeit eine Befreiung von herunter ziehenden Kräften gelungen, die einen hohen Wert hat. Die Autorin fühlt sich anhaltend so wohl, dass trotz erkennbarer weiterer Möglichkeiten der DeKiD-Arbeit, die von der Autorin jetzt ereichte Stufe der Befreiung voll gelebt werden kann.

Bleibt mir noch zu sagen, dass die Autorin in ihrer kecken, lebendigen Art einen Weg der Darstellung schwieriger und sehr persönlicher Vorgänge gefunden hat, der nicht nur spannend zu lesen ist, sondern auch Ernst, Tiefe und Sachkenntnis aufweist. Ein Buch, das anderen helfen könnte, die für sie notwendigen Entschlüsse zu fassen. Dies Buch ist eine Arbeit geworden, für die ich der Autorin nicht nur meine Anerkennung, sondern auch meinen Dank sagen möchte.

Dr. Klaus Jung
Ohlstadt, Juli 1997

# Einleitung

Seit einer Woche bin ich auf Formentera, einer kleinen spanischen Insel im Mittelmeer. Es geht mir gut. Endlich! Ich bin glücklich. Ich hatte vergessen, was das bedeutet und wie sich das anfühlt.

In meinem bisherigen 37-jährigen Leben gab es immer mal wieder Momente des Glücks, Augen-Blicke. Sie vergingen aber mindestens genau so schnell wie sie gekommen waren. Meistens machte ich sie abhängig von anderen Menschen. Es gab für mich kein Glück mit mir. Stets legte ich die Verantwortung für meine Zufriedenheit in die Hände Dritter. Das Verrückte daran war: Selbst wenn alle meine Erwartungen und Ansprüche erfüllt wurden, war ich nie wirklich glücklich. Immer fehlte irgendetwas.

Und heute? Ich schlage morgens meine Augen auf und freue mich auf den Tag mit mir. Was ist passiert?

Vor sieben Jahren starb plötzlich mein Vater. Ich fühlte mich, als säße ich in einem rabenschwarzen Loch. Als ich vor seinem Grab stand, war ich nur wütend. Wieso ließ er mich - wie so oft in meinem Leben - wieder mal mit all` meinen Problemen alleine? Ich hatte noch tausend Fragen und wusste auf einmal, von ihm würde ich keine Antworten mehr bekommen. Er war gegangen, so, wie er immer gegangen war- mit einer Ausnahme: Dieses Mal für immer. Er überließ mich mir selbst! Damals war mir nicht klar, dass mein Vater nur das eine offensichtliche Problem für mich darstellte.

In demselben Jahr feierte ich meinen 30. Geburtstag. Der zweite Schock! Jetzt war es also so weit. Ich musste mein Leben endlich in den Griff kriegen. Verdammt! Ich war jetzt 30 Jahre alt! Damit hatte ich schließlich eine entscheidende Schwelle in meinem Leben überschritten: Ich war jetzt erwachsen.

Nur, was bedeutete das? Heiraten? Kinder kriegen? Haus bauen? Baum pflanzen?

Ich sah mich in meinem Leben um: Da war mein Freund, der nach einer achtjährigen Beziehung nur darauf zu warten schien, mich endlich zu heiraten und Kinder in die Welt zu setzen. Da waren Freunde und Bekannte, die sich auf Dauer in ihrem Leben eingerichtet hatten. Plötzlich wusste ich, dass das alles nicht mein Ding war. Ich war noch nicht so weit, mein Leben in diese festen Bahnen zu lenken.

Aber, was wollte ich? Ich hatte keine Ahnung. Um irgendetwas zu tun, zog ich aus dem Haus, in dem ich mit meinem Freund lebte, aus und suchte mir eine Wohnung. Mein eigenes kleines Reich.

Okay! Und nun? Besser ging's mir damit auch nicht. Im Gegenteil! Damals war mir nicht klar, dass ich mich selber überall mit hin nehme und mit mir auch all` meine unbewältigten Kindheitstraumen, Ängste und Nöte. Weil ich mir das nicht eingestehen wollte, begann ich, vor mir selber weg zu laufen. Solange, bis ich eines Tages feststellte, dass ich nicht nur mich dabei verloren hatte, sondern auch gar nicht mehr wusste, wohin ich eigentlich lief. Ich fühlte nur, dass es mir schlechter ging als jemals zuvor.

Ein Gedicht von Norbert Esser zierte damals die Wand über meinem Bett:

***Fühle meine Tränen***
***Spüre meine Schmerzen***
***Weiß von meinen Ängsten***
***Kenne mein Alleinsein***
***Ahne mein Chaos***
***Will weg von mir***

Mein Hausarzt, den ich in meiner Verzweifelung aufsuchte, verschrieb mir eine Vier-Wochen-Kur in Ohlstadt, einem kleinen Dorf in der Nähe von München - weit weg von Berlin, meinem Zuhause. Gleichzeitig riet er mir zu einer Therapie bei Dr. Jung.

Ich? Eine Therapie? Wozu das denn? So schlecht ging's mir doch nun auch wieder nicht.

Heute weiß ich, dass es mir noch viel schlechter ging, als ich es damals ahnte. Dr. Jung mit seiner selbst entwickelten Therapieform DeKiD - *De*in *K*ind *i*n *D*ir - die Elemente der Gesprächstherapie, der Psycho- und Transaktionsanalyse sowie der Gestalttherapie einschließlich des Psychodramas enthielt, hat mir geholfen, mein Kind in mir, mich, wieder zu finden. Es war ein mühsamer, manchmal schmerzvoller Weg, auf dem ich nach und nach bereit und in der Lage war, diese kleine, so sehr verletzte Eva anzusehen, mit ihr zu reden und ihr zuzuhören. In kleinen Schritten und mit viel Geduld schaffte ich es - unterstützt von Dr. Jung - dieses Kind, und damit mich selbst, von all den Zwängen und Schmerzen zu befreien, unter denen ich schon so lange litt. Mehr noch! Ich lernte, mit diesem Kind zu lachen, Spaß zu haben und es zu lieben, so wie es ist.

Heute sitze ich mit der kleinen Eva in mir auf der Dachterrasse meines Appartements auf Formentera und freue mich darauf, alles, was ich mit ihr erlebt habe, aufzuschreiben. Dabei werden mir die Tonband-Kassetten, auf denen die Therapiestunden bei Dr. Jung aufgezeichnet sind, sowie meine Tagebücher helfen. Ich werde meinen Weg beschreiben, der die große und die kleine Eva zusammen gebracht hat und echte Freundinnen werden ließ.

Und warum dieses Buch?

Es gibt für mich mehrere Gründe, dies alles auf zu schreiben: Ich möchte mit meiner Vergangenheit Frieden schließen, um ausschließlich in der Gegenwart leben zu können. Gleichzeitig beschreibe ich in diesem Buch die Therapieform DeKiD in der Praxis. Sie ist eine Selbst-Therapie. Um sich auf die Suche nach seinem eigenen inneren Kind zu machen, kann eine dritte Person, ein Therapeut, durch dieses Buch entbehrlich werden. Es wird deutlich, dass der Therapeut das Kind in Dir ist und Du mit Hilfe Deines inneren Kindes alles, was Dich belastet, loswerden kannst.

Ich hoffe sehr, dass es mir gelingt, meinen Weg so hautnah zu beschreiben, dass jede/r, die/der sich ebenfalls auf diesen Weg zu sich selbst einlassen will, loslaufen wird und sich darauf freut, sich wieder zu finden.

Denn: Es gibt nichts Schöneres, als sich zu suchen, zu finden und mit sich selbst glücklich zu sein.

Großes Indianer-Ehrenwort!

Eva-Maria Thal

# Auf meinem Weg

An einem Donnerstagmorgen, Ende August 1990, startete ich mit mein Auto Richtung München. Zwanzig Kilometer vor Ohlstadt hielt ich auf einem Rastplatz an.

Ich wollte nicht ankommen. Wohin würde mich dieser Weg führen? Wenn ich es so recht bedachte, ging es mir doch eigentlich ganz gut. Also? Was machte ich hier? Wäre es nicht leichter, einfach umzukehren?

Doch dann fiel mir wieder ein Gedicht aus jenem Gedichtband von Norbert Esser ein, das ich so sehr liebte:

***Unterwegs***
*Dein Körper schreit nach Zärtlichkeit*
*Du weißt - nur gelebte und erlebte Zärtlichkeit*
*lässt Dich das Morgen ertragen*
*Du triffst auf nackte Körper, die vorgeben*
*zu wärmen - und Du frierst*
*die 37 Grad Körpertemperatur*
*- die Alltagswärme -*
*die kennst Du schon*
*die reicht nicht mehr!*
*Unterwegs*
*mit dem Schmerz im Mundwinkel*
*um das Wissen der Austauschbarkeit*
*das Streicheln ohne Hände*
*und das Suchen nach Worten,*
*die Du mehr fühlst als hörst,*
*wo Vergangenes und Zukünftiges sich auflöst*
*Doch unter jedem Kopf*
*quält sich ein anderer Körper!*
*Mach` Dich frei von sinnlosen Umarmungen!*
*Sonst treibst Du im "Na ja" des Lebens*
*und erkennst nichts und niemand*
*Unterwegs*
*in Sachen warmer Haut*

Ja, das war´s doch! Genau das war doch der Grund, weshalb ich mich auf meinen Weg gemacht hatte. Ich wollte *erkennen.* Ich wollte *mich* finden!

Nachdem ich einige Zigaretten geraucht hatte, fuhr ich weiter. Ich bezog mein Zimmer auf dem Kurgelände, in dem ich mich sofort wohlfühlte. Von meinem Balkon hatte ich einen Blick auf einen wunderschönen Garten mit altem Baumbestand, dahinter stiegen sanft die Almen an, auf denen Kühe ruhig grasten. Ihre Glocken hörte ich bis zu mir. Dahinter dann die bayrischen Berge. Alles sah so anders aus als bei mir Zuhause und trotzdem: Ein Idyll.

Abends fanden sich die 120 Kurgäste, die zeitgleich angereist waren, um die nächsten vier Wochen zusammen zu kuren, zum Abendessen ein. Ich versuchte sofort, Gleichaltrige ausfindig zu machen. Wie immer hatte ich Glück! Die sich hier versammelnden Menschen waren nicht, wie in dem Kurprospekt dargestellt, mindestens 60 Jahre oder älter, sondern tatsächlich - zumindest einige - erheblich jünger. Na, das sah doch schon mal viel versprechend aus. Aufatmen! Jetzt nur noch mit netten jungen, lockeren Leuten in eine Gruppe kommen, dann sind die vier Wochen gerettet...

Tja, dieses Mal hatte ich Pech!

Als Privatpatientin gab es für mich nur die Möglichkeit, in die Chefarzt-Gruppe zu kommen. Wir trafen uns nach dem Abendessen und sofort stellte ich fest, dass nach mir ein 40-jähriger Polizist und zwei 46-jährige Kurler die Jüngsten waren. Natürlich war auch der Kurälteste, ein 68-Jähriger mit von der Partie. Na, super! Das konnte ja lustig werden. Und schon wieder war der Gedanke da: >Bloß weg hier!<

Aber bereits am nächsten Tag - ein langes Wochenende stand schließlich vor der Tür - hatte ich eine Clique von fünf Personen um mich versammelt, alle zwischen 21 und 28 Jahre alt. Mit ihnen hatte ich dann auch gleich am ersten Wochenende viel Spaß, besonders mit einem 24-Jährigen. Und je mehr ich mich auf diesen jungen Mann einließ, desto weiter entfernte ich mich von Dr. Jung.

Weshalb war ich eigentlich hier? Ging's mir mal schlecht? Wie und wann war das noch?

In der Nacht von Sonntag auf Montag hatte ich einen merkwürdigen Traum:

Mein Freund Rainer, von dem ich mich getrennt hatte, ritt auf einem Pferd durch einen Fluss. Das Pferd war gesattelt und hatte Zaumzeug. Ich lief auf der Straße, die parallel zu dem Fluss verlief. Ich sagte zu Rainer: „Warum reitest Du denn in dem Fluss? Komm doch auf die Straße. Das ist nicht so gefährlich!" In diesem Moment stolperte das Pferd und riss auch Rainer mit in den Strom. Nach einer Weile tauchte mein Freund wieder an die Wasseroberfläche, stand in dem Fluss, das Zaumzeug und den Sattel in seinen Händen. Das Pferd galoppierte davon. „Lass` das Pferd nicht weglaufen!" schrie ich „Lauf` hinter her, hol` es zurück!" Völlig verzweifelt lief ich zu meiner Mutter. Ich musste irgendetwas tun. „Das Pferd ist weg!!! Hilfe!!" Meine Mutter reagierte völlig gelassen: „Ach, das kommt schon wieder! Lass` es laufen!"

NEIN!!!! Ich war voller Panik, weil ich wusste, dass das Pferd nicht zurückkommen wird. Ich rannte zur Garage, um mein Fahrrad zu holen. Ich musste etwas tun, das Pferd einholen! Irgendwie! Auf dem Weg zur Garage kam ich an dem Auto meines Vaters vorbei. Die Kofferraumhaube stand offen, beide Vordertüren waren auf. Mein Vater lag quer auf den Vordersitzen. Als ich ihn sah, rief ich meiner Mutter zu „Was ist denn mit Papa los? Warum liegt der denn so merkwürdig in seinem Auto?“ Meine Mutter sagte: „Es geht ihm ganz schlecht. Er hatte wieder Herzattacken und schafft es jetzt nicht mehr ins Bett. Deshalb liegt er da.“ „Aber wir können ihn doch nicht hier liegen lassen. Wir müssen doch was tun? Wollen wir nicht zusammen versuchen, ihn ins Bett zu bringen?“

Ich war völlig verzweifelt. „Papa!!! Papa!!!! Los, komm! Ich helfe Dir. Du musst versuchen, ins Bett zu kommen. Du kannst hier doch nicht liegen bleiben!!" Mein Vater antwortete: „Nein! Man muss wissen, wann es zu spät und seine Zeit gekommen ist. Ich weiß, dass ich gehen muss." Dann bleib` doch liegen, dachte ich und holte mein Fahrrad. Auf dem Rückweg sah ich meine Schwester am Auto stehen. Als ich neben ihr stand, sah ich, dass mein Vater gestorben war. Das Merkwürdige war, *wie* er auf den Sitzen lag: Wie ein Kleinkind in seinem Bettchen! Seine Arme hatte er hoch gezogen und um seinen Kopf gelegt. Er lag friedlich und gelöst, als würde er schlafen. Es war kein Bild, das mich erschreckte. Meine Schwester rannte entsetzt zu meiner Mutter. Als ich ihren Schrei hörte, wachte ich auf.

Ich lag hellwach in meinem Bett. Es war stockfinster und trotz des warmen Daunenbettes hatte ich eine Gänsehaut. Dieser Traum machte mir Angst. Es waren so klare Bilder, die ich noch immer ganz deutlich vor mir sah. Schrecklich... irgendwie...

*Diesen* Traum musste ich mir merken! Der hatte etwas zu bedeuten... Da ich sowieso nicht mehr schlafen konnte, machte ich das Licht an und schrieb ihn vorsichtshalber in mein Tagebuch. Man konnte ja nie wissen.

Am folgenden Montag, sollte ich, so war es locker verabredet, um 18 Uhr zu Dr. Jung in sein Privathaus kommen. Deshalb rief ich ihn mittags an.

„Ja, hallo! Eva-Maria Thal hier..." „Guten Tag, Frau Thal. Schön, dass Sie anrufen. Eigentlich habe ich Ihren Anruf schon früher erwartet. Sie sind doch schon seit Donnerstag hier, oder?"

Ja, spinnt der? Was bildet der sich denn ein? Schließlich waren wir doch erst für heute Abend verabredet? „Ja, also... Ich rufe wegen des Termins heute Abend an... Ähm... also...... ", stotterte ich vor mich hin. „Heute Abend findet im Kurhaus ein Diavortrag über Herzrhythmusstörungen statt, den ich unbedingt hören möchte. Leider kann ich dann heute nicht zu Ihnen kommen...“

Schweigen am anderen Ende der Leitung. „Hallo, sind Sie noch da?" fragte ich. „Ja, Frau Thal, ich bin noch da", tönte mir eine ruhige, sachliche Stimme ans Ohr. „Wenn Sie heute nicht kommen, dann habe ich in den nächsten vier Wochen keine Zeit mehr für Sie."

Jetzt war es an mir, sprachlos zu sein. „Okay, dann eben nicht", sagte ich und legte auf.

Auf der nachmittäglichen Bergwanderung fluchte ich nur noch wütend vor mich hin. Was bildete sich dieser Typ eigentlich ein? Glaubte er, er kann wie es ihm passt über meine freie Zeit verfügen? Ein alter Tattergreis von fast 70 Jahren?! Was wollte der mir, einer Frau und dann noch 40 Jahre jünger, überhaupt erzählen? Der war doch gar nicht mehr im Geschäft! Was wusste der denn von *meinen* Problemen? Der konnte doch SEX nicht mal buchstabieren, geschweige denn, darüber reden. Der war doch jenseits von Gut und Böse! Nee! Also ehrlich! Eine Frechheit, wie der mich behandelte! Typisch Mann! Machogehabe hörte wohl nie auf, auch mit 70 nicht! Vermutlich war er nur auf mein Geld scharf! Also, der würde an mir keinen Pfennig verdienen! Nee nee, so nicht, mein Lieber! Nicht mit mir! Wirklich nicht!

Fluchend stapfte ich durch die Bergwelt. Ich war mir so sicher, dass ich alles brauchte, nur keinen alten Mann, der mir das Leben und die Welt erklärte.

Punkt 18 Uhr klingelte ich an der Haustür Dr. Jungs. Mit Herzklopfen erwartete ich einen Tattergreis am Stock...

Die Tür ging auf und als erstes sah ich zwei strahlende, glückliche, blaue Augen, die so viel Lebendigkeit in sich hatten, dass es mich stumm machte. Herzlich bat er mich, hereinzukommen.

So betrat ich zum ersten Mal sein Arbeitszimmer, das mir so wichtig werden sollte. Mit einem Blick erfasste ich den Raum: die vielen Bücher in den Regalen, die tausend scheinbar unsortierten Papiere auf dem Schreibtisch, zwei bequeme Sessel, die sich, getrennt von einem kleinen Tischchen, gegenüberstanden. Auf dem Tischchen stand ein Kassettenrekorder mit aufgeklapptem Deckel, bereit, eine Kassette aufzunehmen.

Während mir das Herz bis zum Hals klopfte setzte ich mich in den Sessel, der das große Fenster hinter seiner hohen Rückenlehne hatte. Mein Mund war wie ausgetrocknet.

Und jetzt? Was sollte ich ihm bloß sagen?

# Will ich oder will ich nicht?

Da saß ich nun, mit zu schnell klopfendem Herzen und feuchten Handflächen. Mein Gott! Seit wann irritierte mich ein Siebzigjähriger? Gleichzeitig wusste ich aber, dass diese Situation neu war. So etwas hatte ich noch nie mitgemacht. Komm, los! Sag` irgendetwas!

„Was hat eigentlich der Kassettenrekorder zu bedeuten?“ fragte ich. Während Dr. Jung eine Kassette in den Rekorder legte und auf ‚Aufnahme’ drückte, erklärte er: „Ich werde die Stunden, die Sie hier verbringen, aufzeichnen.“ Ach, nee... „Die Kassetten bekommen Sie. Ich behalte hiervon nichts." Hörte sich schon besser an.

„Das hat den Vorteil, dass Sie zu Hause jedes hier geführte Gespräch Wort für Wort noch einmal anhören können und damit die Stunden immer verfügbar haben. Im Laufe meiner Therapie-Erfahrung hat sich gezeigt, dass Patienten Worte überhören, die ich sage oder eigene Worte nicht mehr so genau wissen. Durch diese Bandaufnahme geht kein Wort, kein Lachen, kein Seufzen verloren."

Ob das so gut war... Egal, ich musste sie mir ja nicht noch mal anhören. Als hätte er meine Gedanken erraten, sagte Dr. Jung:

„Ich gebe Ihnen in jeder Stunde so genannte Hausaufgaben auf. Eine hiervon ist immer, die Kassette der letzten Stunden noch einmal zu hören. Dabei sollten Sie darauf achten, ob ich Sie richtig verstanden habe oder ob Sie es genauso gesagt haben, wie Sie es gemeint haben. Häufig kommt es auch vor, dass die Patienten zu der letzten Stunde noch Fragen haben. Sollte es Ihnen auch so gehen, schreiben Sie sie auf und stellen sie bitte in der nächsten Stunde."

Er riet mir, ein Tagebuch zu führen. So würde kein auch noch so flüchtiger Gedanke verloren gehen. „Ich schreibe schon seit 20 Jahren Tagebuch".

„Fangen Sie ein neues an. Es geht nicht darum, wen Sie hier in der Kur kennen gelernt haben oder was Sie erleben. In diesem Tagebuch geht es ausschließlich darum, was Sie mit sich selbst erleben. Das ist etwas Neues und sollte auch in einem neuen Buch stehen. Sie beginnen hier etwas, das ist ganz anders als alles, was Sie vorher gemacht haben. Natürlich können Sie Ihr altes Tagebuch weiterführen."

Worauf Sie sich verlassen können! Genau das *ist* mir nämlich wichtig: Wen ich hier kennen lerne und was ich hier erlebe.

„Die anderen Hausaufgaben, die ich Ihnen aufgeben werde, ergeben sich aus den jeweiligen Stunden."

Dies seien keine Aufgaben wie in der Schule. Es gäbe nicht *die* perfekte

Lösung. Es gäbe auch keine Zensuren.

„Jeder Patient soll versuchen, die jeweilige von mir gestellte Aufgabe zu bewältigen. Das Ergebnis der DeKiD - Therapie ist: >Ich hab’s geschafft< oder >Ich hab’s nicht geschafft<. Ich will keine Lösung der Aufgaben auf Teufel komm ′raus. Wenn die Aufgabe von Ihnen nicht bewältigt werden konnte, dann werden wir gemeinsam versuchen, heraus zu finden, wo die Gründe hierfür liegen. Es können zum Beispiel Widerstände auftreten, die häufig viel wichtiger sind als die Lösung."

Na gut. Klang ja alles ein bisschen nach Arbeit. Aber, schau`n wir mal! Neben meiner geballten Skepsis spürte ich auch gleichzeitig so etwas wie Spannung in mir aufsteigen.

Dr. Jung erläuterte, dass seine Form der Therapie kein Auseinandernehmen der Persönlichkeit des Patienten sei.

„Kein DeKiD-Patient nimmt am Ende Bruchstücke seines Selbst mit nach Hause. Das wäre ja auch schrecklich! Bei DeKiD gibt es Stufen: Stufen der Befreiung und Verselbständigung. Bereits am Ende dieser vier Wochen werden Sie auf einer höheren Stufe der Befreiung stehen als heute. Die Erfahrung, mit sich umzugehen, kann Ihnen niemand mehr nehmen. Das haben Sie immer in sich, auch wenn Sie - nach Ohlstadt - wieder in Ihrem Alltag sind. Was Sie dann daraus machen, ist alleine Ihre Sache. *Sie* alleine arbeiten an Ihren Problemen."

Es sei nicht gesagt, dass ich nach vier Wochen meine sämtlichen Probleme gelöst hätte. Es gäbe bei DeKiD kein Ende. Die absolute Befreiung zu erreichen sei eine Illusion.

„Die Stufen der Befreiung in DeKiD bedeuten, immer ein Stückchen freier und nicht mehr geplagt zu werden von *irgendetwas*. Wichtig ist dabei, dass Sie keine Angst haben. Es wird nichts mittendrin abgebrochen. Sie werden nicht frühzeitig nach Hause geschickt. Das wäre wirklich furchtbar und wird nicht geschehen! Sie bekommen mit DeKiD ein Instrument an die Hand. Ich helfe Ihnen, dieses Instrument zu erlernen und damit selbstständig umzugehen. Nach vier Wochen werden Sie nach Hause fahren und dieses Instrument für sich weiter nutzen können. Ich hoffe, Sie werden es auch weiterhin tun. Und noch eins ist mir wichtig: Sie sollen wissen, dass sie jederzeit wiederkommen können."

Er sprach dann die von mir gleichzeitig zu absolvierende Kur an. Es sei ihm wichtig, dass ich diese für Körper, Geist und Seele so wichtige Kur vollständig mitmache.

„Sie ist etwas Einmaliges. Deshalb werden die Termine für diese Therapiestunden immer außerhalb des Kurprogramms liegen. Was für Sie natürlich eine Doppelbelastung bedeutet. Es ist sehr zeitaufwendig: die Stunden hier bei mir, die Kassetten noch einmal hören, die Hausaufgaben machen, das Tagebuch schreiben... All’ das bedeutet Verzicht. Verzicht auf autogenes Training und vieles mehr. Der Chefarzt weiß und versteht das. Sie werden merken, wie viel wichtiger die Arbeit mit sich selbst ist im Vergleich zu irgendeinem Vortrag über Ernährung oder Herzrhythmusstörungen."

Okay! Da hatte ich mein Fett weg.

„Was Sie noch brauchen werden, ist Kraft. Ich selbst weiß, wie viel Spaß es macht, in der Gruppe zu wandern und abends bei diversen Schoppen Wein zu feiern. Sie werden schnell Menschen kennen lernen, mit denen Sie zusammen fröhlich sein können und wollen."

Schon passiert...

„Ich hatte mal eine Patientin, die die Therapie abgebrochen hat, weil ihr die geselligen Zusammenkünfte wichtiger waren. Das sollte Ihnen nicht passieren. Sie sollten diese Treffen auf ein Minimum reduzieren, wobei Sie damit rechnen müssen, dass andere Ihren Rückzug nicht immer verstehen werden. Aber ich rate Ihnen, auch hier ganz ehrlich zu sein und den anderen den wahren Grund hierfür zu nennen."

Tausend Gedanken liefen durch meinen Kopf... Wollte ich das? Michael ist so süß! Ich will viel mit ihm zusammen sein und das geht eben nur abends, weil er nicht in meiner Gruppe ist. Wie viel Schlaf brauchte ich eigentlich? Sollte ich nicht doch lieber gehen, bevor ich richtig angefangen hatte? Noch ist es nicht zu spät.... Alles halbherzig zu machen, das bringt`s ja wohl auch nicht! Also? Was tun?? Gehen? Oder bleiben und versuchen, alles unter einen Hut zu bringen? Ach Shit, wäre doch gelacht, wenn ich das nicht irgendwie hinkriege! Zumindest könnte ich ja auf jeden Fall erstmal diese Stunde zu Ende mit machen. Wenn ich schon mal hier bin...

Was hatte er gesagt? Vielleicht sollte ich lieber zuhören! Zum Glück hatte ich ja die Kassette....

„...eine Patientin erzählte, dass sie früher immer ein paar Männer angemacht hätte in so einer Kur. >Aber, seitdem ich meine Kleine bei mir habe, brauch` ich das gar nicht mehr. Da würden uns Männer nur stören.<"

Tja, gut, dass die Menschen verschieden sind...

„Wenn Sie sich hier in einen Mann verlieben, sollten Sie mit der Therapie aufhören. Dann können Sie gar nicht offen sein für Ihr Kind und für die erforderliche Arbeit mit ihm."

Mit einem abwartenden Blick sah dieser Mann mich an. Konnte er hellsehen? Und wenn ja, was sieht er noch? Das alles machte mir eine leichte Gänsehaut.

Okay, jetzt war ich wohl dran. Womit sollte ich nur anfangen?

„Ja, ähm.... Also.... Tja..." stotterte ich. „Mir ist schon klar, was Sie meinen... Ich bin mit ganz ganz viel Angst vor dem, was auf mich zukommt nach Ohlstadt gefahren. Mein normalerweise zu niedriger Blutdruck wird hier täglich gemessen, weil er viel zu hoch ist. Ich weiß, dass es daran liegt, dass ich Angst habe. Ich glaube, einen höheren Blutdruck als heute Abend auf dem Weg zu Ihnen hatte ich noch nie!"

„Das ist sehr interessant. Der Blutunterdruckler läuft auf Sparflamme, als wäre er gedrosselt. Viele Depressive haben einen viel zu niedrigen Blutdruck.

Sie dagegen sind engagiert. Angst zu haben bedeutet Engagement. Beides, Bluthoch- und Blutunterdruck ist nicht gut, aber jeder hat seine Gründe. Sie werden vermutlich nach einigen Stunden hier einen noch höheren Blutdruck bekommen. Aber die Kur steuert dagegen, weil sie durch das Bergwandern Blutdrucke ausgleicht. Wissen Sie was? Eigentlich freue ich mich sogar ein bisschen, dass es bei Ihnen so ist..."

Wenn der wüsste, welche Gründe ich noch anführen könnte... Aber egal! Weiter geht's! Da musste ich jetzt irgendwie durch.

„Meine Angst basiert wohl zum einen darauf, dass ich überhaupt nicht einschätzen kann, wie es mir während und nach der Therapie gehen wird. Hinzu kam vorher auch noch die Kur. Als ich die Bilder in dem Kurprospekt sah, bin ich davon ausgegangen, dass hier nur Menschen ab 55 Jahren und älter zusammen kommen, alle ein bisschen verknöchert, alle ein bisschen wehleidig. Ich konnte mir beim besten Willen nicht vorstellen, wie ich da ′reinpassen sollte. Ich dachte aber auch, wenn's denn so ist, habe ich wenigstens Zeit für mich und die Therapie. Vielleicht ja auch nicht schlecht. Aber jetzt komme ich hier an und stelle fest, dass hier Leute in meinem Alter oder noch jünger sind, alle locker und gut drauf. Mit ihnen möchte ich auf jeden Fall weiterhin etwas unternehmen..... Auch abends."

So! Das war geschafft! Besser isses, wenn er von vornherein nicht zu hohe Erwartungen hat!

„Ja ja", lachte Dr. Jung. „Ich glaube, Sie wissen selber auch, dass es ein Weglaufen ist?"

„Der Vortrag heute war sicher ein Vorwand für mich, um den heutigen Termin bei Ihnen verschieben zu können. Nach dem Telefongespräch mit Ihnen war ich dann nur noch wütend und wollte gar nicht mehr kommen."

Warum sollte ich nicht ehrlich sein? Vielleicht ist es ja eh` die erste und letzte Stunde bei ihm!

„Ihre Wut habe ich schon gemerkt", lächelte er. „Um so besser, dass Sie jetzt doch hier sind."

„Im Laufe des Nachmittages habe ich mir irgendwann selber gesagt >Du hast die einmalige Chance, für Dich etwas zu tun. Wirf' sie nicht weg.<"

„Ja!! Sie sollten Prioritäten setzen. Dass Sie jetzt hier sitzen, zeigt mir, dass Sie anfangen, etwas für sich zu tun. Und das, obwohl Sie gar nicht wissen können, was mit Ihnen passiert. Ihnen ist nur klar, dass es Sie *persönlich* angeht. Kontakte mit Dritten zwar auch, aber die Selbstbestätigung, die Sie durch diese Kontakte erfahren, reicht nicht wirklich aus. Sie laufen vor sich selbst weg. Freunde zu gewinnen ist etwas sehr Schönes, ist aber etwas anderes, als sich einen Liebhaber für vier Wochen zu suchen."

Wieso kann ein Liebhaber nicht auch ein Freund sein? Ach, lass' gut sein! Er kann ja nicht alles wissen. Vielleicht war das ja vor 50 Jahren auch anders?

„Aber“, fuhr er fort, „was mich viel mehr interessiert, sind die Gründe, weshalb Sie zu mir gekommen sind."

„Konkreter Anlass hierfür ist ein Chaos, in dem ich seit Beginn des Jahres lebe. Ich bin aus der Wohnung, in der ich mit meinem Freund wohnte, halsüberkopf ausgezogen. Es war mir zu eng nach acht Jahren. Die Beziehung ist noch nicht endgültig beendet. Aber zwischendurch habe ich mich in einen anderen Mann verliebt. Es dauerte nur drei Wochen, dann habe ich die Sache beendet, weil ich genau *das* nicht wollte: eine neue Beziehung. Aber genau damit begann dann mein richtiges Chaos. Ich ließ mich auf einen zweiten und dann dritten Mann ein. Nichts Wichtiges. Und dann war da ja immer noch mein Freund, den ich noch sehr gerne habe. Ich habe ihm natürlich wahnsinnig wehgetan mit dem Auszug und den Affären. Ich habe ihm ganz ehrlich erzählt, wie es in mir aussieht. Mir war klar, dass ich ihn brauche - noch immer, trotz allem. Aber, bevor ich mit ihm noch einmal von vorne anfange, will ich für mich klar haben, was da eigentlich passiert ist - mit mir. Das war der eigentliche Grund, weshalb ich eine Therapie machen will: Ich schaffe es nicht alleine, dieses Chaos aufzulösen."

Ich dachte an die ganzen vergangenen Monate und wusste ganz tief in mir, dass es Gründe für mein Verhalten gab. Nur welche?

„Ich habe viele Bücher über Selbsterfahrung und Therapien gelesen. Ich habe eigentlich immer viel über mich und mein Leben nachgedacht, habe viele und intensive Gespräche mit meinem Freund und mit meiner Schwester geführt. Inzwischen glaube ich, dass mein Vater ein Grund für dieses Chaos in mir ist. Er ist vor 1 ½ Jahren gestorben. Er ist tot, aber betrauert habe ich seinen Tod nie. Ich fühlte mich auf seiner Beerdigung wie auf der Beerdigung eines entfernten Bekannten. Das erste Mal geweint habe ich seit dem Eintreffen vor zwei Tagen hier in Ohlstadt. Ein Mann aus meiner Gruppe erzählte mir von seiner Tochter. Ich spürte, wie sehr es mich berührt, wenn ein Vater sich um seine Tochter sorgt, weil er sie liebt. Als ich nach diesem Gespräch wieder in meinem Zimmer saß und Musik hörte, kam zum ersten Mal eine Traurigkeit über den Tod meines Vaters in mir hoch. Aber gleichzeitig war ich auch wütend über alles, was mein Vater mir angetan hat. Zum ersten Mal seit 1 1/2 Jahren konnte ich weinen. Vielleicht nicht so sehr darum, dass mein Vater nicht mehr lebt, sondern vielmehr darüber, dass er mir soviel *nicht* gegeben hat, was ich so sehr gebraucht hätte. Wenn ich ehrlich bin, war´s wohl eher Selbstmitleid als Trauer um seinen Tod."

Jetzt hatte ich schon wieder diesen blöden Kloß im Hals. Fang´ jetzt bloß nicht an zu heulen!

„Nach diesem Gespräch habe ich mit jenem Mann hierüber nie wieder geredet. Abends war wieder Halligalli angesagt und meine Traurigkeit weg. So bin ich wohl die ganze Zeit mit dem Tod meines Vaters umgegangen. Ich habe ihn verdrängt. Selbst mit meiner Schwester konnte ich nicht darüber reden. Irgendwie war unser Vater nach seinem Tod ein Tabuthema. Das Verdrängen ging wohl deshalb auch ganz gut, weil er mir ja in meinem Alltag nicht wirklich fehlte. Schon Jahre vor seinem Tod bin ich vielleicht viermal jährlich zu meinen

Eltern gefahren. Mein Vater selbst war dann entweder gar nicht zu Hause oder er schlief. Was sollte ich denn nach seinem Tod vermissen? Mit meiner Mutter spreche ich auch selten über meinen Vater."

„Ach", war alles, was Dr. Jung, der die ganze Zeit vornübergebeugt aufmerksam zugehört hatte, dazu sagte.

„Wie war denn das Verhältnis Ihres Vaters zu Ihrer Mutter?"

„Gute Frage!" Ich dachte darüber lange nach. Ja?! Wie war das denn eigentlich? „Wenn ich ehrlich bin, weiß ich es gar nicht so genau. Ich selber habe es als schlecht empfunden. Meine Mutter sagt nach seinem Tod, er wäre ein guter Mensch gewesen, der sie geliebt hätte. Dabei führt sie aber häufig materielle Dinge an wie eine Lebensversicherung, die er für sie abgeschlossen hat. Er hat für sie gesorgt. Sie muss keine Not leiden. Das scheint ihr vielleicht heute das Wichtigste zu sein. Trotzdem bleibe ich dabei. Ich glaube nicht, dass mein Vater meine Mutter wirklich geliebt hat. Ich habe bei diesem Menschen nie so etwas wie Liebe gespürt."

„Waren Ihre Eltern zärtlich miteinander?"

„Nein, nie! Zumindest nicht vor meinen Augen."

„Was war denn los mit Ihrem Vater? Wie erklären Sie sich denn sein Verhalten?"

„Seine eigene Lebensgeschichte ist hart. Und weil sie so war, habe ich wohl auch schon als Kind mir und anderen immer und immer wieder sein Verhalten damit erklärt oder entschuldigt. Ich glaube, durch seine eigene Geschichte ist er so gefühlskalt geworden. Vielleicht hätte er lieben können, aber er *wollte* nicht lieben. Selbstschutz, vielleicht? Er zeigte nie seine Gefühle. Von meiner Mutter weiß ich, dass mein Vater *eine* große Liebe hatte, die er auch heiratete. Sie waren glücklich miteinander. Nach vier Jahren wurde seine Frau schwanger. Als das Kind, ein Junge, geboren wurde, starb sie bei der Geburt. Kurze Zeit später starb auch das Kind. Meine Mutter wohnte in der Nachbarschaft meines Vaters. Da sie sich schon von Kind auf kannten, sind sie sich wohl in der Trauerzeit näher gekommen... Zumindest haben sie irgendwann geheiratet..."

Keine Frage! Das war schon ein harter Schicksalsschlag, seine große Liebe und seinen Sohn gleichzeitig zu verlieren. Das kann Mann nicht einfach so weg packen... Trotzdem!

„Ach...." war alles, was hierzu von meinem Gegenüber kam.

„Ich würde gerne noch wissen, was Sie von Ihrem Freund weggetrieben hat?" *Weggetrieben*... War das so?

„Mein Freund ist der tollste Mensch, den ich kenne."

„Aber", sagte Dr. Jung, „das ist dann doch alles sonderbar!?"

„Ich weiß! Deshalb bin ich ja hier. Ich verstehe es ja selber nicht. Manchmal denke ich, ich bin verrückt. Ich glaube, meine Liebe reicht nicht aus."

„Jetzt sind wir an einem sehr wichtigen Punkt! Wenn ich glaube, etwas passiert mit mir, ohne dass ich weiß, warum und weshalb es passiert, dann bin ich innerlich *gezwungen*! Zwänge verstehen wir als etwas ganz Besonderes. Fritz Pearls sagt: ,Wenn Dir so etwas passiert, dann ist das eine Übertreibung und zwar aus dem Wiederholungszwang einer nichtabgeschlossenen Gestalt. In diesen Worten stecken die Worte *Zwang* und *unabgeschlossene Gestalt.* Eine unabgeschlossene Gestalt ist etwas, das sich immer ergänzen will. Der Begriff kommt aus dem Bereich der Gestalttherapie. Gestalten wollen sich ergänzen...."

Ich verstand nur Bahnhof, während Dr. Jung aufstand, um ein Papier von seinem Schreibtisch zu holen. Er zeigte es mir. Ich erkannte: Nichts.

„Sie sehen auf diesen Bildern Striche?"

Ich nickte. Zumindest die sah ich.

„Wenn Sie die einzelnen Kästchen etwas länger ansehen, dann werden Sie die Striche zu Bildern ergänzen können. Erkennen Sie etwas?"

Ich betrachtete die Skizzen in Strichform.

„Ja, das erste ist ein Mann. Das zweite ist ein Hund. Tja und das Dritte?..." Das war gar nicht mal so einfach. Null Ahnung!

„Wenn ich's Ihnen gleich verrate, werden Sie sagen >Klar!< Und danach werden sie es immer sofort erkennen. Genau *das* ist mit Gestalt gemeint..."

Wieso sah er mich so erwartungsvoll an? Ich konnte nix erkennen. Man gut, dass es keine Zensuren gab.

„Es ist ein Pferd mit einem Reiter", half er mir auf die Sprünge.

Ich sah die dritte Strichformation an und sah es auf einmal wirklich vor mir: ein Bild, klar, deutlich und abgeschlossen. Wieso hatte ich das eigentlich vorher nicht erkannt? Witzig war das schon...! Nur, was hatte dieses Ratespielchen jetzt mit der Therapie zu tun...?

„Eine unabgeschlossene Gestalt ist etwas, was bleibt. Sie können sich noch so anstrengen! Hätte ich Ihnen nicht geholfen, dann hätten Sie das Pferd mit Reiter nicht erkannt. Genau *so* ist das auch mit Gestalten, die Menschen in ihrer Kindheit erleben sollten. Jedem Menschen, der geboren wird, steht es zu - und das ist seine biologische Gestalt, von einer Mutter geboren und geliebt zu werden. Das ist *das Recht* dieses kleinen Wesens! Liebe und Zärtlichkeit stehen ihm zu! Wenn es das nicht kriegt, dann will es sich genau das holen. Es fängt an, Rollen zu spielen. Es lacht, prustet, weint oder schreit. Viele Mütter sind erst in diesem Augenblick bereit, dieses kleine Wesen zu lieben, es an zu sehen und zu versorgen mit Zärtlichkeit, so wie es es verdient hat. Es gibt aber auch Mütter, die das nicht können. Aber selbst dann gibt dieser kleine Mensch mit all seinen Bedürfnissen nach Sicherheit und Liebe nicht auf. Es versucht immer weiter und weiter, sein Recht zu bekommen, seine *Gestalt abzuschließen.* Oft selbst dann noch, wenn die Mutter schon tot ist. Dieser Mensch *will* Zärtlichkeit."

Dr. Jung erzählte von einem 40-jährigen Patienten, der Frauen nur dann lieben konnte, wenn ihr Busenumfang überdimensional war. Das führte dazu, dass dieser Mann Frauen liebte, mit denen er entweder intellektuell nichts anfangen konnte oder die ihm ansonsten überhaupt nicht gefielen. Irgendwann wusste er warum: Im Rahmen einer Psychoanalyse sei ihm bewusst geworden, dass seine Mutter ihn nie an ihre Brust gelassen hatte. Er wurde immer weggestoßen. Es wurde ihm verboten. Seine unabgeschlossene Gestalt war: Es steht mir zu, an ihrer Brust zu liegen, zu trinken und sie anzufassen. Also hole ich es mir, immer und immer wieder. Gründe für die Mutter gäbe es sicher tausendfach: Ihre Brust wird schlaff, wenn ich stille. Es ist unmoralisch, weil es lustvoll ist. Oder... oder... oder... Egal! Dieses und jedes Kind habe ein *Recht* auf die körperliche Nähe der Mutter und damit auch auf ihre Brust.

„Früher", fuhr er fort, „waren Kinder, die keine körperliche Zuwendung erfahren haben, dem Tod ausgesetzt. Sie sind gestorben! Aus diesem Grunde gehört es zu der Gestalt eines jeden Kindes, Sicherheit, Zärtlichkeit und körperliche Nähe zu bekommen. Wenn diese Gestalt nicht abgeschlossen werden konnte, dann kommt der Wiederholungszwang der unabgeschlossenen Gestalt. Ein Leben lang wird dieser Mensch versuchen, genau das zu bekommen, egal von wem. So suchen sich Männer Frauen, die genau wie die Mutter sind, genauso kalt, genauso herzlos und genauso vollbusig. Und wieder wird dieser Mensch die erwünschte und ersehnte Zärtlichkeit *nicht* bekommen. Er wird weiter suchen, weiter und weiter und weiter. Selbst bei den Frauen, die bereit sind, diesem Suchenden all` das zu geben, was er braucht, funktioniert es ebenfalls nicht. Denn diese Frauen wollen ihrem Mann nicht Mutter, sondern Frau und Geliebte sein. Also beenden diese Männer die Beziehungen und gehen wieder auf ihre erfolglose Suche."

Klang ja irgendwie einleuchtend...

„*Ihre* unabgeschlossene Gestalt ist bereits jetzt offensichtlich: Sie hatten ein *Recht*, von Ihrem Vater die Liebe und Zärtlichkeit zu bekommen, die Sie brauchten. Hinzu kommt, dass Ihr Vater der erste gegengeschlechtliche Partner in Ihrem Leben war, den Sie kennen lernten. Ihr Vater war der erste *Mann*, den sie erlebten. Und es steht der Tochter zu..."

Er schlug so heftig mit der Faust auf das Tischchen, dass ich zusammenzuckte. „... die ersehnte Liebe auch zu bekommen. Da ist etwas bei Ihnen nicht abgeschlossen!"

„Stimmt", konnte ich nur sagen.

„Und? Was ist die Folge? >Ich brauch` das! Ich will das! Deshalb hol' ich mir genau das jetzt von anderen Männern.< Und? Was passiert gleichzeitig bei Ihnen?"

Ein ahnungsloses Schulterzucken war meine Antwort.

„>Wer bin ich denn<?" fragte Dr. Jung mit weinerlicher Stimme „>Ich bin es nicht wert, geliebt zu werden. Ich muss noch viel mehr tun, damit Vater mich lieb hat<."

„Ich glaube, dass das zum Teil stimmen könnte. Sicher ist da viel Wahres dran. Aber..."

Ich suchte nach Worten. Da war etwas schief......

„Wissen Sie, mein Freund ist ein Mann, den sich eine Frau nur wünschen kann. Er ist zärtlich. Er ist liebevoll. Und: Er liebt mich mehr als alles andere auf dieser Welt. Was er mir nicht nur sagt, sondern vor allem noch viel mehr zeigt. Er ist ein Mann, der Nähe lebt. Ich spüre es durch seine Gesten und Handlungen, aber auch durch sein Verständnis und seine Toleranz für mich und meine chaotischen Aktionen. Ich weiß, dass er immer für mich da sein wird, wenn ich ihn brauche. Und trotzdem frage ich ihn oft >Liebst Du mich eigentlich?< Genau das ist es, was ich immer und immer wieder hören will. Rainer sagt es mir mit einer Engelsgeduld zehnmal, zwanzigmal, hundertmal am Tag. Trotzdem scheint es noch immer nicht genug zu sein für mich."

„Merken Sie die Übertreibung? Sie haben früher etwas nicht bekommen, also fordern Sie es heute immer und immer wieder von Ihrem Freund. Sie *zwingen* ihn! Sie fordern etwas von ihm, was eigentlich fließen und da sein sollte, ohne dass es eingefordert wird. Ihre Gestalt ist nicht abgeschlossen! Deshalb soll er ihre Gestalt abschließen. Aber, das wird nicht gehen. Er ist nicht Ihr Vater! Die Liebesbeweise und -erklärungen Ihres Freundes machen Sie nicht satt. Ihr Freund ist lediglich eine Projektionsfigur. Sie schauen Ihren Freund an - und sehen Ihren Vater."

Blödsinn!!

„Hinter Ihrem Leid, das Sie mir ja auch sofort schilderten, steht Ihr Vater. Sie projizieren etwas von Ihrem Vater auf Ihren Freund. Die Zärtlichkeit, die Sie einfordern..." Wieder landete die Faust auf dem Tischchen. - „... wollen Sie nicht von ihm. Die wollen Sie vom Vater! Sie sind das kleine Mädchen, das alles *nur* von Ihrem Vater haben will."

Es gäbe Beziehungen, in denen diese Rollenverteilung sogar funktioniere. Er spielt den Übervater, sie das ewig kleine Mädchen. Nur, das seien in den wenigsten Fällen dauerhaft glückliche Beziehungen. Neben dem sich nach Zärtlichkeit sehnenden Kind steht selten ein Mann, der nur Vater sein will und diese Rolle auf Dauer ausfüllen und leben kann.

Während ich ihm zuhörte, fühlte ich noch immer eine Schieflage. Aber *was* stimmte nicht? Verdammt!

„Ich glaube, ich muss Ihnen dazu noch etwas mehr erzählen. Ich bin seit ungefähr acht Jahren mit meinem Freund Rainer zusammen. Nach etwa vier Jahren habe ich mich das erste Mal in einen anderen Mann verliebt. Es geschah dann bis heute das ein oder andere Mal. Diese anderen Männertypen, auf die ich mich gar nicht wirklich einlassen konnte, waren solche Vaterfiguren, wie Sie sie gerade beschrieben haben. Harte Nüsse, die ich knacken wollte, obwohl ich sie nicht knacken konnte. Es konnte nicht klappen. Jeder wusste, dass ich in einer Beziehung lebe, die glücklich ist. Rainer und ich waren für viele *das* Traumpaar schlechthin. Also hatte kein anderer Mann wirklich eine Chance bei mir. Dennoch brauchte ich anscheinend den Kampf mit ihnen, um die nicht abgeschlossene Gestalt endlich abzuschließen. Irgendwie war's wichtig für *mich*."

„Es waren alles Väter. Es war immer der Kampf mit ihm" bestätigte Dr. Jung. „>Verdammt Vater!<"

Als die Faust dieses Mal auf dem Tischchen landete, hatte ich schon fast damit gerechnet.

„>Schau` mich an!! Ich will, dass Du mich lieb hast!! < Glauben Sie mir! Es ist wichtig, dass Sie das loswerden. Denn nur dann sind Sie frei. Das, was Sie da mit den anderen Männern erlebt haben, das ist keine Liebe. Ich suche mir doch nicht Menschen aus, mit denen ich kämpfen muss. Ich will doch Harmonie! Eins kann ich Ihnen versprechen: Wenn Sie hier erfolgreich arbeiten, werden Sie das los."

„Das wäre schön...." Ich wollte nicht mehr kämpfen. Ich war so müde von all` diesen Anstrengungen für nichts und wieder nichts. Ich wollte sie loswerden!

„Mir ist noch etwas aufgefallen", fuhr Dr. Jung fort. „Passen Sie auf, dass Sie kein Traumpaar sind. Das ist eine Scheiß-Rolle! Sie müssen Traumpaar *mimen*! Was ist das für ein Mist! Sie dürfen nicht streiten! Das würde ja Ihrer Rolle nicht gerecht!"

„Ich weiß selbst, dass wir ganz sicher *kein* Traumpaar sind. Die Trennung hat deshalb Illusionen bei anderen zerstört, nicht bei mir und nicht bei meinem Freund."

„Trotzdem: Ein Traumpaar oder Traumpartner zu sein, ist eine Rolle, die auch Sie Ihrem Freund zuschreiben."

„Nein! *Ich nicht* ! Andere!"

Dr. Jung lachte. Wieso eigentlich? Lachte er mich aus, oder was?

„Ich sag` das nur, weil Rollen – auch im Außen - immer Anstrengungen verlangen. Rollen, die andere Ihnen aufdrücken, zwingen Sie dazu, in einer phantasievollen Traumwelt zu leben, die in der Realität niemals erreicht werden kann. Das ist *immer* Scheiße. Es scheint schön, aber - noch mal -: *Es ist Mist!!!"*

Poah, der war ja richtig engagiert! Schon irre, wie schnell er sich in mich hinein zu versetzen scheint. Irgendwie klasse.

Um seine Worte zu unterstreichen, erzählte Dr. Jung mir von einem Ehepaar, das sich zu Beginn ihrer Ehe geschworen hatte, sich niemals zu streiten oder ein lautes Wort zu wechseln.

„Können Sie sich vorstellen, wie krampfhaft diese Beziehung gewesen sein muss?"

Ohhhhh, ja!!!

„Es ist menschlich, dass freie Menschen *so*....." Er streckte seine Hände parallel zueinander aus. „... vor- und zueinander stehen. Was kann sonst dabei heraus kommen?"

Erwartete er jetzt eine Antwort? Ich sah auf seine Hände und schwieg. Nach einer kurzen Pause fuhr er fort: „Also gut. Dann beginnt jetzt die wirkliche Arbeit. Ich bitte Sie, zwei kleine Aufsätze zu den Themen >Meine Mutter und ich< und >Mein Vater und ich< und als jeweiliges Unterthema >Wie sie mich frustriert haben< zu schreiben. Schreiben Sie bitte das Positive *und* das Negative zu Beiden auf. Das ist Ihre Hausaufgabe bis zum nächsten Mal."

Wenn's mehr nicht ist. Während ich die Hausaufgaben vorsichtshalber in meinen Kalender schrieb, sagte Dr. Jung:

„Ich möchte die noch verbleibende Zeit dieser Stunde nutzen, Ihnen noch einige Informationen mit auf den Weg zu geben. Was soll das eigentlich alles, das mit der Kindheit und so?"

Fragte ich mich insgeheim auch! So ganz klar war's mir wirklich noch nicht.

„Das Kind ist gleich nach der Geburt bis zum zweiten Lebensjahr so lernfähig, wie nie, nie, nie wieder in seinem ganzen Leben. Die Psychologen sagen, dass ungefähr 98 % unseres Lernens mit dem zweiten Lebensjahr abgeschlossen ist. Der Rest – Schule, Studium, Beruf – machen dann nur noch ca. zwei Prozent aus. Wobei >lernen< gleichgesetzt wird mit >alles aufnehmen<. Was es bedeutet, wenn ein Kind laufen lernt! Es ist so voller Aktionen, es ist so voller Wachheit! Welch` eine Kraftanstrengung alleine dahinter steckt, sieht man zum Beispiel, wenn ein erwachsener Schlaganfallpatient wieder anfangen muss, laufen zu lernen. Hier wird etwas eingeübt, das bei Kindern als selbstverständlich hingenommen wird. Dass dies eine enorme Lernaktion ist, vergessen wir dabei. Ein Kind ist stets offen, *alles* zu lernen. Gleichzeitig kommt es aber auch mit *eigenen* Erwartungen, Forderungen und Wünschen auf die Welt. Es erwartet und wünscht sich vor allem Liebe, Geborgenheit, Sicherheit und Zärtlichkeit. Alles tiefe, echte Bedürfnisse, die der kleine Mensch zu Recht hat. Und sie werden in unserer Zivilisation so gut wie *nie* optimal gestillt..."

Gedankenverloren sah er vor sich hin.

„Dies ist zum Glück nicht überall auf der Welt so. Es gibt ein wunderschönes Buch, das Sie irgendwann einmal lesen sollten. Es ist von Jean Liedloff und heißt >Auf der Suche nach dem verlorenen Glück<.

„Das Buch kenn` ich und habe es schon gelesen!"

„Oh, das kennen Sie?"

Staunen und Verblüffung in seinem Gesicht. Wieso eigentlich? Hält er mich für so unbelesen, oder was?

„Dann haben Sie ja gelesen, wie in diesem **venezuelanischen** Stamm die Kinder zwei Jahre am Körper der Mutter baumeln, ständig, Tag und Nacht, bis sie von ihr abfallen wie eine reife Frucht. Es ist ein phantastisches Buch!"

Wieder hing er seinen Gedanken nach. Ich sah ihn an. Dieses Strahlen in seinen Augen war schon verrückt.

„Ich habe das Buch schon vor Jahren gelesen und finde es auch total beeindruckend und schön", sagte ich, mehr, um die Stille zu unterbrechen.

„Dann brauchen wir ja nicht mehr drüber zu reden."

War er jetzt aus seinem Konzept gebracht? Irgendwie entstand jetzt eine Pause, die da nicht hingehörte. Merkwürdig. Okay, ich kann's nicht ändern. Auch in Berlin schlafen wir nicht mehr auf Bäumen!

„Sicher ist jedenfalls", fuhr Dr. Jung fort, „dass diese ersten zwei Lebensjahre auch prägend für alles Schlechte sind, das wir erfahren. Warum kriege ich nicht das, was ich will? Warum hört mich denn niemand? Warum sieht mich niemand an? Mama!! Papa!! Und: Dieses Kind hat Recht! Es steht ihm zu, Liebe zu bekommen, bedingungs- und vorbehaltlos! Genauso wie Schutz und Geborgenheit! Wenn Eltern nicht bereit sind, ihr Kind zu (be-) schützen, wird es sein ganzes Leben lang einen Mangel spüren. Schrecklich."

Er schüttelte seinen Kopf.

„Ich könnte Ihnen Beispiele erzählen, die so furchtbar sind! Eine 50-jährige Frau wollte als Kind Kontakt zu ihrem Vater aufnehmen. Sie hatte etwas auf ihre Schiefertafel geschrieben und ging damit zu ihm. >Vater, schau`, was ich geschrieben habe!< Und, was macht der Vater? Er nimmt die Tafel und schlägt sie dem Kind über den Kopf. Was jetzt? *Was jetzt??* Können Sie sich vorstellen, was dieses kleine Mädchen drei Tage später sagt, wenn sie nach ihrem Vater gefragt wird? >Mein Vater ist lieb! Vater hat doch nur Spaß gemacht! Nein, nein, mein Vater ist lieb!<"

Verdrängung!? Doch klar, oder??

„Vielleicht werden Sie auch an Punkte kommen, an die Sie sich jetzt noch gar nicht erinnern. Die sind meistens fein weg gepackt, verdrängt. Vater, Mutter sind doch lieb! Die Verletzungen, die die Eltern einem Kind zufügen, konnte dieses nicht verstehen: Warum macht er/sie das mit mir? Was habe ich denn getan? Bin ich wirklich so böse? Verletzungen einer *Person.* Ohne, dass dieses kleine Menschenkind etwas versteht, sind Dinge *in ihm* passiert. Sie geschehen *hier.*"

Er drückte beide Hände auf seinen Bauch.

„Sie sitzen hier und sind gut weggepackt! Aber: Sie tun genau hier auch weh! All` diese Gefühle, die damals in Ihnen verstaut wurden, tragen Sie mit sich herum. Bis an Ihr Lebensende! Sie werden sie nicht los. Es sei denn, Sie gehen an die Arbeit. Sie schauen sich dieses verletzte Kind an und machen es gesund, indem Sie es ansehen, annehmen und lieben, so wie es ist."

Unser Hirn besitze zehn Milliarden Gehirnzellen mit einer Speicherkapazität, von der jeder Computer nur träumen könne. Es gäbe hierzu Experimente. Das Gehirn sei berührungsunempfindlich. In Versuchen habe man zum Beispiel eine *einzelne* Hirnzelle eines Menschen berührt. Die Versuchsperson sollte dann ihre Empfindungen beschreiben... >Aaahh! Ja, da ist ein Balkon ... Gardinen flattern ... Frühlingsduft in der Luft ... Vögel singen ... die Sonne scheint...<

„Alles Empfindungen bei der Berührung einer einzigen Gehirnzelle! Wenn man das weiß, dann kann man ungefähr ermessen, was eine Speicherkapazität von zehn Milliarden Gehirnzellen bedeutet. Das gilt für *alle* Gefühle und Situationen, positive wie negative. *Alles* aus der Kindheit ist gespeichert. Alles ist noch da. Die Frage ist nur, wie ich es schaffen kann, da heran zu kommen? Viele Menschen wollen gar nicht an diese Gefühle heran, weil sie nicht an schmerzhafte Situationen erinnert werden wollen. Sie glauben und sagen, dass es doch gut sei und seinen Grund habe, dass Dinge und Gefühle verdrängt werden können bzw. worden sind. In DeKiD geht es darum, besondere Szenen aus der Kindheit mit der hieraus entstandenen Not des Kindes noch einmal zu sehen und zu erleben. Ziel ist dabei immer, diese Not des Kindes aufzulösen. Wie das geht, werde ich Ihnen dann noch erklären. Die Not der kleinen Eva in Ihnen gilt es aufzulösen, indem verdrängte Szenen noch einmal durchlebt werden. Denn es ist sicher, dass die verdrängten Gefühle auch in gegenwärtigen Situationen immer wieder hoch kommen. In DeKiD werden wir diese Verdrängungen an den Tag holen und vollkommen auflösen. *Das* ist die Hauptarbeit!“

„Freud redet tiefenpsychologisch vom ES, vom Über-ICH und vom ICH. Eric Burne sagt es anders: Das ES ist bei ihm das Kind-ICH, das Über-ICH ist das Eltern-ICH und das ICH ist das Erwachsenen-ICH. Kind- und Eltern-ICH müssen eine Einheit eingehen, eine Harmonie herstellen, in der Beide gleich stark sind. Ein extremes Kind-ICH grabscht nach allem, was es bekommen kann. Solche Patienten sind fast nicht therapiefähig. Das wirkt sich dann in Beziehungen zu allen Menschen aus, vor allem zu dem Partner und in der Arbeitswelt. In DeKiD kommt es häufig vor, dass das Kind zu klein oder gar nicht da ist. Viele glauben, dass es gefährlich ist, in der gegenwärtigen Welt das innere Kind mit all` seinen Gefühlen, Sehnsüchten und Ängsten zu zu lassen. Schließlich muss man hart sein, stark sein, gefühllos und egoistisch, um überleben oder weiter kommen zu können! Diese Lebensstile sind erlernt, von Generation zu Generation weiter gegeben. Manchmal ist es nicht einfach, diesen Teufelskreis zu durchbrechen, weil man ja zum Beispiel auch die Eltern angreifen muss. Dabei geht es in DeKiD nicht um *Rache.* Es handelt sich vielmehr um eine Generationenschuld - seit Jahrhunderten wurden Kinder immer und immer wieder zu Höchstleistungen angespornt, ohne dass auf das Wohl des Kindes geachtet und Rücksicht genommen wurde.“

Dr. Jung stand auf, holte ein Buch und schlug es an einer markierten Stelle auf. „Ich werde Ihnen häufiger am Ende einer Stunde etwas von Menschen vorlesen, die begriffen haben, wie wichtig Kindsein und -seinlassen ist.“

Er hielt ein Buch von dem Schweizer Stettbacher in seinen Händen. Bei Stettbacher hätte u.a. auch Alice Miller („Am Anfang war Erziehung“, „Abbruch der Schweigemauer“) eine umfangreiche Therapie absolviert. Dr. Jung begann laut zu lesen:

„So, wie Du geboren wurdest, so wirst Du leben. Wenn Du *wirklich* gewollt wurdest (>von Mutter und Vater< ergänzte Dr. Jung), dann wirst Du wollen dürfen. Wenn Du *wirklich* geliebt wurdest, dann wirst Du lieben können. Du wirst leben wollen und Dich daran freuen. Wenn Du *wirklich* von Mutter und Vater geachtet wurdest, dann wirst Du leben, lieben und achten. Für DeKiD heißt das: Wenn Du ungewollt, ungeliebt und ungeachtet warst, dann erlebe es in DeKiD neu. Erlöse Dein Kind aus seiner Not und Du wirst wollen, lieben und achten können!“

„Eine andere Patientin von Stettbacher schreibt: >In der totalen Kind-Eltern-Abhängigkeit begründet sich der Umstand, dass das Kind nicht sehen und erkennen kann und darf, was ihm zugemutet wird,“ las er nach einer Pause weiter. „Es kann auch nicht auf Misshandlungen und Missachtungen reagieren, wie es angemessen wäre. Es wird leider sogar noch meinen, seine eigene Not selbst verschuldet zu haben. Die Ablehnung und Ignoranz durch meine Eltern setzten sich in mir dermaßen fest, dass ich nichts mehr verstand und von unerträglichen Gefühlen täglich gequält wurde. Dem Gefühl nach war ich immer im Weg, überflüssig, unbrauchbar, ungenügend und vor allem schlecht und schuldig. Die Anstrengungen, um diese Gefühle zu überspielen oder ihnen auszuweichen, waren erschöpfend. Durch die dauernden Gefühle des Überflüssigseins und Schuldigseins wurde mir jede Existenzberechtigung genommen. Ich musste mich täglich anstrengen, um zu beweisen, dass ich für etwas da sei. Dabei habe ich immer wieder die gleiche Erfahrung machen müssen: Nicht genug zu sein und nicht geliebt zu werden<.“

Als Dr. Jung geendet hatte, entstand eine lange Pause. Ich hatte wie gebannt zugehört. Das war ich!! Das hätte ich genauso sagen können. Ist ja verrückt! Oder? Ist *das* vielleicht normal?

„Genau das ist die Basis. Daran misst sich der Auftrag, den Sie zu bewältigen haben“, sagte mein Gegenüber.

Ich bekam auf einmal so etwas wie Ehrfurcht vor dem, was da vor mir lag. In mir war etwas so Großes, das bei jedem Wort, das Dr. Jung vorgelesen hatte, auf zu schreien schien. Ich erahnte auf einmal wahnsinnige Schmerzen, ein Meer von ungeweinten Tränen, von aufgestauter Wut und immenser Traurigkeit. Wie sollte ich schaffen, das alles auf zu decken? Vor mir lag ein Riesengebirge ohne Pfade, das ich durchwandern sollte...

„Glauben Sie, ich krieg` das hin?“, konnte ich nur ganz leise und zweifelnd fragen.

„Natürlich kriegen Sie das hin! Wenn Sie dabei bleiben.“

„Oje, ich habe Angst... Aber gleichzeitig auch Hoffnung.“

„Können Sie sagen, wovor Sie Angst haben?“

„Jaaa... Es ist vor allem eine Wahnsinnsangst vor dem Schmerz, der sich hinter diesem Vergangenen verbirgt.“

„Darüber werden wir noch sprechen. Aber vielleicht fangen Sie erst mal mit den Hausaufgaben an.“

Er stand auf und wollte die Stunde beenden. Aber irgendwie konnte ich jetzt noch nicht gehen. Da war ein Riesenkloß in meinem Hals. Los! Sag's!!!

„Wenn ich das alles höre und erahne, was in mir und anderen verborgen sein könnte, dann steht doch wohl fest, dass Kindererziehung eine der schwierigsten Aufgaben dieser Welt ist. Welche Verantwortung Menschen übernehmen, die Kinder in die Welt setzen. Eltern können so viel falsch und damit so viele Kinder für immer kaputt machen. Ich weiß, dass auch bei mir so viel falsch gelaufen ist.“

„Oft steht im Anschluss an die erfolgreich abgeschlossene DeKiD-Therapie der Wunsch, ein Kind zu haben."

„Ich will niemals Kinder haben."

„Tja, das ist ja auch kein Wunder. Wenn Sie aber hier Ihre Angst, die Sie ja jetzt schon innerlich spüren, auflösen können, wird sie weg sein! Für immer!"

Zweifelnd sah ich ihn an. Es klang zwar alles so verdammt einfach. Ich traute dem Braten nicht. Wie sollte ich meine Vergangenheit auflösen können? Sie war und ist doch ein Teil von *mir*. Wer bin ich denn, wenn dieser Teil in mir auf einmal fehlt, weil er sich aufgelöst hat? Will ich denn wirklich ein *anderer* Mensch werden? Es geht mir doch nur ab und zu mal schlecht. Ab und an mal depressive Phasen. Manchmal waren es ja wirklich nur wenige Tage, an denen niemand für mich da zu sein schien, der mich liebt oder sich zumindest für mich interessiert. Diese Tage, an denen ich mich in meinem Zimmer verkroch und die Welt außen und mich neben mir betrachtete, während ich mich fragte: Wo ist *Dein* Platz in diesem Leben? Hast Du überhaupt einen? Dann schaffte ich es nicht mal mehr, eine Freundin anzurufen. Immer hatte ich das Gefühl, ihr mit meinen immer gleich bleibenden Zweifeln und Fragen über mich inzwischen eine Last zu sein... Aber, das war im Vergleich zu den Highlights in meinem Leben, den vielen Partys doch eigentlich gar nicht sooo oft. Würde ich noch „everybody's sunshine" sein, wenn meine schlechten Tage verschwunden sind? Gehörten nicht auch schlechte Phasen mit Depressionen und Unglücklichsein zu mir und meinem Leben, wie alles andere auch? Genauso wie Licht *und* Schatten?

Okay, manchmal ging's mir *so* schlecht, dass ich keine Lust mehr auf das bescheidene Leben hatte. Wenn ich *das* wegkriegen könnte, das wäre schon nicht schlecht! Ach was, ich probier's! Ich bin ja selber bei allem dabei, hatte Dr. Jung gesagt. Was sollte mir denn passieren, was ich nicht auch selber will?

„Der Gestalttherapeut Pearls sagt", fuhr Dr. Jung fort. „>Nur im Hier und Jetzt lebst Du, in dieser Sekunde. Wenn Du mit Deinem Kopf irgendwo anders bist, in Deinen Phantasien, dann *lebst* Du *nicht*. Deine Phantasien sind kein Leben, keine Lebendigkeit. Und wenn Deine Phantasien Deine Misserfolge aus der Vergangenheit sind, dann projizierst Du sie in die Gegenwart und lebst in Angst. Wenn Du nur im Hier und Jetzt lebst, bist immer angstfrei."

Klingt super! Keine Frage! Na, schau`n wir mal, dachte ich, noch immer sehr skeptisch.

Wir vereinbarten einen neuen Termin in zwei Tagen.

# Die Anfänge

Ich ging sehr nachdenklich nach Hause. Das war sie also, meine erste Therapiestunde. Dr. Jung hatte mir viel Neues erzählt. Dennoch... Ob das alles das Richtige war *für mich*? Ich wollte meine Probleme in den Griff kriegen, ja! Aber, war es diesen ganzen Aufwand wert, der da anscheinend auf mich zukommen würde? Ich wollte auch Spaß haben. Die Clique war so gut drauf. Mit ihr konnte ich neben den Wanderungen einfach ein bisschen Party machen, ohne großartig Probleme zu wälzen.

Und Michael? Mit ihm über die Therapie zu reden, das konnte ich komplett vergessen. Das würde er nie verstehen. Mit ihm wollte ich einfach nette unkomplizierte vier Wochen verleben und gut. Was musste er von meiner Vergangenheit wissen?

Ach egal! Morgen ist auch noch ein Tag... Gleich würde ich erst mal die Anderen in der Kneipe treffen. Ein schöner Abend lag vor mir. Was zerbrach ich mir jetzt schon meinen Kopf. Im Hier und Jetzt hatte Dr. Jung doch gesagt. Den sah ich doch erst in zwei Tagen wieder. Jetzt war erst mal Vergnügen angesagt!

Am nächsten Tag auf der Wanderung dachte ich noch mal über alles nach. Also gut!. Ich würde erst mal weiter machen. So war ich doch normalerweise nicht: Mit etwas anfangen und dann mitten drin aufhören.

Ich kaufte mir noch am selben Nachmittag zehn Kassetten und einen Notizblock, den ich als „neues“ Tagebuch führen wollte. Meine Clique plante nach dem gemeinsamen Abendessen in eine Disco zu fahren. Ich zwang mich, sie nicht sofort zu begleiten, sondern zumindest die Kassette der ersten Stunde zuerst noch anzuhören. Schon während des Anhörens wurde ich unruhig. Warum dauerte das nur so lange? Ich sah zur Uhr? Shit, schon verdammt spät. Und die Hausaufgaben hatte ich auch noch nicht gemacht.... Okay, die Disco kannst Du Dir abschminken! Ich würde zu Hause bleiben.

Als ich diese Entscheidung getroffen hatte, ging’s mir besser. Ich wurde etwas ruhiger. Ich schrieb auf die erste Seite meines neuen Tagebuches >Meine Mutter und ich<.

Tja, meine Mutter...

Ich lag auf meinem Bett und versuchte, mich an meine Mutter zu erinnern. So, wie sie früher war. Aber da wollten keine Gedanken kommen, die es wert gewesen wären, sie aufzuschreiben. Merkwürdig!?

Dann würde ich eben mit >Mein Vater und ich< anfangen. Ich schrieb die Überschrift auf eine zweite Seite. Um mich auf dieses große Thema ein zu stimmen, legte ich eine Musikkassette von Mario Héné in den Walkman. In irgendeinem Lied, daran konnte ich mich dunkel erinnern, sang er doch von seinem Vater... Ich spulte die Kassette vor und zurück. Richtig, da war's ja.....

Mit einem Kloß im Hals hörte ich wie Mario Héné sang:

*Wenn Dir Dein Vater was erzählt von Deiner Zukunft,*
*frag` ihn, ob er auch wirklich Deine Zukunft meint!*
*Wenn er von Plänen spricht, die Dich allein betreffen,*
*sieh` nach, ob sie enthalten, was Dir wichtig scheint!*
*Und wenn es nicht so ist, dann sag` ihm, was DU möchtest*
*und wenn er wirklich Vater ist, wird er verstehen,*
*dass er allein durch seine Macht noch nicht im Recht ist,*
*Dich 'dran zu hindern, Deinen eigenen Weg zu gehen!*

*Niemand hat die Pflicht, sich nur zu bücken,*
*Niemand kommt gehorsam auf die Welt,*
*Niemand hat das Recht zu unterdrücken,*
*was sich lebendig auf die eigenen Beine stellt!*

*Lass` Dich nicht leben nach den Regeln eines anderen!*
*Nur wer sich selber lebt wird auch lebendig sein!*
*Da ist nicht einer, der Dir sagen kann, wo's lang geht!*
*Wenn's um Dein eigenes Leben geht bist Du allein!*
*Du hast ein Recht, Dich ohne Zwänge zu entfalten!*
*Geh` DEINEN Weg mit Herz!*
*Mach` den Weg zum Ziel!*
*Lass` Dir Dein Dasein nicht von anderen gestalten!*
*Denn dann bleibt alles nur ein buntes Trauerspiel!*

Das Lied war schon lange zu Ende. Ich lag noch immer unbeweglich auf meinem Bett. Warum weinte ich eigentlich? War es Selbstmitleid? Wieso tat mir innerlich alles weh?

Auch *mein* Vater war nie Vater gewesen! Er hatte nie verstanden. Mich nicht und das, was ich tun wollte, nicht. *Nichts!* WARUM ? Dieses Wort sah ich in großen Buchstaben vor mir! Ich ertappte mich dabei, wie ich leise flüsterte:

„Warum, Papa? Warum hast Du mir das alles angetan?"

Als ich mich ein wenig beruhigt hatte, machte ich mich an die Hausaufgaben. Ich schrieb und schrieb. Dieses Thema war für mich schier unerschöpflich. Um Zeit zu sparen - vielleicht klappte es ja doch noch mit der Disco - schrieb ich das alles nur stichpunktartig auf. Ich würde Dr. Jung das dann morgen schon ausführlicher erzählen können.

Nachdem ich fast zwei DinA5-Seiten voll geschrieben hatte, blätterte ich zurück. >Meine Mutter und ich<. Oh je, das war schon schwieriger. Meine Mutter war immer für mich da. Sie war mir Freundin und Vertraute. Mir wurde bei den Gedanken an sie ganz warm ums Herz. Meine Mutter! Sie hatte es schwer gehabt im Leben. Deshalb konnte ich ihr so viel verzeihen. Ich hatte sie lieb. Langsam begann ich, auch hierzu etwas auf zu schreiben. Diese Liste wurde viel kürzer.

Als ich fertig war, war es wie befürchtet viel zu spät für die Disco. Na egal. Morgen Abend würde ich ja wieder mitfahren. Der eine Abend war ja wohl nicht *so* schlimm... Ob Michael mir wohl treu blieb? Mit diesem Gedanken schlief ich irgendwann ein.

# Opfer

Morgens um 9.30 Uhr klingelte ich zum zweiten Mal an der Haustür Dr. Jungs. Dieses Mal schon weniger aufgeregt, eigentlich mehr gespannt darauf, wie es weitergeht. Die Hausaufgaben hatte ich ja zum Glück gemacht.

Ich setzte mich erneut in den Sessel am Fenster und packte meine Notizen sowie eine unbespielte Kassette aus. Dr. Jung sah mir lächelnd dabei zu, nahm die Kassette, legte sie in den Rekorder und drückte auf >Aufnahme<. Es konnte losgehen.

„Na?“ fragte er. „Wie geht’s Ihnen nach der ersten Stunde?“

„Ganz gut. Ich habe mir die Kassette der letzten Stunde angehört und dabei gemerkt, dass ich ein gutes Gefühl habe. Es fühlt sich richtig an, hier zu sein. Es wird sicher auch gut sein, endlich etwas für mich zu tun. Ich merke, dass ich bereit bin, Zeit und Kraft zu opfern.“

Opfern? Ein blödes Wort... Warum musste ich Opfer bringen, wenn ich für mich etwas tun will. Bescheuert!

„Gut, dann fangen wir doch einfach mal an. Was haben Sie denn aufgeschrieben zu >Meine Mutter und ich< und >Mein Vater und ich<?“

Ich erzählte ihm, wie es mir am Vorabend ergangen war - wobei ich das mit der Disco lieber verschwieg. Er musste ja schließlich nicht alles wissen.

„Vielleicht lesen Sie einfach mal vor, was sie aufgeschrieben haben“, ermutigte Dr. Jung mich.

Warum klopfte mein Herz so doll? Was war los? Hatte ich ein bisschen Angst davor, etwas falsch zu machen? Aber was denn? Und warum? Zensuren gab’s doch keine. Merkwürdig!

„Ich habe mit dem angefangen, was ich als Kind von meinem Vater *wollte*: Liebe, Lob, Anerkennung, Verständnis, Vertrauen, Zärtlichkeit. Später, als ich älter wurde, wollte ich Gespräche mit ihm. Ich hätte so gerne mit ihm *geredet*! Bekommen habe ich genau das Gegenteil: Missachtung, Unverständnis, keine Zärtlichkeit – weder in Worten noch in Gesten. Er war mir nur ganz, ganz selten nah. Ich kann mich zumindest nicht daran erinnern, dass er mir mal liebevolle Gesten oder nur ein liebevolles, warmes Lächeln geschenkt hätte. Selbst gute Schulnoten wurden lediglich registriert. Nein: *erwartet*! Und ich? Ich *war* immer gut, trotz fehlender Belohnung. Wenn ich es mir so recht überlege, hat mein Vater immer nur bestraft, wenn etwas *nicht* gut war...“

Ich dachte an meine Vorfreude, wenn ich mal wieder eine gute Note mit nach Hause brachte. Vielleicht würde er sich ja dieses Mal wenigstens ein bisschen freuen...

„Was mein Verhältnis zu meinem Vater ganz stark geprägt hat, war *mein*

Bemühen, ihm immer und überall alles recht zu machen. Vielleicht ist das ja sogar ein Grund für meinen Perfektionismus? Egal, ob in der Schule oder später während der Berufsausbildung und im Beruf: immer habe ich ganz viel getan und war trotzdem immer der Meinung, es reicht noch lange nicht aus. Mein Vater hat mein Abitur mit einem Notendurchschnitt von 1,7 - übrigens das Beste der Schule – hingenommen, registriert. Wieder kein Lob, keine Freude, nicht mal Stolz - nichts! Ich habe wohl nur seine Erwartung erfüllt. Mein Leben war ein ständiges Anstrengen und Kämpfen!"

„Ah ja", der schlichte Kommentar meines Gegenübers.

„Die Zeit meiner Pubertät wurde bestimmt von meinem Vater als >Herrscher der Familie<. Wenn meine Schwester oder ich etwas vorhatten, brauchten wir immer *seine* Erlaubnis. Meistens lief das über meine Mutter. Bei einigen Dingen gab's fast so etwas wie ein Ritual. In unserem Stadtteil fand jeden zweiten Sonntag von 16 bis 22 Uhr im Jugendheim der Kirche eine Disco statt. Alle meine Freundinnen durften dorthin. Ich nicht. Damals war ich vielleicht 14 oder 15 Jahre alt. Mein Vater hatte es mir verboten, ohne Gründe hierfür zu nennen. Ich verstand nichts, musste mich dem Pauschalverbot natürlich fügen. So war es jedes Mal, bis meine Mutter mir den Rat gab, etwas für ihn zu *tun*, dann bekäme ich vielleicht die Erlaubnis hin zu gehen. *Was denn??* >Wie wäre es, wenn Du an diesen Sonntagen immer das Frühstück machst?< Ich hätte *alles* getan! So geschah es, das ich jeden zweiten Sonntag früh aufstand, ein Frühstück auf den Tisch zauberte und meine Eltern weckte. Und wirklich! Ich erhielt die Erlaubnis, zur Disco gehen zu dürfen. Zwar nur bis 20 Uhr, aber immer noch besser als gar nicht. Tja, genauso war es in vielen anderen Sachen: Ich musste immer etwas tun, um von ihm etwas zu bekommen. Er gab mir nichts *umsonst*! NEIN ist das Wort, das mich mit meinem Vater verbindet. Ein Wort, das sich wie ein roter Faden durch meine Kindheit und Jugend zieht. Dieses NEIN sagte er ohne Nachdenken, ohne Begründungen. Und, was fast noch schlimmer war: Ein Mal gesagt, wurde es *niemals* rückgängig gemacht. Das hatte zur Folge, dass ich natürlich auch noch ganz, ganz vorsichtig sein musste, um dieses NEIN nicht vorzeitig zu provozieren."

Ich sah alles wie in einem Film vor mir.

„In den letzten Jahren dann hat er sich mir vollständig entzogen: Meinen Gefühlen genauso wie Gesprächen mit mir. Auch hier blieben Rituale: Mein Küsschen auf seine Wange zur Begrüßung oder zu Weihnachten, immer ohne Reaktionen von ihm. Dabei habe ich immer gemerkt, dass er es *erwartete*, ohne es wirklich zu wollen."

Ich dachte an diese Situationen. Wie oft hatte er vor mir gestanden, die Arme steif neben seinem Körper, mir leicht seine Wange entgegen streckend - Küsschen - und Rückzug. Ätzend! Warum hatte ich das überhaupt mitgemacht?

„Das Verhältnis war geprägt von einem Grundgefühl: Angst. Ich hatte Angst vor seinen NEINS, vor seinen Strafen, vor seinen Schlägen, vor seiner Missachtung."

„Wie war das bei Ihrer Schwester? War das ähnlich?"

„Das Verhältnis zwischen Lea und meinem Vater war extremer. Ich war immer das brave Mädchen, das das tat, was von ihr erwartet wurde. Dadurch, dass ich vier Jahre älter war als Lea, kannte ich seine Verhaltensweisen besser als sie und konnte seine Reaktionen natürlich im Voraus einkalkulieren. Während ich immer Vieles erduldet habe, habe ich sie bestärkt, sich *nicht* immer alles gefallen zu lassen. Gleichzeitig habe ich ihr als ältere Schwester geholfen, sich gegen meinen Vater durch zu setzen, manchmal sogar aufzulehnen. Meine Schwester hatte mich als Schutz und Rückendeckung und konnte vielleicht deshalb mit ihm kämpfen. Natürlich hat sie immer verloren. Trotzdem blieb sie in ihrem Kampf konsequent. Eine Konsequenz ihres Kampfes war einmal, dass mein Vater *sechs Monate* lang kein einziges Wort mit Lea gesprochen hat. Er hat sie komplett ignoriert. Ich glaube, dass Lea durch ihren Kampf noch viel viel mehr Wunden davon zurück behalten hat als ich."

Dr. Jung atmete schweigend einmal ganz tief durch.

„Als ich knapp 19 Jahre alt war, wollte ich mit meinem Abi-Durchschnitt natürlich studieren. Ich hatte mir schon mit einer Freundin zusammen eine Wohnung gesucht. Mein Vater sagte wieder: NEIN! Alle Lehrer und die Eltern meiner Freundin versuchten, meinen Vater davon zu überzeugen, dass ich in einem Bürojob eingehe wie eine Primel. Mein Vater blieb dabei - wie gehabt. Regungslos verharrte er bei dem, was er einmal gesagt hatte. Und bestimmte damit - wie schon so oft - meinen Lebensweg. Und ich? Das immer noch brave Mädchen Eva ging *seinen* Weg, weil sie keine andere Chance hatte... Das glaubte ich zumindest. Wieder legte ich nach drei Jahren Anstrengung eine besonders gute Prüfung hin. Wieder wollte mein Vater danach bestimmen, wie's weitergeht. Sein Versprechen, das er mir auf dem Abi-Ball gegeben hatte, nach der Ausbildung *jedes* Studium zu finanzieren, war vergessen."

„Oh", sagte Dr. Jung. „Das ist aber Wortbruch!"

„Ja, das war's! Vielleicht wurde mir deshalb zum ersten Mal bewusst, dass ich mich bei ihm auf *gar nichts* verlassen kann. Mit 22 Jahren habe ich mich das allererste Mal gegen meinen Vater aufgelehnt und bin *meinen* Weg gegangen. Ich kündigte die Arbeitsstelle und versuchte – natürlich ohne finanzielle Unterstützung meines Vaters - zu studieren. Und: Zum ersten Mal war ich richtig wütend! Es war ein gutes Gefühl! Endlich! Mit dem Studium - es klappte nicht. Ohne BaföG konnte ich nicht mal meine Miete bezahlen. Aber das war egal. Auch wenn ich gescheitert war: Es war *meine* Niederlage. Sie tat natürlich auch weh, besonders deshalb, weil mein Vater mir bei jeder passenden Gelegenheit mit einem Lächeln unter die Nase rieb, >Ich hab's Dir ja gleich gesagt.....< Ich sei gar nicht in der Lage, etwas richtig zu machen. Das vergrößerte zu diesem Zeitpunkt aber vor allem nur noch meine Wut auf meinen Vater! Warum konnte er mir nicht ein einziges Mal helfen, für mich da sein - so wie andere Väter doch auch für ihre Töchter da waren?"

„Es ist die Frage", sinnierte Dr. Jung, „ob Sie wirklich mit dem Studium *glücklicher* geworden wären. Aber, darauf kommt es nicht an! Wichtig und wesentlich ist, dass es ein ganz, ganz biestiger Vater gewesen ist, auf dessen wenige Worte Sie sich noch nicht mal verlassen konnten."

„Ja! Mein Vater hat in mir - wie gesagt - immer Angst erzeugt. Er hat mich ja auch geschlagen: Mit seinen Händen oder mit einem dünnen Rohrstock. Nie grundlos, sicher nicht. Ich hatte zum Beispiel mal zwei Schildkröten von Nachbarn in Pflege, auf die ich einen Nachmittag lang aufpassen sollte. Ich war vielleicht acht Jahre alt. Während die Schildkröten in unserem Garten herum liefen, spielte ich mit einem anderen Kind im Sandkasten. Auf einmal waren die Schildkröten weg. Panik!!! Den ganzen Garten haben wir abgesucht, jedes Blatt umgedreht - heulend vor Angst. Sie blieben verschwunden. Oh Gott, was hatte ich eine Angst vor meinem Vater! Was würde er mit mir anstellen, wenn er nach Hause käme? Natürlich kam es, wie es kommen musste! Mein Vater verprügelte mich Stunden später mit dem Rohrstock. Ich hatte es *verdient*, so nannte er es. Und wissen Sie was? Es war fast eine Erleichterung, als er nach diesem stundenlangen Zittern vor der Strafe, endlich nach Hause kam und ich die Prügel, wie erwartet, bekam. Darauf *war* nämlich Verlass!!"

Noch heute bekam ich eine Gänsehaut bei der Erinnerung an die vielen Situationen, in denen ich voller Panik auf die Strafe wartete.

„Mein Vater war der Tyrann der Familie: Er hat alle tyrannisiert, mich, meine Schwester und eigentlich auch meine Mutter. Es war wichtig, was er sagte und das wurde auch getan. >Keine Widerworte!< Nach NEIN sein zweitliebstes Wort!"

Ich sah auf meine Notizen. „Da steht noch mehr..."

„Schön!" ermunterte Dr. Jung mich. „Machen Sie weiter. Es ist alles wichtig!"

Ich erzählte ihm, dass ich schon seit meinem zehnten Lebensjahr Tagebuch schreibe. „Ich konnte mit niemandem reden. Meine Schwester war zu klein. Meine Mutter verstand mich auch eher selten. Sie saß ja auch zwischen allen Stühlen. Tja, und mein Vater? Da war nix möglich. So vertraute ich diesen Büchern meine Gefühle an. Ganz oft schrieb ich damals schon: >Ich hasse ihn< - tausendmal unterstrichen. Zwei Sätze später:> *So* meine ich es ja eigentlich gar nicht.....< Ich konnte meine Wut nicht wirklich raus- oder zulassen. Eine Stimme in mir sagte immer: >Du darfst Deinen Vater nicht hassen! Einen Vater muss man lieb haben...<

Ein anderes Problem war der Alkohol. Jedes Wochenende, pünktlich Freitagabend 18 Uhr bis Sonntagnacht, waren Stammtische, Frühschoppen, Treffen des Musikvereins. Immer kam er angetrunken, meistens betrunken nach Hause. Als ich noch klein war, durfte ich Sonntagvormittags mit ihm gehen. Ich saß dann in der verqualmten Kneipe am Stammtisch - ein Eis in der Hand, eine Cola vor mir - und wartete die ganze Zeit nur darauf, dass er wieder mit mir nach Hause geht. Ich wartete lange und meistens war es irgendwann nur noch langweilig. Das Mittagessen zu Hause war fast immer kalt, wenn wir endlich ankamen."

„Aber welche Funktion hatten Sie denn da?"

„Das frage ich mich auch!"

„Wie alt waren Sie da?"

„Noch klein. Vielleicht im Kindergarten oder gerade in der Schule."

„Aha."

„Ich glaube nicht, dass ich eine Funktion hatte. Es hat ja auch niemand mit mir geredet oder sich um mich gekümmert. Ich bekam mein Eis, etwas zu trinken, das war's. Mein Vater hat getrunken und mit seinen Freunden geredet. Nie mit mir. Auch die anderen an diesem Tisch nicht. Was soll man denn auch mit einem Kind reden? Vielleicht war es eher meine Mutter, die mich ihm in der Hoffnung mitgab, dass er dann pünktlich zum Mittagessen kommt!?"

„Ja", stimmte Dr. Jung mir zu. „Irgend so etwas muss es gewesen sein."

„Später dann, als ich älter war - vielleicht 14 oder 15 Jahre alt - habe ich mich nur noch vor ihm geekelt, wenn er betrunken war. Es gab viele solcher Situationen. Meine Schwester spielte Querflöte in dem Musikverein meines Vaters. Und das wirklich spitzenmäßig, denn sie ist sehr musikalisch ist. Sie war mit ihren zehn Jahren schon weitaus besser als die Männer, die seit 20 Jahren oder länger dieses Instrument spielten. Das war etwas, auf das sogar mein Vater stolz war. Hier konnte er natürlich auch vor seinen Freunden glänzen. Er führte Lea regelrecht vor. Als wir älter waren, war das einzig Positive, was von meinem Vater ′rüber kam >Guckt Euch die Beiden an! Das sind meine Töchter!< Damit meinte er: attraktiv, schlank, früh entwickelt - wie ′Mann′ so schön sagt, nicht liebenswert! Er erfreute sich daran, wie seine Freunde und Saufkumpanen uns betatschten und begrabschten. Und *immer* war Alkohol im Spiel."

Noch heute schüttelte ich mich vor Ekel, wenn ich an die rotgesichtigen Männer dachte, die mit ihrer Alkoholfahne versuchten, mich zu küssen.

„Mein Vater war so oft volltrunken - auch in der Öffentlichkeit. Er stand betrunken vor einem Mikrophon, um eine Rede zu halten, er saß betrunken auf einem Pferd bei einem Fest des Musikvereins und... und... und... Ich habe mich so geschämt. Ich fand es so furchtbar, so Ekel erregend. Trotzdem hatte ich gleichzeitig auch Angst, dass ihm etwas passiert. An eine schlimme Situation kann ich mich erinnern, als wäre es gestern gewesen. Ich kam nach Hause kam und fand meinen Vater volltrunken im Hausflur liegend. Er war gestürzt und hatte sich den Kopf aufgeschlagen. Er lag in einer Blutlache und bewegte sich nicht mehr. Ich war vielleicht 17 oder 18 Jahre alt. Dieser Ekel hat sich in mir so fest gesetzt, dass ich selbst dann, wenn ich auf der Straße von weitem einen Penner sehe, die Straßenseite wechsele, um diesem Menschen nicht begegnen oder in die Augen sehen zu müssen. Ich glaube, dass ich dieses Problem heute auch auf meinen Freund projiziere. Ich kann es nicht ertragen, wenn Rainer mehr als zwei oder drei Bier trinkt."

Ungerecht... Eigentlich...

„Der sechzigste Geburtstag meines Vaters war dann ein Schlüsselerlebnis für mich. Verwandte, Nachbarn, Freunde meiner Eltern hielten Reden. Ich hörte ihnen zu und verstand *nichts*. Von wem sprachen die da eigentlich? Das sollte mein Vater sein? Ein liebevoller Vater? Ein liebender Ehemann? Voller Toleranz und Wärme? Wieso sagten die so etwas? War er zu diesen Menschen anders? Spielte er ihnen Rollen vor? Aber welche? Und wieso? Ich habe es nicht verstanden und hätte am liebsten laut los geschrieen: >Verdammt, soll ich Euch mal sagen, wie er wirklich ist?< Aber wieder mal war ich - mit 22 Jahren - das brave Mädchen, das lächelnd zu allem Ja und Amen sagte. Ich glaube, auf diesem Fest wurde mir zum ersten Mal klar, wie gespalten dieser Mann in sich gewesen sein muss."

„Ja", stimmte Dr. Jung mir zu. „Krank!"

Er sah mich lange an. „Wirklich schlimm! Da Sie Tagebuch geschrieben haben, können Sie es heute wohl auch so klar formulieren und darstellen. Ihnen ist sicher auch klar, dass dieses Erleben mit Ihrem Vater nicht ohne Störungen in Ihrer Person geblieben sein kann. Sicher ist es oft die Mutter, die die wesentlichere Rolle spielt. Aber bei Töchtern ist es immer *auch* der Vater, weil er die erste gegengeschlechtliche Person in ihrem Leben ist. Der Vater spielt eine wichtige Rolle, weil er der kleinen Tochter vorlebt: *So sind Männer*! Das hat natürlich auch die kleine Eva gelernt und erfahren! Weil es normalerweise keine anderen Vergleichsmöglichkeiten für die Töchter gibt. Oder hatten Sie noch einen anderen Mann in Ihrer Nähe? Einen Großvater oder einen Onkel?"

„Nein, da war niemand."

„Alice Miller spricht in einem ihrer Bücher von dem >wissenden Zeugen<. Wenn in der näheren Umgebung ein Mann lebt, der dem Kind zeigen kann, dass es auch noch Männer gibt, die anders sind, dann hat das Kind eine Chance, vielleicht nicht ganz so extrem geschädigt zu werden. Ich sage Ihnen das, weil diese ganzen Situationen ja hier...." Er presste seine Hände ganz fest auf seinen Bauch. „... passieren. Das Schlimme ist vor allem, dass die kleine Eva ihren Vater ja geliebt hat. Das geht ja gar nicht anders! Ohne Liebe ist keine Wut, kein Hass, keine Traurigkeit. Denken Sie an die Frau mit der Schiefertafel! So war das auch bei Ihnen! Sie hatten als Tochter eine riesengroße Liebesbereitschaft für Ihren Vater und das macht alles noch viel, viel schlimmer."

„Ich habe mich vollkommen auf sein Spiel eingelassen. Ich bin zu den Musikfesten gegangen, denn, wenn er betrunken war, nahm er mich in den Arm und ich war glücklich."

„Die kleine Eva hat mitgespielt, weil es ihre einzige Chance war, Nähe von dem Vater zu bekommen. Da hat sie ihn so erlebt, wie sie ihn immer haben wollte. Was das alles bewirkt hat! Ich hatte viele Herzinfarktpatienten in der Klinik und später in Seminaren. Das sind alles Hochleistungstypen. Ich habe viel darüber nachgedacht, wie ich diese Patienten dazu bringen kann, nach ihrer Genesung nicht mehr so tierisch los zu legen. Und: ALLE haben eine klassische Anamnese! Wenn Sie ein Mann wären, hätten Sie mit Sicherheit in Kürze auch einen Infarkt."

„Manchmal denke ich das auch. Ich power in allem, was ich mache, so sehr. Du musst gut sein! Stark sein!"

„Die klassische Anamnese bei diesen Patienten ist immer - trotz Anstrengung - keine Anerkennung vom Vater erhalten zu haben! Und die Folge? Der Mensch beginnt, zu übertreiben: mehr, mehr, mehr! Weiter, weiter, weiter! Diese Übertreibungen sind Anlass zu untersuchen, welcher Wiederholungszwang einer unabgeschlossenen Gestalt vorliegt. Immer, wenn ein Mensch übertreibt, ist es in ganz kurzer Zeit möglich, die Ursache hierfür in seiner Vergangenheit zu finden. Bei Ihnen ist es klassisch: Ihnen steht es zu, vom Vater anerkannt, geliebt und auch gelobt zu werden. Und das nicht nur für Ihre Leistungen, sondern vor allem für Ihre ganze Person. Bleibt das unabgeschlossen, werden Sie immer weiter versuchen, das zu bekommen. >Einmal wird er doch..... Wenigstens einmal.....< Sie sind gezwungen, auch heute noch. Obwohl Ihr Vater schon tot ist, müssen Sie Ihre Gestalt abschließen. Ihr Leistungsdruck ist wohl auch deshalb so immens."

Er erzählte von einem Mann, dessen Mutter ihn ständig gelobt habe: Du bist toll! Du bist der Beste! Damit sei bei diesem Kind ein riesengroßer Leistungsdruck aufgebaut worden. Er bekam nur Liebe, wenn er diesem Anspruch der Mutter gerecht wurde.

„Mit zu viel oder falschem Lob geht's auch", sagte Dr. Jung.

„Mein Vater ist an seinem zweiten Herzinfarkt gestorben."

Ein schlichtes „Ja - Ja" war die Antwort.

„Meine Mutter erzählte mir, dass mein Vater sich nach seinem ersten Infarkt verändert habe. Allen, auch ihm, war klar, dass er einen zweiten Infarkt nicht überleben würde. Angeblich soll er >weicher< geworden sein, sagt sie. Ich habe es nicht gemerkt, aber ich war auch selten bei meinen Eltern zu Hause. Ich habe seine Krankheit verdrängt, wollte sie nicht wahrhaben. Manchmal habe ich mit meiner Schwester zusammen überlegt, ob wir nicht mal versuchen sollten, mit ihm zu reden – ganz offen und ehrlich - über alles, was war. Lea und ich wollten die Ursachen für unsere fast identischen Probleme und Macken klären. Für uns, aber auch mit ihm. Wir haben es dann nicht getan, weil wir beide befürchteten, unsere Schonungslosigkeit und Offenheit könnte ihn umbringen. Wir hatten wieder mal Angst – dieses Mal allerdings wohl mehr um ihn als vor ihm – und haben etwas nicht getan, was wichtig für uns gewesen wäre. Tja, und dann ist er gestorben. In mir war nur ein Gefühl: Jetzt lässt er mich für immer alleine! Er verdrückt sich wieder mal, ohne sich mit mir auszusprechen! Mit seinem Tod wurde mir wohl endgültig klar, dass ich es jetzt ganz alleine für mich klären muss."

„Leider ist es fast immer so, dass mit den Verletzern nicht geredet werden kann", sagte Dr. Jung. „Das geht nicht! So eine Vergangenheit mit der betroffenen Person zu klären, ist fast ausgeschlossen. In Ausnahmefällen kann das vielleicht mal auf dem Sterbebett funktionieren."

„Mit meinem Vater wäre es nicht gegangen. Trotzdem! Schade!“

„Eins ist ganz wichtig: Die lebenden oder verstorbenen Personen sind für unsere Arbeit hier völlig uninteressant. Es interessiert ausschließlich der Vater, unter dem die kleine Eva gelitten hat. Psycho-dramatisch werden in DeKiD die Aktionen im Wald noch einmal gelebt. Das Gute an diesen Aktionen ist, dass die kleine Eva ihre Wut heraus lassen kann: >Ich hasse ihn! Ich hasse ihn!! Ich bring` ihn um!!!< Wenn Sie das im Psychodrama tun, werden Sie danach erleben, dass Sie Ihrem Vater frei begegnen können. Das ist immer so und auch ganz natürlich! Wenn ich auf einen Menschen eine ganz tiefe Wut habe, dann kann ich doch mit ihm gar keinen natürlichen Kontakt haben. Ich kann ihm doch gar nicht normal begegnen und mit ihm reden. Diese Wut auf ihn ist stets und immer da. Ich beginne, mich zu verkrampfen, spiele eine Rolle, bin nicht mehr ich. Ist diese Wut aber raus gelassen, dann entwickelt sich ein normaler, natürlicher Kontakt wieder wie von selbst!“

Wie jetzt? Das ist doch verrückt! Hatte er gesagt, ich soll in den Wald gehen und meinen Vater totschlagen?? Never!! Das kann ich nicht!! Wieder war in mir so viel Angst vor ihm. Dabei lebte er doch gar nicht mehr...

Während mir tausend Gedanken durch den Kopf liefen, erzählte Dr. Jung von einem Mann, der seine Wut im Wald im Psychodrama ausgelebt habe. Tage später sei dieser Mann zu Dr. Jung gekommen und habe erzählt, dass sein Vater nach Hause gekommen sei und wieder mal seinen Bruder geschlagen hätte. Da habe er es ihm aber gezeigt. Richtig verprügelt habe er seinen Vater! Endlich! >Was???? Sie haben WAS getan?< habe Dr. Jung diesen Mann entsetzt gefragt. >Ja< habe der Mann geantwortet >Endlich habe ich mich gewehrt und meinen Vater so richtig vermöbelt. <

„Ich war fassungslos“, sagte Dr. Jung. „Das ist der falsche Weg! Dieser Mann hätte seine Wut im Wald heraus lassen müssen und nicht an der realen Person. Dieser Mann hat in der Therapie schlecht gearbeitet!!“

Oh ha! Ein vernichtendes Urteil!

„Warum erzähle ich Ihnen das?“

Tja, warum? Mein Vater war ja eh tot.

„Sie haben und hatten keine Möglichkeit, im Kontakt mit Ihrem realen Vater etwas zu klären. Würde Ihr Vater noch leben und Sie hätten hier in Ohlstadt gut gearbeitet, dann wäre der Kontakt mit ihm frei, ohne Anstrengung. Diese Erfahrung machen alle Patienten. Lassen Sie Ihre Wut heraus! Wenn sie weg ist, werden Sie an das Grab Ihres Vaters gehen können und verzeihen....“

Er sah vor sich hin.

„Nein! Verzeihen wäre das falsche Wort. Sie können mit ihm auf einer liebevollen Basis kontakten. Sie haben dann hier...“ und wieder drückte er beide Hände flach auf seinen Bauch. „... ein Verständnis dafür, dass auch er Eltern hatte, von denen er mehr haben wollte, als er bekam. Dass auch sein Verhalten Gründe hatte. Alle Menschen, die sich so sehr abschirmen müssen wie Ihr Vater, die müssen sich gelegentlich erleichtern. Dies geschieht meistens mit Alkohol.

Nach Ihrer Arbeit im Wald fließt Ihre Liebe wieder - und sie wird dann aus Ihrem Herzen kommen. Aber erst müssen Sie arbeiten!!! Das ist ganz wichtig! Und noch eins: Sie dürfen kein schlechtes Gewissen haben, wenn Sie im Wald Ihren Vater verprügeln oder totschlagen. Es geht hier um die kleine Eva, die sich befreien muss. Und das geht nur so!"

Ich nickte, obwohl ich mir noch immer sicher war, das niemals zu können.

„Als nächstes ist es jetzt notwendig, dass Sie sich das, was die große Eva mir heute erzählt hat, noch einmal von der kleinen Eva erzählen lassen. Die Kleine weiß nämlich noch viel, viel besser, was damals geschehen ist und wie sie sich gefühlt hat. Sie hat die ganzen Emotionen in sich. Die Kleine muss jetzt alles im Gespräch und später in den Aktionen im Wald heraus lassen dürfen. >Munition<, so nenne ich das, ist die Kurzfassung einer schlimmen Situation für die Kleine. Das Verdreschen wegen der Schildkröten, das Sitzen lassen in Kneipen... und... und... und.... Der Vater hat nicht Recht! Die Art, Kindern durch Prügel beizubringen, was richtig und was falsch ist, ist falsch."

Wieder schlug seine geballte Faust auf das Tischchen. Dann fuhr er ganz ruhig fort: „Es kommt aber noch etwas hinzu: Wenn Sie sich als Große das Verhalten Ihres Vaters erklären oder vielleicht sogar noch entschuldigen, dann ist das Verrat an der kleinen Eva. Hier müssen Sie ganz wach sein! Wenn die Kleine anfängt, mit Ihnen zu sprechen, müssen Sie ganz doll aufpassen! Sie dürfen nicht die Rolle des Vaters übernehmen, indem Sie sagen >Ja, aber Du hättest ja auch ein bisschen besser auf die Schildkröten aufpassen können< NEIN!!!! Verraten Sie Ihr Kind nicht! Die kleine Eva hat gespielt und das steht ihr zu. Sie ist nicht der Aufpasser von Schildkröten!"

Wie er dieses Wort >Schildkröten< ´raus würgte... Schon toll...

„Selbst, wenn der Vater das tausendmal von Ihnen erwartet hat! Die kleine Eva war guten Willens. Sie wollte ja aufpassen. Aber dann hat sie gespielt, war vertieft in ihrem Spiel. Sie war Kind! Das ist natürlich!! Das ist nicht schuldhaft! Und das darf schon mal gar nicht bestraft werden! Ein Kind kann behutsam an Pflichten herangeführt werden - auf eine liebevolle Weise, ja. Aber doch nicht soooo!"

Gedankenverloren schüttelte er seinen Kopf.

„Die kleine Eva wusste doch gar nicht, was da passiert war. Sie hatte doch nur gespielt! Was war daran denn so schlimm? Alle Begründungen für die Prügel kamen dann später von Ihrem Vater, von Ihrer Mutter. Das Kind übernimmt diese Begründungen als richtig und wahr. >Ja, ja, mein Vater ist nicht böse! Er hat ja einen Grund gehabt! Ich war böse, ich war schuldig!<"

Aber so war's doch auch ein bisschen? Hätte ich... Als könnte Dr. Jung meine Gedanken lesen, rief er:

„NEIN! ER HATTE KEINEN GRUND!!!"

Der Kassettenrekorder vibrierte, als seine Faust heftig auf dem kleinen Tischchen landete.

„Ihr Vater hat sie nicht lieb gehabt. Deshalb hat er sie mit Prügel bestraft!"

„Mir fällt noch eine Situation ein, die für mich als Kind ebenso furchtbar war. Die ganze Familie sitzt am Küchentisch beim Mittagessen. Es gab einen Eintopf, den ich bis heute hasse. Meine Mutter, obwohl sie das wusste, hatte einen Riesenberg auf meinen Teller gepackt. Ich wusste nicht, wie ich den jemals essen sollte. Mir war schlecht! Mein Vater sah mir eine Zeitlang zu, wie ich Bissen für Bissen von diesem Zeug 'runter würgte. Irgendwann, alle waren schon fertig, sprang er auf, holte den mir bekannten Rohrstock, legte ihn vor meinen Teller und sagte >Iss!!< Ich fing an zu weinen. Aus Angst und weil mir kotzübel war. Ich wusste einfach nicht, wie ich das restliche Essen noch durch meinen Hals bekommen sollte..."

Bei dem Gedanken an diese Szenerie wurde mir jetzt noch ganz schlecht. Ich sah noch immer diese eiskalten Augen meines Vaters ungeduldig auf mich gerichtet, jede Bewegung meiner Gabel - in das Essen - zum Mund - wieder in das Essen - verfolgend. Ich konnte einfach nicht mehr!!! PAPA!! BITTE!! Ich kann nicht mehr!!

„Aber alles Flehen half nichts! Und so aß ich Bissen für Bissen! Inzwischen saßen nur noch er und ich an dem Tisch. Meine kleine Schwester spielte schon im Garten. Ich wollte auch! Also aß ich diesen ganzen verdammten Scheißteller leer. Den letzten Bissen behielt ich im Mund. Als mein Vater endlich vom Tisch aufgestanden war, kotzte ich den ganzen Riesenberg zurück auf den Tisch. Tja, und dann gab's Sänge!!!"

„Poah!", sagte Dr. Jung. „Eine ganz, ganz dicke Munition! In DeKiD erstellen die Patienten so genannte Munitionslisten. Sie müssen auch eine solche Liste erstellen, auf der sie alle diese Szenen als Munitionen aufschreiben. Nehmen Sie ein DIN-A-4-Blatt und schreiben Sie alles auf..."

„DinA-4 wird nicht reichen...", warf ich ein.

„Diese Liste können Sie immer bei sich tragen und ergänzen. Es reicht aus, wenn Sie die einzelnen Szenen nur stichpunktartig notieren, mit einem Wort, einem Satz – zum Beispiel >Essen, Stock vorm Teller<. Wichtig ist, dass wir nicht nur mit der Großen arbeiten! Die Kleine muss das Ganze erzählen."

Ich würde mir einen DIN-A-3 Block zulegen.

„Jetzt", sagte Dr. Jung, „möchte ich Sie in die Arbeitsweise von DeKiD einführen. Sie ist lächerlich einfach. Zu Hause in Ihrem Zimmer stellen Sie zwei Stühle einander gegenüber..."

Dr. Jung stand auf und platzierte zwei Stühle in die Mitte des Raumes. Sie standen sich gegenüber, ungefähr einen Meter auseinander.

„In dem einen Stuhl sitzt die kleine Eva. Sie sollten sich alte Kinderfotos ansehen, auf denen Sie im Alter von etwa vier oder fünf Jahren abgebildet sind. So haben Sie ein Bild der Kleinen vor Augen. Es ist für unsere Arbeit in DeKiD ganz wichtig, dass Sie die kleine Eva tatsächlich vor sich sehen, so, wie sie da vor Ihnen in dem Stuhl sitzt und Ihnen, der großen Eva, zuhört. Um es sich am Anfang zu erleichtern, können Sie zunächst auch ein Kissen in diesen Stuhl legen. Irgendwann sehen die meisten DeKiD-Patienten ihr Kind auf dem Stuhl sitzen. Sie können beschreiben, wie es mit den Beinen schaukelt, dass es Zöpfchen hat, aus dem Fenster sieht, lacht oder weint. Weil es anfänglich schwierig ist, kann das Kissen dabei eine Hilfe sein. Sie, die große Eva, setzen sich auf den zweiten Stuhl, der Kleinen gegenüber."

Tja, da war ich ja mal gespannt! Bis jetzt konnte ich mir nicht vorstellen, mich in mein Zimmer zu setzen und Selbstgespräche zu führen. Zum Glück konnte mich ja keiner sehen. Damit mich auch keiner hörte, würde ich flüstern.

„Dann kommt das Einleitungsgespräch", erklärte Dr. Jung weiter. „Sie können alles sagen, was Ihnen gerade einfällt. Wichtig ist, dass Ihnen stets bewusst ist, dass Sie mit einer Person reden. Sie werden im Laufe der vier Wochen noch staunen, was und wie viel Ihnen von dem anderen Stuhl erzählt wird. Sie werden lernen müssen, die Kleine zu achten! Das ist ganz wichtig! Das Kind ist klug und meistens viel stärker als die Große! So wie Freud es gesagt hat: >Das ICH reitet auf dem ES. Bei einem Herzinfarkt passiert es zum Beispiel, dass das ICH dem ES die Sporen gibt. Das ES wirft das ICH ab und das ICH landet im Graben. Das ES - das Kind - ist immer stärker!"

Wieso fiel mir jetzt mein Traum ein?

„Es ist wichtig, dass Sie lernen, mit diesem Kind umzugehen. Es ist anfangs nicht einfach, mit einem Kind zu reden. Wie spreche ich es an? Was sage ich ihm? Wird es mich verstehen? Ich würde zum Beispiel nie mit einem Kind reden, ohne in die Hocke zu gehen. Ein Gespräch auf einer Ebene - nicht von oben nach unten! Kontakten auch Sie mit Ihrem Kind, mit der kleinen Eva."

Wenn das man gut geht...

„Es kommen viele unangenehme Aufgaben auf Sie zu, die Sie bis heute so nie ausführen mussten. Nehmen Sie Kontakt auf. Dafür müssen Sie die kleine Eva ansprechen, weil sonst kein Kontakt zustande kommen kann. Ich gebe Ihnen noch einen Tipp: Wenn ich mit meinem kleinen Klaus rede, dann beginne ich meistens damit, dass ich ihm erzähle, was mir passiert ist. Sie könnten sich also hin setzen und der Kleinen erzählen: >Du, mir passieren da so merkwürdige Dinge! Ich laufe einem Mann weg, den ich lieb habe. Und ich weiß gar nicht, warum?! Eigentlich will ich das überhaupt nicht. Ich weiß nicht, warum ich das alles mache. Aber eins weiß ich: Das bist DU! Du machst das in mir! Ich möchte das loswerden und dafür brauche ich Dich. Du musst mir alles noch mal erzählen. Und ich verspreche Dir, dass ich Dir helfen werde! Wichtig ist nur, dass Du mir alles erzählst!< Auch Ihr Kind schreit: HILF MIR!! Wenn Sie Ihr inneres Kind befreien, werden Sie frei sein. Wichtig ist das Entstehen eines Dialoges zwischen Groß und Klein. Deshalb muss die Große mit einer Frage aufhören. Nur so kann die kleine Eva antworten."

Na gut...

„Nachdem Sie eine Frage formuliert haben, stehen Sie als Große auf und setzen sich auf den anderen Stuhl. Das Kissen können Sie in den leeren Stuhl legen. Jetzt sind Sie die kleine Eva. Überstürzen Sie nichts! Machen Sie die Augen zu, versuchen Sie, ganz ruhig zu sein! Auch, wenn es minutenlang dauert

- egal. Versuchen Sie, die Kleine zu sein. Vielleicht fällt Ihnen zunächst irgendetwas ein, das gar nichts mit der Frage zu tun hat. Das ist auch okay. Lassen Sie zunächst alles zu. Dann aber ist es wichtig, auf die Frage, die Sie der Kleinen gestellt haben, zurück zu kommen. Versuchen Sie mal, ob Sie eine Antwort haben. Vielleicht entsteht zunächst ein Bild vor Ihrem geistigen Auge. Ihre Aufgabe als Kleine ist es jetzt, jedes Bild, das in Ihnen hoch kommt, in Sprache umzusetzen. Die kleine Eva mit ihren vier oder fünf Jahren kann sprechen. Deshalb sollen Sie laut - nicht nur in Gedanken - reden! Übersetzen Sie die Bilder der kleinen Eva, egal was es für Bilder sind. Wenn Sie die Kleine im Garten sitzen sehen, dann sagen sie laut >Ich sitze im Garten<. Wenn das alles ist, was Sie sehen und wirklich nicht mehr Bilder hoch kommen, dann stehen Sie auf, setzen sich wieder auf den anderen Stuhl und fragen die kleine Eva, was sie in dem Garten macht. Danach wechseln Sie wieder die Stühle und setzen sich erneut auf den Stuhl der Kleinen. Die kleine Eva wird Ihnen antworten, da bin ich ganz sicher. Vielleicht noch nicht heute, vielleicht noch nicht morgen. Es kommt darauf an, wie offen die kleine Eva für die große Eva ist. Sie hat so lange darauf gewartet, dass Sie sie ansprechen! Es kann sein, dass die Kleine ein bisschen beleidigt oder ein bisschen trotzig ist. >Pö! Jetzt auf einmal, wo's Dir schlecht geht, willst Du mit mir reden? Nee Du, so nicht. Damit komm´ jetzt auch mal alleine klar.<. Seien Sie geduldig, geben Sie der Kleinen Raum und Zeit. Sie ist da und sie wird irgendwann auch mit Ihnen sprechen!"

Das klang ja wirklich toll. In mir soll also ein kleines Kind sitzen, ich in klein, das mit mir kommunizieren kann!? Ist doch irgendwie schön, sich das vorzustellen! Ein Kind! Ich! Klasse!

„Der liebevolle Kontakt ist bei DeKiD das Wichtigste! Das Dreschen später im Wald auch. Aber der innige Kontakt steht über allem. Wenn der nicht da ist, geht gar nichts!"

„Also!", freute sich Dr. Jung. „Das ist die nächste Hausaufgabe: Stellen Sie den Kontakt zu der kleinen Eva her. Wenn das Gespräch zu Ende ist, dann versuchen Sie bitte, das ganze Gespräch auf zu schreiben, so, wie Sie es geführt haben. Am besten wörtlich! Wenn der Dialog nicht gut gelaufen ist, ist es noch wichtiger, alles möglichst ausführlich aufschreiben. Alles, was Sie als Große oder Kleine gesagt, was Sie gefühlt oder gedacht haben auf beiden Stühlen. Nur dann kann ich Ihnen in der nächsten Stunde helfen. Vielleicht geht's dann beim zweiten Mal schon viel besser! Aber ich glaube, es wird auch jetzt schon ganz gut gehen!"

Und wenn nicht?? Shit, schon wieder so etwas wie Leistungsdruck, der in mir hoch kam. So'n Blödsinn! Hör` auf damit!! Du bist nicht in der Schule! Du bekommst keine Zensuren! Außerdem sieht und hört Dich doch niemand! Also!? Ganz ruhig! Wird schon schief gehen.

„Ich kann mir sogar vorstellen, dass Ihre kleine Eva anfängt zu reden und gar nicht wieder aufhört."

„Vorstellen kann ich mir das auch. Da ist so viel in mir, was ´raus muss.“

„Wenn die Kleine los plappert und es Ihnen, der Großen, zu viel wird, dann unterbrechen Sie sie. Setzen Sie sich zurück auf den Stuhl der Großen und sagen liebevoll >Oh, das ist ja toll, was Du mir alles erzählen willst. Aber weißt Du, es geht nicht alles auf einmal. Lass` uns doch erst mal zusammen versuchen, diese oder jene Geschichte zu Ende zu bringen. Und danach erzählst Du mir dann weiter, ja?<“

Ich sah ein Kind und einen Erwachsenen vor mir... Würde ein Erwachsener so mit einem Kind reden? Würde ich das können? Und dann noch mit mir selbst?

„Eine ganz wichtige Sache ist das Zuhören. Viele meiner Patienten mussten erst mal wieder lernen, zuzuhören. Das hatten sie verlernt. Das, was die Kleinen sagen, ist so wichtig, so stark und so voller Kraft und Echtheit. So könnte es Ihnen sonst niemand sagen. Da...“, sagte Dr. Jung und zeigte auf den ´kleinen´ Stuhl. „,.Auf dem Stuhl sitzt Ihr Therapeut, und der weiß so viel mehr als ich.“

Wir sahen beide auf die leeren Stühle, die wie verloren mitten im Raum standen.

„Meine Aufgabe ist es lediglich“, fuhr Dr. Jung fort, „in der auf das Gespräch zu Hause folgenden Therapiestunde genau aufzupassen, ob Sie alles verstanden haben, was der kleine Mensch gesagt hat. Es kommt oft vor, dass ich einem Patienten sagen muss >Ey, hör` mal, Sie haben doch gar nicht richtig zugehört! Was sagt denn der/die Kleine?< Und auf einmal versteht der Patient die Worte wirklich. Obwohl er sie selbst aufgeschrieben hatte, hatte er sie nicht gehört und verstanden. Das kommt immer dann besonders oft vor, wenn der kleine Mensch den großen kritisiert. Kritik wird gerne überhört. Erst recht, wenn sie von einem Kind kommt. Und - dazu kommen wir dann später noch - dann ist die Aufgabe der Großen, diese Kritik an die Kleine zurück zu geben >Ey, warum machst Du das in mir? Du bist es doch, die das oder das macht. Warum? Was ist los? Komm, Kleine, erzähl’s mir! Wo kommt das her?< In DeKiD werden wir stets versuchen, an die jeweilige Wurzel zu kommen. Denn genau da muss gearbeitet werden.“

Dr. Jung stand auf und nahm ein Buch von seinem Schreibtisch.

„Zur Motivation werde ich Ihnen jetzt aus einem wunderschönen Buch von Bruce Davis >Das magische Kind in mir< vorlesen. Dieses Buch habe ich erst nach vielen Jahren meiner Arbeit in die Finger bekommen, habe die Einleitung gelesen und war fasziniert, wie treffend Bruce Davis sich ausdrückt. Um Sie zu motivieren, den Kontakt mit Ihrem inneren Kind herzustellen, hier also die Einleitung aus diesem Buch...“

Er begann vorzulesen: „In jedem von uns sitzt ein Kind, das schreit: >Hör` mir zu! Ich habe es satt, Tag für Tag ignoriert zu werden. Du gehst zur Arbeit, Du gehst mit Deinen Freunden aus, Du schläfst, Du isst, Du lebst, als wenn ich gar nicht da wäre. Gelegentlich nimmst Du Notiz von mir, wenn Du deprimiert bist oder krank im Bett liegst. Aber was machst Du Dir WIRKLICH aus mir?

Fragst Du mich je, was ich eigentlich will? Ich sitze hier und warte und warte...," leierte Dr. Jung ungeduldig. „...dass Du mich endlich einmal wahrnimmst. Zuerst haben Deine Eltern Teile von mir ignoriert und dann hast Du da weiter gemacht, wo Deine Eltern aufhörten! Kannst Du Dich an mich erinnern?"

Die Stimme Dr. Jungs wurde jetzt ganz warm und weich.

„Ich bin Deine Gefühle, Deine Träume und Phantasien. Ich bin derjenige, der immer gern in den Park ging. Ich bin derjenige, der gern Pizza isst, der Bonbons, Berge und den Sonnenschein liebt und der spielen will! „

Was für eine Freude lag in seiner Stimme!

„Ich bin der, der in den Arm genommen werden und hören will, dass er geliebt wird. Ich bin das Kind in Dir! ICH BIN DU!!!!", rief er.

*„Es ist mir egal, dass Du jetzt erwachsen bist. Wieso musst Du mich deshalb vergessen? Wieso können Erwachsene nicht Spaß am Leben haben wie die Kinder? Wieso muss erwachsen sein heißen, dass das Kind in Dir versuchen muss, nicht da zu sein? Glaub` mir, es ist nicht leicht, in Deiner Erwachsenenwelt zu leben, in dieser Welt, in der ständig gekämpft wird. Was glaubst Du, wie ich mich fühle, wenn Du mich beim Essen voll stopfst, während Du mit Deinen wichtigen... „*

Wie er dieses Wort heraus würgte.....

*„... Freunden redest, mit Leuten, die Du in Wirklichkeit gar nicht leiden kannst? Wohin soll ich gehen, wenn ich wütend bin und Du mich nicht hörst? Dann wunderst Du Dich, wenn Du dick wirst und Verstopfung hast. Woher glaubst Du, kommen Deine Probleme? Ich weiß* (... leier... leier....), *Du brauchst Deine wichtigen* (WÜRG!) *Freunde. Du musst Deinen Lebensunterhalt verdienen. Ich weiß, dass Du für andere sorgen musst. Aber...ist Dir jeeeee in den Sinn gekommen, dass Du von anderen einige Dinge nicht so dringend brauchen würdest, wenn du MEIN Freund wärst?*

*Hast Du je daran gedacht, dass Du vielleicht nicht so viel Einkommen brauchst, um mich zufrieden zu stellen, wenn Du auf Deine Gefühle und Deine kleinen Wünschen achten würdest? Hast Du je daran gedacht, dass es Dir vielleicht nicht so eine Last wäre, für andere zu sorgen, wenn Du zu DIR ein bisschen netter wärst?*

*Ich weiß, Du versuchst, eine bessere Stellung zu bekommen, damit Du mehr Zeit für mich hast. Ich habe die verschiedenen Therapien, die Du ausprobiert hast, gespürt. Sie haben Dich Teilen von mir wieder näher gebracht. Ich möchte aber, dass Du mich GANZ kennst. Ich mag nicht mehr andere um mich haben, die drängeln und schieben und nach mir herum fischen. Du sollst MICH kennen lernen! Ich erwarte nicht, dass Du Dich über Nacht änderst..."*

Jetzt war seine Stimme wieder ganz sanft....

*„... Ich habe schon soooo lange darauf gewartet, dass Du mich erkennst. Ein Teil von mir, wird ehrlich gesagt, NIE verstehen, wie Du so mit mir umgehen kannst* (...ganz traurig....). *Wieso ist es so schwierig für Dich, so zu*

*sein, wie Du sein willst? Wenn ich Dein leibliches Kind wäre, würdest Du mir doch auch zuhören und wissen wollen, wie es mir geht. Ich BIN buchstäblich DEIN KIND, weißt Du?? Du hast nur gelernt, mich nicht zu sehen...“*

Ich hatte wie hypnotisiert zugehört. Tränen liefen mir über die Wangen. Ich merkte es erst, als Dr. Jung mich schweigend ansah. *Wahnsinn!* Ich hatte tausend Gefühle im Bauch. Diese Worte taten weh. Sie rührten mich an. Sie berührten meine Seele! Ich sah vor mir ein Kind liegen, so sehr verletzt, blaugeschlagen, blutend, weinend, schreiend... Es lag da und ich konnte es sehen. Aber mehr nicht. Ich hatte Angst, mich diesem Kind zu nähern! Konnte ich mit ihm umgehen? Könnte ich diesem leidenden Kind helfen? Ja, ich wollte ihm helfen!! Aber, war ich dazu überhaupt in der Lage? Und wenn ja, wie? Die Wunden verbinden? Womit? War ich stark genug, dieses Kind zu lieben? Im Augenblick spürte ich nur Mitleid und Schmerzen. Dieses Kind tat mir so leid! Arme kleine Eva!!

„Eigentlich habe ich jetzt die kleine Eva gedoppelt. Im Psychodrama ist das Doppeln eine Form eines Spiels: In einer Gruppe spielen einzelne Personen eine Rolle - Mutter, Vater, Onkel, Oma. Die anderen, die nicht spielen, hören zu und können eingreifen, wenn eine Szene ins Stocken gerät. Dann stellt sich ein anderer aus der Gruppe hinter diese spielende Person und spricht für sie diese Rolle. Das nennt man Doppeln. Ich habe gerade beim Vorlesen die kleine Eva gedoppelt.“

„Ja, das habe ich gespürt!“

„Gut“, sagte er. „Dann versuchen Sie doch mal, den ersten Kontakt herzustellen. Ich bin schon ganz gespannt, was dabei herauskommt.“

Oh ja, das war ich auch!

# Das erste Gespräch

Der nächste Tag war mit Wanderungen ausgefüllt, so dass ich lediglich dazu kam, mir die Kassette der zweiten Stunde noch einmal anzuhören. Diese Einleitung von Bruce Davis... Ich spulte die Kassette immer wieder zurück. Mit Tränen in den Augen hörte ich es mir mehrmals hinter einander an. Wie treffend hatte er es ausgedrückt. Das *alles* hätte ich genau so meinem Vater sagen können. Sagen *müssen?* Tja, nun war's zu spät! Wie hatte Dr. Jung noch gesagt? Vermutlich hätte ich es nie mit meinem Vater klären können. Sicher ist zumindest, dass er es *niemals* verstanden hätte! Warum hätte er auf einmal etwas verstehen sollen, was er vorher auch nicht gesehen hat? Also! Ich musste es mit mir alleine klären. Das war jetzt *MEIN Weg*!

Am nächsten Morgen erwachte ich mit einem dicken Kloß im Hals. Oh nein, bitte nicht schon wieder so ein depressiver Tag! Mir ging's doch eigentlich ganz gut hier! Was war denn jetzt schon wieder los?

Ich hatte auf einmal das Gefühl, mit jemandem reden zu müssen. Mit niemanden hier in Ohlstadt. Nein, mit einem Freund in Berlin. Nicht mit Rainer. Aber mit wem?

Da fiel mir Eddy ein, ein Freund, der mir zum Abschied eine Musikkassette in die Hand gedrückt hatte. Dass das erste Stück hierauf hieß >That's what friends are for< Genau! Den würde ich jetzt anrufen. Der würde mich verstehen.

Nach dem Telefongespräch ging's mir besser. Oh, es tat gut, Freunde zu haben, die einem einfach nur zuhörten. Ja, das hatte ich gebraucht!

Nach den Wanderungen dieses Tages und dem Abendessen in fröhlicher Runde verabschiedete ich mich von den anderen – nicht, ohne mich vorher zu vergewissern, wo ich sie später am Abend noch finde. Man kann ja nie wissen...

Ich ging in mein Zimmer zurück, hörte mir noch einmal Bruce Davis an. Irgendwie musste ich mich jetzt auf dieses Kind einstimmen. Schließlich wollte ich ja den ersten Kontakt herstellen. Witzig! Es war noch immer ein fremdes Kind. Das war noch nicht wirklich *ich*.

Ich versuchte, mich in dieses Kind hinein zu versetzen. Ich wollte dieses Kind sein, dass seinem Erwachsenen-Ich all′ das sagt. Gleichzeitig merkte ich aber, dass ich diese Worte meinem Vater sagte, nicht mir.

Ach egal, irgendwann musste ich es ja doch wagen.

Ich stellte zwei Stühle einander gegenüber. Ich setzte mich auf den einen Stuhl, auf den anderen legte ich ein Kissen. Da saß ich nun, die Beine übereinander geschlagen, die Ellenbogen auf meinem Bein, das Kinn auf die zu Fäusten geballten Hände gestützt und sah, leicht vornüber gebeugt, dieses

Kissen an. Ich musste jetzt also mit diesem Kissen, quatsch, mit diesem Kind sprechen... Ich sah auf das Kissen... Mein Blick schweifte unruhig durch den Raum.... War die Tür zu? Hatte ich das Fenster geschlossen? Hoffentlich hörte mich niemand! Sehen würde mich ja wohl keiner. Oh Mensch, warum war das so schwierig, einfach anzufangen. Was wollte ich diesem Kind denn überhaupt sagen? Was würde ein Kind interessieren? Was interessierte *mich* am meisten?

Nach einer Ewigkeit fing ich ganz leise an zu sprechen: „Hey, Kleine. Ganz schön schwierig, mit Dir zu reden... Ich weiß aber, dass ich damit anfangen möchte, Dich mehr zu beachten. Ich sehe Dich nicht. Du bist nicht immer da. Oft schläfst Du. Ganz selten bist Du wach, um mir zu sagen, wie es Dir geht....."

Gut! Der Anfang war gemacht.... Was jetzt? Ach ja! Ich musste ja noch eine Frage stellen..... Okay.... Also...

„Kleine, warum schläfst Du immer?"

Das war doch eine gute Frage. Genau das wollte ich wissen.

Ich setzte mich auf den anderen Stuhl. Hier sollte also jetzt das Kind sitzen... Komisch... Irgendwie fühlte ich mich unwohl... Ach egal! Komm, antworte jetzt auf die Frage. Das war schließlich die Hausaufgabe..... Während ich noch über die Antwort nachdachte, fiel mir auf, dass die Frage ganz schön schwierig war...

Ich saß ewig lange auf diesem Stuhl und konzentrierte mich auf die Frage. Was würde das Kind darauf antworten?

Mir wurde meine Jeans zu eng. Ich zog Schuhe und Hose aus, schlüpfte in meinen Jogginganzug und setzte mich wieder hin. Also, noch mal... Warum schlafe ich immer?

Es passierte nichts.

Ich zog meine Beine hoch auf den Stuhl, umschlang sie mit meinen Armen. Ja, schon besser! Meinen Kopf legte ich auf meine Knie, schloss die Augen und wippte leicht hin und her. Nach einer Ewigkeit begann ich, ganz langsam zu sprechen...

„... weil Du mich ja doch nicht hörst. Manchmal schlaf' ich gar nicht... Manchmal bin ich hellwach..."

Pause! Wollte ich noch mehr dazu sagen? Lieber noch etwas warten...

„Aber, wenn ich dann mal wach bin," hörte ich mich selber flüstern „dann willst Du mich ja gar nicht. Du ignorierst mich. Deshalb habe ich mir irgendwann gesagt, dass ich auch schlafen kann."

Ich wechselte die Stühle und sah jetzt wieder auf dieses Kissen in dem kleinen Stuhl. Das Kind hatte also tatsächlich etwas gesagt. Schon erstaunlich. Aber was nun? Ich versuchte mir vorzustellen, wie ein 'normales' Gespräch jetzt weiter verlaufen würde. Unter normalen Umständen würde ich meinem Gesprächspartner jetzt vermutlich sagen, dass ich das ändern will.

„Ja... also..."

Mein Gott, war das blöd, so mit einem Kissen zu sprechen...... „... also...

Ich möchte anfangen, Dir zuzuhören, mit Dir zu reden und Dich zu beachten. Du bist mir nämlich ganz wichtig."

Na, so ganz war das wohl noch nicht so. Ich wollte es wirklich, keine Frage! Aber im Moment spürte ich noch nicht die Wichtigkeit dieses Kindes für mich. Aber, was nicht ist, kann ja noch werden...

Nun musste ich aber ja auch noch ein Gespräch führen. Tja, worüber wollte ich denn reden? Bloß nichts Trauriges, lieber etwas Angenehmes... Schließlich wollte ich mir den Abend ja nicht schon im Vorfeld selbst vermiesen.

„Gut, Kleine", begann ich, „dann lass´ uns doch einfach mal anfangen, zu reden. Erzähl´ mir doch mal, was früher schön war. Kannst Du Dich an etwas Schönes erinnern? Und wenn ja, an was und wie hast Du Dich da gefühlt?"

Ja, das wollte ich wissen. An etwas Schönes konnte ich mich gar nicht mehr erinnern. Oder? Das war ja jetzt richtig spannend...

Ich setzte mich wieder auf den Stuhl der Kleinen, zog meine Beine an, umschlang sie mit meinen Armen und begann wieder, hin und her zu wippen. Ganz, ganz langsam sah ich ein Bild vor mir, zunächst ganz verschwommen, aber es wurde zunehmend klarer...

Ich lag auf dem Sofa im Wohnzimmer, zugedeckt mit Kissen und Decken. Es war ganz kuschelig und warm. Es gab Kakao und Kuchen. Ich war krank, hatte Masern oder Windpocken. Alle waren ganz lieb und nett zu mir. Dieses Gefühl war einfach klasse! Meine Mutter war da, als ich sie brauchte. Ich war krank und sie pflegte mich. Schön war das!

Dann tauchte noch ein Bild auf. Ich hatte meinen Arm gebrochen, ich war vielleicht fünf Jahre alt... Und da! Noch eins: Es ist Winter. Schlittenfahren mit Papa - einen Berg hinunter. Ich hatte Angst. Aber er war da und hielt mich fest. In seiner Nähe habe ich mich sicher gefühlt. Es konnte mir nichts passieren...

Oh! Noch ein Bild! Aber, das war ich ja gar nicht. Das war doch Lea, meine Schwester! Witzig! Was war das denn? Das hatte doch gar nichts mit mir zu tun. Mein Vater trug meine Schwester Huckepack die Treppe ´rauf ins Bett. Sie war damals noch klein. Ich war ja vier Jahre älter und viel zu schwer und zu groß... Schön, wie Lea sich freute!

Ich beschrieb mir selbst alle Bilder, die ich sah. Als nichts mehr passierte, setzte ich mich wieder auf den Stuhl der großen Eva. Ich merkte, dass das aber jetzt nicht *nur etwas* Schönes war, was die Kleine gesehen hatte. Ich fühlte mich auf einmal gar nicht mehr so richtig gut. Das musste ich jetzt klären.

„Warum fühlst Du Dich denn jetzt nicht so richtig gut? Hat es damit zu tun, dass Papa Lea und nicht Dich ins Bett brachte? Warst Du deshalb traurig?"

Ich wechselte wieder die Stühle und die Sitzhaltung, bevor ich sagte: „Nee, eigentlich war ich nicht traurig. Ich habe das ja verstanden! Ich war doch schon groß und viel zu schwer. Dafür hat Papa ja andere Sachen mit mir gemacht, die auch schön waren."

Erst jetzt fühlte ich, wie erschöpft ich war. Ich hätte niemals gedacht, dass die Kontaktaufnahme *so* schwierig sein würde. Wie sollte ich denn das Gespräch jetzt beenden? Vielleicht, indem ich der Kleinen zum Abschluss etwas Nettes sagte. Ich setzte mich auf den anderen Stuhl.

„Kleine, ich finde es toll, dass Du mit mir gesprochen und mir etwas Schönes erzählt hast!“

So, das reichte aber jetzt auch fürs erste. Schließlich musste ich das alles ja auch noch aufschreiben. Alles ist wichtig, hatte Dr. Jung gesagt. Also los.

Ich schrieb alles, was ich gesagt hatte, wörtlich in mein Tagebuch und wollte schon aufstehen, als mir noch etwas auffiel. Vermutlich war das gar nicht wichtig. Aber besser isses wohl, jeden Gedanken zu notieren. So beschrieb ich noch stichpunktartig meine Sitzhaltungen. Okay, das war nun aber auch genug.

Ich zog mich schnell wieder an und rannte in die Kneipe. Hoffentlich waren die anderen noch da...

# Groß und Klein

Ich machte mich zum dritten Mal auf den Weg zu Dr. Jung. Ich ging langsam, versuchte, mich zu sammeln. Da war so viel Neues, was in den letzten Tagen auf mich eingestürzt war: meine Vergangenheit, die jeden Tag, der hier in Ohlstadt verging, lebendiger wurde, die Gegenwart mit der Kur und den Wanderungen, die körperlich anstrengend waren, aber die Spaß und den Kopf ein bisschen freier machten. Da waren viele schöne intensive Gespräche mit anderen, die mir schon so nah waren, obwohl ich sie erst eine Woche kannte. Da gab's Michael, mit dem ich zwar nicht reden, mit dem ich aber Spaß haben konnte, die Stunden bei Dr. Jung, die Stunden mit mir alleine und - ganz neu für mich - die Stunden mit einem Kind, das *ich* sein sollte... Ja, das alles war schon schön! Und die Zukunft? Darüber wollte ich mir noch keine Gedanken machen. Die war noch so weit weg. Zum Glück!

„Na", fragte Dr. Jung, als wir seinem Arbeitszimmer saßen. „Wie geht's Ihnen?"

„Heute eigentlich ganz gut."

Da war es wieder, dieses *EIGENTLICH*! Was wollte ich damit sagen? Ging's mir jetzt gut oder nicht? Ich war ein bisschen müde. Da war noch etwas anderes... Aber *was* ?

„Gestern war irgendwie nicht mein Tag...", begann ich ganz vorsichtig. Ich erzählte ihm von dem Telefongespräch mit dem Freund in Berlin.

Danach entstand eine lange Pause. Ja, was? Hätte ich das nicht tun dürfen, oder was? Wieso denn nicht? Ach, egal. Es war schließlich wichtig gewesen für *mich... So* falsch konnte es dann ja wohl sein. Oder?

Nach einer unendlichen Zeit sagte Dr. Jung: „Ich übersetze das, was Sie mir gerade erzählt haben, mal in unsere DeKiD-Sprache. Wenn Sie sich schlecht fühlen, dann meldet sich die kleine Eva >Du, hör' *mir* mal zu! Du, rede mal mit *mir*!< Aber die große Eva hat nicht mit der Kleinen, sondern mit einem Freund gesprochen. Das ist jetzt, nach der zweiten Stunde sicher noch okay. Die Große merkt, dass das Kind in ihr schreit. Weil Sie dieses Gefühl loswerden wollten, haben Sie mit einem Freund telefoniert. Das ist wieder eine Munition! Vergessen Sie nie: Wenn die Kleine in Ihnen sich schlecht fühlt, hat das *immer* Gründe. Wenn Sie das Kind in sich hören *und* es befreien, dann wird es Ihnen besser gehen! Weil die innere Wut, die Sie spüren, dann weg ist!"

„Aber, ich war doch gar nicht wütend. Ich war nur irre traurig..."

„Tränen", erwiderte Dr. Jung, „sind die Vorstufe der Aggression. Pearls sagt >Wenn ein Kind die Welt erobern will - und das will es schon mit zwei oder drei Jahren - hat es eine Hand noch bei der Mutter. Aber mit der anderen beginnt es, auf Gegenstände zu schlagen, Papier zu zerreißen und... und...< *'Agredere'* bedeutet *auf etwas zugehen.* Damit sind Aggressionen nichts Gewalttätiges oder Brutales, sondern vielmehr ein ‚kennen lernen wollen'. Wenn ich ‚Aggression' so verstehe, dann kann ich einem aggressiven Menschen auch ganz anders begegnen und antworten. Er will mich ja nicht angreifen, er will mich kennen lernen."

„Tja, und genau das macht das Kind", fuhr er fort. „Viele Mütter verstehen das falsch und übertragen *ihre* Angst auf das Kind. Es gibt so viele Möglichkeiten, einem Kind Angst beizubringen. Das geschieht in den ersten zwei Lebensjahren. Wenn das Kind beginnt, die Welt zu erforschen, überträgt die Mutter ihre Gefühle auf ihr Kind >Nein, das darfst Du nicht. Das ist gefährlich. Das ist heiß. Das ist scharf.< und so weiter."

Er hatte einen Zeigefinger drohend durch die Luft geschwungen.

„Sicher ist es keine Frage, dass unsere Welt auch gefährlich ist. Aber dies muss einem Kind behutsam und liebevoll beigebracht werden. Denn das Kind erfährt durch die Mutter zunächst nur >Alles, was ich machen will, darf ich nicht machen! Alles wird mir verboten! Dabei will ich doch nur...< Dieses Kind hört mehr und mehr auf, seine eigene kleine Welt zu erforschen. In Extremfällen werden diese Kinder zu Suizidopfern, weil sie irgendwann sogar auf sich selbst losgehen. >Ich bin ja auch ein böses Kind. Immer mache ich alles falsch. Alles, was ich mache, ist schlecht.<"

„Pearls sagt hierzu etwas ganz wichtiges: *>Kehre Deine Tränen um in Aggression!<* Genau dahin müssen Sie auch kommen. Hinter Ihren Tränen steckt Wut! Und die muss 'raus!! Wenn Sie eine Traurigkeit bei der kleinen Eva spüren, reden Sie mit ihr! Machen Sie ihr Mut, das, was sie bedrückt, los zu werden."

Er sah mich eindringlich an. Ist ja gut! Ich hatte es ja verstanden.

„Wie ging es Ihnen denn sonst so seit der letzten Stunde?"

Ich erzählte, wie die erste Kontaktaufnahme verlaufen war. Dass ich dieses Kind noch immer nicht als mein Kind, als *mich*, ansehen konnte. Das war ich noch nicht *wirklich*.

Als ich Dr. Jung die erste Antwort der Kleinen erzählte, lachte Dr. Jung laut auf.

„Es ist schon interessant, dass die große Eva der Kleinen den Vorwurf macht >Warum schläfst Du immer?< Sie, die Große, haben die Kleine so fertig gemacht, dass sie keinen Piep mehr sagt!"

Seine Stimme klang liebevoll. Da war kein Vorwurf an die Große, keine Kritik. Das war einfach ein Verstehen und Helfen wollen. Und, ich wollte mir helfen lassen. Zumindest das *war* sicher.

„Sie werfen der Kleinen vor, nicht wach zu sein. Aber warten Sie ab!", lachte Dr. Jung. „Wenn die kleine Eva erst einmal richtig wach ist, dann geht's *Ihnen* schlecht. So wie gestern! Da *war* sie nämlich hellwach!"

Er stand auf, holte erneut das Buch von Bruce Davis und las laut: „>Die Wiedergeburt meines Kindes tut am Anfang weh. Nicht umsonst bin ich ihm so viele Jahre aus dem Weg gegangen. Ich hatte Angst, dass es mich überwältigen würde<.“

*„Angst* steckt dahinter“, sagte Dr. Jung. „Sie haben Ihre Kleine so lange weg gedrückt. Sie werden merken, dass die Kleine manchmal so stark ist, dass die Große es nicht aushält. Aber dann können Sie ihr ruhig sagen >Hör` bitte auf. Ich kann nicht mehr!< *Das* ist ein Recht der Großen!“

„>Ich fühlte mich nicht sicher genug, dieses Kind zu spüren,“ las er weiter vor. „>Deshalb habe ich lieber versucht, es zu vergessen. Jetzt, wo es endlich heraus kommt, ist es natürlich wütend darüber, dass es so lange eingesperrt war. Und ich kann es gut verstehen. Es ist verletzt, weil es so viele Male nicht geliebt wurde. Es will in den Arm genommen werden und glücklich sein!<„

„Die kleine Eva“, sagte Dr. Jung, den Blick auf mich gerichtet, „ist immer noch ganz schön brav. Aus dem, was sie sagt, spricht immer noch das kleine, liebe Mädchen. Sie ist auch Ihnen gegenüber noch ganz vorsichtig. Auch wenn es jetzt vielleicht noch zu früh ist, gebe ich Ihnen trotzdem als nächste Hausaufgabe auf, die kleine Eva in den Arm zu nehmen. Versuchen Sie es! Nehmen Sie das Kissen in den Arm und sagen Sie >Komm` mal her, Kleine. Ich hab` Dich lieb!<“

Oha, wenn das man klappt...

„Zusätzlich bekommt die Große die Aufgabe, morgen früh nach dem Aufstehen in den Spiegel zu schauen und zu sagen >Eva, ich mag Dich!< Können Sie das?“

„Na ja. Ich hab` das mal auf meinen Spiegel geschrieben. Allerdings ohne Anrede, nur >Ich mag Dich<. Es hat manchmal einfach nur gut getan, es zu lesen.“

„Das kommt aus der Psychotherapie. Versuchen Sie mal, sich das zu *sagen*. Es ist etwas anderes, wenn man es sich selbst sagt. Schreiben ist ein Weglaufen vor dem Sagen.“

„Kann sein. Wenn ich ehrlich bin, war es auch mehr mein Spiegelbild, das es mir stumm zu sagen schien. Meistens habe ich es zwar gelesen, aber meinem Spiegelbild geantwortet >Ich mag Dich nicht!<„

„Um so wichtiger, das noch mal zu versuchen.“

Wenn's denn sein muss.

„>Ich muss<„„ las Dr. Jung weiter, „>mich immer wieder daran erinnern, dass es um *meine Gefühle* geht. Dass mein Kind zu *mir* gehört. Ich kann bis in alle Ewigkeit in den Schmerzen meiner alten Welt, meiner ersten Kindheit, leben. Wenn ich meinem Kind nicht neue Möglichkeiten gebe.“

„Auch Sie müssen jetzt bereit sein, den nächsten Schritt zu machen. Ich nenne es *‚die Befreiung'*. Es ist eine Befreiung der Kleinen aus ihrer Not. Die große Eva hat noch immer die Erinnerung an damals, aber die kleine Eva hat schon völlig resigniert. Genau wie Ihr Vater, haben auch Sie die Kleine ignoriert. Aber gut. Lesen Sie doch bitte mal weiter vor, was Sie sonst noch aufgeschrieben haben!“

So las ich ihm die Bilder vor, die ich mir selbst als kleine Eva beschrieben hatte.

„Wir“, sagte Dr. Jung, „müssen jetzt das, was die Kleine gesagt hat, nutzen und Munitionen daraus machen! Die erste Munition ist doch schon, dass die Kleine so lange braucht, um sich überhaupt an etwas Schönes zu erinnern. Kindheit müsste immer etwas Schönes sein. Warum dauert es so lange, bis die kleine Eva sich endlich an eine schöne Szene erinnert?“

Tja... Warum eigentlich?

„Eine richtige Munition ist dann die letzte Szene: Die kleine Eva steht da und sieht der kleinen Schwester zu, wie sie vom Vater ins Bett gebracht wird. Diese Szene müssen Sie noch mal mit ihr besprechen. Fragen Sie sie mal >Wie hast Du Dich denn dabei gefühlt?<„

„Das habe ich gemacht.“

„Gut! Das ist sehr wichtig. Es ist ja wohl offensichtlich, dass die Kleine sich furchtbar gefühlt haben muss, wenn die Schwester die Nähe vom Vater bekommt, die sie selbst so sehr vermisst. Wichtiger ist aber, was die Kleine selbst dazu gesagt hat.“

Gespannt sah er mich an. Ich las ihm die Antwort der Kleinen vor. Als ich die Worte der kleinen Eva, dass sie nicht traurig gewesen sei, vorgelesen hatte, sah Dr. Jung mich skeptisch an.

„Doch! Genau das hat sie gesagt >Ich war nicht traurig. Ich habe das verstanden! Ich war ja schon zu groß und zu schwer. Dafür hat Papa ja andere Sachen mit mir gemacht, die auch schön waren<.“

„Nein! Nein! Nein!“ kopfschüttelnd saß Dr. Jung mir gegenüber. „Damit dürfen Sie sich nicht zufrieden geben. Sie erleben die kleine Eva jetzt in der Resignation und in der Verdrängung. >Ich habe das ja alles verstanden.< Jetzt müssen Sie als Große sagen >Kleine, das nehme ich Dir nicht ab! Ich verstehe, dass Du nach dem zehnten Mal irgendwann eingesehen hast, dass Papa es nur mit deiner kleinen Schwester macht und resigniert hast. Aber er hat es ja früher, als *Du* noch kleiner und leichter warst, auch nicht mit Dir gemacht.< Sie müssen die Kleine dahin stoßen, dass sie wütend wird. ′Raus aus der Resignation, ′raus aus den Tränen - hin zur Wut, zur Aggression! *Das* ist die Aufgabe der Großen! Wenn die kleine Eva noch kein Vertrauen zu Ihnen hat, dann lässt sie ihre Wut auch vor Ihnen nicht ′raus. Sie weiß ja nicht, was dann mit ihr passieren wird. Wie gehen *Sie* mit der Wut der Kleinen um? Genau so wie der Vater oder anders? Deshalb müssen Sie sie ermuntern, wütend sein zu *dürfen.* Später wird das sowieso von alleine kommen.“

Ja, das erschien mir schon logisch. Nur... wie sollte ich *das* machen? Ich war doch gar nicht wütend, sondern wirklich nur so irre traurig? Aber, Dr. Jung wird mir schon helfen, da ′ran zu kommen. Ich merkte, dass ich Dr. Jung inzwischen schon sehr vertraute. Ich fühlte mich aufgefangen. Ich fühlte, mir konnte doch *eigentlich* nichts passieren...Was denn auch?

„Die Kleine war wirklich traurig, nicht wütend. Sie hat sich über andere Dinge gefreut....“ versuchte ich es noch einmal.

„Nein!!! Noch mal: Traurigkeit ist nur eine Vorstufe! Auch wenn dies Gefühle sind, die die Kleine auch gehabt hat, steht dahinter etwas viel Heftigeres. Stellen Sie sich doch mal die Situation vor... Vielleicht hat die kleine Eva sogar *gesagt* >Ich will auch mal! Papa!< Und der Vater hat vermutlich geantwortet >Nein, Eva. Du bist viel zu groß! *Du Nicht*!< Glauben Sie wirklich, dass sie nicht wütend waren? Fragen Sie die kleine Eva noch mal! Ich kann Ihnen sagen, mein kleiner Klaus ist ja schon wütend, wenn er das nur *hört*. Ich höre ihn sagen >Der Vater ist gemein!! Ganz gemein!! Warum hat er das nicht gemacht?<...“

Stimmt, genau so sah Dr. Jung auch aus: Wütend. Wie ein kleines Kind!

„Eine *d i c k e* Munition!!!“

„Mmmmmmmmhhhhhh.“

„Eine resignierte kleine Eva nutzt nichts! Zeigen Sie ihr, dass Sie ihre Freundin sind, dass Sie anders sind als der Vater.“

„Ja......“

Oh Gott, wie sollte ich *das* nur schaffen?

„Weil ich gemerkt habe, dass ich zu kaputt bin, um noch weiter mit dem Kind zu reden, habe ich ihm nur noch gesagt, dass ich mich freue, dass es mit mir geredet und mir etwas Schönes erzählt hat.“

„Okay... Wenn es mit den Gesprächen zwischen Ihnen läuft, brauchen Sie ihr das Letzte gar nicht mehr sagen. Das sieht so nach Dankbarkeit aus. Freunde sind untereinander nicht dankbar. Wenn ein Freund sich für den anderen Zeit genommen oder ihm geholfen hat, ist das *selbstverständlich.* Dies wird auch irgendwann zwischen der kleinen und großen Eva selbstverständlich sein.“

Sein Wort in Gottes Ohr.

„Was mir später noch aufgefallen ist“, fuhr ich zögernd fort, „ist die Sitzhaltung, die ich auf beiden Stühlen eingenommen habe.“

„Ja?! Oh, erzählen Sie mal! Das ist ja spannend.“

Seine Augen leuchteten wie bei einem Kind am Heiligen Abend, kurz bevor die Tür zu den Geschenken geöffnet wird.... Schön!

Ich beschrieb ihm, wie unterschiedlich ich auf beiden Stühlen gesessen hatte. Dabei fiel mir jetzt noch auf, dass ich – objektiv betrachtet - als Kleine nicht wirklich bequem gesessen hatte. Im Gegenteil.... Absolut zusammen gekrümmt. Merkwürdig. Vor allem deshalb, weil ich mich gleichzeitig nur in dieser Haltung so total wohl gefühlt hatte.

„Sie haben vorhin gesagt, Sie haben die kleine Eva die ganze Zeit nicht gesehen?“

„Genau.“

„Aber Sie haben jetzt die kleine Eva in ihrer Haltung geschildert.“

„Ja. Aber jetzt habe ich ja nur beschrieben, *wie* ich im Stuhl der kleinen

Eva gesessen habe. Komisch fand ich nur, dass die Haltung, die ich als Kleine eingenommen habe, ganz anders war als die der Großen. Bei jedem Stuhlwechsel habe ich auch meine Sitzhaltung wieder verändert. Fast automatisch. Die ganze Zeit."

„Das ist toll! Das ist phantastisch!!!"

Hääh? Was jetzt? Was meinte er? Was sollte daran toll sein? Ich sah die Kleine nicht. Dann dauerte es Stunden bis ich ein Bild im Kopf hatte. Und dann konnte ich noch nicht mal locker und bequem sitzen und reden?! Ich musste mich erst stundenlang *irgendwie* hinsetzen, bis überhaupt etwas passierte...Na, so toll war *das* doch nun wirklich nicht.

„Was sagen Sie denn selber zu der Sitzhaltung, die Sie als kleine Eva eingenommen haben?"

Ich überlegte. Sollte diese Haltung mir etwas sagen? Warum fühlte ich mich in dem Stuhl der Kleinen anders als in dem großen Stuhl?

„Auffällig ist, dass ich mich tatsächlich versucht habe, ganz klein zu machen. Eigentlich konnte ich mich nicht kleiner machen..."

„Jaaa?!?"

„Ich glaube, ich habe mich damit selber geschützt. Ich fühlte mich sicherer in dieser Haltung."

„Das steckt auch in dieser Sitzhaltung. Aber was noch? Da fehlt noch etwas ganz Entscheidendes."

„Vielleicht Resignation? Obwohl... Nee, so habe ich mich nicht gefühlt."

„Doch! Die Haltung hat ganz sicher auch etwas Resignierendes! Auch wenn Sie sich nicht so gefühlt haben."

Na gut, dann eben doch. Aber mehr konnte ich da jetzt auch wirklich nicht mehr `rein interpretieren.

„Wann nimmt der Mensch diese Haltung ein?" Dr. Jung ließ nicht locker.

Ich verstand nur Bahnhof. Wann? Was weiß denn ich!! Ahnungslos zuckte ich mit den Schultern.

„Es ist eine ganz klassische Haltung! In sich gekrümmt! Wann? Überlegen Sie doch noch mal?"

Oh Mann, war das jetzt ein Quiz oder was? Spuck es aus - los!! Sag` schon: *WANN DENN?????*

„Ich weiß nicht. Wenn es einem Menschen schlecht geht? Wenn er sich in sich zurückziehen will? Wenn er mit der Außenwelt nichts mehr am Hut hat? Was weiß denn ich!"

Ich merkte, dass ich langsam ungeduldig wurde. Entweder sagt er es mir jetzt oder er lässt es bleiben.

*„Bevor* der Mensch in der Außenwelt ist!", sagte Dr. Jung.

Hääh?? Wie? Und dann... auf einmal... klickerte es! Ja! Logo! Ey, das war ja irre. *Natürlich*! Es war die Haltung eines Embryos im Mutterbauch... Unglaublich! Genau *so* hatte ich auf dem Stuhl gesessen. Wieso war mir das vorher nicht auf- oder eingefallen? Es war die klassische Embryo-Haltung.

Das war jetzt für mich etwas absolut Verblüffendes! *ICH HATTE DA GESESSEN WIE EIN EMBRYO.* Was sollte mir das sagen? Ich spürte, dass *das* etwas ganz Besonderes war... Das *war* absolut phantastisch...

„Sie haben da gesessen wie ein Embryo. Und warum? Weil die kleine Eva zurück will in den Mutterleib. Da fühlte sie sich sicher. Da war sie der Mutter nah und fühlte sich noch geborgen. Merken Sie, was bei Ihnen alles los ist?“

Oh ja ! Genau so war es ja auch gewesen. Erst in dieser Sitzhaltung wurde ich ruhiger und hatte mich wohl gefühlt. Toll!

„Sie haben die kleine Eva zwar nicht gesehen, aber sie haben sie *dargestellt*! Sie *waren* die kleine Eva. Das ist viel mehr, als sie zu sehen. Das ist wunderbar!“ freute sich Dr. Jung. „Für den Anfang ist in Ihrem ersten Gespräch viel passiert. Mehr, als man zu Beginn erwarten kann.“

So langsam konnte ich nachvollziehen, was er meinte.

„Also“, sagte er nach einer ganzen Weile. „*Sie* sind jetzt der Regisseur. Ihr Vater hätte der kleinen Eva wahrscheinlich gesagt: >Nun setz` Dich mal gerade hin! Was hängst Du da so ´rum! Nimm` die Beine vom Stuhl.< Was haben Sie gemacht?“

„Ich habe nichts gemacht. Ich habe die Kleine so sein lassen, wie sie sein wollte.“

„Es ist gut, dass Sie die Kleine sein lassen konnten. *Das* ist Freundschaft. Die kleine Eva saß ganz gelöst vor Ihnen ohne Angst, deshalb bestraft zu werden. Es ist nicht auszuschließen, dass die Kleine Ihnen mit ihrer Sitzhaltung etwas sagen wollte! Eine Haltung, die das Kind im Gespräch einnimmt, kann eine Aufforderung sein, es zu fragen, warum es so da sitzt. Was können Sie jetzt tun?“

„Das Kind aus der Enge ´rausholen, vielleicht? Es befreien...?“

„Das erste ist, sich *anmuten* zu lassen. >Ey Kleine<“, sagte Dr. Jung mit ganz sanfter Stimme. „>Ey, wie sitzt Du denn da?< Wissen Sie, es ist nicht nur der gesprochene Dialog, der zwischen Ihnen stattfindet. Es ist mehr! Sie stellen sie auf eine bestimmte Art und Weise dar! Das hat eine Bedeutung! Ihre Traurigkeit gestern war die Kleine in Ihnen. Sie hat auch damit zu Ihnen gesprochen. Alles ist eine Aufforderung an Sie, die Kleine in Ihnen zu fragen! Das *ist* immer die Aufgabe der Großen! Aber keine Sorge. Sie können sie auch im Nachhinein noch fragen.“

„Das mache ich. Dennoch weiß ich, dass es der kleinen Eva in ihrer Haltung gut ging. Sie *hat* sich wohl gefühlt. Ganz bestimmt.“

„Ist doch logisch! Aber fragen Sie sie bitte trotzdem noch einmal danach! Ein Embryo fühlt sich immer wohl. Die Frage ist aber: Warum nimmt sie als Vier- oder Fünfjährige diese Haltung ein?“

Stimmt! Das ist allerdings wirklich ein bisschen merkwürdig. Also gut, ich würde sie fragen. Ob da allerdings etwas heraus kommen würde, wagte ich noch zu bezweifeln.

„Mir fällt gerade noch etwas anderes ein“, sagte ich - wohl auch ein bisschen, um von diesem Thema abzulenken. „Die Kleine hat ja von den Krankheiten gesprochen. Immer, wenn sie krank war, wurde sie umsorgt und gepflegt. Witzigerweise merke ich auch heute als Erwachsene, dass ich mich besonders geliebt fühle, wenn es mir schlecht geht oder wenn ich krank bin. Dann ist zum Beispiel mein Freund immer für mich da. Auch wenn ich traurig bin, und es so wie gestern nur in einem Telefongespräch heraus lasse, bekomme ich immer ganz viel Verständnis und Mitgefühl von anderen. Vielleicht bin ich deshalb auch oft so wehleidig, habe ständig irgendetwas.“

„Interessant, dass Sie das jetzt sagen. Genau daran können Sie erkennen, wie psychosomatische Krankheiten entstehen. Im Fachjargon heißt das >Krankheitsgewinn<. Eine Patientin sagte mal zu mir: >Die schönste Zeit, die ich erlebt habe, war die Zeit im Krankenhaus. Deswegen gehe ich jederzeit immer wieder gerne ins Krankenhaus!<„

Er klopfte sich heftig an die Stirn und schüttelte den Kopf. Stimmt! Das war *wirklich* ein bisschen verrückt.

„So deutlich hatte ich das vorher noch nie gehört“, sagte er. „Erinnern Sie sich an Bruce Davis >Wenn Du krank warst und im Bett lagst, dann hast Du mich - den Kleinen - vielleicht mal gespürt<. Sie sehen daran aber auch, wie gemein verführerisch das alles ist. Wenn ich Zuwendung und Geborgenheit nur dann bekomme, wenn ich krank bin - und das geschieht millionenfach auf dieser Welt - dann existiert für das Kind die Liebe *nicht*. Deshalb wird es krank. Dann haben die Eltern Angst um ihr Kind und sind auf einmal bereit, sich zu kümmern. In dieser Zeit fließt ihre Liebe. Und dann? Das Kind wird gesund und: Die Liebe ist weg. Furchtbar!! Aus der Psychosomatik ist bekannt, dass zum Beispiel Keuchhusten bei vielen Kindern psychosomatisch bleibt, auch wenn die Krankheit lange überstanden ist. Diese Kinder husten weiter, denn dann reagieren die Eltern - mit was auch immer. Deshalb können Kinder oft so schwer gesund werden. Das kann in Einzelfällen so weit gehen, dass ein Kind die Sorge der Mutter um sein Wohl nur spürt, wenn es verdroschen wird. Dieses Kind würde alles tun, um diese fatale Nähe von ihr zu bekommen.“

Dr. Jung schüttelte - vollkommen in seinen Gedanken versunken - den Kopf.

„Was daraus entstehen kann, sehen Sie ja jetzt auch bei Ihnen. Sie *spielen* krank. Beschissen! Das ist kein Spielchen mehr, es ist ein Falschspiel!“

Oha. Das saß.

„Sie spielen mit Gefühlen, die Sie aufbauschen, um damit Zuwendung zu bekommen. Sie projizieren Ihre alte Methode heute auf einen Menschen, von dem Sie seine Zuwendung sicher auch ohne Spielchen bekommen würden. Noch mal! *Beschissen!“*

„Es ist aber doch wirklich so, dass ich Kopf - oder Bauchschmerzen habe. Das bilde ich mir *nicht* ein...“, versuchte ich, mein Verhalten zu rechtfertigen. Mein Gott, es ging mir doch wirklich oft richtig dreckig.

„Sie werden merken, dass Ihnen Schmerzen zur Verfügung stehen, wenn

Sie sie brauchen. Das *ist* psychosomatisch - mit Sicherheit!“

Pearls habe hierzu in seinem Buch ein sehr schönes Beispiel gebracht. Eine Patientin habe vor Pearls gesessen und auf einmal ihre Haltung verändert. >Was hast Du?< habe Pearls sie gefragt. >Hast Du Kopfschmerzen? Dann mach` sie mal stärker! Noch stärker!< Nachdem etwas Zeit vergangen sei, habe diese Frau angefangen zu weinen.

„Pearls sagt, an den Tränenkanälen haben wir so etwas wie Muskeln, die sich schließen können. So wird etwas aufgestaut. Das ergibt immer Krampf, Krampf, Krampf und Schmerzen! Wenn Sie das nächste Mal Kopfschmerzen haben, setzen Sie die Kleine auf den Stuhl und fragen Sie sie: >Warum hast Du Kopfschmerzen?< Sie wird antworten. Vielleicht ist die Ursache immer die gleiche Wurzel. Vielleicht gibt es mehrere. Fragen Sie sie“, forderte er eindringlich.

„Mmmmmmmmm.........“

„Das kommt aus der Psychoanalyse. Bestimmte Körperreaktionen haben ihre Ursache in der kranken Psyche. Dabei ist es unabhängig von der realen Umgebung in der Gegenwart. Es handelt sich wieder um den Wiederholungszwang der unabgeschlossenen Gestalt. Die kleine Eva will die Zuwendung haben, die sie früher nicht bekommen hat. Es geht nicht um das Heute. Nicht die Große schreit nach der Zuwendung des Freundes, sondern die kleine Eva nach der Zuwendung der Eltern.“

Ja?? War das wirklich so bei mir? *Ich* war mir da nicht so sicher.

„Bei Ihnen liegt die Sache etwas anders...“

Siehste!! Wusste ich’s doch!!

„Sie haben einen Partner, der Ihnen das gibt, was Sie einfordern. Er spielt die Rolle des Vaters. Viele Patienten suchen sich Partner aus, die genau so sind wie der Vater: Sie schreien, aber werden nicht erhört. Heraus folgt der Schluss >So sind Männer!< Alle Personen können Projektionsfiguren sein und werden. Auch Sie spielen dieses Spiel. Ein Mechanismus, der sich verselbständigt hat. Dabei ist das Wissen um den Ursprung dieses Verhalten nicht ausreichend, um die dahinter stehenden starken Sehnsüchte weg zu bekommen. Die Psychoanalytiker glauben zwar, dass mit dem Erkennen ein Problem weg sei. Aber, *das funktioniert nicht*! Zuerst müssen diese Gefühle noch einmal *durchlebt* werden. Sie müssen noch einmal in den Mechanismus eindringen.“

„Mir ist schon klar, dass ich als kränkelnder Mensch mehr Aufmerksamkeit bekomme. Im Berufsleben genauso wie im Freundes- und Bekanntenkreis. Es klappt fast immer. Ich glaube aber nicht, dass ich das ausnutze...“

Oder?

„Es gibt Patienten, die nur noch leiden. Sie fordern ständig und permanent Hilfe. Sie verhalten sich wie Kleinkinder: Sie reden weinerlich und leiden. Hier muss man aufpassen. Diesen Patienten kann nur geholfen werden, indem man Ihnen *nicht* hilft. Nur so können sie selbst diesen Mechanismus erkennen.“

„Wenn die Kleine sich kuschelig wohl fühlt“, fuhr er fort, „ist die Große an der Reihe, zu hinterfragen, warum sie sich gerade jetzt wohl fühlt. Wichtige Aufgabe! Da sind so viele Munitionen versteckt. Die müssen aufgedeckt werden."

Dr. Jung lachte laut auf.

„Ich finde es schön, wie Sie das gemacht haben", lobte er mich. „Noch mal: Für den Anfang ist das wirklich ganz toll gelaufen. Mehr dürfen Sie gar nicht erwarten. Aber jetzt ist es an der Zeit, die Ruhezeit zu beenden..."

Wie jetzt? Welche Ruhezeit? Ich hatte hier mehr Stress als zu Hause! Die Kur, die zusätzlichen Therapiestunden, die ganzen Hausaufgaben, die Abende mit all` den Unternehmungen meiner Clique... Welche *Ruhezeit*?

„Ich glaube, das verstehe ich jetzt nicht..."

„Die Ruhezeit, die Sie der Kleinen gegönnt haben mit dem >Erzähl` mir mal was Schönes!< Damit ist jetzt Schluss! Jetzt *muss* die Große ´ran an die Arbeit. Dafür habe ich das Blatt >Ermutigung für die Große< erstellt, das ich Ihnen jetzt vorlese. Sie können es mitnehmen."

Er stand auf, nahm ein Blatt Papier von seinem Schreibtisch und begann:

*Ja, Mut brauchst Du als Große.*
*Es ist oft zum Weglaufen, zum Verzweifeln.*

*Der Weg verlangt einen hohen Einsatz von Dir.*
*Die Kleine ist immer bereit,*
*Du aber musst Dich abmühen.*

*Es wird Geduld und Ausdauer von Dir erwartet.*
*Wenn Du ermüdest, bleibt alles beim Alten.*

*Nur wenn Du ganz wach und offen bist für die Kleine*
*und hörst, was sie wirklich sagt,*
*geschieht Neues.*

*Nur, wenn Du Dein Herz ganz für die Kleine aufmachst*
*und ihr Leid Dich wirklich trifft,*
*kommt ihr weiter.*

*Du hast den Weg begonnen,*
*niemand kann Dich mehr aus der Verantwortung für Dich selbst entlassen.*
*Gehe weiter und erfahre,*
*dass es nicht nur schwer,*
*sondern auch wunderschön ist,*
*zur Kleinen, zu sich selbst, zu kommen*
*und gemeinsam rund und reif durchs Leben zu gehen.*

Dr. Jung gab mir das Blatt und bat mich, es zu Hause noch mal zu lesen. Das würde ich mir sicher noch oft durchlesen müssen. Irgendwo in mir war eine Ahnung davon, dass da mehr auf mich zukommen würde als einige nette Plauderstündchen mit einem Kind.

„Also“, bestätigte Dr. Jung meine Gedanken. „Die Aufgabe ist nicht angenehm. Sie werden das, was Sie mir von Ihrem Vater erzählt haben, jetzt in *Munitionen* umwandeln müssen. Zunächst stellen Sie die Stühle wieder einander gegenüber auf und lesen dann der Kleinen alles über > Mein Vater und ich < noch einmal vor. Ich kann Ihnen das nicht ersparen. Es ist wichtig, alles noch einmal Stück für Stück mit der kleinen Eva durch zu gehen. Allein der erste Satz über das, was Sie von ihm erwartet haben, birgt einige Munitionen in sich. Genau das hat die Kleine ja nicht bekommen:

>Vater, Du hast mir keine Liebe gegeben!<
>Vater, Du hast mich nicht gelobt!<
>Vater, Du hast mich nicht anerkannt!<
>Vater, Du hast mich nie verstanden!<
>Vater, Du hast mir nicht vertraut!<
>Vater, Du warst nie zärtlich!<
>Vater, Du hast mich nicht gewollt!<
>Vater, Du hast nicht mit mir geredet!<

Und so weiter!! Brutaler geht es nicht!! Jedes Einzelne ist eine Munition, die auf die Liste gehört und von der sich die kleine Eva befreien muss! Die Große muss die Kleine fragen: >Sag` mal Kleine, hat Dich der Vater wirklich lieb gehabt?< Und das mit jedem Punkt, den Sie mir heute erzählt haben. Alles muss durchgespielt werden. Das was real ist, *ist!* Helfen Sie der Kleinen, sich daran zu erinnern, wie sie sich *wirklich* gefühlt hat! Die Kleine muss das *emotional* klären! Lassen Sie nichts aus. Jede Kleinigkeit *ist* wichtig! Fast noch schlimmer ist, dass die Kleine sich *auch* an etwas Schönes erinnert. In diesen wenigen Momenten hat sie die Liebe des Vaters gespürt, für Sekunden. Und dann war alles wieder weg! Er war nur noch hart, lieblos, verständnislos! Wie soll ein Kind *das* begreifen? Und trotz allem hat die Kleine noch immer keine Wut auf die Eltern. Sie hat die Eltern lieb. Das ist das Ver - rückte...“

„Vielleicht...“, fuhr er fort, „vielleicht sollten Sie die kleine Eva ruhig mal fragen: >Hast Du den Vater denn lieb gehabt?< Schauen wir doch mal, was sie antwortet! Wichtig ist, dass wir *Szenen* bekommen, Situationen, in denen sie es *erlebt* hat, Szenen, in denen der Vater *konkret* das Kind abweist! Das ist später wichtig für das Dreschen im Wald!“

„Ich kann mich an nichts erinnern. Alles, was mir einfällt, sind keine Szenen, sondern immer nur die gesamte Person, so wie sie war.“

„Nicht die Große soll sich erinnern! Die kleine Eva soll das tun! Es wird ihr mit Sicherheit ganz, ganz viel einfallen! Fragen Sie *sie!* Eine Szene ist doch zum Beispiel das Ins-Bett-Bringen der kleinen Schwester. Eifersucht und Neid sind Gefühle, die die kleine Eva mit Sicherheit gehabt hat. Fragen Sie!“

Er führte das Sprichwort >manche Menschen sind wie Hund und Katze< an. Wenn sich der Besitzer diesen Tieren ungleich zuwende, wenn er seine Liebe nicht gleichmäßig an sie verteilen würde, *nur dann* entstünden zwischen Hund und Katze Neid und Eifersucht.

„Hunde und Katzen leben bei gleichmäßig verteilter Liebe friedlich neben einander. Genauso wäre es der kleinen Eva mit ihrem Schwesterchen ergangen. So aber hat Ihr Vater den Nährboden für Eifersucht und Neid bereitet. Auch, wenn die kleine Eva sich mit anderen Dingen getröstet hat: sie hat etwas vermisst! Älter sein, schwerer sein - das sind alles keine Gründe! Liebe gleichmäßig verteilen, was ist daran denn so schwer?“

Ja, was eigentlich?

„Denken Sie bitte immer daran, dass das, was die Kleine Ihnen sagt, *immer* das Wichtigste ist! Die Große unterstützt die Kleine nur, indem sie alles aufschreibt und das Gespräch oder das Erinnern in Gang bringt. *Alles*, was von der Kleinen kommt, ist *wichtig!* Überhören Sie nichts! Häufig denken Erwachsene, das, was Kinder reden, ist Blödsinn. Dabei sind oft die Großen zu blöd, nicht die Kleinen!“

„Wichtig sind die einzelnen Szenen“, erklärte er nach einer kleinen Gedankenpause. „Die müssen Sie mit der Kleinen noch einmal erleben. In Bildern. Beim Autogenen Training gibt es das Bildern auch. Sie versetzen sich in ein Bild und versuchen daraus eine Szene zu entwickeln.“

Ja, das hatte ich doch auch schon gemacht. Nachdem alles schwer und warm geworden war, sah ich mich mit nackten Füssen durch taufrisches, grünes Gras laufen ... oder am Meer sitzen und den Wellen lauschen ... oder durch einen Wald laufen, in dem ich nur Vogelstimmen höre ... Damals, beim Autogenen Training, klappte es mit dem Bildern ganz gut. Also? Warum sollte das jetzt nicht auch funktionieren?!

„Sie zapfen - ähnlich wie im Traum - Ihr Unterbewusstsein an. Ich selbst habe viele Traumseminare geleitet und weiß, wie wichtig Träume sind. Sie wollen uns *immer* etwas sagen. Wenn Sie hier träumen und wach werden, schreiben Sie Ihren Traum auf! Sofort! Am Anfang ist das schwierig, aber man kann das trainieren! Am besten legen Sie Zettel und Stift neben Ihr Bett und versuchen es einfach mal. Ein Tipp noch: Bevor Sie das Licht an machen, erzählen Sie sich selbst im wachen Zustand den Traum noch einmal. Dadurch kommt er vom Unbewussten in Ihr Bewusstsein und sie können ihn danach aufschreiben.“

Na, wenn's mehr nicht ist. Das hatte ich ja nun schon hinter mir! Ich nahm mir vor, den Traum, den ich vor Tagen aufgeschrieben hatte, zur nächsten Stunde mitzubringen.

„In der Traumwelt wird – wie aus einem inneren Computer - ein Film zusammengestellt. Der innere Regisseur erstellt aus vielen verdrängten, inneren Bildern einen Film, der Ihnen immer etwas sagen will. Interessant ist es auch, der kleinen Eva mal einen Traum vorzulesen, nachdem Sie ihn aufgeschrieben haben. Sie soll mal versuchen, ihn zu deuten! Sie werden staunen, was dabei heraus kommt. Ich habe oft erlebt, dass die Traumdeutungen der Kleinen viel hautnaher und echter sind, als wenn ein Psychologe oder Psychotherapeut den selben Traum deuten würde. Das ist eine *ganz* spannende Sache."

Klang wirklich spannend. Da gab's nur ein Problem: Bis auf die eine Nacht waren meine wenigen Stunden Schlaf inzwischen – wohl auch wegen des einen oder anderen Schoppens Wein - absolut traumlos...

Wir vereinbarten den nächsten Termin. Während ich die Uhrzeit in meinen Kalender schrieb, wusste ich, dass ich langsam aber sicher mitten drin war in der Arbeit. Und: Es war spannend, sich selbst näher zu kommen. Ich war gespannt, was die Zeit bis zur nächsten Stunde bringen würde...

# Das erste Wochenende mit dem Kind

Wochenende! Endlich!

In Berlin fühlte ich mich um diese Zeit immer ein bisschen erleichtert: Zwei Tage nicht arbeiten. Zwei Tage Ruhe oder Party. Egal! Eben nur das, wozu ich Lust hatte. Und hier? Da waren einige Hausaufgaben, die ich zu erledigen hatte. Meine Clique mit Michael hatte einen Ausflug in ein Freizeitbad geplant. Würde ich mitfahren, wäre ein ganzer Tag verplant. Die Alternative, zu Hause zu bleiben, war auch nicht das, was ich wollte. Ach was! Irgendwie würde ich schon alles unter einen Hut kriegen. Schließlich war da ja auch noch der Sonntag. Und *so* viel Schlaf hatte ich ja bislang auch nicht gebraucht.

Aber, schon bei dem Gedanken an all das bekam ich Magenschmerzen. Stress! Wieder mal dieses altbekannte Gefühl: Tausend Sachen machen zu *wollen,* aber viel zu wenig Zeit für alles zu *haben.* Berge lagen vor mir, die ich glaubte, in einem Affenzahn überwinden zu müssen.

Ich hatte mal etwas gelesen über >Stress<. Das fiel mir wieder ein, als ich unter der Dusche stand, um mich für den Abend zurecht zu machen. Typisch für mich! Gedanken - mal eben schnell - so zwischendurch.

Wie war das noch?

Stress - so ähnlich stand es wohl in dem Buch - ist eine ängstliche Reaktion auf die ständigen Wechselfälle des Lebens. Wir benutzen diesen Begriff als Entschuldigung, um nicht die Verantwortung für unsere Gefühle übernehmen zu müssen. Wenn wir das Wort >Stress< mit dem Wort >Angst< gleich setzen, können wir uns von der Angst befreien. Stress ist immer ein Mangel an innerer Harmonie.

Na, das wäre doch ein Ziel! Mit mir selbst in Harmonie zu sein. Das war ich sicher noch lange nicht. Aber ich war immerhin auf dem Weg. Ich wollte ja schließlich meinen inneren Frieden finden.

Wie hatte diese Autorin doch so schön gesagt: Benutzen Sie das Wort Stress nicht als Ausrede! Geben Sie dem Wort Stress nicht eine solche Macht!

Genau! Also von wegen *Stress*! Ich musste da durch und ich wollte da durch. Wieso also Stress? Wenn ich nicht alles schaffen würde, müsste ich eben etwas ausfallen lassen. Aber *WAS*?

Den Freitagabend verbrachte ich mit meiner Clique in geselliger, lustiger Runde. Es wurde spät. Auch in der Nacht war ich nicht alleine, so dass ich morgens nicht dazu kam, auch nur eine Sekunde an meinen Hausaufgaben zu arbeiten. Den Samstag verbrachte ich im Freibad.

Nachts konnte ich trotz Erschöpfung nicht schlafen. Mir war kalt. Tausend

Gedanken liefen mir durch den Kopf. Nach höchstens zwei Stunden Dämmerschlaf wurde ich Sonntagmorgen schon um sechs Uhr wach. Na, suuuper! Endlich konnte ich mal ausschlafen und dann wurde ich früher wach als in der Woche. Und er war auch wieder da: Dieser mir inzwischen schon vertraute Kloß im Hals. Was war denn jetzt schon wieder los? Wieder hätte ich beim ersten Augenaufschlag losheulen können.

Gut, dachte ich, *das* ist ein Zeichen!

Ich quälte mich aus dem Bett, stellte die beiden Stühle auf, legte auf den einen wieder ein Kissen und setzte mich auf den anderen Stuhl. Vielleicht würde ja die kleine Eva Antworten für mich haben. Irgendetwas stimmte jedenfalls nicht. Ich *wollte* es jetzt wissen.

„Was ist mit Dir los?", fragte ich das Kissen.

Nee, so ging das nicht. Als wenn das Kissen antworten könnte!

Ich musste jetzt mal versuchen, die kleine Eva auch zu *sehen*. Das konnte doch nicht so schwierig sein. Ich versuchte, mir alte Kinderfotos in Erinnerung zu rufen Auf einigen war ich ja ganz niedlich. Vielleicht eins von denen. Nicht so eins, auf dem ich wie ein gemästeter Wonneproppen aussah. So hatte ich mir noch nie gefallen. Dann fiel mir ein Bild ein: Ich stand in einem bunten Kleidchen mit einer Gießkanne in der Hand auf dem Rasen und goss die Blumen. Ich war vielleicht drei Jahre alt. Ja! Das war doch süß.

Als nächstes versuchte ich, mich mir jetzt so auf dem gegenüber stehenden Stuhl vorzustellen und wechselte dann die Plätze.

Noch bevor ich ganz auf dem Stuhl der Kleinen Platz genommen hatte, begann ich zu sprechen.

„Ich bin traurig. Alles in meinem Bauch tut weh. Überall sind Schmerzen."

Jetzt rollten sie schon wieder, diese Tränen. Würde das denn nie aufhören?

Wieder auf dem anderen Stuhl - immer noch in Tränen aufgelöst - fragte ich die Kleine: „Warum bist Du traurig? Weil Du nicht das bekommst, was Du willst? Was willst Du?"

Als Kleine kamen wieder die Antworten sofort: „Ich will in den Arm genommen werden. Ich will Wärme und Nähe. Mich wohl fühlen ohne zu denken. Gedankenlos! Einfach nur glücklich sein!"

Ist ja verrückt! Meine eigenen Worte erstaunten mich selbst. Da hatte ich als kleine Eva etwas gesagt, was mir als Große gar nicht so bewusst war. Genau das, was die Kleine gesagt hatte, fühlte ich tatsächlich. Unbewusst? Nähe wäre jetzt wirklich schön! Wieso war Michael eigentlich nicht hier?

Als ich wieder auf dem Stuhl der Großen saß, musste ich es wissen:

„Warum forderst Du das nicht ein? Wovor hast Du Angst?"

Dieses Mal war ich richtig gespannt auf die Antwort.

„Ich habe Angst, zurück gestoßen zu werden, wenn ich mich öffne. Ich könnte verletzt werden. Ich will mir nicht mehr wehtun lassen. Ich habe Angst vor diesem Schmerz."

Oh je, es tat wirklich alles weh in mir. Es war kaum zum Aushalten! Lieber aufhören, zu reden. Ich setzte mich in den Stuhl der Großen, nahm das Kissen in beide Arme und drückte es an mich - so doll ich konnte!! Dabei versuchte ich, mir immer wieder die kleine Eva vorzustellen - mit Gießkanne. Was mich erstaunte: Es war so ein schönes Gefühl, dieses Kissen an mich zu drücken. Auch wenn gleichzeitig etwas auch verdammt wehtat. Wieso? Und, warum konnte ich nicht aufhören zu weinen?

Viel später versuchte ich, das Gespräch zu rekonstruieren. Schön war, dass ich mich inzwischen wirklich besser fühlte.

Nach dem Frühstück kam ich endlich dazu, mir die Kassette noch einmal anzuhören. Ich stutzte bei den ´Projektionsfiguren´. Das musste ich mir noch mal anhören...

Es stimmte: Rainer war offensichtlich keine Projektionsfigur. Vielleicht war genau das mein Glück? Aber, hatte ich nicht auch Männer, auf die ich meinen Vater projizierte? Die Männer, in die ich mich neben der Beziehung verliebte? Männer, alle cool, wenig gefühlsbetont - eben wie mein Vater. Hier musste ich mich *immer* anstrengen, um das zu bekommen, was mein Vater mir nicht gegeben hatte. Natürlich bekam ich das fast nie. Genau wie bei meinem Vater. Dennoch waren genau diese ‚Beziehungen'´ für mich doch viel interessanter als die Beziehung zu Rainer. *Brauchte* ich den Kampf? Vielleicht.... Denn, *wenn* mal einer dabei war, der irgendwann aufhörte mit mir zu kämpfen, war es doch schnell langweilig. Das zog sich doch seit Monaten wie ein roter Faden durch mein Leben! Eigentlich - wenn ich ganz ehrlich zu mir selber sein würde - war auch Michael, der Mann, mit dem ich hier viel Zeit verbrachte, schon wieder jemand, mit dem ich zu kämpfen begann. Er war nicht so, wie ich ihn wollte. Er war manchmal abweisend. Er war egoistisch. Ich kämpfte doch schon wieder um Gefühle...

Darüber musste ich am Montag unbedingt mit Dr. Jung sprechen.

Als ich die Kassette zu Ende gehört hatte, stellte ich zum zweiten Mal an diesem Tag die Stühle in einem Abstand von einem Meter auf. Vorsichtshalber legte ich auch dieses Mal das Kissen in den Stuhl der Kleinen.

Ich las alles, was ich zu dem Thema >Vater< zusammen getragen hatte, noch mal laut und langsam vor. So, als würde ich einem Kind eine Geschichte vorlesen. Es war schon erstaunlich: Ich erzählte der kleinen Eva als Großeva eine Geschichte, wechselte den Stuhl und mir als kleiner Eva fielen auf einmal zehn verschiedene Szenen dazu ein.

Das würde bestimmt noch ewig dauern!!!

Gleichzeitig merkte ich auch, was für ein tolles Gefühl es war, sich wieder zu erinnern. Auch wenn es üble, ätzende Situationen waren. Ich hatte sie wieder in meiner aktiven Erinnerung. Endlich lagen sie nicht mehr in der Schublade. Sie waren in greifbare Nähe gerückt. Ich ahnte, dass das eine wichtige Voraussetzung war, um mich auf meinem Weg irgendwann besser zu fühlen!

So erstellte ich zusammen mit der kleinen Eva aus den einzelnen Bildern eine Munitionsliste, stichwortartig, nur die markanten Worte wie „Eintopf,

Rohrstock vor dem Teller, Papas Augen". Am Ende war die Liste lang. Ich war zufrieden. Es lag noch viel Arbeit vor mir, das war mir klar. Aber, ich hatte heute eine Menge getan. Ein gutes Gefühl machte sich in mir breit.

Als ich Montagmorgen vor dem Spiegel im Bad stand, fiel mir ein, dass ich meinem Spiegelbild noch gar nicht gesagt hatte, dass ich es mag.

Oh je! Wie sah ich denn aus? Dicke, leicht gerötete Augen, die Haare wild um das Gesicht. Wie ein wild gewordener Handfeger. Wer hatte das noch immer gesagt? Mutti? ... Nee! ... Oma !!! Sie hatte Recht! Genau *so* sah ich aus!

„Trotzdem", sagte ich laut. Mehr mit einem Grinsen als einem liebevollen Lächeln murmelte ich:

„Eva, ich mag Dich..." Mein Spiegelbild grinste zurück. „...manchmal!"

Ich lachte laut auf. So einem verschlafenen, verquollenen Gesicht zu sagen, dass man es mag, das alleine war schon verdammt schwer. Und, wenn es dann noch das eigene ist...

Egal! Diese Aufgabe hatte ich bewältigt. Wenn auch auf den letzten Drücker.

# Der Teufelskreis

Nach dem Frühstück machte ich mich erneut auf meinen Weg.

Tja, nun war ich schon eine Woche bei Dr. Jung. Zweieinhalb Wochen lagen noch vor mir. Wieder beschlich mich das Gefühl, zu wenig Zeit zu haben. War es ein schlechtes Gewissen? Aber wem gegenüber? Eigentlich - wenn überhaupt - doch nur gegenüber meinem Kind, das ich manchmal weg packen *musste*, um alle Termine irgendwie unter einen Hut zu bekommen.

Ach was! Die kleine Eva ist doch immer dabei, hat Dr. Jung gesagt. Also doch auch bei den Partys. Aber trotzdem. Da blieb so ein etwas dumpfes Gefühl in mir. Hatte ich wirklich *genug* getan?

„Auf geht's!" sagte Dr. Jung wenig später, wie immer mit ganz neugierigem Blick.

Ich kam zunächst noch einmal auf die ‚Projektionsfiguren' zurück.

„Rainer ist keine Projektionsfigur. Das sind eher die anderen Männer," fasste ich schließlich zusammen. Was würde er sagen?

„Das, was Sie brauchen, kann Ihnen kein Mann geben. Weil kein Mann Ihr Vater ist."

„Es ist ein Teufelskreis."

„Ja, genau!", stimmte Dr. Jung mir zu. „Es *ist* teuflisch!"

„Deshalb ist ja auch mein Ziel, aus diesem Teufelskreis heraus zu kommen! Es ist nämlich wirklich furchtbar. Bei allem, was ich tue, habe ich oft gar nicht mehr das Gefühl, dass *ich* es bin."

„Fritz Pearls schreibt >Das Ausmaß an Projektionen, in denen wir leben, ist unendlich und total verrückt!< Vor allem, weil wir nicht nur schlechte, sondern auch *gute* Erinnerungen projizieren. Das sind dann die Erwartungen, die wir an andere haben. Das ist immer und besonders dann schlecht, wenn der kleine Mensch nicht satt geworden ist. Wie es Jean Liedloff in ihrem Buch beschreibt: Ein Kind, dessen Mutter es satt gemacht hat, will gar nichts von anderen haben. Ein satter Mensch ist allerhöchstens erstaunt, wenn ein Mensch ′anders′ ist. Am häufigsten kommen Projektionen vor, wenn etwas nicht abgeschlossen wurde. Dann will ich es nämlich zwanghaft abschließen. Und diese Dynamik ist immer *beschissen*, weil sie nichts Normales und Natürliches erzeugt."

Ach ja, das kannte ich gut. Genau *so* war das. Kampf und Krampf. Und immer hatte ich vorher schon gewusst, wie es endet.

„Ich gehe eigentlich immer pessimistisch in diese ‚Beziehungen' hinein. Ich *erwarte*, dass Mann mir weh tut."

„Das ist dann die Kleine in Ihnen. *Sie* hat die Erfahrung gemacht, dass der

Vater ihr nie das gibt, was sie will.“

Ja!?

„Gut ist“, sagte Dr. Jung nickend, „dass Sie das loswerden wollen!“

„Ooohh ja! Ich kann einfach nicht mehr!“

Auf seine Frage, wie es denn mit den übrigen Hausaufgaben gelaufen wäre, erzählte ich ihm von dem Spontangespräch mit der kleinen Eva morgens um sechs Uhr.

„Ganz toll!“ Anerkennend nickte Dr. Jung mir zu. „*Das* ist der richtige Weg! Sehr schön! Die kleine Eva hätte jetzt die große noch mal fragen können >Warum weinst *Du* eigentlich?<„

„Ich konnte nicht mehr! Es reichte mir, dass die Tränen überhaupt heraus gekommen sind. Damit war erst mal der Druck in mir weg.“

„Toll ist auch, dass sich das In-den-Arm-nehmen, das ja eine Hausaufgabe war, spontan ergeben hat. Dadurch konnten Sie hautnah erleben, wie erleichternd und schön es sein kann, der Kleinen zuzuhören und sie in den Arm zu nehmen. *Das* ist lebendig! So soll es sein. Die Kleine muss es *erleben!* Denn nur an der Wurzel können Sie ein Problem angehen. Nicht in irgendwelchen Situationen, die heute und jetzt passieren. Die gegenwärtigen Situationen sind wichtig, um Sie an die ihnen zugrunde liegenden Wurzeln zu bringen. *Wenn* Sie offen dafür sind!“

Wieder stiegen Tränen in mir hoch. Ey, verdammt, was war denn los mit mir? Ganz langsam bildete sich schon wieder dieser Kloß... Und dann konnte ich nicht anders: Ich hörte ihm weiter zu, aber ganz langsam rannen immer wieder Tränen über mein Gesicht. Anscheinend hatte ich ein Meer von Tränen in mir...

„DeKiD hat zwei wichtige Komponenten“, fuhr Dr. Jung fort. „Die erste ist das Herauslassen der ursprünglichen Wut der Kleinen und die zweite: Die Große muss der Kleinen all’ das geben, was die Kleine bei Vater und Mutter vermisst hat: Liebe, Vertrauen, Zärtlichkeit, Sicherheit... Die Große muss die Kleine heute satt machen. Besonders wichtig ist dies beim *Dreschen.* Hinter der Kleinen zu stehen, die ihre Wut heraus lassen will, sie zu schützen, sie zu ermutigen, und sie nach dem Dreschen zu fragen >Und? War das genug? Oder willst Du noch mal?< Wenn die Wut noch nicht ganz weg ist, müssen Sie ihr helfen, das ihr widerfahrene Unrecht gerade zu rücken. Wenn die Kleine genug hat nach dem Dreschen, ist es wichtig, sie in den Arm zu nehmen. Haben Sie die kleine Eva lieb, loben Sie sie und sagen Sie ihr >Ich habe Dich lieb!!!< Sie, die Große, sind die neue Projektionsfigur für die Kleine. Sie sind Ihre Freundin, der sie absolut vertrauen und die sie lieben darf, weil sie Ihre Liebe bekommt - *bedingungslos*! Nehmen Sie Ihr Kind an!“

Ob ich das jemals schaffen würde? Dieser Schmerz in mir war so stark!

Ich erzählte Dr. Jung von meiner Munitionsliste. Wie viel die kleine Eva auf einmal zu sagen hatte! So viel, dass ich zwischenzeitlich befürchtete, mir gar nicht alles merken zu können, um es im Nachhinein aufzuschreiben.

„Ich habe versucht, alle Szenen auf die Liste zu schreiben. Aber, ob ich mich noch an alles erinnern konnte, weiß ich gar nicht?“

„Es ist wichtig, viele Munitionen zu haben. Dabei ist jede Szene wichtig, um die Wut heraus zu lassen. Es wäre fatal, wenn Ihnen irgendwann trotz der noch in Ihnen steckenden Wut die Munitionen ausgingen. Deshalb sollten Sie versuchen, *alles* aufzuschreiben!“

„Aber kommen nicht im Laufe der Therapie immer neue Bilder hoch? Die Kleine hat doch auch verdrängt und kann nicht jetzt auf Anhieb *alles* wissen.“

„Ja, das ist klar. Natürlich ist nicht alles sofort da, wie auf Abruf. Es kann zum Beispiel passieren, dass Ihnen beim Dreschen auf eine bestimmte Szene noch eine zweite oder dritte einfällt.“

„So war das ja schon, als ich der Kleinen die Liste der Großen vorgelesen habe. Ich habe ein Stichwort gesagt und von dem anderen Stuhl kamen hierzu zehn Bilder und mehr.“

„Noch mal: Versuchen Sie bitte, alle Szenen aufzuschreiben. Es kann sich später herausstellen, dass fünf Szenen *ein und dieselbe* Wurzel haben. Das können wir jetzt noch nicht wissen! Deshalb: *Alles ist wichtig*! Aus meiner Erfahrung weiß ich, dass es meistens so ist, dass *eine* Szene fünfmal gedroschen werden muss, bevor die Kleine sich von den negativen Gefühlen, die sie dabei hatte und hat, in der Tiefe befreien kann.“

Mein Gott, das war ja wirklich viel Arbeit. Was die Kleine alleine in diesem einen Gespräch gesagt hatte! Ich musste sie doch sogar unterbrechen, weil es einfach *zu* viel wurde. Ich sah auf meinen Zettel. Zum Teil hatte die Kleine das wiederholt, was auch die Große schon gesagt hatte: Die Essensszene, die Huckepackszene mit der Schwester. Aber, da war noch mehr.

„Ich musste immer die große Schwester sein. Die, die ja schon sooo vernünftig ist. Die, die nicht mehr lachen und albern sein oder spielen darf. Als es meine Schwester gab, waren meine Bedürfnisse unwichtig. Lea war immer wichtiger!

„Das ist auch eine Munition!!“

„Ja, ich weiß.“

Ich erzählte ihm, dass ich mit fünf Jahren meinen Arm gebrochen hatte. Mit meinem gebrochenen Arm in der Hand lief ich voller Panik zu meinem Vater. >Mein Arm ist kaputt!< Ich hatte solche Angst, weil ich ja überhaupt nicht verstand, was geschehen war. Ich wusste, irgendetwas ganz Schlimmes ist mir jetzt passiert. Nachdem ich ärztlich versorgt worden war, wiederholte mein Vater später jedem meinen Satz >Mein Arm ist kaputt!<. Ob er es hören wollte oder nicht. Dabei schlug er sich grölend auf die Schenkel. Ich fühlte mich sooo missverstanden! Er machte sich lustig über meine Not. Dafür hasste ich ihn!

„Die Vorzeigebedürfnisse der Eltern sind oft weitaus größer als die Liebe zu ihren Kindern“ sagte Dr. Jung. „Für die Eltern ist es wichtig, welche Kleidung sie tragen, was sie sagen oder wie schnell sie laufen oder sprechen lernen. Daran misst sich häufig der Grad ihrer Liebe, nicht an der *Person*. Je besser, lernfähiger, klüger, witziger ein Kind ist, desto stolzer sind seine Eltern. Die Bedürfnisse des Kindes sind dabei egal. Es muss nur *funktionieren*!"

„Mein Vater hat häufig wegen Kleinigkeiten eine Woche, einen Monat oder mehr nicht mit mir gesprochen. Er hat mich bestraft mit absoluter *Nichtbeachtung*, ein Nicht-Sehen. Das hat er durchgezogen - knallhart und gefühllos! Ich war Luft für ihn!"

„Das ist eine richtige Gemeinheit", schimpfte Dr. Jung. „Und eine ganz, ganz dicke Munition. Liebes-Entzug durch Ignoranz."

„Der Kleinen sind hierzu aber keine Szenen eingefallen", warf ich fast entschuldigend ein. „Auslöser für diese Ignoranz waren manchmal Worte, die ich gesagt hatte. *Irgendetwas* hatte ich falsch gemacht. Meine Schwester hat mal eine Scheibe Käse ohne Brot gegessen. Das war für meinen Vater Anlass, mit Lea ein halbes Jahr nicht zu reden."

„Dass Ihnen dazu nichts Konkretes einfällt, ist verständlich. Die Kleine konnte doch gar nicht verstehen, warum der Vater so extrem reagierte. Aus ihrer Sicht hatte sie doch nichts gemacht! Die Unschuld der Kleinen wird hier ganz deutlich!"

„Für das Dreschen", ergänzte er nach einer Weile, „ist das in diesem Fall aber auch nicht so wichtig. Hier geht es vor allem darum, dass der Vater wegen *gar nichts* so reagiert hat. *Das* macht die Wut der Kleinen aus und das ist okay."

„Ich weiß noch, dass ich auf Anraten meiner Mutter unzählige Male zu meinem Vater gegangen bin, um ihm zu sagen >Papa, *ES* tut mir leid !< Dabei wusste ich in den seltensten Fällen, was mir eigentlich leid tat. Es war egal! Hauptsache, er redete wieder mit mir. Meistens musste ich fünf- oder zehnmal um Verzeihung bitten, bis er mich wieder beachtete."

„Dafür", sagte Dr. Jung, „muss auch die Mutter verdroschen werden. Auch die Mutter hat die Kleine gequält. Die kleine Eva hätte alles getan, um die Achtung des Vaters zu bekommen und die Mutter hat das gewusst! *Dicke* Munition!"

Es entstand eine Pause, die ich dazu nutzte, mich zu sammeln. Meine *Mutter* ? Sollte ich etwa meine Mutter auch noch verdreschen? Aber sie hatte ich doch nun wirklich lieb! Sie hatte mir doch gar nichts getan!

„Liebe", sagte Dr. Jung, scheinbar völlig in seinen Gedanken versunken, „Liebe entschuldigt alles! In unserer Welt müssen Kinder sich für tausend Kleinigkeiten entschuldigen. Und selbst dann wird ihnen häufig nicht verziehen! Was ist denn *das* für eine Liebe? Was ist das für ein *Scheißspiel*? Da werden doch schon früh im Leben eines Kindes Rollenspiele in Gang gebracht, die der erwachsene Mensch dann weiterspielt. Woher soll denn die Erkenntnis kommen, dass das falsch *ist*?"

Ja, woher?

„Mein Vater war ein absoluter Egoist", fuhr ich fort. „Alles musste sich um ihn und seine Wünsche drehen. Spielten seine Frau und seine Töchter mit, war alles gut. Wenn nicht, gab's Ärger! Immer!"

Ich erzählte ihm, wie die typischen Sonntage im Hause Thal abliefen: Mein Vater kam um 14 Uhr oder später von seinem Frühschoppen nach Hause, aß - da wir ja inzwischen gegessen hatten – alleine sein warm gehaltenes Essen und legte sich aufs Sofa, um zu schlafen. Lea und ich sahen zu dieser Zeit die Kinderstunde im Fernsehen an. Lag mein Vater auf dem Sofa, musste der Fernsehapparat ausgeschaltet werden und wir entweder ′rausgehen oder leise sein. Alles betteln, er könne sich doch auch ins Bett legen, half nichts. NEIN!! Wir fügten uns. Schließlich hatte er uns ja versprochen, später, wenn er ausgeschlafen hatte, mit uns zu einem Spielplatz zu fahren. Vielleicht gab's ja auch wieder Pommes!? Also *waren* wir still, mucksmäuschenstill! Aber: Er stand nicht auf. Nicht um 16 Uhr, nicht um 17 Uhr. Meine Mutter versuchte immer wieder, ihn zu wecken. NEIN!! So blieben wir zu Hause: enttäuscht, traurig, vielleicht ein bisschen wütend. Na ja, vielleicht ja nächsten Sonntag. Diese Hoffnung tröstete uns."

„Ihre Mutter ist nicht mit Ihnen alleine gefahren?"

„Ich glaube, darauf ist sie gar nicht gekommen. Außerdem hätte sie den Wagen meines Vaters auch gar nicht alleine fahren dürfen. Sie hatte vor ′zig Jahren mal unseren Gartenzaun mit *seinem* Auto gestreift. Mein Vater hat so einen Tanz veranstaltet, dass meine Mutter in ihrer Panik und Verzweifelung ihren Führerschein zerriss. Sie hat bis zum Tod meines Vaters nie einen Ersatz beantragt. Heute besitzt sie einen Kleinwagen und hat wieder Spaß am Autofahren."

„Furchtbar, Ihr Vater... Aber Ihre Mutter hätte doch ohne Auto mit Ihnen etwas unternehmen können. Traute Sie sich nicht?"

„Weiß' nicht. Sie hat's zumindest nicht gemacht. Vielleicht, weil ja auch um 17 Uhr wieder der Kaffee auf dem Tisch stehen musste."

„Dafür kriegt sie auch Dresche!", war die einfache Konsequenz Dr. Jung's.

Nein, das wollte ich nicht. Nein! Nicht meine Mutter. Sie war doch auch nur Opfer! Sah er das denn nicht? Sie hatte doch auch keine Chance.

„Der Vater ist eine ganz dicke Munition. *Das* ist offensichtlich! Aber, vergessen Sie nicht die Mutter. An der Mutter lernt die kleine Eva, wie Frauen zu sein haben! Sie hatten keine andere Möglichkeit, als an ihr zu lernen, wie Frauen *auch* sein können. Wenn der ‚wissende Zeuge' nicht da war, dann hat die Kleine genau diese Frauenrolle gelernt!"

„Vielleicht hatte die Mutter meines Vaters, meine Oma, die Rolle des ‚wissenden Zeugen' für mich? Sie lebte bei uns im Haus und hat sich manchmal gegen ihren Sohn aufgelehnt. Sie hat auch meine Mutter kritisiert. Meine Oma hat sich viel mit mir beschäftigt: Sie hat mit mir gespielt oder mit einer Engelsgeduld meinem Klavierspiel zugehört oder ist stundenlang mit mir in den Wald gegangen. Solange sie körperlich noch fit war, war *sie* sicher auch Mutterersatz für mich. Ja! Ich glaube, dass sie eine wichtige Funktion in unserer Familie hatte. Mein Vater hat irgendwann auch mit ihr nicht mehr geredet hat. >Sie hat ja keine Ahnung< ! Dasselbe Urteil wie über uns alle !"

„Und? Was sagen Sie dazu?"

Wozu? Was wollte er jetzt hören? Ich schwieg vorsichtshalber.

„Ich bleibe jetzt ganz bewusst mal ein bisschen mehr bei der Mutter", sagte Dr. Jung. „Sie haben viel vom Vater geredet. Es macht den Eindruck, als sei die Mutter ganz in Ordnung. Wir dürfen nicht vergessen, dass die Kinder auf die Mutter geprägt *sind.* Denken Sie an die Verhaltenstherapie von Lorenz! Egal, was den Küken an >Mutter< angeboten wird, sie laufen hinterher – ganz gleich, ob es der Fußball oder Lorenz selbst ist. Die Wichtigkeit der Mutter ist besonders in den ersten zwei Jahren immens. Ist die Mutter emotional nicht da, dann *ist* die Mutter für das Kind tot. Ich, die kleine Eva, bin *total* verlassen. Dann gibt es zunächst erst mal niemanden, der die Mutter ersetzen kann. Und jetzt kommt das Subjektive an unserer Arbeit: Die kleine Eva weiß und versteht nicht, warum die Mutter nicht da ist."

Wieder entstand eine Pause. Hatte er Recht? Hatte ich auch ein verstecktes Problem mit meiner Mutter? Ich hörte zwar seine Worte, aber ich konnte sie nicht annehmen. Nee, nee... Das war bei mir anders... Meine Mutter hatte mich lieb!

„Jaaa", sagte Dr. Jung und versuchte wohl, die kleine Eva nachzuahmen. Wie hatte er es noch genannt? Doppeln.

„Die Mutter musste ja arbeiten. Jaaaaaa, die Mutter hatte ja die kleine Schwester zu versorgen."

Genau! So war es doch auch! Ich sah ihn verständnislos an.

„Das interessiert nicht!" rief er. „Es ist das *gute* Recht der kleinen Eva, eine Mutter zu *haben*! Wenn die Mutter nicht da ist, dann ist die Kleine erst wütend, später irgendwann traurig und dann nur noch resigniert. Erst nach all´ diesen durchlebten Tiefen, nach all diesen negativen Gefühlen, kommt für das Kind die Oma in sein Leben. Und das ist dann auch wirklich sehr, sehr wichtig! Die Ersatzmutter, die vielleicht - für das Kind erst bewusst – im zweiten Lebensjahr in Erscheinung tritt - bei Ihnen als Oma -, ist oft sogar irgendwann wichtiger als die Mutter. Sie sprachen ja selbst davon, dass Sie glaubten, Ihre Oma sei Ihre Mutter und Ihre Eltern hätten Sie adoptiert."

Ja, verdammt, stimmt! *Das* Gefühl hatte ich tatsächlich als Kind immer gehabt. Trotzdem!

„Das Grundgefühl der kleinen Eva ist: >Mutter, Du hast mich verkauft! Wo bist Du Mutter?<„

„Na ja... Vielleicht gibt es da bei mir ja tatsächlich noch Dinge, an die ich mich nicht mehr so genau erinnern kann," sagte ich nicht sehr überzeugend. Ich merkte selbst, dass ich Dr. Jung zustimmte, um ihm einen Gefallen zu tun, nicht, weil ich es wirklich glaubte.

„Fragen Sie die Kleine nach der Mutter. Vielleicht erzählt Sie Ihnen etwas. Da wird mehr sein als >Die Mutter musste doch arbeiten< Da bin ich ziemlich sicher."

„Zu der ersten Hausaufgabe >Meine Mutter und ich< ist mir ja zumindest ein bisschen eingefallen“, versuchte ich mich zu rechtfertigen. Also!? Ich verdrängte doch nun wirklich nichts.

„Da bin ich aber gespannt... Wir sollten jedoch zunächst den Vater abschließen und dann mit der Mutter weitermachen.“

Auch gut.

„Mein Vater war kein bisschen hilfsbereit. Wenn ich ihn mal bat, mich zu einer Freundin zu fahren oder mich abzuholen, so tat er mir diesen Gefallen fast nie. Immer fuhren uns die Väter meiner Freundinnen. Es war mir richtig peinlich. Deshalb entschuldigte ich ihn bei meinen Freundinnen mit >Er hatte keine Zeit< - >Er ist nicht da< - >Er musste weg<. Eine Situation fällt mir gerade ein: Es gewitterte tierisch. Mit Sturm und Regen. Ich war mit einer Freundin verabredet, hatte aber Angst, vom Blitz erschlagen zu werden, wenn ich mit dem Fahrrad fahre. Meine Bitte an ihn, mich zu dem vereinbarten Treffpunkt zu fahren, hat er mit der Begründung abgelehnt >Nein! Das Auto wird nass!<“

Die Faust knallte heftig auf den Tisch. Ich zuckte richtig zusammen.

„Schluss!”, schrie er. „Keine Freundschaft! Die Kleine ist *UN-Person.* Das Auto ist wichtiger!“

Das war wohl tatsächlich so. Sein Auto liebte er mehr als alles auf der Welt. Wenn der Wagen wirklich mal - und das war ganz selten - nass geworden war, wurde er trocken poliert, bevor er in die Garage kam. Ich konnte mich nicht erinnern, von ihm nach dem Baden mal abgetrocknet worden zu sein.

„Mein Vater hat mir immer wieder vermittelt: Wäre ich ein Junge geworden, wäre vieles anders und besser. >Wenn Du ein Junge wärst, dann dürftest Du zum Gymnasium, dürftest studieren - aber: Du bist ja *nur* ein Mädchen.<“

Dr. Jung stöhnte auf.

„Auf die Liste!“, befahl er. „Viele Störungen, die bei Frauen vorhanden sind, haben ihre Wurzeln in der Missachtung der Weiblichkeit durch Vater und Mutter! Früher hatte das oft Konsequenzen in der Erbfolge. Die Nichtachtung der weiblichen Person, des kleinen Mädchens, ist ganz furchtbar. Daraus entstehen schwerste Störungen. Reden Sie Ihrem Kind nichts ein! Fragen Sie die kleine Eva >Wie hast Du Dich dabei gefühlt?< Es kann sein, dass Sie jetzt als Große übertreiben, dass das alles gar nicht so war. Aber aus meiner Erfahrung weiß ich, dass es fast immer noch viel viel schlimmer war, als es die Erwachsenen dann später noch im Bewusstsein haben.“

Ich dachte über seine Worte nach. Tief in mir fühlte ich, dass da es da noch mehr gab...

„Das erste Kind meines Vaters, das gestorben ist, war ja ein Junge.“

„Ach, Du liebe Zeit.“

„Er hieß Ewald. Deswegen heiße ich wohl auch Eva.“

„Mein Gott.“

„Mein Vater hat manchmal gesagt >Wenn Ewald noch da wäre, dann....< Ich wusste, dass ich für ihn nur ein Ersatz bin und dann auch noch ein schlechter."

„Das ist ganz furchtbar! Was ist *das* für eine Brutalität! Wie kann ein Vater *sooo* mit seiner Tochter umgehen? Das hat bei Frauen Folgen, die fast unerträglich sind. Viele werden zu Extrem-Männern, hauen überall auf den Putz und auf den Tisch. *Spielen* Mann. Wollen *alles* in der Hand haben."

Kam mir irgendwie bekannt vor. War ich nicht auch manchmal so? Ätzend!

„Tja, und dann waren da noch die Tischszenen. >Es wird beim Essen nicht geredet!< Auch so ein Standardsatz meines Vaters. Wenn wir aßen, redete er. Natürlich nur über seine Themen und Probleme. Alle hörten zu. Selbst Versuche meiner Mutter, das Gespräch auf die Eins zu bringen, die ich gerade in der Mathematikklausur geschrieben hatte, blieben ohne Resonanz. >Ach ja?< war alles. Die Bitte meiner Mutter, doch mal etwas mehr dazu zu sagen, blieben unerhört. Monologe wurden fortgeführt. Als ich dann älter wurde, forderte *ich* Gespräche mit ihm ein. Ich hatte aber nur eine Chance, wenn ich auf seine Themen, die mich einen Scheißdreck interessierten, einging. Trotzdem. Ich hoffte, so vielleicht die Möglichkeit zu haben, mal mit ihm zu reden. Aber selbst das endete leider häufig damit, dass wir irgendwann verschiedener Meinung waren. Da er eine andere Meinung als seine weder gelten lassen noch sich darüber auseinander setzen konnte, war dann meistens >Du hast ja keine Ahnung!< das Ende des Gespräches. Ausdiskutieren konnte er nichts. Vielleicht fühlte er sich mir unterlegen, war es - als ich älter war - wohl auch. Ich versuchte trotzdem, mit ihm zu diskutieren. Ein Streit blieb nicht aus. Ein Streit, der *immer* Türen schlagend endete."

Zig Situationen, die mich ankotzten. Noch heute fühlte ich meine Hilflosigkeit, wenn ich darüber nachdachte. Was hätte ich denn noch tun können? Ich hörte die kleine Eva in mir schreien: *>PAPA! Hör mir doch mal zu!! <*

„Mein Vater hat mich immer stehen oder sitzen lassen. Ein Riesen-Stoffseehund an der Nordsee, auf den mein Vater mich setzte für ein Foto... Ich hatte Angst, aber ich musste sitzen bleiben! In der Kneipe beim Saufen... Ich habe mich gelangweilt, wurde aber vergessen. In Diskussionen... Meine Meinung wurde ignoriert oder durch Rauslaufen wortlos kommentiert. Es gab tausende solcher Szenen."

„Kein Gefühl! Brutal! Egoistisch!" der Kommentar meines Gegenübers. „Diese ganzen Szenen sind Munitionen! Sie werden merken, dass diese Situationen, an die Sie sich heute erinnern, bereits Wiederholungen noch früherer Ereignisse sind. In DeKiD ist es wichtig, möglichst weit zurück liegende Szenen zu bekommen, denn *da* liegt die Wurzel. Bereits jetzt sind da ganz viele dicke Munitionen. Es werden noch mehr hinzukommen. Ganz sicher."

Noch mehr? Wie sollte ich das alles in der Kürze der Zeit schaffen? Wieder dieser innere Druck in mir... Das schaffe ich nie...

„Hier steht noch mehr...", sagte ich. Ein wenig zu gehetzt? Ich sah zur Uhr. Shit! Die Zeit rannte mir davon.

„Ja, weiter geht's“, ermutigte er mich.

„Sobald ich eine Nuance neben dem von meinem Vater Erwarteten lag, gab's Strafen. Deshalb war ich schon sehr früh immer das brave Mädchen. Wenn ich's mir recht überlege, bin ich das eigentlich bis heute geblieben: lieb, fast angepasst.“

„Das *ist* eine dicke Munition! Da kann und muss mächtig gedroschen werden.“

Das werde ich machen! Ganz sicher!!

„Gut“, sagte Dr. Jung, nachdem er eine ganze Zeit gedankenverloren vor sich hingesehen hatte, „Dann wollen wir jetzt mal zu Ihrer Mutter kommen. Haben Sie schon etwas zu Ihrer Mutter auf der Munitionsliste?“

Jetzt hatte ich insgeheim gehofft, dass die Zeit *hierfür* nicht mehr reichen würde. Die Stunde war doch gleich zu Ende. Aber nein! Dr. Jung hatte schon eine zweite Kassette bereit gelegt. Jetzt musste ich wohl Farbe bekennen. So richtig viel war mir zu meiner Mutter wirklich nicht eingefallen.

„Das fällt mir auch viel, viel schwerer.“

„Um so wichtiger, dass wir darauf kommen.“

Ich blätterte in meinen Notizen. Wo stand das denn? Aja... hier...

„Die Rolle meiner Mutter war, Verbindungsglied zwischen mir und meinem Vater zu sein. Sie war Kontaktperson, Bittstellerin, Vermittlerin. Sie erklärte mich ihm und bat meinen Vater um Verständnis für mich und meine Untaten. Daneben bat sie aber auch mich, *ihn* zu verstehen oder mich bei ihm zu entschuldigen, dies oder jenes zu tun, ‚klein beizugeben'. Sie hatte viele Entschuldigungen für ihn und hat mich damit unter Druck gesetzt. Ich *musste* mich irgendwann entschuldigen - um des lieben Friedens Willen.“

„Wir müssen uns immer wieder klar machen“, unterbrach mich Dr. Jung, „dass Sie die Kleine noch mal fragen müssen! Je jünger Sie damals waren, umso weniger Verständnis hatten Sie für das Verhalten Ihrer Mutter. Das muss Ihnen klar sein. Die kleine Eva war *auch* auf die Mutter wütend. Das kann gar nicht anders sein! >Dadurch, dass Du mir alles erklärst, wird es auch nicht besser! Warum sagst Du *ihm* nicht, dass er sich mehr Zeit nehmen soll! Anstatt mir zu erklären, warum er keine Zeit hat! Verdammt!<“

Wieder sauste seine Faust auf den Tisch.

Irgendwie hatte er ja Recht. Warum hat sie sich eigentlich so verhalten? Sie konnte wohl nicht anders. Plötzlich merkte ich selbst, dass ich schon wieder anfing, das Verhalten meiner Mutter zu entschuldigen.

„In DeKiD geben wir uns mit einem Verständnis für ein bestimmtes Verhalten *nicht* zufrieden. Die Mutter hat alleine *dafür* Dresche verdient, dass sie sich so und nicht anders verhalten hat!“

Nein! Das will ich nicht hören! Hör' auf!

„Meine Mutter hat alles an und von meinem Vater entschuldigt! Selbst der Alkoholkonsum wurde gerechtfertigt. Er musste ja sooo viel arbeiten! >Kind, lass` ihm doch *das* Vergnügen<“

„Dafür bekommt sie Haue."

Ich musste lachen. Es war richtig süß, wie er da saß und langsam aber sicher richtig wütend auf meine Mutter wurde. Viel wütender als ich es war! Witzig! Warum eigentlich?

„Die Kleine *hatte* eine Wut im Bauch - und wie!", rief Dr. Jung. „Sie hätte gerne los geschrieen: >Du blöde Kuh! Warum darf ich nicht mal schreien? Warum ist alles, was der Vater macht, richtig und alles, was ich mache, falsch? Du bist doof!! Warum hilfst Du *mir* nicht mal??< Aber die Kleine war viel zu brav."

„Ja, ein braves Mädchen. Wie gehabt..."

War ich das nicht auch jetzt noch! Oder, warum konnte ich nicht wütend sein oder werden?

„Meine Mutter", erzählte ich ihm weiter, „hat meinen Vater auch als Droh- und Druckmittel gegen uns Kinder benutzt. >Warte, bis Papa nach Hause kommt, dann...< Was sie damit meinte, war klar: Prügel, Strafen, Schimpfe, die später Realität wurden! Natürlich hatten wir deshalb immer Angst vor unserem Vater, die sie noch verstärkt hat. Lea und ich konnten uns nie auf ihn freuen. Vermutlich hat das wohl auch meine Mutter verhindert."

„Natürlich hat sie das! Etwas ganz Schlimmes und eine ganz große Gemeinheit sind verzögerte Strafen. Dicke Munition - für die Mutter!!"

„Meine Mutter war aber doch genauso schwach wie wir Kinder", versuchte ich ihm noch einmal ihr Verhalten zu erklären. „Sie musste auch günstige Gelegenheiten abwarten, um etwas von ihm zu bekommen. Ich glaube, richtig glücklich war sie nie! Irgendwie ´reingerutscht in Ehe und Haushalt, dafür ihren Beruf aufgegeben. Ich weiß nicht, ob sie damals wirklich glücklich war. Sie selbst hat mir mal gesagt, sie wäre zum ersten Mal richtig glücklich gewesen, als ich geboren wurde. Okay, ich war kein Junge - wie das erste Kind meines Vaters - aber, ich war *ihr* Kind. Sie hatte ´was eigenes´. Ich glaube, dass mein Vater das gespürt hat. Als Lea und ich älter waren und wir uns immer mehr mit meiner Mutter gegen ihn verbündeten, fühlte er sich alleine gelassen. Dadurch hat sich seine Tyrannei gegen uns alle natürlich noch verstärkt."

Ich dachte an die unzähligen Streitereien, das Türen schlagen, die lauten Worte oder Taten. Immer war irgendwie Terror wegen nichts.

„Meine Eltern haben mir keine glückliche Beziehung vorgelebt. Es ist schon erstaunlich, dass ich eine achtjährige Beziehung hatte, die so gut funktionierte."

Ich dachte nach. War das so? Hatte sie *´funktioniert´*?

„Obwohl... Wenn ich es recht überlege, lag es wohl mehr an meinem Freund, dass unsere Beziehung so gut lief. Ich war sicher nicht einfach, habe oft Verhaltensweisen meines Vaters in Diskussionen mit Rainer übernommen. Ich bin zum Beispiel auch, wenn mir die Argumente ausgingen, Türen knallend raus gerannt und habe einfach aufgehört zu reden. Nach kurzer Zeit wurde mir dann immer klar >Das war mal wieder mein Vater<. Dafür hasste ich mich dann noch mehr.“

„Darin sind dicke Munitionen enthalten. Darüber müssen Sie noch einmal mit der Kleinen sprechen. Eine Hausaufgabe will ich Ihnen jetzt schon mal sagen: Fragen Sie bitte die Kleine >Hat Mutti Dich lieb gehabt? Hat sie Dich zärtlich geliebt?< und >Hast Du Mutti zärtlich geliebt? Hast Du eigentlich Zärtlichkeiten gesehen bei Mutti und Papa?<“

Ich schrieb alles auf. So konnte ich mir eine kurze Auszeit nehmen. Was würde die Kleine sagen? Würde sie etwas anderes antworten als die Große? Für mich war meine Mutter meine beste Freundin... Oder?

„Haben Sie sich an diesem Wochenende nach dem Aufstehen eigentlich mal vor den Spiegel gestellt?“, fragte er ganz unvermittelt.

Ich schilderte ihm die Aufstehaktion des Montagmorgens. Als ich ihm von dem >Manchmal< berichtete, lachte er auf.

„Fragen Sie mal die Kleine: >Magst Du mich?< Und danach soll auch die große die kleine Eva mal fragen: >Und DU? Magst Du mich?< Mal sehen, was dabei herauskommt. Ich habe die Erfahrung gemacht, dass sich die Antworten auf diese Frage im Laufe der Therapie verändern.“

Tja, das war wirklich spannend. Ich selbst hatte keine Ahnung, wer von beiden wen mag oder nicht. Vielleicht würden wir beide schweigen.

„Machen Sie mal weiter?“ bat er mich lächelnd

„Meine Mutter... Weil sie meiner Schwester und mir oft gesagt hat >Ihr seid doch alles, was ich habe< war ich mir schon früh meiner Riesenaufgabe bewusst. Ich *musste* für sie da sein. Es war wie eine Rolle.“

„Rolle“, sagte Dr. Jung. „Ein Reizwort in DeKiD. Alice Miller schreibt in einem ihrer Bücher ´Wenn ein Kind auf die Welt kommt, dann will es in den Augen der Mutter lesen >Ja, Du bist ja noch ganz schön rot im Gesicht und Dein Kopf ist noch eingedellt. Aber: *Ich mag Dich so wie Du bist!*< Das will ein Kind lesen! Und was erlebt das Kind? Was mutet die Mutter ihm zu? Was sendet sie aus? >Ach wärst Du doch nicht geboren. Ich will ja alles tun, auch wenn ich Dich jetzt noch gar nicht gebrauchen kann<. Oder, was fast noch schlimmer ist und was auch Ihre Mutter getan hat >Gott sei Dank, dass Du *endlich* da bist! Ohne Dich hätte ich ja gar nicht mehr leben können!< Was passiert dann? Was geschieht mit diesem Kind?“

Ich ahnte Böses...

„Es kommt auf die Welt, um angenommen und geliebt zu werden. Aber auf einmal soll das Kind der Mutter helfen! Was tut es dann? Es fängt bereits kurz nach der Geburt an, diese Rolle zu *spielen*: lacht, ist fröhlich, prustet, weil es die Mutter glücklich machen will. Es ist eine verrückte Rolle. Und damit eine dicke Munition. >Du bist für mich da! Nicht ich für Dich! Verdammt!<„

Wieder donnerte die Faust auf den Tisch. Dieses Mal hatte ich fast damit gerechnet.

„Zumindest in den ersten ein bis zwei Lebensjahren“, fügte er ruhig hinzu. „Wenn das Kind älter wird, passiert es in Familien mit jüngeren Geschwistern, dass die Älteste sehr früh für ihre Geschwister die Mutterrolle übernehmen muss. Das ist dann doppelt schlimm. Dieses Kind durfte selbst *nie* Kind sein, während die Jüngeren es ihr jetzt vorleben. Also!? Das *muss* mit auf Ihre Liste!“

Ich machte ein Kreuzchen in meinen als Tagebuch genutzten Notizblock. Ich hatte es doch gewusst! Ich hätte mir gleich einen DinA-3-Block kaufen sollen.

„Ich konnte aber auch Kind sein, weil es meine Oma gab. Sie hat mit mir gespielt und war für mich da.“

„Ein Glück für Sie! So haben Sie einen großen Vorteil gegenüber anderen meiner Patienten gehabt. Trotzdem: Sie waren für Ihre Mutter Besitz und Trost. Dafür *muss* sie verprügelt werden!“

„Im Prinzip hat sich daran bis heute nicht wirklich viel verändert. Seit mein Vater gestorben ist, sagt sie oft: >Ach, wenn ich Euch nicht hätte< oder: >Was würde ich ohne Euch machen?<“

„Ich erinnere Sie noch einmal an die letzte Stunde: Vergessen Sie die noch lebenden oder verstorbenen Eltern! Sie sind in unserer DeKiD-Arbeit nicht wichtig! Was hier interessiert ist *ausschließlich* die kleine Eva und das, was sie *früher* mit den Eltern erlebt hat! *Das* lebt in Ihnen und muss herausgelassen werden dürfen. Irgendwann können Sie dann Frieden schließen. In der Psychoanalyse sagt Alice Miller: >Entschuldigen und immer wieder entschuldigen! Um Verzeihung bitten müssen! So ein MIST. Ein Leben lang habe ich immer nur das getan! Das war falsch!< Nachdem Sie hier die in Ihnen heute noch vorhandene Wut heraus gelassen haben, wird in Ihnen Frieden sein. Sie werden sehen, dass Ihr heutiges zu dem früheren Gefühl ein Unterschied wie Tag und Nacht sein wird. Die Wut in Ihrem Bauch verhindert heute einen normalen Kontakt zu Ihrer noch lebenden Mutter. Was haben Sie denn zu Ihrer Mutter noch aufgeschrieben?“

„Meine Mutter war für mich Geheimnisträgerin. Ich konnte ihr alles erzählen. Ob das als Kind auch so war, weiß ich heute nicht mehr so genau. Als Jugendliche konnte ich ihr alles sagen. Sie hat es für sich behalten!“

„Oh, das ist etwas sehr Schönes!“, freute sich Dr. Jung. „Wunderbar, wenn Ihre Mutter Ihr Vertrauen nicht missbraucht hat! Da wird in vielen Fällen so viel Schlimmes getan.“

Siehste, dachte ich, sag ich ja: Meine Mutter *ist* lieb!!

„Ja, das war und ist wirklich gut!“ betonte ich noch mal etwas zu laut.

„Ich habe eine Frage“, sagte Dr. Jung. „Welche Vorstellung hat Ihre Mutter der kleinen Eva über Männer vermittelt? Ich frage das, weil viele Mütter ihren Töchtern aufgrund ihrer eigenen Erfahrungen suggerieren >Hüte Dich vor Männern! Alle Männer sind Schweine!< Damit wird in dem Kind etwas zerstört. Wie soll sich durch eine von der Mutter auf ihr Kind übertragenen Abwehr gegen ihren Ehemann bei dem Kind eine normale, natürliche Sexualität entwickeln?“

„Meine Mutter hat mir das *so* nicht vermittelt. Sie hat über die Beziehung zu meinem Vater mit mir nicht gesprochen. Das habe ich nur erlebt und mir mein eigenes Bild gemacht. Eigentlich hat sie eher versucht, mein Bild zu beschönigen, indem sie miese Verhaltensweisen meines Vaters entschuldigte."

Ich dachte darüber nach... Nee! Hatte sie wirklich nicht. Ich bin in dieser Beziehung von ihr nicht manipuliert worden. Da waren keine Tabus, kein Misstrauen. Nee, das war schon okay. Aber? War meine Mutter nicht ein *negatives* Vorbild für mich gewesen? War es nicht vielmehr so, dass ich mir geschworen hatte >*Niemals* wirst Du so leben wie sie! *Niemals* Dich so unterdrücken lassen!< Hatte sie nicht damit doch unbewusst ein Bild von Männern in mir gemalt? Ach was! Ich hatte einen so tollen Freund. Der war doch so anders als mein Vater!

„Meine Mutter hatte aber schon Vorurteile wie: >Treib Dich nicht mit diesen langhaarigen Typen herum. Alles Nichtstuer!< Aber da war ich schon in einem Alter, in dem ich selber wusste, was ich wollte. Mir war es damals egal, ob sie das verstand oder nicht."

„Gut". Nicht mehr und nicht weniger.

„Meine Mutter hat *mich* schon gesehen. Sie hat sich mit mir über gute Noten gefreut und sie gelobt. Sie hat sich mit mir und um mich gesorgt, mich in den Arm genommen und konnte zärtlich sein. Was für mich ganz wichtig war: Meine Mutter konnte - anders als mein Vater - verzeihen. Noch wichtiger war dabei: Sie konnte vergessen. Ich musste nicht zehnmal >Entschuldigung< sagen wegen irgendetwas. Sie hat verziehen, ohne etwas zu erwarten."

„Das ist schön. Dann war sie zum Glück normaler als der Vater. Und vor allem ein ganz wichtiger Ausgleich."

„Was ich - bis heute - besonders an meiner Mutter liebe: Mit ihr kann ich lachen! Wir sitzen manchmal zusammen und sind nur albern, können Tränen lachen über nichts. Was früher für meinen Vater ein rotes Tuch war. Er hatte keinen Humor. Er war kein fröhlicher Mensch."

Mir fiel eine Szene am Küchentisch ein: Eine Freundin war zu Besuch und meine Mutter schenkte uns Kakao ein. Es reichte ein Blick oder ein Wort und wir drei brachen in ein Lachen aus, das gar nicht wieder aufhören wollte. Je strenger mein Vater uns ansah, desto mehr mussten wir lachen. Bis er irgendwann mit der Hand auf den Tisch schlug und abrupt mit zwei Worten >*Schluss jetzt!!*< diese fröhliche Runde beendete. Klasse, wie lustig meine Mutter sein konnte!

„Das ist eine richtige Munition für den Vater: >Du hast mich traurig gemacht! Mit Dir konnte ich nie fröhlich sein!< Das *muss* gedroschen werden", sagte er eindringlich.

Klar! Mach ich!! Das war auch Scheiße!

„Die zweite Aufgabe, die Sie mir gestellt hatten, war >Wie hat Mutter mich frustriert<."

Ich sah ihn an. Wollte er das noch hören? Dr. Jung hatte sich bei meinen Worten nach vorne gebeugt. >Gespannt wie ein Flitzebogen<. Hatte das die kleine Eva geflüstert?

„Frustriert hat sie mich wohl besonders mit ihrem Verhalten meinem Vater gegenüber. Dass sie immer alles mitgemacht, kleine Brötchen gebacken hat. Ich habe so oft gedacht: >Ach Mensch, Mutti, wehr Dich doch mal! Mach` das nicht mehr mit!< Aber gleichzeitig habe ich natürlich auch ihre Angst verstanden. Es war ja auch meine!“

„So hat die kleine Eva gelernt, dass Frauen sich nicht gegen Männer wehren. Männer dürfen alles machen. Frauen haben nichts zu sagen. *Das muss raus gedroschen werden!* Das ist Mist!! Ihre Mutter ist ein schlechtes Vorbild gewesen! Fragen Sie die Kleine mal >Wie ist es Dir dabei gegangen?<„

Was die Große dachte, wusste ich. Würde die kleine Eva etwas anderes sagen?

„Was noch besonders schön war: Meine Mutter hat gute Noten belohnt, ohne sie zu erwarten. Sie war und kann noch heute begeistert sein über mein Aussehen, meinen superguten Abi-Durchschnitt, meine Karriere, meine hübsche Kleidung ...“

Während ich das sagte, spürte ich, dass da noch ein anderes Gefühl in mir war. Freute ich mich wirklich darüber? Wie von selbst kamen dann Worte aus mir heraus

„... Ich hatte nie *wirklich* das Gefühl, dass sie *mich* liebt. Es waren immer Äußerlichkeiten! Auch meine Freundinnen und Freunde wurden genau *danach* bewertet und beurteilt. Das regt mich auf!!“

Ey! Was war *das* denn? War da doch so etwas wie Wut über meine Mutter in mir?

„Machen Sie daraus eine Munition! Wenn die Kleine dieses Gefühl losgeworden ist, wird Ihnen heute ganz egal sein, was Ihre Mutter dazu sagt. Sie regen sich nicht mehr auf, sondern lächeln darüber.“

„Das Problem, das eigentlich dahinter steckt, sitzt ziemlich tief. Meine Mutter hat mir vermittelt, dass Äußerlichkeiten wichtig *sind.* Nehme ich ein Kilo zu oder habe einen Pickel im Gesicht finde ich mich hässlich. Ich trage meine Lieblingsfarben *nicht,* weil ich glaube, dass sie mir nicht stehen. Ich mache mir auch im heißesten Sommer keinen Pferdeschwanz, weil ich abstehende Ohren habe und... und... und... Äußerlichkeiten sind der Maßstab, an dem auch *ich mich selbst* messe!“

„Noch mal: Machen Sie es zu einer Munition! Die Kleine hat es verinnerlicht. Sie hat es internalisiert, gefressen! Und Sie *leiden* heute darunter!!“

„Stimmt! Es macht mich absolut unfrei! Ich glaube ja wirklich, dass ich nur etwas wert bin, wenn ich gut aussehe und etwas leiste.“

„Das kann ja auch gar nicht anders sein. Also ′raus damit!“

„Manchmal denke ich, wären Lea und ich hässlicher gewesen oder dümmer, hätten wir vielleicht mehr Liebe gekriegt. Dann wären *WIR* wichtiger gewesen, nicht das, was wir tun oder was man sieht.“

„Na, wenn das keine Munition ist! Hören Sie auf, zu erklären! Fragen Sie hierzu Ihre Kleine!“ forderte er noch eindringlicher.

„Wenn ich - wie auch hier in der Kur – Menschen sehe, die ich zum Beispiel zu dick finde, ist mein erster Gedanke: Mein Gott, der oder die könnte auch mal abnehmen. Die Augen meiner Mutter! Aber dann erlebe ich diese Menschen, lerne sie kennen, schaue ihnen in die Augen und sehe so viel mehr Lebensfreude und Fröhlichkeit als bei mir. Ich fange an, diese Menschen zu beneiden.“

„Ja, diese Menschen hatten andere Mütter. Zum Glück! Wie sollen Sie fröhlich sein, wenn Sie ständig an den Pickel, die abstehenden Ohren oder das Kilo zu viel denken?“

Ja, wie? Mein Äußeres beschäftigte mich schon sehr. Ständig stieg ich auf die Waage und wehe, da war ein Kilo zu viel: kein Abendbrot, keine Schokolade, kein Eis oder keine Chips mehr - bis das Kilo - oder besser noch eins mehr - weg ist. Stress!! Aber das war auch *ICH*. Ich fühlte mich total unwohl in meiner Haut mit all diesen negativen Dingen an mir! Was hatte meine Mutter heute noch damit zu tun? >Frag` mich mal!< flüsterte Kleineva. >Ich erklär es Dir!< Ich musste grinsen. Dieses Kind war schon so viel wacher als noch vor einer Woche.

„Jetzt“, fuhr Dr. Jung fort, „will ich Ihnen das Dreschen erklären.“

Oje, jetzt musste ich wohl ´ran. Mir war nicht ganz wohl bei dem Gedanken daran, alleine in den Wald zu gehen und meine Eltern zu verprügeln. Was war das? Angst? Wovor? Meine Eltern konnten mir doch gar nix tun! Was sollte mir denn passieren?

„Sie nehmen sich die Munitionsliste“, erklärte Dr. Jung „und suchen sich mit der kleinen Eva eine Szene aus, bei der die Kleine die größte Wut kriegt. Das *werden* Sie merken“, ergänzte er, als er mein skeptisches Gesicht sah. „Dann müssen Sie mit der Kleinen ´rausgehen zu einem Dreschplatz. Es gibt mehrere Dreschplätze, die alle so liegen, dass sie von den Wanderwegen nicht eingesehen werden können. Wo, das zeige ich Ihnen gleich auf einem Übersichtsplan, den ich für Sie gezeichnet habe. Auf jedem Dreschplatz liegen Stöcke unterschiedlichster Größen. Es ist alles vorbereitet. Sie müssen also nichts mitnehmen, außer Ihrer kleinen Eva. Vielleicht sollten Sie noch Handschuhe oder einen Lappen einstecken.“

Ich sah ihn verständnislos an. Einen Lappen? Handschuhe? Wozu? Kalt war’s jedenfalls nicht. Wenn er jetzt Regenschirm gesagt hätte, o.k., das hätte ich nachvollziehen können. Schließlich schüttete es seit zwei Tagen wie aus Eimern.

„Irgendetwas, um Ihre Hände zu schützen. Meine Therapie-Erfahrung hat gezeigt, dass, wenn die Kleinen erst mal richtig wütend sind, ihnen ihre Hände egal sind. Es ist schon vorgekommen, dass die Hände blutig geschlagen wurden.“

Ist ja verrückt. Na, das wird mir nicht passieren. *Sooo* wütend war ich nun wirklich nicht.

„Unterwegs heizen Sie die Kleine noch mal richtig an. Am besten fragen Sie immer wieder nach der konkreten Szene >Was hast Du gefühlt?< Wenn Sie den Dreschplatz erreicht haben, ergibt sich folgende Konstellation...“

Er stand von seinem Sessel auf und stellte sich mit ausgebreiteten Armen in den Raum.

„>Also, Kleine, pass` auf! Ich stehe hier und passe auf, dass Dir nichts passiert! Du kannst jetzt alles das tun, was Du schon immer tun wolltest: schreie, schlage um Dich, schlage Papa oder Mutti. Egal! Mach´ sie fertig! Und hier hast Du einen Stock! Damit geht das noch besser! Also: da sitzt der Vater oder die Mutter<“

Bei allen Dreschplätzen sei entweder ein Felsen oder ein Baumstumpf, auf den dann eingeschlagen werden könne.

„Es ist ganz wichtig, dass die kleine Eva den Vater oder die Mutter - je nach Szene - auch wirklich sieht. Es kann einen großen Unterschied machen, ob die Kleine die betroffene Person sieht oder nicht. Wird die betroffene Person gesehen, ist das Dreschen echter, die Wut größer.“

Oh, Gott, oh, Gott... Wenn ich das man hin kriege.....Mein Herz klopfte schneller... Doch Angst?

„Eins muss Ihnen klar sein: Alles geschieht ausschließlich im Psychodrama. Sie schlagen ja Ihre Eltern nicht wirklich. Was da geschieht ist eine Art Wiederherstellung. Vielleicht erzähle ich Ihnen hierzu mal ein kleines Beispiel.“

Ein kleiner Junge sei im Alter von fünf Jahren in den Wald gegangen, um Vögel zu schießen. Mit diesen toten Vögeln, die bunt, wollig und kuschelig in seinen Händen lagen, sei er zu seiner Mutter gegangen und habe ihr gesagt >Guck` mal Mutter, was ich hier für ein Geschenk für Dich habe...!< Die Mutter zögerte keinen Augenblick, sagte keinen Ton, sondern habe ihren Sohn schweigend verdroschen.

„*Das* ist eine Szene. Obwohl der kleine Junge der Mutter etwas schenken will, wird er verdroschen. Für mich ist hier der Kleine eigentlich der Große, weil er voller Liebe ist. Die Mutter, voller scheinbarer Macht und Stärke, ist jämmerlich klein. Dieses real existierende Verhältnis von damals *muss* gerade gerückt werden: Der Kleine muss die Mutter so lange verdreschen und verprügeln, bis die Mutter ganz klein und der Junge ganz groß ist. Denn, nur so ist das *richtig*. Das nennen wir in DeKiD *die Umkehrung*. Der Kleine wächst beim Dreschen, weil er merkt, die Mutter ist klein, doof und ohne Liebe. Endlich kann der Kleine der Mutter mal zeigen, wie viel Liebe er geben wollte und wie wenig sie ihn verstanden hat. Der Kleine stellt die richtige Ordnung wieder her, die vorher von den Eltern zerstört worden ist. Das muss *so* geschehen! Dabei sind gut gemeinte Erziehungsmethoden scheißegal! Die Mutter hat sich ganz, ganz mies verhalten. Das gilt es aufzuzeigen und gerade zu rücken!“

Poahh...

„Natürlich konnte sich dieser kleine Junge damals nicht wehren. Er hat sich verprügeln lassen und war vermutlich irgendwann sogar – genau wie Sie mit den Schildkröten - der Ansicht, die Mutter hatte Recht. *NEIN! Hatte sie nicht!!* Sie war im Unrecht und jetzt endlich kann der Kleine sich wehren.“

Wieder dieser eindringliche Blick... Ja!! Ich hatte ja verstanden!!

„Alleine heute haben Sie mir viele Sachen erzählt, die ähnlich sind. Ihre Munitionsliste ist lang. Jetzt müssen Sie der kleinen Eva endlich helfen, sich selbst zu leben. Das wollte sie immer tun. Je häufiger Sie dreschen gehen, desto mehr wird der ganze Dreck, der in Ihnen rumort, weg sein!!“

Das wär`s natürlich. Genau das wollte ich ja: Mich *endlich* besser fühlen. Egal, was ich dafür tun muss!

„Nachdem die Kleine mit dem Dreschen fertig ist, müssen Sie folgende Schritte einhalten: Zuerst müssen Sie die kleine Eva loben. Sie sagten gerade, Sie hätten Angst. Gehen Sie davon aus, dass die Kleine Angst hat. Deshalb müssen Sie, die Große, hingehen und ihr sagen, dass die Kleine und das, was sie macht und fühlt, vollkommen in Ordnung ist. >Das war richtig! Vielleicht hättest Du ruhig noch ein bisschen doller schlagen können!< Es muss das *volle* Lob und die *volle* Bestätigung für die Handlungen der Kleinen deutlich werden. Die menschenwürdige Ordnung wurde wieder hergestellt. Das ist *immer* richtig!“

Inzwischen hatte Dr. Jung sich wieder hingesetzt.

„Danach müssen Sie die kleine Eva fragen >Sag` mal, ist alles in Ordnung? Geht's Dir jetzt besser?< Es kann sein, dass die Kleine Ihnen sagt >Nee, ich will noch mal!< Dann ruhen Sie sich am besten etwas aus und dreschen danach noch mal, auf dieselbe Szene! Ein Patient erzählte mir neulich, er habe seine Mutter sieben Mal hintereinander verdroschen. Das war ein sehr korpulenter Mann, der von seinem kleinen Kind so sehr angetrieben wurde, immer höher den Berg hinauf, dass er körperlich vollkommen erschöpft war. Aber das Kind in ihm - und das ist fast zum Lachen - habe immer gesagt >Du kannst schnaufen soviel Du willst! *Ich will noch mal* !<„

Die Vorstellung, wie da so ein Dicker den Berg hoch hetzt - total fertig - angetrieben von seinem inneren Kind - und nicht anders kann, als weiter zu machen, war wirklich komisch. Klasse! Richtig niedlich: Ein kleiner Dicker jagt den großen Dicken die Alm hoch... Ich hätte mich schlapp lachen können.

„Also, noch mal: Erst loben, dann fragen >War's genug?< und dann kommt...“, Dr. Jung's Stimme wurde ganz weich und sanft, „... der Kleinen das zu geben, was sie damals, in der bestimmten Szene, auf die sie gedroschen hat, so sehr vermisste: Zärtlichkeit, Liebe, Verständnis, Geborgenheit! Nehmen Sie ihr Kind in den Arm! Sagen Sie der Kleinen, dass sie das ganz toll gemacht hat und dass *Sie* sie lieb haben!“

Wenn ich doch nur schon so weit wäre...

„Sie müssen allerdings aufpassen“, ergänzte er, „dass das Trösten nicht zu früh kommt.“

Was immer das heißen mag...

„Und noch etwas ist ganz wichtig: Immer nur *eine* Szene dreschen. Es kann sein, dass während des Dreschens dieser einen Szene zunächst der Vater und dann auf einmal auch noch die Mutter verdroschen wird. Das ist in Ordnung. Aber Sie sollten sich mit der Kleinen immer nur *eine* Szene, *eine* Munition aussuchen."

Prompt hörte ich sie, die Worte, die ich seit geraumer Zeit befürchtet hatte:

„Also! Die nächste Hausaufgabe: Der erste Versuch des Dreschens!"

Da war's... Warum hatte ich bis zu diesem Zeitpunkt gehofft, so weit würde ich nicht gehen müssen? Es entstand eine lange Pause. Dr. Jung ließ mir die Zeit, die ich brauchte, um mich an diesen neuen Gedanken zu gewöhnen.

Jetzt ging's also richtig zur Sache. Jetzt *musste* ich wirklich ´ran. Ich wollte ja auch - eigentlich... Aber in den Wald? Ganz alleine? Hoffentlich finde ich die Plätze überhaupt. Und dann das alles noch neben den anderen Aufgaben?

„Ganz schön viel auf einmal, oder?" fragte ich leise. Schon während ich das sagte, war mir klar, dass ich versuchte, mich vor dieser letzten Aufgabe zu drücken. Vielleicht in drei oder vier Tagen, wenn ich weiter sein würde als heute...

„Wir haben nicht viel Zeit", war die Antwort in einem so bestimmenden Ton, dass mir keine Wahl blieb. „Probieren!"

Er zeigte mir auf einem Übersichtsplan die verschiedenen Dreschplätze in der Nähe Ohlstadts und erklärte mir den Weg dorthin. Es sah alles ein wenig kompliziert aus. Vielleicht finde ich die Plätze ja gar nicht.... Ein Hoffnungsschimmer?!? Ach, Blödsinn! Im Zweifel würde er das nächste Mal mitkommen und mir die Plätze persönlich zeigen. Also? Gewonnen hätte ich damit höchstens nur ein oder zwei Tage. Es half alles nichts. Ich musste da durch!

Nein, ich musste da*hin*...

# Mag ich mich?

Trotz der vielen Aufgaben, die ich zu erledigen hatte, spürte ich zum ersten Mal den starken Willen in mir, jetzt auch weiter machen zu wollen. Ich wusste, ich könnte es mit Hilfe Dr. Jungs und der kleinen Eva schaffen, Dinge in meinem Leben zu klären. Genau das war mein Weg.

Das Kurprogramm mit den immer länger dauernden Wanderungen ließ mir leider immer weniger Zeit. Es wurde verdammt eng. Die Wanderung am Dienstag dauerte sechs Stunden. Als ich nachmittags um 16.30 Uhr nass geschwitzt von der körperlichen Anstrengung endlich wieder in meinem Zimmer saß, konnte ich mich nicht noch einmal aufraffen, in den Wald zu gehen. Das Dreschen musste halt warten. Ich konnte es nicht ändern.

Ich legte mich in die Badewanne, die letzte Wanderung wie einen Film vor meinen geistigen Augen. Sie war so schön... Obwohl wirklich anstrengend, wurde jeder in der Gruppe nach einem stundenlangen, bis zur körperlichen Erschöpfung führenden Aufstieg mit einem Blick auf ein wunderschönes Tal belohnt. Die Berge, noch halb im Nebel - oder waren es schon Wolken ? - verschwunden, wurden von der durchbrechenden Sonne wach geküsst. Wie ein Lichtblick am Horizont... Für diesen Augen-Blick hatte sich die ganze Anstrengung gelohnt. Das Verrückteste daran war aber: Ich, ein Bewegungsmuffel hoch zehn, hatte doch tatsächlich das Bergwandern für mich entdeckt! Es machte mich glücklich *und* körperlich fit. Super! Was will Frau mehr!?

Dann, die auf diesen Touren immer wieder möglichen guten, intensiven Gespräche. Wie viel anders war es doch, mit Menschen zu reden, die älter waren. Durch ihre Lebenserfahrung waren sie umsichtig und klug geworden. Es gab viele Gespräche, die mich nachdenklich machten. Zum Beispiel hatte ich heute mit einem 58-jährigen Lehrer aus München über >Liebe< philosophiert. >Was heißt *Liebe*? Was bedeutet es, einen Menschen zu lieben?< fragte ich ihn. Er erwiderte ganz schlicht >Ja sagen können<. Konnte ich zu Rainer >Ja< sagen? Oder war es eher ein >Ja, vielleicht<, ein >Ja, manchmal< oder ein >Ja, aber<? Ich wusste es nicht. Dieser Gedanke ließ mich nicht mehr los! Konnte ich *überhaupt* lieben?

Aber es gab auch Menschen in meiner Gruppe, die mich nervten. Mit ihnen konnte ich gar nichts anfangen. Sie redeten nur über ihre Krankheit und litten ansonsten still vor sich hin. Ganz besonders anstrengend war eine Frau aus Berlin, die mich jetzt auch noch gefragt hatte, ob ich sie am Ende der Kur mit dem Auto mitnehmen könnte nach Hause. Obwohl ich dazu nun überhaupt keine Lust hatte, habe ich spontan gesagt >Natürlich kann ich Sie mitnehmen!< Jetzt ärgerte ich mich darüber, ging ihr aus dem Weg und fand den Umgang mit ihr noch stressiger. Ich nahm mir vor, ihr morgen zu sagen, dass ich nicht direkt nach Berlin fahre, sondern auf dem Rückweg noch Freunde in Freiburg besuchen will. Das war doch *die* Lösung! Nachdem ich mich hierzu durch gerungen hatte, ging's mir besser. *Das* Problem war aus der Welt...

Ich stieg aus der Badewanne und machte mich an die Hausaufgaben. Als ich auf dem Stuhl der Großen saß, begann ich zu sprechen

„Sag, Kleine, wie geht's Dir?"

„Mir geht's *richtig* gut!"

War das alles? Sah so aus! Aber warum? Das wollte ich wissen! Also setzte ich mich noch mal auf den großen Stuhl.

„Warum geht es Dir denn so gut? Eigentlich doch besser als zu Hause?"

Na, mal sehen, was die Kleine *dazu* sagte.

„Weil ich das Gefühl habe, dass ich zum ersten Mal so sein kann, wie ich wirklich *bin*. Die Menschen mögen mich. Sie nehmen mich ernst, obwohl sie fünfzehn, zwanzig oder sogar dreißig Jahre älter sind als ich. Sie nehmen mich an, obwohl ich mit Pferdeschwanz ´rumlaufe. Sie sind lieb zu mir, mögen mich und zeigen mir das auch. Sie nehmen mich sogar in den Arm und loben mich. Obwohl sie nichts von mir wissen, geben sie mir ganz viel - einfach *nur so*."

Oh, das war jetzt aber ganz tief aus meinem Bauch gekommen! Das war voll okay, fand ich. Und da wir nun schon mal dabei waren, wollte ich jetzt auch die Grundfrage klären. Drücken konnte ich mich ja eh` nicht davor. Ich setzte mich wieder auf den Stuhl der Großen.

„Magst Du mich?" fragte ich Kleineva.

Stuhlwechsel...

„Jaaaa..." Ganz gedehnt kam die zögernde Antwort. Das hätte aber auch ein bisschen spontaner kommen können.

„... *eigentlich* schon ... Ich finde Dich nett, lustig, kumpelhaft. Du kommst mit allen Leuten hier gut aus. *Aber*... Du spielst eine Rolle. Hier genau wie zu Hause. Du fängst schon wieder damit an. Du findest doch gar nicht alle Menschen gleich *nett*! Warum sagst Du das nicht mal? Warum bist Du nicht ehrlicher zu ihnen? Warum bist Du nicht ehrlicher zu *DIR*? Du musst nicht immer brav sein! Ich weiß, warum Du das machst! Weil Du Angst hast, jemand könnte mal was Negatives über Dich sagen oder denken! Ja und? Warum ist es wichtig, dass Frau Meyer aus Berlin denkt >Das ist aber lieb von Eva, dass sie mich in ihrem Auto mit nach Berlin nimmt<, wenn Du Dich eigentlich schlecht dabei fühlst? Warum ist es so wichtig für Dich, zu allem und jedem JA zu sagen? Wenn Du mal NEIN sagst und merkst, dass Dich dann jemand deswegen nicht mehr mag, dann weißt Du doch wenigstens Bescheid. Was hast Du denn davon, dass Dich Menschen *nur* mögen, weil Du immer JA sagst?"

Oha! Da hatte die große Eva von der kleinen Eva ja richtig einen ´rüber gekriegt. Wie geht man denn mit so etwas um? Ich schrieb erst mal alles auf. Mal sehen, was Dr. Jung dazu sagen würde! War das normal? Eigentlich doch ganz schön aufmüpfig von diesem Kind! War ich früher auch so gewesen? Ich dachte, ich war immer brav! Na, warten wir's ab.

Ich musste das Spielchen ja auch noch umgekehrt machen. Also auf den Stuhl der Kleinen.

„Und was ist mit Dir, Große, magst Du mich?"

Wieder Stuhlwechsel...

„Ja, ich mag Dich. Du bist mir wichtig, besonders dann, wenn Du mich kritisierst. Ich will auf Dich hören! Du bist ehrlich und unverfälscht. Du hast keine Angst. Du *bist* wütend und *Du* kannst traurig sein! Und lachen! Du weißt, was Du willst und forderst es ein: Liebe, Zärtlichkeit. Ja, für all` das mag ich Dich!"

Ging doch! Das war doch nun echt klasse gelaufen. Die große Eva mochte immerhin die kleine. Na also! Dann war ich wohl doch nicht so ganz verkorkst. Beruhigte mich ja ein bisschen. Die Antworten waren wirklich manchmal nicht berechenbar. Schon witzig!

Nachdem ich auch das aufgeschrieben hatte, machte ich mich an die nächste Aufgabe.

„Kleine, hat Mutti Dich geliebt? Hat sie Dich richtig lieb gehabt?"

Selbst ganz gespannt auf die Antwort, ließ ich mir auf dem Stuhl der kleinen Eva viel Zeit.

„Ich glaube schon... Sie war zwar oft weg, aber wenn sie dann da war, war's auch schön. Wenn sie nach Hause kam, habe ich meistens schon sooo lange auf sie gewartet. Ich bin ihr immer schon auf der Straße entgegen gelaufen. Ich habe mich so gefreut! Dann wollte ich einfach nur in ihre Arme! Sie hat die Arme auch immer ausgebreitet, um mich aufzufangen. Aber wenn ich dann ganz nah vor ihr stand, hat sie gesagt >Eva, pass` auf! Meine Strümpfe!!<„

Das war ja jetzt irre! Wieso war diese Situation vorher gar nicht mehr in meiner Erinnerung? Auf einmal hatte ich dieses Bild vor Augen. Ich fühlte mich ziemlich elend. Also, frag` weiter, sagte ich mir selbst. Hör` jetzt nicht auf! Ich hatte das unbestimmte Gefühl, ich kam ganz langsam an Knackpunkte heran.

„Wie hast Du Dich dabei gefühlt? Sie hat Dich doch damit zurück gestoßen?"

„Ja...", sagte ich auf dem Stuhl der kleinen Eva, wie immer hin und her wippend, die Beine umschlungen von den Armen. „Ich bin dann auch immer einen Schritt zurückgegangen. Mutti hat mich an die Hand genommen. Das war auch schön. Aber die Freude war ein bisschen weg. Ich war enttäuscht, dass sie mich wegen so blöder Strümpfe nicht in oder auf den Arm nimmt."

Tja, das konnte ich gut nachvollziehen. Das *war* ganz schön gemein gewesen von meiner Mutter! Ob die Kleine mir noch mehr erzählte?

Auf die Frage von Großeva „Ja, und sonst?" antwortete Kleineva:

„Mutti war immer lieb zu mir. Ich war wichtig in ihrem Leben. Bis Lea da war! Auf ihrer Taufe musste ich sie auf den Arm nehmen. >Vorsicht! Sie rutscht

Dir aus den Händen!< hat Mutti immer gesagt. Dabei hatte ich sie doch fest im Griff! Obwohl ich das gar nicht wollte. Ich hatte keine Lust, dieses Kind fest zu halten und das nur für so ein doofes Foto! Lea interessierte mich nicht. Ich war jetzt, wo Lea da war, gar nicht mehr wichtig!"

Mir fiel dieses Tauffoto wieder ein... Man konnte tatsächlich auf diesem Bild sehen, dass ich mit diesem Kind im Arm vollkommen überfordert war. Ich hielt es wie einen Fremdkörper von mir weg. Am liebsten *hätte* ich es fallen gelassen. Warum hatten meine Eltern das eigentlich nicht gemerkt. Okay, dass mein Vater nix merkte, war klar! Aber, warum hatte meine Mutter *das* zugelassen? War es wegen des Fotos? Und, warum fiel der kleinen Eva, also mir, nicht wirklich etwas *richtig* Schönes zu meiner Mutter ein? Ich war ein wenig erstaunt.

Komm` jetzt! Eine letzte Frage noch, dachte ich. Vielleicht würde ja doch noch etwas Positives von der Kleinen kommen.

„Und wie war das später? War Lea da auch immer wichtiger?"

„Mutti war auch lieb zu mir", sagte ich auf dem kleinen Stuhl. „Aber Lea war immer ein bisschen wichtiger. Sie wurde umsorgt, während ich immer *nur* groß war. Oma war für mich da, Mutti für Lea. Und das tat mir weh. Ich habe Lea beneidet. Dafür musste sie büßen: Ich habe ihren Kinderwagen nicht geschoben, habe ihn einfach stehen lassen und bin weiter gegangen. Ich habe sie auch nicht mitspielen lassen. Sie durfte meine Puppen nicht anfassen."

Stimmt, genau so war das. Zum Glück war das ja heute anders. Lea und ich waren die besten und dicksten Freundinnen. Danach kam lange Zeit gar nichts. Auch wenn Rainer das anders sah. Mir doch egal..... Ich wusste, was *ich* für Lea empfand.

Nachdem ich auch das noch aufgeschrieben hatte, war ich todmüde. Na gut! War halt nichts mehr mit ausgehen - auch nicht so schlimm. Ich hatte das Gefühl, eine Menge erfahren zu haben. So, als hätte ich tatsächlich mit einer *zweiten* Person gesprochen.

Zum ersten Mal, seitdem ich hier in Ohlstadt war, hatte ich gar nicht mehr das Bedürfnis, Smalltalk an irgendeiner Theke zu machen. Ich wollte jetzt nur noch ins Bett, ein bisschen Musik hören und endlich mal etwas Schlaf nachholen.

Morgen war ja schon wieder Dr. Jung angesagt. Und soooo viel Zeit blieb auch nicht mehr...

# Was ist Liebe?

An diesem Abend machte ich mich mit einem schlechten Gewissen auf den Weg. Ich hatte nicht gedroschen. Ich war nicht in den Wald gegangen. Gut, wir hatten anstrengende Wanderungen gemacht. Aber war das wirklich der einzige Grund? Ich fühlte, dass ich mich selbst anlog. Ich war doch eigentlich ganz froh darüber gewesen, sooo kaputt zu sein. Ich hatte einen Grund, nicht dreschen zu müssen. Ich ahnte, dass Dr. Jung mir das genauso wenig abkaufen würde wie ich es selber tat.

Als ich wieder in dem mir schon so vertrauten Sessel Platz genommen hatte, fragte Dr. Jung mich zunächst nach der Kur. Froh über die Gelegenheit, ihm von den Anstrengungen der Wanderungen erzählen zu können, zählte ich auf, welche Bergtouren ich in den letzten zwei Tagen unternommen hatte. Aber dann hieß es, Farbe bekennen.

„Also, ich sag's lieber gleich: Das Dreschen habe ich nicht mehr geschafft. Ich war nach den langen Wanderungen fix und fertig."

War da Enttäuschung in seinem Gesicht? War da Tadel? Nein! Ein Lächeln umspielte seine Augen, als er mich ansah und sagte:

„Sie hatten demnach einen guten Grund, es *nicht* zu machen?!?"

Er *hatte* mich durchschaut und er *wusste*, dass ich es wusste.

„Vielleicht hätte ich ja nach einer Stunde Ruhe doch wieder so viel Kraft gehabt, in den Wald zu gehen. Aber dann gab's ja auch schon wieder Abendbrot. Und die anderen Hausaufgaben musste ich ja auch noch machen...."

Ich verhaspelte mich. Ich merkte es selber. Dr. Jung lachte.

„Sie wissen selbst, dass es immer tausend Gründe gibt, etwas nicht zu machen. Nur, und dass ist Ihnen auch bewusst: Das Dreschen ist wichtig. Sie haben nicht mehr viel Zeit. Also, das nächste Mal gibt es keine Ausreden mehr. Fragen Sie die kleine Eva. Sie will mit Sicherheit in den Wald und dreschen. Wenn das so ist, sollten Sie das auch tun!"

Ich wusste es, weil ich spürte, *wie* unwohl ich mich in meiner Haut fühlte. Das ist bestimmt die Kleine, die den Stock schon in der Hand hat. Aber ohne die Große konnte sie nicht los laufen. Insgeheim versprach ich der Kleinen >Morgen gehen wir zusammen in den Wald, großes Indianer-Ehrenwort!<

„Die kleine Eva", sagte Dr. Jung, „ist Ihre Therapeutin. Das, was sie Ihnen erzählt und erklärt, das kann weder ich noch ein Psychoanalytiker. Wichtig ist, dass Sie die kleine Eva auch genau *so* sehen, sie ernst nehmen, mit ihr sprechen und sie fragen. Sonst hilft die ganze Therapie nichts."

Scheinbar war das Thema DRESCHEN für ihn gegessen. Gut! Die anderen

Aufgaben hatte ich ja gemacht. Da gab's nun wirklich nix zu meckern.

„Sie können die kleine Therapeutin in Ihnen *alles* fragen. Wir wollen das jetzt mal ausprobieren", sagte er. „Was ist eine große Frage, die Sie an Ihre Therapeutin stellen möchten?"

Ich sah ihn an. War das jetzt eine Frage an *mich* oder stellte er sie jetzt mal so rein rhetorisch in den Raum? Ach, erst mal abwarten, was kommt...

Dr. Jung sah mich noch immer wortlos an. Also doch eine Frage an mich oder was?

„War das jetzt eine Frage?"

„Ja! Ich möchte gerne von Ihnen wissen, welche große und grundsätzliche Frage Sie an die Kleine haben. *Weshalb* sind Sie hier in Ohlstadt? *Was* wollen Sie klären?"

Oha, das war jetzt ein Hammer! *WAS WILL ICH KLÄREN* ?

„Ich weiß gar nicht, ob das, was ich klären will, eine *Frage* ist", begann ich zögernd.

Mein Gott, das war gar nicht mal so einfach. Ich fing an zu schwitzen. Kleine Schweißtropfen bildeten sich auf meiner Nase. Verstohlen wischte ich sie weg.

„Es gibt bestimmte Verhaltensweisen an mir, die ich nicht verstehe. Die würde ich gerne aufklären."

„Gut", sagte Dr. Jung. „Schreiben Sie zu Hause bitte *die* Verhaltensweisen auf, die Ihnen an Ihnen unklar sind. Ich subsumiere diese dann unter die *eine* große Frage, die ich mir nach der ersten Stunde mit Ihnen aufgeschrieben habe. Diese Frage ist für mich identisch mit dem Grund, weshalb Sie hierher gekommen sind."

Aha! Nun denn.

„Ich habe einen liebenswerten Freund, von dem ich mich getrennt habe", sagte Dr. Jung. „Und, eigentlich weiß ich gar nicht genau, warum?"

War's das? War *das* die große Frage für mich? Sicher *auch.* Aber ganz sicher *nicht nur* ! Da waren so viele Dinge in mir und meinem Verhalten, die ich nicht verstand. Für die ich mich zum Teil hasste. Manchmal stand ich neben mir, sah mich agieren und dachte >Das bist Du nicht! Was tust Du da?< Trotzdem konnte ich nicht anders.

„Es ist mehr als das", warf ich zögernd ein.

„Vielleicht", sagte Dr. Jung. „Aber wir wollen diese eine Frage mal nehmen und sie mit der Kleinen klären."

NEIN! Irgendetwas in mir wehrte sich dagegen. Ich war mehr als die Beziehung zu meinem Freund. Es ging mir nicht nur darum, *das* zu klären. Ich wollte *mich* kennen lernen. Verdammt! Es rebellierte in mir! War das die Kleine?

„Fragen Sie bitte Ihre kleine Eva. Hören Sie ihr ganz gut zu. Wenn Sie es danach aufschreiben, versuchen Sie bitte, sich an jedes Wort zu erinnern. Manchmal sind die Worte, die wir gerne vergessen, die Wesentlichen. Und verändern Sie sie nicht!! Auch wenn Sie Ihnen noch so banal vorkommen! Das ist wie mit einem Traum! Wir werden wach und denken >Was für ein Blödsinn!< Wenn wir ihn dann aber aufschreiben und später von der Kleinen deuten lassen, dann kommt immer etwas ganz Wesentliches dabei heraus."

„Wo Sie das jetzt sagen... Ich hatte in der zweiten oder dritten Nacht hier - noch bevor ich das erste Mal bei Ihnen war - einen Traum, den ich auch aufgeschrieben habe."

„Oh, interessant! Bringen Sie ihn bitte mit!"

„Ich wollte ihn heute erst mitbringen. Aber dann habe ich gedacht, dass er ja überholt ist. Es ist ja schon so lange her."

Dr. Jung lachte und auf seine Bitte, den Traum doch aus meiner Erinnerung zu erzählen, tat ich es. Die Bilder waren noch so klar.

„Das war der Traum...", sagte ich mehr, um mich, nachdem ich ihn erzählt hatte, von diesen Bildern zu befreien.

„Toll!" freute sich Dr. Jung.

Aha!? Wir schwiegen. Lange. Zu lange!

„Besonders merkwürdig ist wohl die Szene mit dem Pferd", begann ich. „Mein Freund konnte das weglaufende Pferd nicht festhalten, obwohl er die Mittel hierzu in der Hand hatte. Es *war und blieb* weg!"

Dr. Jung lachte.

„Ihr Traum ist ganz toll! Haben Sie schon mal mit Träumen gearbeitet?"

„Nee...."

„Wir haben jetzt leider nicht die Zeit, auf den Traum detailliert einzugehen. Vielleicht später."

Wie jetzt? Was sollte das denn? Erst soll ich den Traum erzählen und dann lässt er mich damit hängen oder was? Total blöd!!

„Erinnern Sie sich, dass ich Ihnen in der ersten Stunde gesagt habe, das ICH reitet auf dem ES? Fritz Pearls."

Dunkel konnte ich mich daran erinnern. Viel mehr interessierte mich aber jetzt seine Traumdeutung...

„Dieses Bild ist urtümlich!" erklärte er. „Das sagt etwas über das Pferd in Ihrem Traum aus."

Guck` an! Und was? Ich verstand nur Bahnhof.

„Sie gehen ohne das Pferd, er reitet auf einem Pferd. Er fällt von dem Pferd ′runter und ist damit ungefähr auf Ihrer Ebene. Obwohl sie beide jetzt zu Fuß gehen könnten, wollen Sie das Pferd unbedingt zurückholen! Sie wollen das ES, die Lebendigkeit, die Lebensfreude, die Gefühle, für ihn zurück holen."

War das so? Wollte ich das Pferd für *ihn* holen? Wollte ich nicht vielmehr das Pferd *für mich* haben? *So* klar war das eigentlich nicht.

„Der andere Aspekt Ihres Traumes", fuhr Dr. Jung fort, „ist natürlich der Vater! Während Sie das ES holen wollen, kommt Ihnen der Vater in die Quere. Und Sie erleben ihn ganz schwach und weich - wie ein Kind... Ja, wirklich, dieser Traum ist ganz aussagekräftig."

Tja, geahnt hatte ich es ja auch. Ich hätte nur gerne noch mehr *gehört.*

„Sie können ja mal einen Versuch machen!" ermunterte mich Dr. Jung. „Die Traumarbeit muss - auch in Traumseminaren - vom Patienten selbst gemacht werden! Da ist kein Traumdeuter, der dem Patienten erzählt, was sein Traum zu bedeuten hat. Wenn die Arbeit in DeKiD gut läuft, können Sie die kleine Eva fragen! Erzählen Sie ihr den Traum noch einmal und fragen Sie sie >Was glaubst Du, was der Traum bedeutet?< Machen Sie das Stückchenweise: Beginnen Sie mit der Pferde-Szene, dann die Szene mit der Mutter, dann der Vater. Die Kleinen haben oft ganz erstaunliche Deutungen, auf die wir Großen gar nicht kommen. Das ist ja auch verständlich. Kinder sind dem Traumreich doch viel näher als die Erwachsenen. Das Urtümliche, das Emotionale ist immer das Kind in Ihnen! Deshalb, versuchen Sie es ruhig mal."

Das würde ich ganz sicher machen. Auch wenn ich nicht wirklich glaubte, dass die kleine Eva mehr aus dem Traum herausholen würde als die große. Ein Versuch war's alle Male wert. Und spannend!!

„Dann wollen wir jetzt mal zu Ihren Hausaufgaben kommen", bat er mich.

Ich sah auf meine Notizen, um mich zu sammeln. Dieser Traum hielt mich noch immer gefangen. So ganz war ich noch gar nicht wieder in meinem Sessel am Fenster...

Ich erzählte ihm von dem ersten Gespräch mit der kleinen Eva, nachdem ich aus der Badewanne gestiegen war. Wie ging's der kleinen Eva da?

„Aha" war alles, was Dr. Jung darauf sagte. Dann schwieg er. Er schien nicht richtig zufrieden mit der Antwort zu sein. Tja, das konnte ich nun auch nicht ändern! Schließlich sollte ich doch alles so aufschreiben, wie die Kleine es sagt. Also!

„Von der Großen hat sie nichts gesagt?", fragte er ganz unvermittelt.

Wie jetzt? Was soll sie denn von der Großen sagen? So war die Frage doch gar nicht! Ich sah auf meine Aufzeichnungen, blätterte darin herum. Vielleicht meinte er ja was anderes?

„Das war ja eine andere Frage... Wenn Sie wollen, können wir das auch zuerst machen?"

Ich war ja schließlich flexibel.

„Die große hat die kleine Eva gefragt >Magst Du mich?<", begann ich zögernd und da er nicht reagierte, las ich meine Aufzeichnungen hierzu vor. Ich endete mit der Geschichte von Frau Meyer aus Berlin und meiner Entscheidung, ihr zu sagen, ich führe noch zu Freunden nach Freiburg.

„Wenn Sie ganz stark wären", sagte Dr. Jung, „wäre das auch für Frau Meyer besser. Absolute Ehrlichkeit! Erklären Sie ihr doch ganz offen, wie es Ihnen geht und dass Sie zu sich stehen wollen! Es muss ja nicht verletzend sein."

„Ja, aber das ist ja genau das, was mir schwer fällt. Ich glaube, ich verletze sie damit! Ich kann ihr das nicht so offen sagen."

„Okay, dann ist das eben eine Hausaufgabe für das nächste Mal. Sie sagen es ihr!“ befahl Dr. Jung.

Dr. Jung war wirklich manchmal unerbittlich! Sah er denn nicht, dass ich das nicht konnte??

„Sie werden sehen, dass sich das Verhältnis zu Frau Meyer verbessert. Warum müssen Sie *irgendetwas* als Begründung erfinden? Sie *haben* doch einen Grund! Also können sie ihn auch sagen!“

„Ja“, sagte ich zwar, wusste aber, dass das noch nicht geht. Diese Aufgabe war zu schwierig! Gab’s hier eigentlich auch mal etwas Leichtes zu lösen?

„Die kleine Eva hat Ihnen doch ganz deutlich gesagt: Sag’s ihr ! Also wissen Sie selbst, dass es immer besser ist, ehrlich zu sein. Ehrlichkeit an sich verletzt nie!“

Da war ich mir eben nicht so sicher... Nun denn... Take it easy - but take it! Würde schon irgendwie gehen.

„Was ich gerade mit meiner Frage >Hat die Kleine denn nichts zur Großen gesagt?< meinte, war etwas anderes als das, was Sie mir jetzt vorgelesen haben.“

Also doch..... Was` n??

„Bei der Antwort auf Ihre Frage vorhin >Wie geht’s Dir?< ist mir aufgefallen, dass die Kleine von anderen Menschen redet. Von ihnen fühlt sie sich angenommen. Eigentlich hätte sie sagen müssen >Mir geht es gut, weil *Du*, Große, Dich um mich kümmerst. Das finde ich gut!< Das sagen die Kleinen ganz oft! Warum sie das bei Ihnen nicht gesagt hat, weiß ich nicht. Vielleicht sind sie noch nicht genügend wach für sie?“

Er erzählte ein Beispiel von einer Patientin, die die Große nie gesehen hat, wenn sie auf dem Stuhl der Kleinen saß.

„Vielleicht achten Sie bei dem nächsten Gespräch mal darauf, ob die kleine Eva die große überhaupt sieht! Das Entscheidende ist nämlich, dass die Kleine die Große auch *wirklich* als Freund und Gegenüber wahrnimmt. Sie merken bei den Antworten ja jetzt schon, dass die Kleine viel stärker als die Große ist. *Die Kleine* wirft der Großen vor, dass sie Rollen spielt. Also, ganz wichtig, dass Sie noch mal darauf achten, ob Sie Ihr Gegenüber im Gespräch auch *wirklich* sehen.“

Mmmmh... Gute Frage... Ich konnte gar nicht sagen, ob ich inzwischen Groß- und Kleineva sah. Wie war das denn eigentlich??

„Noch etwas ist in DeKiD besonders wichtig“, fuhr er fort. „Wenn die Kleine die Große angreift - und das ist Ihnen ja gestern passiert - ist es zunächst gut, nach Gründen für ein bestimmtes Verhalten zu suchen. Das war ja in Ihrem Gespräch auch ganz toll. Die kleine Eva hat von sich aus gesagt, wo sie Gründe für Ihre Rollenspiele vermutet.“

Ja, das war wirklich witzig! Und das, obwohl ich gar nicht danach gefragt hatte.

„Für alles, was Sie heute tun, ist die kleine Eva Antreiber. Wenn Sie beispielsweise eine Rolle spielen, nicht authentisch sind, dann bewirkt die kleine

Eva Ihr Verhalten. Deshalb wird die Große auf Vorwürfe von der Kleinen sagen müssen >Du hast Recht. Genau so mach` ich das! Und? Ich hab's doch so gelernt! Und *Du* hast es auch gelernt! Eigentlich bist Du das in mir, die das macht!! Also: Warum spielen wir hier diese Rollen?? *Wo und wann* haben wir das gelernt? Sag's mir! Erzähl` mir, wann Du das früher schon hast machen müssen! Los komm`! Erzähl`!< So kommen Sie an die Wurzeln Ihres Verhaltens, die irgendwann - vor vielen Jahren - angelegt wurden. Und dann erst haben Sie die Munition und können darauf dreschen. Solange, bis sie *weg* ist. RUMS!!!"

Er hopste in seinem Sessel auf und nieder und schwang seine Arme. Er ereiferte sich richtig! Klasse!

„Sie haben von einem jungen Mann erzählt, mit dem Sie hier zusammen sind?!"

Ja und? Was hatte Michael denn jetzt *damit* zu tun?

„Eine Patientin, die hier zur Kur war", erzählte er, „wollte gar nichts mit einem Mann anfangen, weil ihr Kind ihr genug war."

Ach, jetzt kam das wieder! Ich war halt anders.

„*Das* ist die Wirkung der Kleinen. Wenn Sie sich mit ihr, mit Ihrem eigenen Selbst, konfrontieren, dann ist die Umwelt und die Kontakte zu den anderen *zweit*rangig. Zuerst stehen Sie da mit Ihrem Kind!"

Das tat ich ja *auch*! Michael störte mich dabei ja nun wirklich nicht.

„Wissen Sie, was auch eine Folge dieses funktionierenden Kontaktes mit dem inneren Kind ist? Während diese Frau sich nur um ihr Kind kümmerte, gab es auf einmal ganz viele Menschen, die gerne mit ihr zusammen waren. Sie spielte keine Rollen mehr und wurde so, wie sie war - frei und ungezwungen - angenommen. Sie war *echt*! Sie war *sie selbst*!"

Das wiederum konnte ich mir sogar vorstellen. Wenn jemand ganz nah bei sich ist, ist ein Strahlen in seinen Augen, das von innen kommt. Dieses Strahlen ist da, egal ob dieser Mensch ganz alleine auf einer Parkbank sitzt oder ob ihn ein anderer Mensch umarmt. Das Strahlen kommt von innen und war unabhängig von äußeren Umständen. Leider sah man dieses Strahlen in den wenigsten Augenpaaren. Die meisten sahen gehetzt aus, waren auf der Suche nach irgendwas. Wie ich!

Nein, nicht alle! Ich sah doch bereits seit einigen Stunden immer wieder in solch` strahlende Augen. Die blauen Augen von Dr. Jung, *die* strahlten! Das war mir doch gleich am ersten Tag, als er mir die Tür öffnete, aufgefallen. In seinen Augen stand >glücklich< geschrieben! Es war fast greifbar und - ein bisschen - ansteckend. Richtig gut tat das, in diese Augen zu sehen.

„Fragen Sie die kleine Eva mal, warum sie noch immer andere Menschen braucht! Das ist ganz spannend!"

Er nickte mir begeistert zu.

„Was bei Ihnen Beiden schon ganz toll läuft, ist das Erforschen der Gründe für Ihr Verhalten", sagte er.

Na endlich! Hatte er gemerkt, dass ich genau das jetzt gut gebrauchen konnte? Endlich mal ein Lob!? Es war also doch nicht *alles* schlecht.

„Die Kleine hat zu diesem Rollenspiel noch mehr gesagt...“

Wollte er das jetzt noch hören? Fragend sah ich ihn an. Es sah so aus. Also begann ich, ihm auch noch den Rest vorzulesen. Ich kam nur bis: „Was hast Du denn davon, dass Dich Menschen mögen, nur weil Du immer JA sagst?“, als Dr. Jung mehrmals hintereinander mit dem Zeigefinger auf den Tisch klopfte.

„Hier!“

Ich sah auf den Tisch. Wo?

„Hier ist die Munition versteckt!“

Ach so.

„Hier müssen Sie weiter arbeiten. Die Kleine bietet Ihnen etwas an! Geben Sie es ihr zurück. Sie müssen mit ihr zusammen herausfinden, wann und warum in Ihrem Leben diese falsche Weiche gestellt wurde!“

„Die Kleine hat dazu nur gesagt >Hör` auf, diese beschissenen Rollen zu spielen! Hör` auf mit dem angepassten Dreck! Hör` endlich auf *mich*!<„ ergänzte ich noch schnell.

„Ja!“ rief mein Gegenüber. „Genau *so*! Die Kleine will Ihnen damit sagen >Große, hilf` mir, dass ich das *in Dir* nicht mehr machen muss!< Ich habe das jetzt mal ein bisschen übersetzt. Sie müssen das, was die kleine Eva sagt, genau *so* verstehen! Helfen Sie ihr, helfen Sie Ihrem Kind!“

Oh ja, das wollte ich - ganz bestimmt. Gut, dass Dr. Jung erst mal mir, der Großen, half, die Worte meines Kindes überhaupt zu verstehen. Wäre ich auch alleine darauf gekommen? Ich glaube nicht.

„Es hilft nicht“, ergänzte er nach einer kurzen gedanklichen Pause, „der Kleinen zu sagen >Du hast Recht! Ich höre jetzt auf, diese Rollen zu spielen!< Das bringt *nix* ! Weil es nur ein guter Vorsatz wäre. Sie können sich tausend Mal vornehmen, etwas nicht mehr zu tun. Wenn dahinter der Wiederholungszwang Ihrer unabgeschlossenen Gestalt steht, dann werden Sie diese Rolle weiter spielen *müssen*. Sie sind *gezwungen*! Deshalb der Spruch, den ich Ihnen immer wieder sagen werde, wenn so etwas wie ein ´guter Vorsatz´ auftaucht: Der Weg zur Hölle ist mit guten Vorsätzen gepflastert! Warum? Weil den guten Vorsätzen etwas entgegen gesetzt wird, das von innen kommt und eine Kraft hat, die Sie mit Ihrem Willen *niemals* überwinden können! *ES GEHT NICHT*! Deshalb hat es keinen Sinn, auf die Kritik der Kleinen mit dem Versprechen einzugehen, zukünftig alles anders zu machen. *Tüddelkram!* Verstehen Sie?“

Jaaaa... ich glaube schon...

„Der Teufel ist stärker als der gute Vorsatz! Also! Ran an die Wurzel!!“, bestärkte er mich noch einmal.

Leichter gesagt als getan. Ich sah wieder auf meine Notizen.

„Die Kleine hat die Große gefragt >Was ist mit Dir? Magst Du mich?<„

Gespannt sahen die blauen Augen mich an. Ich las ihm die Antwort der Großen vor.

„Wir werden mal sehen, wie das weiter geht“, sagte Dr. Jung. „Es fehlt mir noch ein bisschen was.“

Na super! Wieder geloost, oder was? Ich fand, dass bei dem Gespräch zwischen Klein- und Großeva eigentlich schon ´ne ganze Menge heraus gekommen war.

„Magst Du mich?“, sagte Dr. Jung gedankenverloren. „Magst Du mich?“

Ein wenig verunsichert, ob das jetzt eine Frage an mich war, ließ ich die Antwort mal im Raum stehen...

„Wissen Sie?“ fuhr er nach einer Ewigkeit fort. „Magst Du mich? Das ist eine Frage, auf die mit JA oder NEIN geantwortet werden müsste. Begründungen, Weils und Abers radieren das schlichte JA oder NEIN aus. So war es auch in Ihrem Gespräch. Sie sagen JA und fügen WEILS an. Damit erfährt die kleine Eva wieder, dass sie nur gemocht wird, *weil* sie so und so ist. Echte Liebe braucht keine Gründe!“

Also - das konnte ich jetzt aber nicht so stehen lassen.

„Ich wollte der Kleinen sagen, *weshalb* ich sie mag. Das war mir besonders wichtig!“

„Eben!“ kommentierte Dr. Jung.

„Außerdem fordert ein >Nein, ich mag Dich nicht< doch Begründungen, oder nicht? In diesem Fall würde *ich* zumindest immer wissen wollen, warum das so ist. Ein NEIN alleine wäre mir zu wenig!!“

War meine Stimme jetzt zu laut? Ach, egal. Irgendwie regte mich das jetzt echt auf!

„Ja, da haben Sie natürlich Recht“, versuchte er, mich zu beruhigen. „Ich will ja auch gar nicht runtermachen, was die Große gesagt hat. Das ist schon nicht schlecht. Sie werden dennoch selber sehen, dass sich die Antworten verändern! Auch die der Großen!“

Ach watt soll's. Ist ja auch egal.

„Das ist dann die *richtige* Arbeit. Bei Ihnen läuft das ja schon toll an“, lobte er. Immer noch Beruhigungstaktik?

Dr. Jung erzählte von einer Patientin, die schon mehrere Stunden bei ihm gewesen war. Die Gespräche zwischen ihr und ihrem Kind seien immer >Trallala mit Friede-Freude-Eierkuchen< gewesen. Eines Tages sei diese Patientin zu ihm gekommen, schneeweiß im Gesicht und habe erzählt, sie habe zum ersten Mal ihr Kind gesehen. Sie sei erschrocken, denn damit habe sie nicht gerechnet! Ab diesem Zeitpunkt sei die Arbeit auf einer anderen, viel intensiveren Ebene weiter gegangen.

„Eine andere Patientin erzählte mir in einem Seminar, sie sähe ein kleines Baby vor sich: völlig zerkratzt, blutig verkrustet. Es habe lange gedauert, bis sie dieses Kind anfassen und auf den Schoß hätte nehmen können. Als sie es dann endlich konnte, waren auf einmal alle Wunden verschwunden und das Kind etwas größer: Auf einmal habe sie die kleine Cornelia, sich selbst, erkannt und ihrem Kind versprochen >Ich lass` Dich nicht wieder `runter von meinem

Schoß! Du bleibst jetzt bei mir!< Dieses Bild war eines der Anfänge meiner Arbeit mit DeKiD! Durch diese Schilderung wurde mir klar, dass der Patient sein Kind *annehmen* muss! Er muss echtes *Mit-Leid* empfinden! Wenn Sie so weit sind, werden Sie weg kommen von dem, was Ihnen heute wichtig ist. Nicht Ihre sondern die Not der kleinen Eva ist ausschlaggebend. Vergessen Sie die Not der Großen! Sie können der Kleinen Ihre Probleme und Sorgen erzählen, aber die Kleine wird dann ganz schnell mit ihrer eigenen Not kommen und die ist *entscheidender*! Sie als Große werden ganz bald merken: Ihre Not von heute ist nur eine Wiederholung der Not der Kleinen von damals!! Das meinte ich gerade, als ich davon sprach, dass die Antworten sich noch verändern würden."

Klang zwar alles einleuchtend. Aber, ob das auch bei mir so sein würde?

„Die zweite Aufgabe war das mit der Mutter."

„Ach ja richtig!"

„Ich habe die Kleine gefragt >Hat Mutti Dich geliebt? Hat sie Dich richtig lieb gehabt?< Was dabei herausgekommen ist, hat mich selber erstaunt."

Dr. Jung hatte sich bei meinen Worten nach vorne gebeugt. Voller Spannung hörte er mir zu.

„Ich glaube schon!" begann ich und las die Antwort der kleinen Eva vor. Bei der Strumpfszene lachte Dr. Jung, nee, er kicherte fast. *So* witzig fand ich das eigentlich nicht. Ich las weiter und wurde prompt wieder unterbrochen. Was war denn jetzt schon wieder?

„Sie müssen aufpassen, dass Sie mit Ihren Fragen nicht schon die Antworten der Kleinen vorweg nehmen. Wenn Sie fragen und gleichzeitig sagen >Hast Du Dich nicht *so und so* gefühlt, dann legen Sie der kleinen Eva - noch bevor sie antworten konnte - die Antwort in den Mund. Damit beeinflussen Sie sie. Drücken Sie ihr nicht Ihre Antworten auf! Zunächst *ist* die Kleine gefragt! Wenn keine Antwort kommt oder sie dabei bleibt, dass sie alles herrlich und schön fand, dann - *aber erst dann* - können und müssen Sie das hinterfragen."

Ja! Stimmt! Die große Eva hatte der kleinen bereits gesagt, was sie gefühlt haben *muss*.

„Ihr Kind ist sooo wach. Es wird Ihnen schon alles erzählen. Den anderen ausreden zu lassen ist übrigens eine große Kunst, die sehr schwer zu erlernen ist."

Jetzt hatte er mich wirklich durchschaut. *Das* war ein Problem von mir. Ich war einfach oft viel zu ungeduldig. Nachdem ich die tatsächliche Antwort der kleinen Eva vorgelesen hatte, unterbrach mich Dr. Jung erneut:

„Vielleicht finden Sie das jetzt übertrieben von mir, wenn ich Ihnen sage: Die Strumpfszene ist eine Munition!?"

„Nee.... Das sehe ich auch so. Das *ist* eine."

„Und weil das so ist, müssen Sie noch weiter in diese Szene hinein gehen. Wenn ich mich da hinein fühle..." Wieder sah er gedankenverloren aus dem Fenster. „... höre ich die kleine Eva schreien >*WER BIN ICH DENN*? Strümpfe sind wichtiger als ich! Liebe ist für Dich anscheinend dritte Kategorie!! Erst kommt das ... dann kommen Deine Strümpfe ... und irgendwann kommt auch das Liebhaben dran.“

Dr. Jung war wütend! Das war jetzt bestimmt der kleine Dr. Jung, der kleine Klaus. Und der hatte wieder den Nagel auf den Kopf getroffen: Genauso hatte ich mich gefühlt!

„Die Mutter ist verkorkst“, war das harte Urteil Dr. Jungs. „Sie hat sie lieb, aber sie hat etwas darauf gesetzt. Und das lässt ihre Handlungen nicht mehr Liebe sein. Die kleine Eva *spürt* die Liebe der Mutter nicht. Zwischen Ihrer Mutter und Ihnen ist diese Liebe nicht geflossen. Sie ist gebrochen. Aus der ursprünglichen Spontaneität von Kindern wird sofort ein Rollenspiel. Wie bei Ihnen, als Sie spontan auf Ihre Mutter zuliefen, dann aber nur an die Hand genommen wurden. Das ist schlimm! Fragen Sie die Kleine ruhig noch mal danach!“

Er hatte seinen Finger in eine Wunde gelegt, die ich bislang nicht sehen wollte.

„Meine Frau“, sagt Dr. Jung, „findet mich in diesem Punkt überzogen.“

Was war das jetzt? Was hatte seine Frau damit zu tun?

„Sie sagen bis heute zu Ihrer Mutter >Mutti<, oder?“ fragte er mich.

„Ja...“, sagte ich zögernd. „ Manchmal sage ich aber auch >Mama<...“

„>Mutti<„„ erklärte Dr. Jung, „ist ein Wort aus der Kindersprache. Kinder sagen bis zum vierten oder fünften Lebensjahr >Mutti< oder >Mama< . Das ist ein Zeichen der kindlichen Abhängigkeit von der Mutter. Wenn sich das auch im Erwachsenenalter fortsetzt, dann ist das *immer* ein Zeichen von noch bestehender Abhängigkeit. Auch ist das die unabgeschlossene Gestalt. Unabhängige Erwachsene sagen >Mutter< und >Vater< nicht >Mutti< und >Papi< oder irgend so was. Wenn das Kind in mir satt ist, dann brauche ich später Mutti und Papi nicht mehr.“

Ich sah ihn skeptisch an. Nee, das konnte ich so nicht hinnehmen. Ich gab seiner Frau Recht: das *war* wirklich übertrieben. Irgendetwas war schief! Aber was?

„Sie sind skeptisch!“ stellte er dann auch richtig fest. „Ihr gutes Recht. Sie können sich das Band ja noch mal anhören, darüber nachdenken und gerne in der nächsten Stunde protestieren!“

Worauf Sie sich verlassen können! Das würde ich mit Sicherheit auch tun. Damit war ich so *nicht* einverstanden. Nächstes Mal... Die Taufszene musste ich noch loswerden. Dr. Jung hörte aufmerksam zu.

„In der Taufszene steckt eine *neue* Munition“, sagte er, nachdem ich geendet hatte. „Machen Sie daraus eine, indem Sie die Kleine noch mal danach fragen! Es ist hier etwas schwierig. Da ist die Mutter, die Ihnen dieses Baby in den Arm legt. Sie müssen eine Rolle spielen, die Sie nicht spielen wollen, die die kleine Eva beschissen findet! >Wo bleibe ich?< Eifersucht - wie bei Hund und Katze - entsteht immer dann, wenn Liebe ungleich verteilt wird. Wenn Sie genug bekommen haben, dann sind Sie *satt.* Hätten Sie von Ihrer Mutter die volle Liebe, Sicherheit, Zufriedenheit und Geborgenheit bekommen, wäre das Baby für Sie kein Problem gewesen. Dieses satte sichere Gefühl >Mutter mag mich< ist bei der kleinen Eva nicht stark genug. Denken Sie an das Buch von Jean Liedloff! Diese Kinder in Venezuela haben satt Mutter gekriegt und interessieren sich ab dem zweiten Lebensjahr gar nicht mehr für die Mutter. Sie sind autark!"

Da war's wieder... Eigentlich so logisch!

„Hat Ihre Mutter Sie gestillt?" fragte Dr. Jung mich ganz unvermittelt.

„Nein. Aber meine Schwester auch nicht."

„Was auch immer - Ihre Schwester interessiert gar nicht. Es geht um Sie!"

Ja, das ist gut! *Endlich* ging es mal um *mich*!

„Für ein Kind ist das Gefühl von *Haut* ganz wichtig", erklärte Dr. Jung. „Das Stillen hat zum einen die Funktion, dem Kind Nahrung zu geben. Aber die Hauptfunktion ist vor allem, dem Kind Haut und damit körperliche Nähe zu geben! Das Ur-Vertrauen des Kindes entwickelt sich in den ersten beiden Lebensjahren. Ob Ur-Vertrauen sich entwickeln kann, ist abhängig davon, wie die Mutter den Kontakt mit dem Kind gestaltet. Das heißt nicht betüddeln. Es geht um das Strömen von Liebe durch den Kontakt über die Haut. Das läuft so falsch bei vielen Müttern."

„Meine Mutter hatte nicht genug Milch, um mich zu stillen."

„Ja, ja", sagte Dr. Jung fast gelangweilt. „Das ist auch so ein Argument. Viele Mütter haben einfach nicht genug *Geduld* oder wollen selber nicht körperlich darunter leiden. Deshalb stillen sie ab, wenn es nicht *sofort* funktioniert. Das sind alles keine Gründe."

„Vielleicht noch mal kurz zu meiner Schwester", warf ich ein, weil es so gut zu dieser letzten Szene passte. „Lea, zwar vier Jahre jünger als ich, ist meine beste Freundin. Wir erzählen uns alles und kennen uns so wie jeder sich selbst kennt. Dieses sehr innige Verhältnis ist sicher auch dadurch entstanden, dass wir uns schon früh gegen unseren Vater verbünden mussten, um die Situationen mit ihm zu überstehen. Unser Verhältnis ist sehr schön. Trotzdem..."

Ich musste nach Worten suchen. Es war so schwer, zu erklären, wie Lea und ich zueinander standen. Wir liebten uns. Aber da ist bei mir noch etwas anderes...

„Wenn ich ehrlich bin, hat mein Freund mich darauf gebracht, dass meine Liebe zu Lea nicht bedingungslos ist, sondern Konkurrenz. Es wirkt sich manchmal in Kleinigkeiten aus. Ich mag ihr zum Beispiel Sachen von mir nicht leihen. >Du freust Dich nicht für sie und mit ihr über ihre Erfolge< sagt Rainer. Ich habe das immer abgestritten. Nein, ich liebe Lea ohne Wenn und Aber! Als ich diese Taufszene aufschrieb, habe ich zum ersten Mal überlegt, ob dieses Gefühl von früher sich heute noch in mir auswirkt? Damals war ich mit Sicherheit eifersüchtig und neidisch."

„Kann durchaus sein", bestätigte Dr. Jung. „Deshalb ist es wichtig, auf diese Taufszene noch mal genauer einzugehen. Sprechen Sie mit der Kleinen darüber. Wie hat sie sich gefühlt? Gehen sie diesem Gefühl einmal nach!“

Seine Stimme wurde wieder ganz weich und sanft, als er fort fuhr: „>Was ist denn los gewesen mit Dir? Es ist doch schön, wenn Du ein Schwesterchen auf dem Arm hast. Wieso hast Du das nicht so empfunden? Hat Deine Mutter Dir nicht genug gegeben?< Und so weiter! Die kleine Eva wird Ihnen antworten, da bin ich ganz sicher.“

„Mmmmmmmh“

„Wenn Sie spüren, dass zwischen Ihnen und Ihrer Schwester eine Zweckfreundschaft besteht, klären Sie das auf. Vielleicht hat die Mutter Ihnen immer eingeredet, dass das so zu sein hat. Vielleicht hat Ihr Freund Recht. Wenn die Eifersucht und der Neid aufgedeckt werden, sind sie irgendwann weg. Dann *ist* echte Freundschaft zwischen Ihnen. Aber so noch nicht.“

Die Zeit lief mir schon wieder davon. Schnell las ich ihm den Rest der Hausaufgaben vor.

„Das Schöne an all dem, was Sie mir vorlesen, ist, dass Sie wach sind. Sie merken selber, was damals abgelaufen ist. Sie wissen selbst, dass das heute nicht weg ist! Eine Rolle, die Sie auch heute noch spielen. Fragen Sie die kleine Eva mal >Ist Lea Deine liebste Freundin?<„

„Ich glaube, das ist ein Grundproblem bei mir. Ich habe dieses Gefühl von Unterlegenheit auch bei anderen Menschen. Ich *vergleiche* mich ständig! Es gibt immer etwas, was ich an anderen Menschen schöner oder besser finde als an mir.“

„Welche Person macht das? Was passiert da? Was fehlt?“, fragte Dr. Jung eindringlich.

Ich überlegte lange. Fehlte *mir* etwas? Bestätigung bekam ich doch genug: von Rainer, von anderen Männern, von anderen Menschen, bei der Arbeit. *Das* war's nicht. Aber *was?*

„Sind Sie satt geworden?“

Mist, was hatte er gefragt?

„Mir ist die Bestätigung von außen schon sehr wichtig! Ich will sie und tue viel dafür, sie auch zu bekommen.“

„Das ist zwanghaft“, sagte er - schlicht und ergreifend.

War das so? War ich *zwanghaft* bemüht, Bestätigung von anderen zu bekommen?

„Wenn Sie sich vergleichen, dann fehlt Ihnen etwas. Es ist zwanghaft, wenn sie danach suchen, gieren und greifen. Es ist der Zwang, Ihre Gestalt abzuschließen! Sie haben die Bestätigung Ihrer Person nicht gekriegt, als Sie sie brauchten!“ ereiferte er sich. Seine Stimme wurde immer lauter. „Wenn Ihre Mutter Sie in den ersten zwei Jahren satt gemacht hätte, dann säßen Sie heute wie Buddha da“ . Dr. Jung verschränkte seine Arme vor seiner Brust und wirkte auf einmal tatsächlich wie eine kleine dicke Buddhastatue. „Wie Ihre Schwester aussieht und was sie macht, all` das wäre Ihnen egal. >Ihr könnt machen, was Ihr wollt! Mir geht's gut!<“

„Vielleicht habe ich mir früher schon immer gesagt, wenn ich jünger wäre - so alt *wie* Lea - dann ginge es mir besser. Heute sage ich mir, wenn Du blonde Haare hättest - *wie* Ypsilon - dann wärst Du schöner. Ach, was weiß denn ich."

Ich war richtig verzweifelt. Dieses Gefühl in mir war schrecklich. Nie *genug* zu sein, *besser* sein zu wollen. Das trieb mich an, solange ich denken konnte. Ein ständiger innerer Kampf gegen einen unsichtbaren Feind, der immer stärker war.

„Schluss!", sagte Dr. Jung. „Fragen Sie die kleine Eva! >Warum vergleiche ich mich immer?< Und denken Sie daran, der Kleinen eventuelle Vorwürfe zurück zu geben. Nur so kommen Sie an die Wurzel!"

„Ich will ja ´raus aus diesen Rollen."

„Dann fragen Sie! Decken Sie die Wurzeln auf!"

„Ich glaube, dass die kleine Eva im Augenblick viel stärker ist, als die große."

„Ja, das ist wohl so. Aber das wird sich ändern!"

Er stand auf und holte ein Buch von seinem Schreibtisch. Es war wieder das von Bruce Davis. Schön!

„>Mein Kind ist willens…<", las er. „>…mir überall und in jeder Hinsicht Schwierigkeiten zu machen: körperliche, sexuelle, emotionale, soziale. Was immer es kann. Bis ich mich endlich um es kümmere. Je länger ich versuche, dieses Kind zu vergessen, desto unausstehlicher ist es, wenn es dann endlich zum Vorschein kommt. Ich gebe meinem Kind Gelegenheit, seinen eigenen Weg zu finden, wie immer er auch aussehen mag. Das ist seine Erlösung. Und die Erlösung meines Kindes befreit mich. Mein Kind hört nicht auf zu schreien, bis ich es angehört und versorgt habe.<"

Dr. Jung sah von dem Buch auf.

„Manchmal kann es irgendeine zwanghafte verzweifelte Tat sein", ergänzte er, „mit der das Kind aufschreit. Wir müssen sensibel sein und irgendwann anfangen, dieses Kind in uns anzuhören. Sie waren es - zum Glück! Deshalb sind Sie hier!"

Er sah wieder in das Buch und las weiter: „>Wenn ich Abhilfe schaffe, dann braucht mein Kind sich nicht in seine Verzweifelung hinein zu steigern. Mein Kind braucht - wie die meisten Kinder - meine Beachtung. Es will in den Arm genommen werden und wissen, dass es in Ordnung ist. Ich darf nicht vergessen, dass jetzt *ich* für mein Kind verantwortlich bin. Ich bin jetzt der Herr im Haus und habe Möglichkeiten zur Verfügung, den Gefühlen meines Kindes gerecht zu werden.<"

Dr. Jung sah mich an.

„Habe ich Ihnen eigentlich schon mal das Gestaltgebet von Fritz Pearls gegeben?"

Ich antwortete mit einem wortlosen Kopfschütteln.

***Ich bin ich.***
***Du bist Du.***
***Ich bin für mich verantwortlich.***
***Du bist für Dich verantwortlich.***
***Ich bin nicht für Dich verantwortlich.***
***Du nicht für mich.***
***Wenn wir uns auf dieser Ebene treffen,***
***dann ist es in Ordnung.***

Ja, das war's doch. So stellte ich mir eine Beziehung mit einem Mann vor. Klasse!

„Bruce Davis schreibt weiter:“, fuhr Dr. Jung fort, „>Das Wichtigste in unserer Beziehung ist Sicherheit. Dass ich mir selbst die Sicherheit gebe, das allmählich in mir hervor kommende Kind nicht zu beherrschen, nicht einzuschränken, nicht zu verletzen.< Das ist subjektiv *Freund sein*! Ganz wach zuhören, ohne - wie die Großen sonst - zu be- oder verurteilen, ohne die Eltern zu verteidigen oder das Kind zu früh zu trösten, ohne zu verraten.“

Ich atmete tief durch. Das klang alles so toll! Und gar nicht schwer. Dabei waren es *so* viele kleine Schritte - das war mir inzwischen klar - bis man so weit ist.

„Als letztes möchte ich Ihnen von Bruce Davis noch folgendes vorlesen“, sagte Dr. Jung.

„>Der Entschluss, vor meinem Kind nicht mehr davon zu laufen, bringt eine große Verpflichtung mit sich. Jede Lebensweise, wie unbefriedigend sie auch sein mag, ist ein Teil meines Lebensweges. Es hängt davon ab, wie viel ich mir wert bin! Ob ich meine alten Gewohnheiten und meine Rollen loslassen und einen neuen - diesmal meinem Herzen näheren - Weg einschlagen kann. Meinem Kind den Weg seines Herzens zu geben, bedeutet, es auf eine Weise zu lieben, wie es *NIE* geliebt wurde. Wenn ich meine eigenen Gefühle lieben lerne, fange ich auch an, Liebe von anderen annehmen zu können. Wenn ich für mein Kind sorge, dann kann ich darauf vertrauen, dass andere das auch tun. Wenn ich lerne, mein Kind, mein unerlöstes Selbst, zu lieben, dann vertraue ich meinem eigenen Willen. Immer ist mein eigenes Herz die Tür.<“

„Liebe Deinen Nächsten wie Dich selbst“, ergänzte Dr. Jung. „Wenn Du Dich selbst nicht liebst, kannst Du auch den anderen nicht lieben!“

Klang ja immer einfacher. Aber ich wusste aus jahrelanger Erfahrung mit mir, dass es verdammt schwierig war, sich selbst zu lieben - mit all` den vorhandenen Macken und Fehlern. Dennoch! All´ das, was Dr. Jung mir vorlas, musste doch Motivation genug sein, um die nächsten Aufgaben anzugehen. Und die dickste Aufgabe, das war mir schon klar, war jetzt überreif:

Ich würde in den Wald müssen...

... versprochen ist versprochen!

Komme, was da wolle...

# Drinnen und draußen

Ich wusste, ich hatte den Donnerstag - und *nur* den - um in den Wald zu gehen. Der Gedanke an das Dreschen-Müssen überschattete alles. Ich wollte ja - aber ich hatte Angst. Es konnte mir doch nichts passieren! Was auch? Trotzdem... Aber, da war ja noch mein Versprechen an die kleine Eva! Und das war wie im wirklichen Leben: Versprechen waren mir heilig! Ich musste also... so oder so.

Nach dem Mittagessen wollte meine Clique zum Glück in der Turnhalle Tischtennis spielen. Die würden mich also schon mal nicht beobachten können. Ich ging in mein Zimmer und schnappte mir den Lage-plan, den ich von Dr. Jung erhalten hatte. Würde ich die Plätze finden? Ach komm` schon, sagte ich mir selbst, drücken ist nicht! Wer suchet, der findet.

Ich sah mir die Munitionsliste an. Schnell war klar, welche Szene in mir nur beim Lesen der wenigen Stichpunkte einen inneren Aufruhr verursachte. Ich würde die Essensszene nehmen, die mit dem Eintopf und dem Rohrstock.

Vorsichtshalber steckte ich die Munitionsliste in die Hosentasche. Was noch? Ach ja, Handschuhe. Hatte ich nicht! Und nun? Ich überlegte... Zum Schutz der Hände? Würde ich doch eh` nicht brauchen. Wenn ich *überhaupt* einen Stock in die Hände nehmen würde, dann sicher nicht so, dass sie bluten würden. Ach egal! Ich nahm einen Waschlappen mit. Zumindest wäre er gut, um sich die Hände sauber zu machen.

Mit stark klopfendem Herzen ging ich durch das in der Mittagszeit ruhige Dorf, um die Alm zu erklimmen. Wie würden die Plätze aussehen? Ob sie mir sympathisch sein würden? Ich wusste, dass das ein ganz entscheidender Punkt wäre. Würde ich die Plätze nicht mögen - aus welchen Gründen auch immer - gäbe es ein Problem mehr.

Auf dem Weg sprach ich stumm mit der kleinen Eva. Immer wieder erzählte ich mir in Gedanken die Essensszene mit dem Rohrstock. Ich musste die Kleine *richtig* wütend machen. Immer wieder redete ich ihr gut zu: >Heute kannst Du Dich endlich wehren!<

Dann stand ich auf einmal vor dem ersten Dreschplatz.

Es war wirklich einfach, ihn zu finden. Dr. Jung's Plan war eindeutig. Selbst einzelne markante Steine hatte er aufgezeichnet. Ich musste nur noch eine kleine Anhöhe hinauf klettern und schon stand ich auf dem Dreschplatz. Er war wie ein kleines Tal, umgeben von einem Wall. Niemand konnte diesen Platz einsehen. Niemand würde sich zufällig hierhin verlaufen. Mitten in dieser Mulde stand ein großer Felsblock. An ihn lehnten viele Stöcke unterschiedlichster Größe und Dicke - bereit, die Wut meiner kleinen Eva zu unterstützen.

Welchen Stock sollte ich nehmen? Ich spürte, dass ich nach einem ganz *bestimmten* Stock suchte. Gab es hier denn keinen dünnen, ungefähr ein Meter langen Stock? Gab's keinen Rohrstock? Nee, anscheinend nicht. Ich suchte mir einen Stock aus, der einem Rohrstock sehr ähnlich war.

Ich nahm den Stock in die Hand, stellte mich an den Felsen.... Sah wirklich niemand zu? Waren da nicht Stimmen? Ich ging zum Eingang der Mulde... Nee, doch nicht... Wieder stellte ich mich an den Felsen... Nee, verdammt, so ging das nicht... Ich hatte nicht mehr die Szene im Kopf, sondern nur noch die Befürchtung, jemand könnte mich sehen oder hören. Das musste ich jetzt loswerden, verdammt! Sonst würde das nie klappen!!

Da kam mir eine Idee. Vielleicht würde das ja gehen... Ich legte den Stock beiseite, ging noch einmal zum Eingang der Mulde und flüsterte:

„Kleine, habe keine Angst! Ich werde genau *hier* stehen bleiben und aufpassen, dass niemand hierher kommt.“

Ich ging zurück an den Felsen, nahm zum dritten Mal den Stock in die Hand. Ich versuchte, mir noch einmal die Szenerie des Essens ins Gedächtnis zu rufen. Ganz schnell waren die Bilder wieder da. Also los!!

Ich klopfte drei Mal - ganz zaghaft - auf den Felsen. Ich spürte, dass mir Tränen über das Gesicht liefen. Mir tat innerlich alles weh..... Diese Scheiß-Szene..... Dieser Scheiß-Teller mit dem Eintopf..... Warum gab's nicht Spagetti? Die hätte ich ja gegessen.....

Ich versuchte, mir zu sagen, „Heute hast *DU* den Rohrstock. Er liegt nicht mehr vor Deinem Teller. Du hast ihn in der Hand! Tu` was!!“

Und endlich nahm ich den Stock in beide Hände. Mit voller Kraft zerschlug ich diesen Scheißteller mit dem Scheißessen - solange, bis von dem Stock in meiner Hand nichts mehr übrig war... Ich hatte ihn bis auf das kleinste Stückchen *zerfetzt*! Immer wieder hob ich einzelne Hölzer, die durch die Wucht des Aufpralls von dem Stock abgebrochen waren, auf und versuchte, sie noch kleiner zu schlagen... Ich konnte nicht aufhören... Erst als auch das letzte Stückchen zu klein war, um es noch zertrümmern zu können, setzte ich mich ins Gras. Mein Herz klopfte mir bis zum Hals. Eine innere Stimme sagte: *>WEITER!<* War das die Kleine, die noch nicht genug hatte? Egal! Ich musste noch mal. Es war wie ein innerer Zwang.

Ich stand wieder auf, suchte mir einen anderen Stock. Dieser war dick und fest. Mir war klar, dass ich ihn niemals würde zertrümmern können. Aber auch das war mir inzwischen egal. Mit voller Wucht schlug ich den Stock auf den Felsen. Immer und immer wieder. Ich stand nicht mehr vor einem Felsblock... Da war der Tisch... Ja, noch mal... Klasse, der war kaputt... Und jetzt den Stock! Dieses Scheißding, das mich immer und immer wieder gequält hatte. *NIE WIEDER!!*

Ich wollte den Stock in meinen Händen so klein schlagen, dass mich niemand mehr mit ihm verprügeln konnte. Aber der Stock ging einfach nicht kaputt... Wieder und wieder schlug ich mit meiner ganzen Kraft auf den Felsen ein. Zwischendurch nahm ich den Waschlappen... Mir taten die Hände weh.....

Weiter...

Inzwischen schrie ich bei jedem Schlag. „Geh` kaputt, Du Scheiß-Stock, *GEH DOCH ENDLICH KAPUTT!!*“ Dabei heulte ich Rotz und Wasser. Ich war wie von Sinnen. Ich schlug auf den Felsen ein, bis mir die Arme - und witzigerweise auch der Kopf - von der Wucht der Schläge so weh taten, dass kein einziger Schlag mehr möglich war. Der Stock war noch immer nicht kaputt! In meiner Verzweifelung pfefferte ich den Stock so weit ich konnte in die umstehenden Büsche.

*WEG MIT DIR !*

Ich setzte mich ins Gras, völlig außer Atem. Aber wieder merkte ich nach kurzer Zeit, dass es noch immer nicht reichte. Ich hatte den Teller zertrümmert. Gut! Von dem Tisch konnte auch nicht mehr viel übrig sein! Auch gut! Der Stock war zumindest weg, außer Sichtweite. Noch besser! Aber trotzdem! Es fehlte noch etwas... Aber was?

Plötzlich war's mir klar! Mein Vater saß immer noch da und grinste mich mit eiskalten Augen an! Plötzlich wusste ich: Bevor ich nicht auch meinem Vater *zeige,* wie weh er mir getan hat, ist es nicht in Ordnung.

Ich nahm den dritten Stock in die Hände. Wieder stellte ich mich an den Felsen. Mein Herz raste. War es nur die Anstrengung des Dreschens?? Ich fühlte eine Riesenangst in mir aufsteigen. Zaghaft schlug ich einmal auf den Stein. Irgendwas stimmte nicht... Wieder und wieder sah ich die Essensszene vor mir...

Auf einmal wusste ich es: Mein Vater hatte nicht *vor* mir am Tisch gesessen, sondern rechts neben mir. Ich stellte mich links neben den Felsblock und holte weit aus...

Ich schlug den Stock nach rechts gegen den Stein. Der erste Schlag war noch zaghaft, aber schon der zweite Schlag hatte mehr Power. In den dritten legte ich die ganze Kraft der kleinen Eva. Ich hatte kein Zeitgefühl mehr... Ich stand nicht im Wald... Ich stand als kleines Mädchen in der Küche und wehrte mich. Zum ersten Mal in meinem Leben ...

Als ich körperlich völlig erschöpft war, setzte ich mich neben den Felsen. Ich zitterte und wusste warum:

*ICH HATTE MEINEM VATER DEN KOPF ABGESCHLAGEN!*

Wahnsinn!? Nein!! Es war in Ordnung! Genau das hatte er verdient! Ich wollte *nie wieder* in diese eiskalten Augen blicken! Da war so viel Wut raus gekommen. Unbegreiflich, dass ich diese Wut vorher nicht auch *so* gespürt hatte.

Ich versuchte, mich zu beruhigen. Ich konnte nicht aufhören zu weinen.

„Das war okay. Das war okay. Er hat es verdient! Das wurde auch Zeit!“ flüsterte ich mir immer wieder zu. Das ist jetzt die große Eva, dachte ich, die die Kleine beruhigen will.

Als ich - fast ein wenig erleichtert - Wanderer auf dem nahe liegenden Pfad vorbei laufen hörte, verließ ich den Dreschplatz und setzte mich auf die nächste

Bank. Allmählich beruhigte ich mich. Und dann passierte etwas fast Mystisches: Ein Eichhörnchen kam ganz langsam auf mich zu, fast bis an meine Füße... Es war unglaublich schön, dieses Eichhörnchen neben mir zu beobachten. Ich blieb ruhig sitzen und genoss diesen Moment.

So belohnt Dr. Jung bestimmt seine Patienten nach dem ersten Dreschen, grinste ich in mich hinein. Wahrscheinlich sitzt er mit einer Fernsteuerung hinter irgendeinem Busch.

Erst als das Eichhörnchen Minuten später mit einer Haselnuss in den Vorderpfötchen davon sprang, bewegte ich mich wieder. Ich sah zur Uhr. Wie lange hatte das Dreschen eigentlich gedauert? Was? Konnte das sein? Es war fast eine Stunde vergangen, seit ich von zu Hause los gelaufen war. Jetzt musste ich mich doch tatsächlich beeilen, um vor der Wanderung noch einen Kaffee zu bekommen.

Ich lief den Weg zurück und spürte, wie viel leichter mir um's Herz war, jetzt, nachdem ich diese schwierige Aufgabe bewältigt hatte.

Nach der Wanderung setzte ich mich an die Hausaufgaben. Womit sollte ich anfangen? Ich sah meine Notizen durch. Mir fiel das Wort >Traum< ins Auge. Oh ja, das wäre doch toll, wenn die kleine Eva den Traum deuten würde. Ich traute es ihr zu.

Ich setzte mich auf den Großeva-Stuhl und erzählte der Kleinen meinen Traum. Dann fragte ich „Erkennst Du Dich in dem Traum?"

Ich saß lange auf dem Stuhl der Kleinen. Wieder in der bewährten Embryohaltung. Wie von selbst begann ich zu sprechen: „Ja! Ich bin das Pferd. Die Last, die auf mir war, musste weg. Deshalb habe ich den Reiter abgeworfen. Das Zaumzeug musste weg, den Sattel wollte ich auch nicht mehr spüren. Ich wollte einfach mal frei und ungebunden sein. Ich *wollte* weg laufen, auch wenn ich ganz große Angst hatte. Der Boden des Flusses war rutschig und das Wasser gefährlich. Ich war alleine. Aber dafür war ich frei, ohne Zwang und Lenkung. Nur die große Eva, Du, wolltest mich zurückholen, weil Du mich bei Dir haben wolltest - unbedingt. Die Anderen, ihre Gelassenheit (meine Mutter), ihre Hilflosigkeit (mein Vater), ihre Apathie (Rainer) konnten Dich nicht davon abhalten. Du *tust* etwas. Du willst mich zurückholen, weil Du weißt, dass ich sonst für immer weg bin. Aber Du kommst nicht dazu. Andere Sachen halten Dich auf. Und dann ist der Traum zu Ende, ohne, dass Du weißt, ob Du es geschafft hast oder nicht..."

Gab's das? Das war ja irre? Wie kam die kleine Eva, wie kam ich, denn auf so was? Sofort musste ich das aufschreiben, selbst auf die Gefahr hin, dass ich kein Abendessen mehr bekam. Das war ja wirklich unglaublich! Erst, nachdem ich alles - so hoffte ich jedenfalls – wörtlich aufgeschrieben hatte, rannte ich zum Essenssaal.

Während sich die anderen nach dem Abendessen irgendeinen Film über Vollwerternährung ansahen, wusste ich, dass ich eine schwierige Frage klären musste. Es half ja alles nichts. Weil ich Antworten wollte, musste ich wohl oder übel fragen. Inzwischen hatte ich fast ein wenig Angst vor den Antworten dieses Kindes. Wieso eigentlich? Schließlich waren es doch *meine* Antworten?!

Die Große fragte zunächst die Kleine: „Warum bist Du eigentlich von Rainer weggelaufen?"

Nach einer langen Pause auf dem anderen Stuhl hörte ich mich als Kleine sagen: „Weil es mir zu eng war!"

War das alles? Vorsichtshalber blieb ich noch eine Weile auf dem Stuhl sitzen. Ich wartete... Würde die Kleine noch mehr sagen? Als nichts passierte, wechselte ich nach einigen Minuten die Stühle.

„*Was* war Dir zu eng?"

Wieder brauchte ich nach dem Stuhlwechsel viel Zeit...

„Rainer hat mich mit seinen Gefühlen erdrückt. Ich hatte das Gefühl, ihm nicht das geben zu können, was er mir gibt. Ich habe mich überfordert gefühlt. Das war *alles* viel zu viel für mich."

Wieder Stuhlwechsel.

„Liebst Du ihn denn?"

„Ich weiß es nicht. Ich glaube schon. Meine Liebe ist nicht frei, weil ich mich nicht frei fühle. Ich habe das Gefühl, eingesperrt zu sein. Ich spüre mich nicht mehr und deshalb vielleicht auch keine Liebe für ihn? So viel, was Rainer mir gib, ist mir so wichtig: Sicherheit und Geborgenheit. Er vertraut mir und versteht mich. Trotzdem weiß ich nicht, ob ich ihn liebe oder ´nur´ das liebe, was er mir *gibt*. Ich will lieben *ohne* Gründe. Ich will nicht länger eingesperrt sein. Außerdem will ich ihm nicht länger wehtun."

Ja, so war das wohl. Waren das die Gründe, weshalb ich auch nicht mehr mit ihm schlafen wollte?

„Aber mit Deinem Auszug hast Du ihm doch erst recht weh getan?"

Wieder eine lange Pause, bis ich als Kleine sagte: „Ja... Stimmt. Das weiß ich. Aber ohne meine Liebe wirklich zu spüren, will und kann ich mit ihm nicht mehr leben."

Genau *so*! Ich konnte nicht mehr. Ich *musste* mich trennen, um festzustellen, ob ich *wirklich* lieben kann. Das war *in* der Beziehung nicht möglich. Unsere Beziehung war viel zu eng gewesen: Wir wohnten zusammen, wir arbeiteten zusammen, wir hatten dieselben Freunde und sogar denselben Hausarzt und Friseur. Erst als ich meine eigene Wohnung hatte, hatte ich zum ersten Mal das Gefühl, wieder *ICH* sein zu können: schreiben, lesen, Musik hören - zehnmal dasselbe Stück, ohne dass mich jemand fragte, warum ich das mache. Ja... Aber dann kam es, wie es kommen musste: Ich verliebte mich in einen anderen Mann. Ich erzählte Rainer davon. Er konnte mich selbst da nicht in Ruhe lassen. Er verfolgte mich fast. Wieder erdrückend?!

Und? Was war mit dem anderen Mann? Wieso konnte ich mich auf ihn einlassen? Die Kleine musste noch mal ´ran.

„Deine Gefühle für den anderen, war *das* Liebe?"

„Nein", sagte die kleine Eva. „Nein, das war keine Liebe. Aber es war einfach ein gutes, freies und ehrliches Gefühl. Obwohl ich wusste, dass ich Rainer damit verletze, habe *ich* mich gut dabei gefühlt. Ich habe mich endlich wieder gespürt."

Okay, ich hatte zwar eine Antwort bekommen, aber zufrieden war ich damit nicht. Es fehlte etwas. Hatte ich mich richtig auf die Frage eingelassen? Ich hatte geantwortet, ja. Aber hatte ich wirklich *alles* gesagt? Da waren immer wieder diese zum Teil langen Pausen, die ich brauchte, bis ich antwortete...

Wie war das denn damals mit dieser Drei-Wochen-Affäre? Ich dachte an diese kurze Zeit. Meine Gefühle waren damals fast schizophren: Ich war glücklich, hatte aber gleichzeitig Schuldgefühle. Ein sauschlechtes Gewissen. Irgendwann - nach drei Wochen - wurde mir diese Affäre zu eng. Der Mann wollte mich ständig sehen, wollte alles mit mir zusammen machen, wollte mich auf Partys begleiten, auf die ich alleine gehen wollte und ...und... und.....So beendete ich die Geschichte, um kurze Zeit später eine noch unverbindlichere anzufangen.

Nee, mir reichte die Antwort der Kleinen noch nicht. Sie musste noch ein letztes Mal auf den Stuhl.

„Und jetzt? Ist Dein Gefühl für Rainer heute anders?"

„Manchmal spüre ich es wieder. Es ist ein freieres Gefühl. Vielleicht ist es so etwas wie Liebe. Aber noch immer ist es nicht das, was ich will! Es fehlt noch immer etwas."

„Was geben Dir die anderen Männer, die Du doch gar nicht liebst, was Rainer, den Du ja liebst, Dir nicht gibt?"

„Es ist das Gefühl, frei zu sein. Ohne Verantwortung und Ansprüche. Ich kann nur im Moment leben. Das tut gut und legt mir keine Pflichten auf. Sobald jemand etwas von mir erwartet oder fordert, will ich nur noch weg."

„Zurück zu Rainer?"

„Vielleicht nicht zurück zu *ihm,* sondern zurück in die Geborgenheit, die Sicherheit und die Nähe. Das alles gibt er mir. Deswegen vielleicht doch zurück zu Rainer?! Bei ihm fühle ich mich geborgen."

Ich nahm allen Mut zusammen und stellte *die* entscheidende Frage: „Glaubst Du, dass Du Deine Liebe zu Rainer wieder spüren kannst?"

Voller Gedanken setzte ich mich auf den Stuhl der kleinen Eva. Nach einer Ewigkeit hörte ich mich ganz unsicher - fast zweifelnd - antworten „Ja...." und nach einer weiteren langen Pause, in der man eine Stecknadel hätte fallen hören können „...ich glaube schon."

Wieder war ich damit nicht zufrieden. Das Ergebnis beruhigte mich nicht. Ich schrieb alles auf. Völlig erschöpft verschob ich die restlichen Aufgaben auf den nächsten Morgen.

Leider wachte ich viel zu spät auf, um die Kleine noch vor dem Frühstück auf den Stuhl zu setzen. Ich musste das Gespräch auf die Zeit nach dem Mittagessen verschieben. Während der morgendlichen Wanderung hatte ich keinen Blick für die Schönheiten der Natur. Die ganze Zeit horchte ich in mich hinein. Waren da noch andere Antworten in mir in Bezug auf Rainer? Wieso war ich mit dem Gehörten so verdammt unzufrieden? Aber alles Grübeln half nichts. Ich kam an diesem Punkt einfach nicht weiter.

Nach dem Mittagessen fragte ich die kleine Eva nach meiner Schwester. Auch so ein wunder Punkt.

„Warum bist Du eifersüchtig auf Lea? Wo kommt das her?"

„Sie kann ganz befreit mit Mutti umgehen. Ich nicht. Lea besucht sie vollkommen gedankenlos einige Wochen nicht und fühlt sich deswegen nicht schlecht. Sie hat kein schlechtes Gewissen. Sie ist wie sie ist und spielt keine Rolle. Sie lebt ohne Zwänge. Mir geht's dabei ganz anders. Ich fühle eine große Verantwortung für Mutti. Ich habe immer ein schlechtes Gewissen, weil ich glaube, nicht *genug* zu tun. Ich kann mit Mutti gar nicht natürlich umgehen. Es ist, als würde ich schauspielern. Ich spiele eine Rolle, die ich erfüllen muss: Ich bin *besonders* aufmerksam, *besonders* lieb, *besonders* besorgt. Manchmal auch besonders aggressiv! Ich greife Mutti scheinbar grundlos an, als hätte sich in mir etwas aufgestaut, das heraus muss."

Da musste ich als Große noch mal nachhaken.

„Was glaubst Du, weshalb Du dieses Gefühl hast? Fehlt Dir etwas?"

Wieder ′rüber auf den anderen Stuhl. Inzwischen tat ich das schon automatisch, fast reflexartig. Die Antworten konnten *nur* von diesem anderen Stuhl kommen. Das wusste ich.

„Ich habe Mutti's Liebe vermisst, obwohl sie mich ja immer verstanden hat - viel mehr als Papa. Trotzdem fehlte was. Ihre Liebe war nicht bedingungslos. Bei ihr hatte ich das Gefühl, immer etwas tun zu *müssen*. Äußerlichkeiten waren wichtiger als meine inneren Werte. Auch für Ihre Liebe habe ich immer etwas tun müssen, kämpfen für Gefühle der Geborgenheit. Sie waren auch von Mutti nicht umsonst. Sie waren nie einfach *nur so* da. Wenn sie stolz war auf meine Schulnoten, dann habe ich das nächste Mal noch ein bisschen mehr getan, um sie noch stolzer zu machen. Lea hat immer mehr Liebe bekommen als ich. Ich durfte zusehen, wie sie gebadet, gefüttert, angezogen oder ins Bett gebracht wurde. Ich war immer schon zu groß für all` das. Dabei hätte ich es so gerne auch mal gehabt!"

Hierzu passte ja jetzt das mit den Vergleichen. Also, weiter geht's!

„Kleine, warum vergleichst Du Dich immer?"

„Weil ich das Gefühl habe, nicht genug zu sein oder genug zu haben, um gemocht zu werden. Blonde Haare, dann hätte Mutti mich lieber gehabt. Dünn sein, nur nicht so dick wie... So dick mag mich niemand mehr. Wenn ich so oder so wäre, dann...."

Das war noch nicht alles. Da war noch mehr. Da lagen noch ganz andere Dinge verborgen. Ich blieb auf dem Stuhl sitzen und schaukelte leicht hin und her. Dabei sah ich immer wieder auf den Stuhl der Großen.

Und plötzlich *sah* ich sie! Ich sah *mich*, wie ich auf dem Stuhl saß: Pferdeschwanz, ganz aufmerksam - fast gespannt - darauf wartend, was ich als kleine Eva mir jetzt sagen würde. *Ich hörte mir zu* ! Schon irre!

„Ich bin mir selbst nicht genug, weil ich, nee Du, nie anerkannt worden bist."

Wer denn jetzt? Die Kleine oder die Große? Wurde ich jetzt schizophren, oder was? Ich war doch beides... *Jetzt* war ich die kleine Eva, also warum dann dieses DU? Das war falsch! Ich musste jetzt als Kleine reden, also ICH...

„...also, weil *ich* nie anerkannt worden bin. Ich habe nie gelernt, dass ich auch Fehler machen darf, ohne dass es Konsequenzen hat. Fehler wurden immer bestraft oder etwas in der Zukunft wurde verboten... und... und.... weil Du nicht mehr bestraft werden willst, willst *Du* immer perfekt sein!"

Da war's schon wieder! Die Kleine warf der Großen vor, dass sie perfekt sein will. Das ist doch Blödsinn! Ist es nicht die Kleine, die glaubt, perfekt sein zu müssen? Das musste jetzt mal so stehen bleiben. Ich würde später danach fragen. Es hatte ja bestimmt einen Grund, dass die Kleine das für sich nicht annimmt. Ich blieb auf dem Stuhl von Kleineva sitzen, obwohl mir langsam aber sicher die Beine einschliefen. Irgendetwas wollte sie noch sagen.

„Du bist nicht perfekt! Und trotzdem - oder gerade deshalb - mag man Dich. Du hast verlernt, echte Liebe und wahre Freunde zu erkennen. Große Geschenke sind keine Freundschaft und eine Nacht mit einem Fremden ist keine Liebe."

Wieso sagte ich jetzt so etwas? Was hatte das denn mit der ursprünglichen Frage zu tun? Ich hoffte, mir das merken zu können, um es später auch exakt aufzuschreiben.

„Trotzdem glaubst Du das, weil Du es so gelernt hast. Hör` auf mit dem Rollenspiel! Sei` mehr Du selbst! Liebe *mich* ein bisschen mehr!! Wenn Du das kannst, musst Du auch keine Rollen mehr spielen!"

Wahnsinn! Ich spürte die Bedeutung dieser Worte! Jetzt bloß nicht darüber nachdenken. Aufschreiben und heute Abend mit Dr. Jung besprechen. Mein Herz klopfte richtig doll. Hoffentlich wird's ganz schnell 19 Uhr, dachte ich, wie ein Kind, dem eine Riesenüberraschung versprochen worden war.

# Traum und Wirklichkeit

„Na", fragte Dr. Jung, „was haben Sie in der Zwischenzeit mit der kleinen Eva erlebt?"

Gute Frage! Es war viel, was wir zusammen gemacht haben und es war viel Neues dabei. Noch immer hatte meine Spannung, was Dr. Jung zu all dem sagen würde, nicht nachgelassen.

„Ich wusste ja nun, dass das Dreschen ansteht. Ich wollte es auch! Also habe ich mir gestern vorgenommen, dass wir zwei, die kleine Eva und ich, uns mit Hilfe Ihres Übersichtsplans die Dreschplätze zumindest mal ansehen können."

Ich erzählte ihm, mit welchen Gefühlen ich zum Dreschplatz gelaufen und wie das erste, zweite und dritte Dreschen abgelaufen war. Ich beendete die Schilderung mit der Eichhörnchenszene.

„Ich war - glaube ich – nach dem Dreschen ziemlich ruhig. Sonst hätte sich das Eichhörnchen wohl niemals so weit an mich heran getraut."

Ich gestand ihm, dass ich an einen Trick von ihm glaubte und deshalb zunächst von einem ′Wiesel′ statt einem Eichhörnchen erzählen wollte, um seine Reaktion zu testen. Dr. Jung lachte laut auf. Das habe er noch von keinem Patienten gehört. Die Idee einer Belohnung nach dem ersten Dreschen sei gar nicht schlecht.

„Auch die Idee mit dem Rohrstock ist gut!" sagte er. „Ich könnte tatsächlich noch ein paar Rohrstöcke auf die Dreschplätze legen."

Wäre wirklich ganz gut. Für mich war klar, dass es noch viele Szenen gab, für die ich einen Rohrstock gebrauchen könnte.

„Soll ich Ihnen heute schon einen Rohrstock mitgeben?"

„Der würde bestimmt sofort kaputt gehen. Aber, warum nicht? Ich glaube, dann geht's *richtig* ab!"

Dr. Jung stand auf, um einen Rohrstock zu holen. Mit einem „Jetzt nicht" versuchte ich ihn zurück zu halten. „Lieber erst, wenn ich gehe..." Aber er war schon aus dem Zimmer.

Ich wollte jetzt keinen Rohrstock sehen. Mein Herz klopfte wie wild. Bloß jetzt nicht das Symbol meiner Kindheit, das mich am meisten verletzt hatte, in Blicknähe. Nein, bitte, nicht jetzt! Als Dr. Jung zurückkam, sah ich, dass er den Rohrstock draußen gelassen hatte. Zum Glück!.

„Sehr gut! In allen Phasen des Dreschens wirklich sehr schön", sagte Dr. Jung, als er mir wieder gegenüber saß. „Zuerst habe ich befürchtet, dass sie den

Vater nicht verprügelt haben. Gut, dass sie selber merkten, dass die *PERSON* verprügelt werden muss. Sie haben diese Essensszene sehr Kind-Echt gespielt. Das ist typisch Kind: Das Fenster ist blöd, wenn es sich den Kopf stößt. Die Herdplatte wird geschlagen, wenn es sich verbrennt... Auch Sie sind in der Szene zunächst auf Nebenschauplätze ausgewichen. Das Kind hatte Angst, auf *DIESEN* Vater los zu gehen. Das ist doch klar."

Ja, so war das wohl!

„Die Große muss die Kleine dahin bringen, diese Angst in den Szenen zu verlieren. >Es kann Dir nichts passieren, solange *ich* bei Dir bin!< Vertrauen zu der Großen ist beim Dreschen ganz wichtig!"

„Das habe ich gemerkt. Hätte ich mir keinen Mut zugesprochen, wäre es nicht gegangen. Das erste Dreschen hat ja so schon lange genug gedauert. Zwischen dem ersten Dreschen und dem Eichhörnchen lagen mindestens 45 Minuten."

„Gratuliere", sagte Dr. Jung ganz herzlich mit einem warmen Ton in der Stimme. Tat einfach gut! Ich fühlte mich wirklich ein bisschen besser. Etwas in mir hatte sich durch das Dreschen gelöst. Mir war klar, dass dies erst der Anfang war. Trotzdem hatte ich zum ersten Mal das Gefühl, dass ich den Weg zu Ende gehen kann. Dass ich es schaffen kann. Es wuchs so etwas wie Hoffnung und Zuversicht in mir. Das war es wohl, was mich glücklich machte.

„Ich war selber erstaunt, wie gut das ´Rauslassen der Wut tun kann. Niemals vorher hätte ich gedacht, dass in mir *so* viel aufgestaute Wut ist. Zum Glück hatten Sie mir den Tipp mit den Handschuhen gegeben. Die hatte ich zwar nicht, aber ein Waschlappen tat's auch."

„Mit dieser Wut im Bauch sind Sie jahrelang herum gelaufen", bestätigte Dr. Jung. „Sie war *immer* da."

Schon verrückt, wie man Vergangenes in Schubladen packen kann und dann wirklich glaubt, dass es *weg* ist. Ich hatte jetzt am eigenen Leib erfahren, dass das so nicht funktionierte.

„Haben Sie eigentlich mit der Kleinen nach dem Dreschen gesprochen?" wollte Dr. Jung wissen.

Als er meinen verständnislosen Blick sah, erinnerte er mich.

„Sie wissen, dass folgender Ablauf während und nach dem Dreschen sehr wichtig ist: Das erste ist das *LOB,* dann die *FRAGE* >Willst Du noch mal?< und dann das *ÜBERNEHMEN* der Rolle der anderen Person, des Vaters in Ihrem Fall, in dem Sie *SAGEN* und *ZEIGEN* >Komm` her zu mir! Ich hab` Dich lieb! Bei mir kannst Du machen, was Du willst! Du bist in Ordnung!< und dabei die Kleine in den Arm nehmen."

„So ähnlich habe ich das wohl auch gemacht. Ich habe mich auf die Bank gesetzt - so wie ich mich als Kleine immer auf den Stuhl setze - und habe sie ganz doll gedrückt! Ich war so stolz auf die kleine Eva und hatte sie so lieb dafür, dass sie sich endlich gewehrt hat!"

„Sie müssen sich immer klar machen, wie wichtig es für die kleine Eva ist zu *spüren,* dass die Große ihre Freundin ist und zu ihr steht. Diese Liebe muss fließen! Das ist wichtig! Haben Sie eigentlich geschrieen als Sie den Vater verprügelten?"

Hatte ich geschrieen? Als der blöde Stock nicht kaputt ging, hatte ich diesen Stock verflucht! Aber als ich meinen Vater verdroschen habe?

„Ich glaube nicht. Ich habe nur geweint. Das war mehr eine Verzweifelungstat."

„Weinen ist - das wissen Sie jetzt - nur eine Vorstufe! Wenn die Kleine während oder nach dem Dreschen weint, dann hat sie die Aggression nicht genug heraus gelassen. Deshalb ist wichtig, dass die Kleine schreit! Ihre kleine Eva ist immer noch in der Resignationsphase. Wenn Sie die weinende Kleine nach dem Dreschen in den Arm nehmen, dann ist das ein *Trösten.* Das reicht nicht aus!! Besser ist es, die Kleine dann zu fragen >Warum weinst Du jetzt?< Sie wird Ihnen schon Gründe nennen. Vielleicht hatte die Kleine ein schlechtes Gewissen? Vielleicht waren es Tränen der Trauer? Wenn es noch mal so ist, dann sagen Sie ihr einfach >Lange brauchst Du nicht mehr zu weinen! Wenn Du denen gezeigt hast, was richtig war, dann hat das ein Ende!< Noch ist es nicht so weit!"

Er hatte Recht. Ich war traurig und das In-den-Arm-nehmen nach dem Dreschen war Trost gewesen. Liebevoll war's - ganz sicher - und es hatte mir gut getan, aber es war nicht *richtig*. Ich wusste jetzt, was Dr. Jung in der letzten Stunde gemeint hatte, als er von dem zu frühen Trösten sprach. Das war tatsächlich nicht gut. Ich hatte damit die Aggression und Wut, die mit Sicherheit noch immer in der Kleinen steckten, nicht weiter heraus lassen können. Das Trösten hatte die Wut zugedeckt.

Nach einer Pause fragte Dr. Jung, welche Hausaufgaben ich noch gemacht hätte. Ich las ihm die Deutung des Traumes vor. Als ich geendet hatte, entstand eine Pause. War die Deutung des Traumes doch nicht gut? Leichte Zweifel beschlichen mich. Typisch!! Wieder null Selbstbewusstsein!

„So hat die kleine Eva den Traum gedeutet", sagte ich, um endlich diese Stille zu unterbrechen.

„Ganz toll!", sagte Dr. Jung. Endlich!! Aber: War da nicht auch ein Erstaunen in seiner Stimme?

„Sehr einfühlsam... Meine Erfahrung in DeKiD ist, dass die Traumarbeit mit dem kleinen Menschen in uns unglaublich gut verläuft. Das ist immer eine ganz runde Sache. Jeder Psychoanalytiker wäre froh, wenn er zu Ihrem Traum diese Gedanken gehabt hätte. Wirklich klasse!"

Na also! Da waren wir ja doch mal einer Meinung. *Das* fand ich auch. Auch wenn ich selber ganz verwundert darüber war, *was* die kleine Eva aus diesen Traumbildern herausgeholt hatte. Heute weiß ich, dass der Traum mir genau das sagen wollte. Und die Kleine hatte mir das erzählt. Klasse!

„Die existentielle Botschaft ist also was?" fragte Dr. Jung mich.

Wie, Botschaft? Hatte ich ihm doch gerade gesagt. Hatte er nicht zugehört, oder was?

„Das würde Pearls jetzt fragen“, fügte er hinzu.

Botschaft... ?? Was denn für ´ne Botschaft??

„Das weglaufende Pferd...“, begann ich erstmal ganz vorsichtig, wohl mehr, um überhaupt irgendetwas zu sagen. So richtig klar war mir nicht, was Dr. Jung jetzt von mir hören wollte. „...also... ähm.... das Pferd, das bin wohl auch ein bisschen ich. Ich, die ich von meinem Freund weglaufe, so wie es ja auch in der Realität war. Ich bin zwar nicht weggelaufen, aber ich bin ja ausgezogen.... Mmmmh... Die Botschaft...?“

Ja, Mensch! Los! Da muss noch mehr sein.... Ich fühlte es ja auch... Viel mehr, als ich es formulieren konnte...

„Bevor ich die Kleine fragte, habe ich mir ja auch meine Gedanken gemacht. Zuerst dachte ich, ich bin das Pferd, das mein Freund festhält, obwohl ich von ihm nur weg will.“

„Sie könnten höchstens Reiter sein, nicht?“ fragte Dr. Jung mich liebevoll. „Oder als Ganzes könnten Sie der Reiter mit Pferd sein. Die Kleine hat das natürlich viel deutlicher gesagt.“

Ach ja? Nun gut! Verstand ich zwar jetzt nicht so genau. Aber, war wohl auch nicht so wichtig... Wir waren doch bei der Botschaft! Eins nach dem anderen! Hatte der Traum jetzt eine Botschaft für mich oder nicht?

„Vielleicht >Befreiung<? Ich will mich, genau wie das Pferd auch, von ganz vielen Sachen befreien, die mich einengen“, startete ich einen neuen Versuch der Deutung.

„Genau *das* machen wir in DeKiD: Wir befreien Ihr Kind! Dieser Traum sagt das noch einmal ganz deutlich. Umso erstaunlicher, dass Sie ihn vor der ersten Stunde geträumt haben. Das Schöne an dem Traum ist, dass Sie selbst das Bedürfnis haben, dieses Pferd, das Kind, zu befreien. Es ist zwar weggelaufen, aber vorher hat es sich von Sattel und Zaumzeug befreit. Wunderschön ist auch, dass die Kleine sich freut, dass Sie das Pferd – und damit ja das Kind – zurückholen wollen. Hierdurch wird deutlich, dass die große Eva eingesehen hat, dass sie ohne dieses Pferd nicht leben kann. Mit diesem Kind, das von Ihnen weg läuft und auch Ihren Freund herunter wirft, wollen Sie zusammen sein. Dass das Kind den Freund abwirft, bedeutet auch, dass in der Beziehung etwas kaputt ist. Sonst würde ein Kind nicht weg laufen.“

Ja, genau! Ich wusste doch, dass das so war. Ich lief Rainer genau so weg wie dieses Pferd im Traum weg gelaufen war.

„Die ganze Vitalität, Spontaneität, Sexualität und Lebensfreude läuft Ihrem Freund weg“, deutete Dr. Jung „Er steht verlassen da. Das ist jetzt eine wichtige Frage: Warum laufen Sie dem Partner weg?“

„Das war die zweite Hausaufgabe bzw. Frage, die ich der Kleinen gestellt habe >Warum bist Du eigentlich von Rainer weggelaufen?<„

„Oh ja, das ist ja sehr interessant. Erzählen Sie mal“, forderte er mich auf. Ich las ihm alles hierzu vor und ergänzte: „Ich bin mit der Antwort der Kleinen nicht zufrieden. Es fehlt etwas“, sagte ich fast entschuldigend.

„Das kann doch auch gar nicht anders sein.“

Nicht? Na gut.... Trotzdem... Verdammt! Es machte mich absolut unzufrieden, dass ich an diesem Punkt noch immer nicht weiter kam. Los, komm`! Weiter geht’s... Ich las das ganze Gespräch zwischen Klein- und Großeva vor.

„Es war ein schönes Gespräch zwischen Ihnen“, freute sich Dr. Jung. „In diesem Gespräch gibt es aber viele Punkte, an denen Sie noch einmal einhaken können und müssen.“

Nach einer Weile fügte er hinzu: „Sie können doch mit den Antworten auch noch gar nicht zufrieden sein. Die Befreiung der kleinen Eva ist noch gar nicht abgeschlossen. Haben Sie dieses Gespräch vor oder nach dem Dreschen geführt?“

„Danach.“

„Na gut. Trotzdem. Auch wenn Sie zu diesem Zeitpunkt schon einige Wut heraus gelassen haben, ist das noch lange nicht alles! Wie soll die Kleine Ihnen denn jetzt schon sagen können, was Sie beide glücklich und zufrieden sein lässt? Die kleine Eva ist ja noch in ihrem *alten* Zustand. Wie soll sie in diesem Zustand frei antworten?“

War’s *das*? War das die Erklärung für meine Unzufriedenheit? Es war möglich. Sicher. Dennoch sträubte sich in mir etwas dagegen. Ich glaubte nicht wirklich, dass ich zu Rainer zurück will. Vielleicht war das der Grund? Hatte die Kleine etwas gesagt, was ich gar nicht hören wollte?

Ach.....watt soll’s. Einige Stunden lagen noch vor mir. Wer konnte jetzt schon sagen, was noch alles passieren würde?

„Die Kleine ist noch ganz gestört und *ver*stört“, sagte Dr. Jung mit verständnisvoller Stimme. „Sie will alles von allen, will dann doch nicht mehr, weil’s zu eng wird, will wieder zurück zu Ihrem Freund, aber eigentlich doch nicht. Alles ein bisschen zu viel für die kleine Eva. Jetzt *muss* die Große kommen und ihr helfen, dieses Gefühlswirrwarr aufzuschlüsseln. Sie müssen als Große den Finger auf die einzelnen Punkte legen: >Du willst Nähe? Aber nicht zuviel Nähe?< >Warum handelst Du so und läufst weg?< Was jetzt wieder besonders wichtig wird, ist die Frage >Hast Du das früher auch schon einmal gemacht?< Sie müssen jetzt auf Parallelereignisse kommen, die *früher* geschehen sind! Denn *nur* da finden Sie die Wurzel! Die Kleine muss es Ihnen erzählen. Woher soll die kleine Eva wissen, was *LIEBE* ist? Sie weiß doch gar nicht mehr, dass sie lieben *kann.* Das ist doch schon ganz früh zerstört worden. Äußerlichkeiten waren wichtig, ja! Aber wahre und echte Liebe hat sie von den Eltern nie bekommen. Dafür gab es Schläge, Ignoranz, Härte und Missachtung. Was macht die kleine Eva in so einer Situation mit ihrer ursprünglichen Liebe, die keiner will? Sie glaubt doch, dass ihre *eigenen* Gefühle falsch sind. Woher sollte sie wissen, dass ihre Gefühle echt waren und die der anderen falsch?“

Stimmt! Woher? Was ist >Liebe< eigentlich? Nur ein Wort? Nein, sicher nicht! Rainer zum Beispiel liebte mich. Egal, ob ich Pickel hatte, 20 Kilo mehr wog oder depressiv war. Sein Gefühl war so viel stärker als ich es in mir jemals in meinem Leben gefühlt hatte. Die Beziehung mit Rainer war mir wichtig. Er gab mir so viel. Brauchte ich die Beziehung oder brauchte ich ihn? Und, was hat >Brauchen< mit Liebe zu tun?

Ah, Shit, siehste! Da war's wieder: was ich *brauchte*! Warum brauchte ich denn etwas von ihm? So konnten wir doch gar nicht gleichberechtigt und locker miteinander umgehen, oder? Oha... Es gab wohl noch `ne Menge zu erforschen.

„Ich weiß, dass Rainers Gefühle für mich ganz ehrlich und echt sind. Er *lebt* seine Liebe zu mir - mit allen Höhen und Tiefen, die ich ihm immer wieder beschere. Ich weiß auch, dass ich ihn nicht *so* zurück lieben kann."

„Am Besten gehen wir jetzt alles, was die Kleine gesagt hat, noch einmal Wort für Wort langsam durch. Wir werden uns mal gemeinsam ansehen, was die kleine Eva Ihnen im *Detail* angeboten hat."

Ich blätterte in meinem Tagebuch und begann erneut, das Gespräch vorzulesen. Diese Mal unterbrach mich Dr. Jung fast nach jedem Satz, manchmal nach einzelnen Worten und hakte und fragte nach. Oft musste ich lange nachdenken, bevor ich die Worte der Kleinen mit meinen eigenen Worten erklären konnte. Schon witzig! Es war wie eine Interpretation eines Gedichtes im Deutschunterricht. Nur, dass ich jetzt meine eigenen Worte deuten und hinterfragen musste.

„Was bedeutet >Enge< für Sie?"

„Ich fühle mich erdrückt. Ich lebe nicht mehr selbst - sondern fremdbestimmt. Wobei Rainer nicht tatsächlich über mich bestimmt. Ich habe nur das Gefühl, dass es so ist. Und, das ist *kein* gutes Gefühl!!"

„Wenn Sie das *Gefühl* haben, sie werden fremdbestimmt, obwohl das eigentlich nicht so ist, was schließen Sie daraus?"

„Dass ich es selber bin, die dieses Gefühl in sich hat!"

„Es ist die Kleine in Ihnen! Es sind Erfahrungen und Mangelerscheinungen aus früheren Jahren, durch die Sie sich heute eingeengt fühlen, obwohl das heute gar nicht so ist. Die Kleine agiert und übertreibt. Sie schafft sich immer neue Engen durch neue Beziehungen und merkt, dass das ja noch schlimmer ist. Dennoch macht sie immer weiter."

Ja, genau so war's. Nach dem anfänglichen guten Gefühl war alles irgendwann noch schlimmer.

„Reden Sie über die Enge mit der Kleinen. Sie wird Ihnen Munitionen anbieten, die dann im Wald heraus gelassen werden müssen, um das Ganze grade zu rücken."

Mir wurde immer bewusster, dass die kleine Eva in unserem Gespräch viel erzählt hatte. Jetzt, als Dr. Jung und ich dieses Gespräch noch einmal aufdröselten wurde mir Vieles deutlich. Sie sprach vom zwanghaften Wollen, von Liebe und Zärtlichkeit, von einer Sehnsucht nach Geborgenheit, die Rainer anscheinend nicht stillen konnte. Deshalb immer wieder andere Männer, die allerdings auch nicht in der Lage waren, mir das Gefühl zu geben, dass alles gut ist. Ich war unglücklich und unzufrieden. Die kleine Eva wurde nicht satt. Es war richtig! Ich musste diesen Teufelskreis aufdecken, sonst würde es immer so weiter gehen. Ich wäre mit niemandem wirklich glücklich. Selbst hier in Ohlstadt merkte ich es doch auch wieder. Der Mann an meiner Seite machte mir mehr Probleme als ich gebrauchen konnte.

Ich würde wohl noch viele Gespräche mit der Kleinen führen müssen.

„Fragen Sie die Kleine >Warum glaubst Du, dass Deine Liebe nicht ausreicht?< Fragen Sie sie: >Wann hast Du Dich bei Mutter und Vater nicht mehr gespürt?< Das ist wichtig! Sich nicht mehr spüren bedeutet totale Verdrängung. Dicht machen! Dafür gibt es Gründe! Hier liegt übrigens *eine* Ursache des Autismus: Sich und seine Gefühle tot machen! Die Kleine spricht von Sehnsucht! >Wonach und warum?< Sie müssen alles aufdecken! Sehnsüchte führen immer zu zwanghaftem Verhalten und entstehen aus der nicht abgeschlossenen Gestalt. Die Kleine wird Ihnen alles erzählen, das weiß ich. Wenn Sie dann mit ihr eins sind, wird alles möglich sein. Dann werden Sie verstehen!“

Ich hoffte es so doll! War aber auch gleichzeitig voller Zweifel. Würde ich das *alles* nachholen können? Könnte ich mein Bedürfnis nach Liebe tatsächlich mit der kleinen Eva zusammen befriedigen? Wäre ich in der Lage, sie satt zu machen? Ich fühlte mich noch gar nicht stark genug.

„Die Aufzählungen, die die Kleine an manchen Stellen macht“, sagte Dr. Jung, „scheinen mir Erklärungen der Großen zu sein. Fragen Sie die Kleine noch mal nach Einzelheiten. Sie wird sicher detaillierter antworten, als sie das jetzt gemacht hat. Vermutlich macht das auch Ihre Unzufriedenheit über die Antworten der kleinen Eva aus. Sehen Sie die kleine Eva als *PERSON*. Nehmen Sie sie ernst! Sie werden sie lieben lernen, ganz schnell. DeKiD ist eine Liebesschule. Hier lernen Sie, zu lieben. Ihr Kind und damit sich selbst. Denken Sie an den Spruch >Liebe Deinen Nächsten wie Dich selbst!< Wenn Sie sich selbst lieben, können Sie auch Ihren Nächsten lieben! Die Selbstliebe ist Voraussetzung für das Liebenkönnen! Dann kann auch eine Beziehung zu einem Mann ganz anders gelebt werden, denn dann stehen Sie so ...“

Wieder streckte er beide Hände parallel in die Luft „... neben Ihrem Mann und nicht so...“

Er verschlang beide Hände ineinander wie zu einem Ball. Ich sah auf diese Hände. Ja! Genau *SO* war Rainer und meine Beziehung! Wie ein Ball! Ich wohl behütet innen und Rainer außen, um mir diese Sicherheit und Geborgenheit zu geben. Kein Wunder, dass ich mich eingeengt fühlte. Diese Hände zeigten es doch ganz deutlich.

„Das Verrückte ist“, sagte ich, „dass ich, obwohl *ich* ihn verlassen habe, ganz doll Angst habe, ihn zu verlieren.“

„Verlustängste sind immer die Folge aus einem früheren Mangel an Geborgenheit. Die Kleine will das, was sie jetzt hat, nicht mehr verlieren. Sie will es festhalten. Um so verrückter, dass sie weg läuft.“

Ja, ja, dachte ich, inzwischen fast schon ein bisschen gelangweilt. Warum ritt er eigentlich immer wieder darauf ´rum?

„Haben Sie noch mehr Aufgaben, die wir besprechen müssen?“

Wieder blätterte ich in meinen Notizen.

„Ja. Ich habe die Kleine nach meiner Schwester gefragt. Ganz schnell hat sie dann aber meine Mutter mit ins Spiel gebracht.“

Ich sah ihn an. Wollte er das jetzt wirklich noch hören? Die Stunde war eigentlich fast zu Ende. Doch... scheint so. Also las ich auch das Gespräch noch vor.

„Eins wird hier ganz deutlich“, sagte Dr. Jung. „Die Tatsache, dass die kleine Eva, als sie genau so klein war wie die Schwester, das alles nicht gekriegt hat. *Das* ist die Munition. Machen Sie eine daraus! Eifersucht ist nur die Konsequenz. Dahinter steckt eine Munition, die heraus muss.“

Eindringlich sah er mich an. Es war richtig. Die Eifersucht quälte mich schon manchmal. Vielleicht hatte er ja Recht?! Wenn die dahinter stehende Wut weg ist, dann ist das mit der Eifersucht vielleicht auch gar nicht mehr so schlimm?

„Hat Ihre Mutter sie eigentlich *benutzt*? Hat Sie von Ihnen Rückendeckung gegen den Vater verlangt? Mussten Sie sie beschützen? Wie war das?“

Ich überlegte. Hatte sie mich benutzt? Oder war es eher mein Gefühl, sie beschützen zu müssen? Ich wusste es nicht.

„Ich werde die kleine Eva fragen müssen. Ich weiß es nicht!“

„Sehr gut“, bestätigte Dr. Jung mich. „Sie brauchen dazu jetzt nichts sagen. Die Kleine wird die Antwort haben. Eins wird schon jetzt deutlich: Die kleine Eva musste Rollen spielen, um geliebt zu werden. Das ist ein enormer Antrieb. >Wenn Du mich nur lieb hast, wenn ich mich anstrenge, dann ist das Mist!< Munition!!“

„Ja!“

„Das zweite, was hier von der kleinen Eva offen gelegt wird, ist *Verantwortung*. Die Kleine fühlte sich für die Mutter verantwortlich. Das ist Missbrauch. Fragen Sie >Wie meinst Du das mit der Verantwortung?< Die Munition, die da hinter steckt, ist enorm wichtig. Überlegen Sie mal, wie ernsthaft die Kleine sein musste, obwohl sie noch Kind war. Ihre Schwester, die diese Verantwortung, diese Rolle, gegenüber Ihrer Mutter nicht hatte, geht heute mit Ihrer Mutter ganz anders um. Und genau das muss die kleine Eva raus dreschen!! Eine Scheiß-Rolle!!!!“

„Ich glaube, dass die kleine Eva im Umgang mit meiner Mutter bis heute noch immer ganz vorsichtig ist. Mein Vater war der offensichtliche Gegner der Kleinen. Ich denke ja immer noch, dass meine Mutter nur lieb und gut war. Niemandem habe ich erlaubt - auch mir selbst nicht - über meine Mutter etwas Negatives zu sagen oder zu denken. Niemals!! Aber so langsam nehme ich das, was die Kleine sagt, ernst. Vielleicht ist wirklich etwas ´dran.“

„Die Arbeit in DeKiD wird zunächst immer dadurch belastet, dass niemand

Eltern haben möchte, die böse oder schlecht waren. Deshalb werden die Eltern erst mal verteidigt. Aber die Realität kommt irgendwann zum Vorschein. Immer spielt die Mutter dabei eine große Rolle: Sie ist vor, während und nach der Geburt *die* Person, die wichtig ist. Die, die es falsch oder richtig machen kann. Auch, wenn Sie sich heute noch davor fürchten, selber einmal Kinder zu haben, werden Sie in DeKiD merken, dass nur *eine Bedingung* wichtig ist, um ein Kind zu erziehen: *LIEBE* - nicht mehr und nicht weniger. Auch ein Psychologe oder Therapeut kommt nur weiter, wenn er den Weg der Liebe geht. Im Leben gilt dies überall und immer."

„Ich will keine Kinder. Erst dachte ich, es läge daran, dass ich selber als Kind so viel Beschissenes erlebt habe. Heute weiß ich, dass es *eine* große Angst in mir ist: Ich kann mein Kind nicht genug lieben. Eigentlich glaube ich, *niemanden* genug lieben zu können! Auch mich selbst nicht!"

„Das ist doch kein Wunder! Wie sollen Sie denn das Gefühl haben, lieben zu können, wenn Ihnen nie gezeigt wurde, was lieben ist? Wenn Sie nie geliebt worden sind. Sie brauchten und brauchen doch selber so viel Zärtlichkeit. Wie sollen Sie sie denn *geben*?"

Ich stöhnte, als wäre etwas in mir, das ′raus musste. Stöhnen half da auch nicht wirklich. Aber es erleichterte. Wenn auch nur ein bisschen. Ich hatte das Gefühl, ein Ring legt sich um meinen Hals und wird ganz langsam immer enger...

„Sie werden sehen, wenn Ihre kleine Eva befreit ist, können Sie Zärtlichkeit und Liebe geben, von ganzem Herzen und frei, weil Sie die *ursprünglichen* Gefühle wieder spüren"

Das wär's! War das möglich? Ging das überhaupt? Vor allem jetzt noch, in der Kürze der Zeit, die mir in Ohlstadt noch blieb? Und dann formten sich wie von selbst Worte in mir:

„Ich glaube, ich werde nach der Kur noch zwei Wochen Urlaub nehmen und in Ohlstadt bleiben. Ich habe zwar Geburtstag und würde ihn schon gerne mit meinen Freunden in Berlin feiern. Aber ich werde hier bleiben."

Was sagte ich denn da? *Hier* bleiben? Alleine? Ja, war ich jetzt von allen guten Geistern verlassen, oder was? Und dann mein Geburtstag!? Alleine verbringen? Das würde ich doch gar nicht aushalten... Was nicht? Mich nicht? Ich würde einfach Rainer anrufen, der würde schon kommen. Ja genau, das würde ich tun. Aber noch war ja ein bisschen Zeit!

„Ja", sagte Dr. Jung, „machen Sie das!" Er freute sich richtig. Na, wenigstens einer.

„Haben Sie noch mehr Hausaufgaben gemacht?"

„Ja. Da waren die Vergleiche, bei denen ich immer schlecht abschnitt: Vergleiche mit meiner Schwester, mit Freundinnen, mit Fremden...."

Ich sah ihn an. Strengte es ihn nicht an? War es nicht doch ein bisschen viel auf einmal? Mir kam es jedenfalls so vor. Aber Dr. Jung saß da genauso aufmerksam wie in den ersten 45 Minuten dieser Stunde. Erstaunlich! Und das in seinem Alter. Ich war 40 Jahre jünger und schon jetzt erschöpft.

„Sie müssen sehr aufpassen“, sagte Dr. Jung, als ich ihm alles vorgelesen hatte, „dass es nicht in guten Vorsätzen endet. Ein bisschen steckt das in der Antwort der Kleinen. Sei so oder so... dann... Die kleine Eva ist wunderbar kritisch. Das ist gut. Aber Sie, die Große, müssen wissen, dass das ein Angebot der Kleinen ist >Große, bitte hilf‘ mir!< Nehmen Sie jedes einzelne Detail auf! Geben Sie es ihr zurück! Fragen Sie >Warum bin ich so! *Du* bist es doch *in mir*, die das macht!< Es werden viele Details heraus kommen und damit viele Munitionen! Sie, die große Eva, haben eine verantwortungsvolle Aufgabe übernommen!“

Es entstand eine Pause, die gut war für mich. Ja, er hatte Recht. Wieder war es ein Vorwurf an die Große, den ich nicht an die Kleine zurückgegeben habe. *Natürlich* war sie es in mir! *Wer sonst?*

„Wissen Sie“, fuhr er fort, „es ist genauso, als wenn ich Ihnen jetzt sagen würde >Sie haben einen sooo tollen Freund. Jetzt hören Sie mal mit dem Weglaufen auf und gehen zu ihm zurück!< So geht es nicht!“

Stimmt! Da waren wir uns einig! Das würde sicher so nicht gehen! Und genau so war es doch auch mit der Kleinen. Sie befahl mir, etwas zu tun. Es gab jetzt zwei Möglichkeiten: Entweder tat ich, was sie mir sagte, ohne es zu hinterfragen. Das war ich ja als braves Mädchen gewohnt... *o d e r* ... Ich setzte mich *wirklich* mit ihr auseinander und legte die Wurzel all dessen frei, was mich so sein ließ wie ich bin.

„Es ist klasse“, freute er sich, „wie die Kleine mit der Großen umgeht. Sie *ist* wach. Nutzen Sie das aus! Ganz, ganz toll!“

Ohhh, das tat mit jetzt richtig gut! Dieses positive Feedback konnte ich gut gebrauchen!

„Ganz erstaunlich ist, wie offen die kleine mit der großen Eva spricht“, fuhr er fort. „Ganz selten funktioniert das so schnell. In den meisten Fällen sind die Kleinen verstockt und vertrauen gar nicht mehr darauf, dass die Großen zuhören.“

„Vor allem...“, unterstützte ich ihn, „ ... scheint die kleine Eva viel klarer zu sein als die große. Was ich persönlich ganz toll finde: *Obwohl* die Kleine zum Beispiel das Verhältnis zu meiner Schwester kritisch betrachtet, kann ich im Alltag mit Lea ganz normal umgehen.“

Ich erzählte, dass meine Schwester mir einen langen Brief geschrieben habe, aus dem ich heraus las, dass es ihr schlecht ging. Ich rief sie sofort an und meine Vorahnung bestätigte sich: Es ging ihr nicht gut. Wir telefonierten lange zusammen und trotz der tiefgehenden Gespräche mit der kleinen Eva über meine Schwester, trotz der Munitionen >Eifersucht<, >Neid< und >Du hast alles, ich habe nichts< war es ein schönes, ruhiges und vor allem liebevolles Telefongespräch mit Lea. Erst jetzt fiel mir das auf.

„Ja. Das wird alles besser werden. Der Umgang mit Ihrer Mutter, die Freundschaft zu Ihrer Schwester und auch der Gang zum Friedhof - zu Ihrem

Vater."

„Ich gehe nicht zum Friedhof."

„Sie werden wieder hingehen", sagte er mit einem Unterton in der Stimme, der keinen Widerspruch zuließ, um dann mit ganz sanfter Stimme fortzufahren:

„Sie können Ihre Schwester verdreschen..."

Niemals!!

„Sie können Ihre Mutter verdreschen..."

Sicher war ich auch da noch nicht!

„Sie können Ihren Vater verdreschen..."

Oh ja!

„...und nach der getanen Arbeit werden Sie zu allen ein ganz liebevolles Gefühl haben und vor allem, auch zulassen können. Sie werden vor dem Grab Ihres Vaters stehen - und das sagte ich schon in einer früheren Stunde - ..."

Ja, ja, seine Worte hörte ich wohl, nur glauben...

„...und ganz ruhig sein, Frieden schließen können! Vielleicht werden Sie sogar das Gefühl haben, zum Friedhof gehen zu müssen. Das muss man abwarten. Das geht sicher nicht von heute auf morgen."

Auch nicht auf übermorgen, dachte ich.

„Okay, machen Sie weiter so. Weiter so! Weiter so!" wiederholte er ein paar Mal.

Ich fühlte, dass ich auf dem richtigen Weg war. Ich *wollte* weiter gehen. Ich wusste, hinter jeder Kurve dieses Weges lag etwas neues Altes, das wert war, wieder entdeckt zu werden. *GANZ SICHER!!* Ich würde weiter gehen!

In mir hüpfte ein kleines Kind auf und ab und freute sich. War das die kleine Eva? War das ein Teil in und von mir, der sich auf die Gespräche mit der Großen freute?

Wie auch immer.

Ich war irre gespannt, wie's weitergeht.

# Krank

Freitagabend wartete ich frisch geduscht auf die anderen. Wir wollten einen Abend in unserer Stammkneipe, die wir natürlich nach zwei Wochen in Ohlstadt hatten, verbringen.

Ich dachte über das ‚Verhältnis' zwischen Michael und mir nach. Was war das eigentlich? Ich hatte totale Lust, mit ihm zusammen zu sein. Reden taten wir eigentlich selten. Entweder trafen wir uns mit der Clique und verbrachten gesellige lustige Abende oder Michael und ich waren zu zweit in meinem Zimmer. Zugegeben... Letzteres geschah immer seltener. Er entzog sich mir. Ich fühlte es, wusste aber nicht warum. Viel geredet hatte er ja nie. Aber inzwischen musste ich ihm fast *jedes* Wort aus der Nase ziehen. Sollte ich abwarten? Nee, das würde ich nicht können. Warum konnte ich ihn nicht *sein lassen* wie er ist? Wollte ich ihn verändern? Wieder mal? Ach was! Ich würde versuchen, mit ihm zu reden. Ich würde ihn fragen, was eigentlich los ist. Irgendwann an diesem Abend würde sich ja wohl eine Gelegenheit bieten.

In dem Lokal wurde eine Runde nach der nächsten bestellt. Nach einiger Zeit hatte jemand die Idee, >Captain Buff< zu spielen. Dieses Trinkspiel hatte den einzigen Zweck, sich vollständig zu bedröhnen. Warum nicht? Ich war sowieso nicht so gut drauf. Also! Trinken und Smalltalk! Vielleicht die richtige Medizin. So musste ich wenigstens nicht nachdenken.

Nachdem alle mehr oder weniger ihr Ziel erreicht hatten, ergab sich die Gelegenheit, mit Michael über ′uns′ zu sprechen. Na ja... Sprechen? Es war mehr ein Anlallen und Anstieren. Was hatte ich denn erwartet? Klare Worte? Entscheidungen, wie's mit uns weitergeht? Sein Geständnis, dass er mich mag? Verliebt ist?

Gleichgültig, was ich erwartet hatte. Von all′ dem bekam ich nichts. Im Ergebnis war eins klar: Er will einen freundschaftlichen Kontakt mit mir. Ich hörte seine Worte und verstand *nichts.* Und das, obwohl ich auf einen Schlag wieder nüchtern war. Das konnte doch gar nicht sein. Dafür waren unsere Zweisamkeiten zu intensiv. Okay, er hatte seine tausend Probleme, ich hatte meine tausend Probleme. Aber dann war das *eine* Problem mehr oder weniger doch auch nicht mehr *so* wichtig... Oder doch? Vielleicht hatte er ja Recht?! Aber, verdammt!!! Es tat weh! Ich wollte nicht *nur* Freundschaft. Aber was wollte ich?

Ich ging nach Hause und legte mich hellwach ins Bett. Ich holte mir mein ′altes′ Tagebuch und schrieb erst mal alles auf. Aber, auch das half wenig. Mir war klar, dass unser letztes Gespräch ein Abschied war. Und so fühlte ich mich auch: Total verlassen! Wieder wurde ich gezwungen, etwas zu tun, was ich nicht wollte. Er drängte mich in eine Rolle, die ich nicht spielen wollte. Ich hatte *keine Lust* dazu.

Okay... Es stimmte schon... In den letzten Tagen war es nicht mehr so zwischen uns wie zu Beginn der Kur. Ich hab's ja selbst gemerkt. Auch ich hatte doch schon wieder angefangen, Spielchen zu spielen: Ich flirtete mit Günter aus meiner Kurgruppe, der mich wirklich gerne hatte, nur um Michael eifersüchtig zu machen. *Nur deshalb!* Das war unfair, zumindest gegenüber Günter. Und Michael? Dem schien das absolut egal zu sein. Der war überhaupt nicht aus seiner Ruhe zu bringen! Also konnte er doch gar nicht mehr als nur Freundschaft für mich empfinden... Oder?

Ach komm, sagte ich mir. Er ist doch sowieso zu jung für Dich! Was willst Du denn mit einem 24-Jährigen? Du kannst mit ihm zwar eine Menge Spaß haben, aber sonst kannst Du mit ihm doch gar nix anfangen! Was isses denn *dann*? Will ich wieder mal ‚knacken'? Ist es wieder ′ne Projektion? Ach was! Doch nicht bei Michael!

Als ich in meinem Tagebuch zurück blätterte, stellte ich fest, dass ich schon vor Tagen geschrieben hatte, die Geschichte mit Michael sei für mich wie ein offenes Buch, dessen Ende - die letzte Seite - ich schon kenne. Warum habe ich dann während des Lesens immer noch gehofft, dass es *nicht* zu Ende geht? Oder vielleicht doch anders endet? Jetzt war's klar! Es geht so zu Ende, wie ich es gewusst hatte. Blöd nur, dass ich das Buch zu früh aus der Hand legen sollte. Ich wollte es noch weiter lesen! Schließlich dauerte die Kur doch noch zwei Wochen...

Mit diesen Gedanken schlief ich irgendwann ein.

Am nächsten Morgen erwachte ich mit starken Kopfschmerzen. War's der Alk oder die vielen Zigaretten? Ich quälte mich zum Frühstück. Zum Glück ließ sich keiner der anderen blicken. Das hätte ich jetzt nicht auch noch ertragen.

Zurück in meinem Zimmer ging's mir immer schlechter. Ich fühlte, dass eine Grippe im Anmarsch war. Na, suuuuper! Das kam ja jetzt wie bestellt! Ich fühlte mich matt und schlapp und ließ die Clique an diesem Tag alleine nach Garmisch Partenkirchen fahren. Michael fuhr natürlich mit. Warum sollte er auch bei mir bleiben?

Ich ging nur zu den Mahlzeiten aus dem Haus. Es war ja eh` niemand da. Alle hatten irgendetwas vor. Ich verkroch mich in meinem Zimmer und hörte zunächst die Kassette der letzten Stunde bei Dr. Jung. Dann begann ich mit den Hausaufgaben. Wenn nur mein Kopf nicht so weh täte... Und wieso war es in dem ganzen Haus so ruhig? Ich hatte das Gefühl, die letzte Überlebende zu sein. Ich drückte die Powertaste meines Radioweckers. Die scheppernde Musik war immer noch besser als diese Stille! Sie war ja nicht zum Aushalten...

Zuerst wollte ich die Kleine fragen, was das denn mit dem Verantwortungsbewusstsein für meine Mutter auf sich hatte. Irgendwie musste ich ′rankommen an diese scheinbar vorhandenen negativen Gefühle. Ich hatte schließlich ein Ziel: Mit meiner Mutter genau so liebevoll und gedankenlos umgehen zu können wie meine Schwester es tat. Und, *dass* das möglich war, sah ich ja bei Lea.

Wie selbstverständlich stellte ich die Stühle mitten in den Raum. Ich zog auch die Vorhänge nicht mehr zu. Es war alles ganz normal. Ganz natürlich. Ich redete mit meiner Kleinen. Ja, und?

„Kleine, was glaubst Du, woher dieses Verantwortungsgefühl für Mutti kommt? Hast Du das früher auch schon gehabt?“

„Ich wollte Mutti glücklich sehen. Aber sie war’s nicht, fast nie. Ich wollte sie glücklich machen, aber ich habe immer gemerkt, dass ich das nicht kann. Wenn sie Streit hatte mit Papa, ließ sie es auch an mir aus. Obwohl ich sie glücklich machen wollte, bekam ich Streit mit ihr. Sie war böse auf *mich*. Manchmal dachte ich, ich habe Schuld an den Streitereien, weil ich irgendetwas Böses getan habe. Nur deshalb war Papa dann später böse mit *ihr* - wegen mir. Ich wollte, dass Mutti glücklich ist. Aber ich konnte nichts tun. Es war immer alles falsch.“

„Hast Du Dich schuldig gefühlt?“

„Ja! Ich habe gedacht, dass alles einfacher wäre, wenn ich nicht da wäre. Manchmal war’s aber auch gut, dass ich da war. Ich konnte Mutti beschützen. Manchmal habe ich mich zwischen Mutti und Papa gestellt, habe Papa festgehalten, damit er sie nicht schlägt oder ihr weh tut. Ich hatte oft Angst. Zum Beispiel nachts, wenn ich im Bett lag und hörte, wie sie stritten. Dann dachte ich manchmal >.... und wenn er sie jetzt schlägt?< Ich wollte es nicht hören, habe mir die Ohren zu gehalten oder bin unter die Bettdecke gekrochen. Manchmal habe ich auch nur geweint.“

Als ich dieses Gespräch aufschrieb, fiel mir ein, was Dr. Jung zu der Abhängigkeit von den Eltern gesagt hatte. Dass diese sich auch darin ausdrückte, wie ein erwachsener Mensch von Mutter und Vater redet. Genau so war es doch auch in den Gesprächen mit der kleinen Eva. Die Kleine sprach immer von ´Mutti´ und ´Papa´, so wie ich sie ja auch angeredet hatte bzw. meine Mutter heute noch anredete. Und? Ich fand es okay. Für mich war *das* keine Abhängigkeit.

Trotzdem verstand ich zunehmend, was Dr. Jung meinte. Die *kleine* Eva war und ist noch abhängig von den Eltern, ganz sicher! Sie ist noch nicht frei. Und ´Mutti´ und ´Papa´ war ein Ausdruck dieser Abhängigkeit. Nicht so aber bei der Großen. Wenn ich mit meinem Kind sprach, dann in der ´abhängigen´ Form. Deshalb, weil die Kleine es nur so am besten verstand. *Es ist IHRE Sprache!* Und genau darauf ließ ich, die Große, mich in den Gesprächen ein.

Es war aber doch ganz anders, wenn ich mit Dritten über meine Eltern sprach. Selbst in den Gesprächen mit Dr. Jung sagte ich ‚meine Mutter’ und ‚mein Vater’ und nicht ‚Mutti’ und ‚Papa’. Ohne darüber nachzudenken.

Das *ist* ein Unterschied!

Mir fiel eine Freundin ein. Sie war nur wenig jünger als ich, redete aber -

und das war mir immer aufgefallen - nicht von Mutter und Vater. Sie sagte, auch wenn sie mir etwas von ihren Eltern erzählte, ‚mein Vati' und ‚meine Mutti'. Das hörte sich schon merkwürdig an, wenn eine erwachsene Frau in dieser Kindform von den Eltern sprach. Wenn Dr. Jung das so gemeint hatte, waren wir einer Meinung. *Das* war ein Ausdruck von Nicht-Loslösung vom Elternhaus. Bei meiner Freundin ganz sicher. Wegen jeder Kleinigkeit rief sie ihre Eltern an, um ihre Meinung zu erfragen. Da stimmte ich Dr. Jung zu. Ich würde es ihm bei Gelegenheit sagen.

Ich sah auf die Stichpunkte, die ich mir aufgeschrieben hatte, während ich mir die Kassette der letzten Stunde anhörte. Jetzt musste ich mich wohl noch mal mit meinem Grundproblem beschäftigen: Meine Noch-Nicht-Wieder-Beziehung zu Rainer. Hierzu waren alle Gefühle und Gedanken in mir noch so konfus. Ich verstand nichts - noch immer nicht. Im Vergleich hierzu war Michael ein offenes Geheimnis.

Wir setzten uns wieder auf unsere Stühle.

„Kleine, warum und wovor bist Du weg gelaufen? War das früher schon mal so?"

„Ich bin vor seiner Liebe und seinen Gefühlen weg gelaufen. Und vor seinen Ansprüchen an mich."

„Was wollte er denn, was *Du* nicht wolltest?"

„Ich hatte das Gefühl, er hält mich an einer langen Leine. Ich kann zwar machen, was ich will, aber frei bin ich trotzdem nicht. Wie in dem Traum! Obwohl ich ihm die Leine selbst in die Hand gedrückt habe und froh war, dass er da war und sie hielt, wollte ich nur noch weg. Richtig glücklich war ich nie. Immer war da etwas, was mich unglücklich und unzufrieden machte. Obwohl sich tatsächlich gar nichts veränderte und alles wie immer war, fühlte ich mich irgendwann nur glücklich *ohne ihn*. Mit anderen."

War ich auch mit Michael glücklicher als mit Rainer? Aber verdammt! *WARUM?*

„Warst Du wirklich glücklich mit den anderen?"

„Zumindest fühlte ich mich freier, zufriedener, war spontaner... Ja! Mir hat es Spaß gemacht, zu leben und Dinge zu *er*-leben. So fühlte ich mich nie mit Rainer zusammen. Irgendetwas hat mich davon abgehalten, diese Gefühle auch mit ihm zusammen zu haben."

Ja, wie jetzt? *Irgendetwas?* Was meinte die Kleine damit? Nee, das konnte ich nicht durchgehen lassen. So würde sich doch niemals etwas aufklären. Ich musste weiter fragen.

„Hat *Rainer* Dich davon abgehalten?"

„Nein! Er war ja zufrieden und glücklich mit mir. So, wie ich es nur ohne ihn sein konnte. Während er sich immer freier und besser fühlte, engte er mich ein und ließ mich immer kleiner und unwichtiger werden. Ohne ihn fühlte ich mich auf einmal auch wichtig. Neben ihn habe ich mich selbst nicht mehr gesehen. Ich wurde immer leiser und leiser. Ganz klein."

Oh ja,... Als ich das sagte, hatte ich ein Bild vor Augen: Wir sitzen in lustiger Runde mit Freunden und Bekannten in unserem Stammlokal in Berlin. Es war eine entspannte Atmosphäre. Wir redeten und lachten. Ganz langsam kroch ein Gefühl in mir hoch... Kein gutes Gefühl... Es schien mich zu lähmen - ganz langsam. Ey, was war das? Geh` weg! Ich kann Dich nicht gebrauchen! Aber je mehr ich es verdrängen wollte, desto mehr konzentrierte ich mich anscheinend auf dieses Gefühl. Ich wurde immer stiller, leiser... Und die anderen? Die merkten gar nicht, dass es mir nicht gut ging! Und Rainer? Der redete und redete, ohne mich auch nur anzusehen. Jetzt drehte er mir auch noch den Rücken zu... Sollte ich gehen? Würde ja doch keiner merken...

Aber woher kam dieses Gefühl? Das war doch kein Einzelfall! Es kam ja häufiger vor... Was war das in mir, was da so plötzlich aufzutauchen schien? Und das, obwohl doch eigentlich alles gut war? Ob die Kleine Antworten für mich hatte?

„Hast Du das Gefühl schon mal gehabt? Wann hast Du Dich früher so gefühlt?“

„Das Gefühl kenne ich. Wenn ich mich durch andere oder durch ihr Auftreten kleiner werden lasse, mich klein fühle und ganz unwichtig bin. Ich habe mir gesagt >Du kannst auch gehen! Ob Du hier bist oder nicht, es ist *egal*!< Ich wurde immer passiver. Und, wenn ich dann gegangen bin, hat es wirklich niemand gemerkt.“

Es entstand eine Pause. Wieder dieses Weggehen! Wieder dieses Weglaufen! Hatte ich Rainer verlassen, damit er endlich merkte, dass es mich gab? Aber, er war doch ganz anders als meine Eltern. Er sah mich doch! Ist nur die Kleine weg gelaufen? Wollte die Große bleiben? Ich hatte keine Ahnung.

Ich blieb auf dem Stuhl der Kleinen sitzen. Das war noch nicht alles. Da war noch viel mehr, was die Kleine dazu sagen wollte. Ich wartete, bis ich mich sagen hörte

„Ich weiß nicht mehr, wie das ganz früher war. Ich war nie so wichtig wie Lea, wurde nie so umsorgt. Es kann sein, dass ich mich da schon zurückgezogen habe und selbst Mutti es nicht mal gemerkt hat.“

Ich versuchte mich an früher zu erinnern... Wie war das denn damals? Langsam tauchten Bilder auf, ganz verschwommen...

„Ich kann mich an eine Situation erinnern...“, hörte ich mich sagen, „... ich lief zum Kindergarten – ganz alleine. Unterwegs musste ich zum Klo. Der Weg war noch ganz weit. Ich dachte, dass ich es nicht schaffe! Was sollte ich denn auch tun? Ich hab's nicht geschafft und mir in die Hose gemacht. Im Kindergarten mochte ich nichts sagen. So habe ich auf den Stühlen gesessen, den ganzen Tag - mit voller Hose. Immer, wenn ein anderes Kind sagte >Hier stinkt's!< bin ich ganz schnell woanders hin gegangen, bis wieder ein Kind etwas merkte. Es war ein ganz schrecklicher Tag! Ich wollte nach Hause! Mutti sollte mich endlich abholen! Aber sie kam nicht! Also musste ich weiter warten. Als Mutti mich abends abholte, habe ich immer noch nichts gesagt. Ich habe mich mit der vollen Hose auf den Gepäckträger ihres Fahrrades gesetzt und so sind wir nach Hause. Das war ganz ekelig! Erst zu Hause habe ich Mutti davon erzählt. Sie hat nicht geschimpft, obwohl ich davor am meisten Angst hatte. Aber sie hat auch nicht gezeigt, dass sie mich versteht. Sie hat alles sauber gemacht und das war's."

Ich war erstaunt! Wieso fiel mir *diese* Szene in diesem Zusammenhang ein? Noch niemals hatte ich diese Geschichte jemandem erzählt. Wieso jetzt? Und: *Was* hatte das mit der Frage zu tun? Ich musste es wissen.

„Warum fällt Dir das jetzt ein?" fragte ich als Große meine Kleine.

„Weil ich mir so gewünscht habe, auch mal umsorgt zu werden, wie ein Baby. Aber ich war ja schon groß und habe mich dafür geschämt, dass ich in die Hose gemacht hatte. Mutti hat meine Nöte nicht mal gemerkt. Ich musste es ihr erst erzählen! Sie hat mich nicht getröstet, obwohl die Stunden im Kindergarten so schrecklich waren. Mutti hat mich nicht verstanden! Wieder fehlte etwas, was ich von ihr haben wollte und wieder mal nicht bekommen habe."

„Was denn?"

„Ihre Bestätigung, dass ich schon in Ordnung bin. Dass das, was ich gemacht habe, nicht so schlimm ist. Dass sie mich versteht! Dass sie mich *liebt* - trotzdem! Ich kann mich nicht daran erinnern, dass sie mich in den Arm genommen und mir *gezeigt* hat, mich hat spüren lassen, dass ich in Ordnung *bin*. Bis heute fühle ich immer noch eine Scham in mir. Ich fühle mich schlecht."

Da war's doch wieder... Schizophren!? Ich sollte groß sein, hatte mich aber trotz meiner fünf Jahre verhalten wie ein Baby. *Wollte* ich klein sein? *Wollte* ich gewickelt werden. Nähe? Beachtung? Und meine Mutter? Selbst geschimpft hatte sie nicht... Und: *Was* hatte das alles mit *heute* zu tun? Ich musste noch mal nachfragen.

„War das damals nicht auch schon ein zweigeteiltes Gefühl? Vielleicht wie heute?"

„Vielleicht... Ja... Obwohl ich doch schon groß war, wollte ich eigentlich klein sein. Ich wollte endlich mal behandelt werden wie ein Baby, das nichts dafür kann, dass es in die Hose macht."

Als ich das aufgeschrieben hatte, fiel mir eine Bekannte ein, deren fünfjähriger Sohn noch immer in die Hose machte. Er hatte auch eine kleine Schwester bekommen. Ist das eine typische Reaktion auf die Ungleichbehandlung einer Mutter?

Ich gönnte mir und der Kleinen eine Pause. Mein Kopf dröhnte trotz der Tabletten, die ich zwischenzeitlich genommen hatte. Mein Hals kratzte und meine Augen fingen an zu brennen. Hossa! Da stand mir ja ein ‚schönes' Wochenende bevor.

Ich legte mich ins Bett und konnte auch tatsächlich schlafen. Nach dem Abendbrot setzte ich mich wieder in mein Zimmer, um den Rest der Hausaufgaben zu machen. Wer weiß, wie's mir morgen gehen würde? Aber welche von den vielen Fragen wollte ich jetzt ganz dringend für mich geklärt haben?

Den ganzen Tag schon hatte ich darüber nachgedacht, ob vielleicht meine Gefühle für Michael wieder mal nicht genug waren. Glaubte ich nicht schon wieder, dass eigentlich *ich* Schuld an der Trennung - oder was immer das jetzt sein sollte - hatte? Zweifelte ich nicht schon wieder daran, wirklich lieben zu können. Genügte ich? Was waren das für Zweifel? Woher kamen sie?

Und: Was hatte Rainer damit zu tun? Warum verließ ich einen Mann, der mir genau das geben konnte und wollte, was ich bei Michael vermisste: Liebe, Nähe und Zärtlichkeit. Wieso konnte ich das von Rainer nicht annehmen, während ich es bei Michael einklagte? Warum war ich mit Rainer nicht vollkommen glücklich und zufrieden?

Ja, genau das wollte ich von der Kleinen wissen!

„Wieso, glaubst Du, dass Du Rainer nicht genug liebst? Erinnert Dich das an früher?"

„Vielleicht weiß ich gar nicht genau, was *genug* Liebe ist? Vielleicht habe ich immer nur gemerkt, dass mir die ′Liebe′, die ich von Mutti oder Papa bekommen habe, nicht reicht, obwohl sie reichen *musste.* Ich will nie so werden wie sie! Ich will *richtig* lieben können und niemandem wehtun, wenn ich merke, meine Liebe ist nicht genug. Vielleicht war das auch ein Grund, weg zu laufen. Ich wollte sehen, ob ich ihn genug liebe. Ich will ihm ja viel mehr geben, als ich es im Moment kann. Es ist, als wenn da was eingesperrt ist, was nicht ′rauskommt."

„War das früher schon mal so? Wann hast Du Dich früher so gefühlt?"

„Ich wollte viel mehr Körperkontakt mit Mutti und Papa. Ich wollte in den Arm genommen, gestreichelt und liebkost werden. Das habe ich ganz selten gekriegt. Von Papa nie und von Mutti auch nur manchmal. Ich konnte nie ganz locker einfach mal zu ihnen gehen und ′ne Stunde auf ihrem Schoß sitzen. Ich saß immer nur daneben, wie eine Erwachsene. Ich habe ihnen meine Sehnsucht selten gezeigt, weil ich eh′ immer nur hörte >Du bist zu groß!< Ich glaube, damals habe ich mich schon selbst eingesperrt."

Ich konnte nicht mehr... Mit letzter Kraft versuchte ich, dieses Gespräch aufzuschreiben. Dann fiel ich erschöpft ins Bett und nahm mein Kissen in den Arm. Ich drückte es ganz doll an mich „Hey, Kleine; ich hab` Dich lieb! Schön, dass wenigstens Du bei mir bist." Ich schlief sofort ein.

Am nächsten Morgen wurde ich wach und mir war klar: Grippe! Heißer Kopf, Nase dicht, Hals kratzte. Ich quälte mich zum Kurhaus, holte mir Medikamente und legte mich wieder ins Bett. Ich wollte niemanden sehen. Die Grippe passte wieder mal zu meiner Stimmung. Immerhin kannte mein Körper meine Seele und tat ihr einen Gefallen. Ruhe!

*Natürlich* besuchte mich niemand... Wieso erkundigte sich denn keiner nach mir? Vermisste mich denn *niemand*? Aus den Augen - aus dem Sinn!? Voller Selbstmitleid lag ich in meinem Bett und hoffte darauf, am Montag wieder voll einsatzfähig zu sein. In jeder Beziehung...

# Eigenliebe

Fiebrig schleppte ich mich morgens zum Frühstück. Mein Kopf war immer noch zu und meine Nase lief mir fast weg. Mit Wandern war heute ganz sicher nichts. Aber: Ich musste, nein, ich *wollte* zu Dr. Jung.

Als ich die Kassette in den Rekorder geschoben hatte und Dr. Jung auf ‚Aufnahme' drückte, war es wie Nach-Hause-kommen. In diesem Zimmer fühlte ich mich wohl. Es war mehr als das: Ich fühlte mich aufgehoben und sicher.

Ich las ihm zunächst das Gespräch über das Verantwortungsbewusstsein für meine Mutter vor.

„Oha", sagte Dr. Jung. „Hierauf müssen Sie mindestens drei- oder viermal dreschen. Diese Streitereien zwischen den Eltern sind ganz dicke Munitionen. Da sehen Sie mal, wie ein Kind das empfindet. Wenn Sie sich da hinein fühlen... Die kleine Eva hat geglaubt, sie bringen sich um und dann ist sie ganz alleine."

„Das ist das eine", fuhr er nach einer kleinen Pause fort. „Das andere ist aber mindestens genauso schlimm: Die Kleine muss *für* die Mutter da sein! Rollenspiele. Und, obwohl sie sich anstrengt, hat sie sogar noch das Gefühl, sie selbst ist schuld daran, dass es der Mutter schlecht geht. Das sind zwei ganz dicke Munitionen! Bei einem Kind steckt dahinter häufig der Gedanken >Wenn ich weg wäre, dann...< Die kleine Eva hat gedacht, dass sie *nur* stört! „

Oh ja. Ich hatte mich schlecht gefühlt. Ich war überfordert mit drei Jahren! Ich konnte die Erwartungen, die an mich gestellt wurden, einfach nicht erfüllen. Egal, wie ich mich auch anstrengte.

Dr. Jung hatte Recht. Ich musste wohl oder übel in den Wald und auch meine Mutter verdreschen. Es musste sein! Aber irgendjemand in mir war auch soweit. Die *kleine* Eva *wollte* in den Wald! Aber mit Fieber?

Wieder sah ich auf meine Notizen. Dieses Wochenende hatte ich wirklich viel mit der Kleinen gesprochen. Und das alles trotz meiner schlechten Verfassung. Oder war es vielleicht nicht sogar anders herum: *Weil* es mir so schlecht ging?

„Was jetzt kommt, ist `ne ganze Menge. Ich hatte begonnen, mit der Kleinen über Rainer zu sprechen, als irgendwann dann doch wieder meine Mutter und mein Vater auftauchten."

Ich sah ihn an. Wollte er was sagen? Sah nicht so aus.

„Wenn es Ihnen zu viel wird..." Ich sah ihn immer noch an.

„Warum sollte es mir zu viel werden?"

„Es ist irre viel, was die Kleine gestern erzählt hat“, sagte ich fast entschuldigend.

„Das ist doch schön!! Ich freue mich darauf.“ Er sah wirklich so aus!

Also begann ich, ihm das ganze Gespräch vorzulesen. Als ich an der Stelle war, an der die kleine Eva sagte „Irgendetwas hat mich davon abgehalten, diese Gefühle auch mit Rainer zusammen zu haben...“, unterbrach Dr. Jung mich.

„Das ist eine ganz kritische Aussage gegen den Freund! Wir müssen noch mal sehen, warum die Kleine das so sagt. Und was es in *Ihnen* ist, was Sie so reagieren lässt. Was hat Ihr Freund in der Gegenwart mit Ihrem Verhalten zu tun?“

„Ich glaube, dazu sagte die Kleine noch etwas.“

„Dann machen Sie mal weiter“, bat er mich.

Ich machte weiter, ließ aber alles, was mit Michael zusammen hing, weg. Dr. Jung bestätigte, dass es durchaus passieren könne, dass Groß- und Kleineva unterschiedliche Dinge wollen. Die Kleine will bleiben, die Große will gehen

„Dennoch müssen Sie immer bedenken, dass das, was die Kleine sagt, auch immer in der Großen ist. Das, was die Kleine will, will die Große aus ihrer nicht abgeschlossenen Gestalt heraus auch. Deshalb muss hier wieder mal die Wurzel aufgedeckt werden. Suizidgedanken... Wenn Kinder weg laufen, weil sie das Gefühl haben, nicht mehr gesehen zu werden, dann sind das *Suizidgedanken*, die in dem Kind wach werden. >Wenn ich tot wäre, dann würden sie merken, was sie an mir haben.<“

Ich las ihm noch den Rest des Gespräches vor. Da mussten wir jetzt durch. Ich wollte ja, dass das alles *endlich* aufgeklärt wird! Ich las langsam und betont. Jedes Wort war wichtig. Dr. Jung schwieg und sah gedankenverloren aus dem Fenster. Ich wusste, jetzt fragt er den kleinen Klaus, was *er* dazu sagt, was *er* fühlt.

„Sie müssen sich das mal vorstellen“, sagte er nach minutenlangem Schweigen. Ich wusste, dass er an die Kindergartenszene denkt. „Diese stundenlange Not der kleinen Eva. Dann irgendwann - erst zu Hause - erzählt sie es endlich der Mutter. Was muss das für eine Befreiung für sie gewesen sein. *Endlich* konnte sie sich von dieser Last befreien. Die normale Reaktion der Mutter wäre doch, dass ihr das Herz aufgeht, dass sie diese ganze Not ihres Kindes sieht. Das konnte die kleine Eva erwarten. Es ist keine Bagatelle! Aber nicht mal in diesem Moment hat die Mutter die große stundenlange Not Ihres Kindes erkannt. *NICHT MAL DA!*!“

Die Faust sauste auf den Tisch. Das hatte er ja schon lange nicht mehr gemacht. Ich sah den kleinen Klaus vor mir. Er war es, der jetzt richtig wütend war.

Dr. Jung wies noch einmal darauf hin, dass sowohl die Kindergartengeschichte wie auch das Gefühl, ihre Liebe sei nie genug, Indizien dafür seien, wie sehr die kleine Eva auch heute noch nach Liebe grabscht.

„Die Kleine will ihre Gestalt abschließen, heute wie damals. >Irgendwann wird es doch *genug* Liebe geben für mich....< Dieser Gedanke treibt das Kind in Ihnen an. Und: Es treibt Sie an - auch heute noch! *Zwanghaft*! Liebe haben wollen, wird zu einer Sucht."

„Mmmmmmmmmmmm....."

„Liebe lernen!? Ja, klar, will die Kleine lieben. Aber, sie kann es - noch - nicht, weil sie *noch nicht* weiß, wie das geht. Woher denn auch? Die Blockade muss erst weg sein. Wenn Sie anfangen, die kleine Eva zu lieben, dann wird auch die Kleine Sie irgendwann lieben und keine Angst mehr haben vor diesem Gefühl. Die Kleine ist doch schon so lebendig in Ihnen. Wenn Sie ihr jetzt helfen, wird sie anfangen, Ihnen zu vertrauen. Ihren Eltern wollte sie damals vertrauen, aber sie hat resigniert, weil ihre Eltern ihre Herzen nicht geöffnet haben für die Kleine. Öffnen *Sie* jetzt Ihr Herz für Ihr Kind!"

Da war er wieder, der Kloß. Warum war es nur so verdammt schwer, dieses Gefühl zu zu lassen? Ich hatte es doch in mir! Ich hatte doch Menschen lieb! Was ließ mich so viel Angst haben? Ich wollte dieses Kind in mir lieb haben, ganz sicher! Kein guter Vorsatz! Es war ein so intensiver Wunsch in mir.

„Mit wem sonst, wenn nicht mir Ihrem Kind, mit der kleinen Eva, können sie so unverfänglich, frei, offen und angstfrei *lieben*? Mit anderen Menschen, egal ob Männer oder Frauen, entstehen fast immer Ansprüche und Erwartungen. Sie werden beurteilt nach dem, was sie tun oder nicht tun. Nehmen Sie einen anderen Menschen in den Arm, wird sich dieser vielleicht fragen >Oh, was will sie denn jetzt von mir?< Also!? Nehmen Sie Ihr Kind in den Arm! Liebkosen sie es! Drücken Sie es an sich! Sagen und zeigen Sie ihm, dass Sie es *echt* und *wahrhaftig* lieben."

Was er sagte, stimmte. Genau das erlebte ich ja auch immer wieder mit anderen Menschen. Nahm ich Männer freundschaftlich in den Arm, wurde es falsch verstanden. Begrüßte ich Frauen mit Küsschen, sah ich in ihren Augen Fragen. Was war los in dieser Welt? Waren Gefühle, war Körperkontakt nur etwas für die eigenen vier Wände? Warum durfte ich nicht einfach *nur so* jemanden in den Arm nehmen, weil ich ihn/sie mag!? Noch viel extremer war diese Distanz ja unter Männern. Wann und wo sah man mal zwei Männer, die sich herzlich umarmten und küssten, spontan, weil sie ein gutes, warmes Gefühl zu einander hatten. Fast nie! Und wenn, dann sah die Umwelt sich wissend an. >Schwul!< konnte man in den Augen lesen. Die Welt war schon verdammt arm an Gefühlen...

„Wenn die Kleine sich einsperrt," sagte Dr. Jung „dann ist das eine autistische Reaktion der Kleinen auf die Abwehr der Eltern. >Alles hat doch keinen Zweck! Alles, was ich mache, ist sinn- und zwecklos!< Dazu kommt noch >*Ich* kann das nicht! Es liegt doch an *mir*! Ich bin zwar hübsch, aber ich kann nicht genug lieben. Denn, wenn ich lieben könnte, würde Mutti, würde Papa doch...< Es ist eingerastet! Der kleinen Eva muss dieser Zahn gezogen werden. Das ist notwendig! Die Kleine muss im Wald darauf dreschen >Ihr seid Schuld! Ihr habt mir das falsch bei gebracht! Wegen Euch denke ich, ich kann nicht lieben!< RUMS! RUMS! RUMS! RUMS!“

Er hüpfte wieder mal in seinem Sessel auf und ab. Ich sah den kleinen Klaus vor mir, wie er vor dem Felsen steht und mit einem Stock *meine* Eltern verprügelte. Voller Lebendigkeit - nicht nur in seinen Augen. Dieser Mensch vor mir war das pure Leben! Wunderschön...

„Und nach jedem Schuss im Wald, müssen Sie die kleine Eva in den Arm nehmen. >Komm her, ich hab` Dich so lieb! Ich finde Deine Gefühle richtig. Du bist gut, die Eltern sind schlecht. Du kannst lieben, die Eltern konnten das nicht. Aber jetzt haben wir ja uns! Ich habe Dich lieb, ganz doll!< Nehmen Sie Ihr Kind immer und immer wieder in den Arm! Drücken Sie Ihr Kind an Ihr Herz!“

Oh, jaaaaaaaaa....

„Wenn ein autistisches Kind früher für längere Zeit in ein Krankenhaus kam, wurde der Mutter grundsätzlich untersagt, ihr Kind in der ersten Woche zu besuchen, damit sich das Kind an das Krankenhaus und die neue Umgebung gewöhnt. Wenn nach einer Woche die Mutter zu ihrem Kind kam, passierte folgendes: Obwohl der Kontakt zu dem Kind vor dem Krankenhausaufenthalt gut war, sah das Kind seine Mutter nicht an. Es nahm keinerlei Notiz von ihr, wollte weder Berührungen noch Augenkontakt. Die Mutter war natürlich entsetzt. >Was ist mit meinem Kind los? Was habt Ihr mit dem Kind gemacht? Ist es jetzt auch noch im Kopf krank?<„

Mir war bei den Schilderungen ein wenig übel geworden... Warum konnte ich so gut nachvollziehen, wie dieses Kind sich fühlen musste? *Wieso*? Was war los gewesen in meiner Vergangenheit? Da war kein Bild! Da war kein Erinnern! Da war alles schwarz.

„Was ist passiert?“ fragte Dr. Jung.

Wenn ich das wüsste... Blödsinn! Er fragte doch gar nicht mich? Gedanken lesen konnte er doch nicht! Oder?

„Das Kind hatte die ersten drei Tage geweint, weil es glaubte >*Meine Mutter ist tot*!< Wenn das im ersten oder zweiten Lebensjahr geschieht, dann ist die Mutter für das Kind gestorben! Nach drei Tagen Trauer und Weinen geht jener Mechanismus los: >Nein! Du bist nicht meine Mutter! Meine Mutter ist tot!< *Das* ist autistisch! Daraus folgt, dass ab sofort die ganze Zärtlichkeit des Kindes für seine Mutter nur noch gespielt wird. Das Kind holt sich Liebe von dem Lutscher in der Hand, von dem Teddy im Arm, aber, wenn die Mutter kommt, schreit es: >Nein! Geh` weg! Ich will Dich nicht! Nein!< „

Besonders gut nachlesen könne man dies bei Irina Prekop. Sie habe bei autistischen Kindern die Festhalte-Therapie angewandt. Die Mutter muss ihr Kind in den Arm nehmen und festhalten. Anfangs schreit und kratzt das Kind und will nur weg. Die Mutter muss das Kind mit ihrer ganzen Kraft halten und immer wieder sagen >Ich hab` Dich lieb! Ich hab` Dich lieb!< Es dauert Stunden. Es ist ein echter Kampf des Kindes mit allen Mitteln, die ihm zur Verfügung stehen, bis es irgendwann ermattet und ruhig wird. Die Mutter muss - oft im Wechsel mit dem Vater - nicht nur körperlich eine Wahnsinnskraft, sondern noch mehr Liebe und Ausdauer aufwenden. Diese Therapieform habe bei autistischen Kindern große Erfolge erzielt.

„Was die kleine Eva gesagt hat, ist nahe am Autismus. Sie hat damals dicht gemacht und sich eingesperrt. Noch heute tauchen diese Gefühle als Wiederholung früherer Szenen und Situationen wieder auf. Sie müssen jetzt versuchen, die tiefen Antriebe in der Kleinen aufzudecken. Sprechen Sie noch einmal mit ihr. Sie bietet Ihnen so viel an. Gehen Sie in die Tiefe dieser Ängste und Gefühle. Das ist jetzt wirklich ganz wichtig."

„Ja....", sagte ich völlig in Gedanken versunken. „Ich fühlte mich auch neben Rainer klein und habe wohl durch mein Weglaufen gehofft, wieder größer zu werden. Zumindest wollte ich mich neben ihm wieder groß und gleichberechtigt *fühlen*."

„Die kleine Eva will wieder *Person* sein", bestätigte Dr. Jung. „Sie läuft weg, will aber damit erreichen, dass sie zurückgeholt wird. Die große Eva hat zwar im Kopf, dass sie Liebe geben will, läuft aber weg! Der falsche Weg! So kann das doch nicht gehen. Es ist aber eine logische Konsequenz der Kleinen, die in Ihnen keine andere Möglichkeit mehr gesehen hat. Die große Not der kleinen Eva zeigt sich genau in diesem Weglaufen. Sie will Liebe geben und nehmen, läuft aber weg. >Umkehrverhalten< nennt Alice Miller das."

Ich ließ die Worte auf mich wirken... War es das? War *das* die Lösung?

„Aber", warf ich ein, „es ist doch verrückt, dass ich mich neben einem Mann, der mich liebt, absolut erdrückt fühle. Ein Beispiel hierzu vielleicht... Wir sitzen mit Freunden in einer Kneipe. Anfangs fühle ich mich noch gut. Aber dann kommt irgendwann ein Punkt, an dem ich mich nicht mehr wohl fühle. Ich werde immer kleiner und wortkarger, bis ich gar nicht mehr ich bin. Ich würde am liebsten sofort gehen, aber Rainer bemerkt das nicht mal ..."

„Ich kann da jetzt nur phantasieren", sagte Dr. Jung. „Es kann sein, dass Sie am Anfang des Abends eine Rolle spielen, während Ihr Freund ganz authentisch ist und keine Rolle spielt. Ihr Part ist natürlich sehr anstrengend, weil Sie die ganze Zeit über versuchen, mit ihm mit zu halten. An einem bestimmten Punkt können Sie dann nicht mehr, weil es immer schwerer ist, eine Rolle zu spielen. Dann wollen sie weg. Ich vermute, dass dies nicht nur in Gesellschaft mit anderen sondern auch in der Beziehung selbst so ist?"

Hatte er Recht? Konnte ich in der Beziehung nicht mehr *mithalten*? War Rainer zu stark, zu authentisch für mich? Aber *ich* war doch diejenige, die bestimmte, wo's lang geht und er ging mit. War das eine Illusion, die ich mir nur vorgaukelte? Habe ich jetzt festgestellt, dass Rainer der Regisseur ist? Und, um seinen Anweisungen nicht mehr folgen zu müssen, bin ich gegangen und suche mir andere Männer? Wollte ich ihm damit zeigen, wie stark ich bin?

Oh je, das war alles verdammt kompliziert...

„Fragen Sie die Kleine!", ermunterte mich Dr. Jung. „Sie wird Ihnen Erklärungen für Ihr Verhalten geben."

„Mmmmmmmmmmh............"

„Wissen Sie, der Unterschied zwischen Schönheit und Charme wird hier vielleicht besonders deutlich. Sie wurden immer vorgezeigt, weil sie hübsch waren. Heute haben Sie diesen Part in sich. Die kleine Eva glaubt, nur etwas wert zu sein, wenn sie schön ist. Aber: Charme kommt von innen. Schöne Menschen können so uncharmant sein und weniger hübsche Menschen sooooo charmant. Von charmanten Menschen geht etwas aus, das von innen kommt. Ihren Eltern war es wichtiger, dass Sie vorzeigbar waren, als ein von innen her wertvoller Mensch, eine Person. *Das* hat die kleine Eva kaputt gemacht."

Es entstand eine Pause, in der wir beide unseren eigenen Gedanken nach hingen. Es war ruhig. Aber dieses Mal fühlte es sich gut an. Die Stille erdrückte mich nicht. Es war schön, in diesem Zimmer zu sitzen und nichts zu sagen. Gemeinsam zu schweigen. Neu für mich. Wann hatte ich jemals Stille ertragen?

„Es ist ganz toll", unterbrach Dr. Jung das Schweigen, „was die Kleine inzwischen in Ihnen losgetreten hat. Ganz toll!"

Jajajajajaja! Und das Lob war auch nicht zu verachten! In meinem jetzigen Zustand sog ich es auf wie ein ausgetrockneter Schwamm.

„Eine neue Hausaufgabe ist jetzt, die kleine Eva zu fragen >Was stört Dich an Deinem Umfeld? Was stört Dich an anderen Menschen?< und >Was stört Dich an Dir selbst?< Eine weitere Frage, die Sie ihr stellen sollten: >Wann und wo reagiere ich übertrieben?< Schauen Sie mit der kleinen Eva noch einmal die Munitionsliste an. Nehmen Sie sie in den Arm, haben Sie sie lieb! Die Kleine soll nicht nur arbeiten! Sie soll auch Nähe und Wärme spüren und erleben. Spielen Sie mit Ihrem Kind. Vielleicht sollten Sie die kleine Eva an Ihre Oma erinnern. Da gab es ja auch schöne Dinge, die sie erlebt hat."

Das war ja wieder eine Menge... Na egal! Ich fühlte mich eh` nicht so, als könnte ich in die Berge gehen. Dreschen würde bestimmt auch nicht möglich sein. Also? Das Einzige, was ich neben der Grippe mit Erkältung hatte, war *Zeit.*

Wir beendeten die Stunde und ich trug meine kleine schniefende Eva nach Hause...

# Wer bin ich?

An jenem Montagabend machte ich mir mit einem Tauchsieder Bier heiß. Ein altes Rezept meiner Oma, das Wunder wirkte, das wusste ich. Als es fast kochte, ergänzte ich dieses köstliche Nass mit fünf gehäuften Teelöffeln Zucker und trank das Glas in einem Zug leer. Ein bisschen schütteln musste ich mich schon, aber was tut Frau nicht alles, damit es ihr besser geht. Danach legte ich mich - bekleidet mit zwei Trainingsanzügen - unter zwei Bettdecken ins Bett und begann bereits Sekunden später zu schwitzen. Ich spürte, wie die Grippe mit jedem Schweißtropfen meinen Körper verließ.

Gleichzeitig übermannte mich Selbstmitleid ... Alle waren in der Kneipe oder im Weinkeller. Michael musste unbedingt ins Kino. Mit wem eigentlich? Nur ich war ganz alleine. Niemandem war es eingefallen, mich zu besuchen. Gebeten hatte ich natürlich auch niemanden. Wenn sie nicht selbst darauf kommen. Ich wollte keinem zur Last fallen.

Aber, dachte ich, ich bin doch gar nicht alleine. Wo war eigentlich die kleine Eva? Wie ging's ihr?

„Hey, Kleine", flüsterte ich, „bist Du hier? Und wenn ja, wie geht's Dir?"

„Schlecht! Ich fühle mich so alleine. Niemand ist da, der mich umsorgt oder mich einfach nur in den Arm nimmt. Und ich bin wütend, *weil* niemand da ist. Alle haben etwas Besseres vor, obwohl es mir nicht gut geht! Das Scheiß-Kino, die Scheiß-Kneipe - alles ist wichtiger als ich! Warum hast Du niemanden gebeten, vorbei zu kommen? Vielleicht wäre ich dann jetzt nicht so alleine?"

Jaja... Jetzt mach` Du mich auch noch fertig! Is' ja klar: Wenn's kommt, dann kommt`s ganz dicke.

Dann fiel mir wieder ein, dass Dr. Jung gesagt hatte, Vorwürfe müssen an die Kleine zurück gegeben werden. *Sie* war es ja, die mich davon abgehalten hatte, jemanden zu fragen. Es war doch ein Gefühl in *mir* gewesen. Ich hatte mich nicht getraut, jemanden zu bitten, bei mir zu bleiben. Und die Gefühle - egal welche - waren *immer* die kleine Eva! Das hatte ich inzwischen verstanden!

„Kleine, Du hast Recht. Aber Du bist es doch in mir, die mich davon abgehalten hat, jemanden zu bitten, bei uns zu bleiben. Warum war das so?"

„Ich hatte Angst, dass niemand bei mir bleibt, auch wenn ich darum bitte. Deshalb habe ich erst gar nicht gefragt. Wenn ich wichtig gewesen wäre, wäre jetzt jemand hier. Auch, ohne zu bitten!"

Ja, das war der Grund! Aber woher kam diese Angst? Was war früher passiert, dass die Kleine so resigniert, passiv und mutlos war?

„Erinnert Dich das an etwas? Hast Du das früher schon mal so erlebt?"

„Ich habe Angst, verletzt zu werden. Wenn ich Schwäche zeige, bin ich verletzbar. Ich will nicht noch mehr verletzt werden."

Aber da waren keine Bilder! Was war's denn?

Mir fielen langsam die Augen zu. Nein, ich wollte jetzt nicht so einschlafen - nicht mit diesem traurigen, einsamen Gefühl...

„Komm mal her, Kleine!" flüsterte Großeva. „*Ich* nehme Dich jetzt in den Arm. Du bist nicht alleine! Wir haben doch uns! Was brauchen wir die anderen? Du brauchst niemanden, wenn ich bei Dir bin. Und: Ich *bin* hier!"

Ich nahm das Kissen in den Arm und lag ganz ruhig da. Irgendwie ein gutes Gefühl... Wie ging's der Kleinen jetzt?

„Hey, Kleine, geht's Dir ein bisschen besser?"

„Ich fühle mich wohl, wenn Du mich in den Arm nimmst. Es stimmt. Ich merke, dass ich mir oft Nähe von Dritten hole, die ich eigentlich von Dir will. Und nur Du kannst mir die Nähe geben, die ich *wirklich* brauche. Weil Du weißt und fühlst, *was* ich brauche. Das können andere doch gar nicht wissen! Es würde immer etwas fehlen. Wie bei Michael. Nur so, wie es jetzt ist, ist es *wirklich* gut."

Das Verrückte war, dass es mir tatsächlich besser ging. Es war mir auf einmal egal, ob Michael im Kino war oder die anderen sich ohne mich amüsierten. Sollten sie doch. Ich hatte mich! Ich hatte die kleine Eva, hier bei mir, hier in meinem Arm. Was wollte ich denn mehr?

Ich schlief erstaunlich schnell ein.

Am nächsten Morgen ging es mir besser. Ich fühlte meine Kräfte langsam zurückkommen. Die Wanderung - heute sollte sie über einen ganzen Tag gehen - traute ich mir noch nicht zu. Aber die Hausaufgaben, die würde ich in Angriff nehmen können. Ich hatte endlich mal das Gefühl, wirklich Zeit für mein Kind zu haben. Ich freute mich darauf.

Gleich nach dem Frühstück - wieso war Michael eigentlich nicht da? - legte ich mich wieder ins Bett, hörte mir die Kassette an und nahm mein ′neues′ Tagebuch zur Hand.

Was störte mich in meinem Umfeld? Was nervte mich an anderen Menschen?

Eine interessante Frage! Ich horchte in mich hinein...

Das war doch eigentlich eine Frage, die die Große alleine beantworten konnte. Trotzdem! Ich wollte die kleine Eva dabei haben. Auch sie sollte mir sagen, was *sie* stört. Diese Antworten wären doch bestimmt viel emotionaler und gefühlsechter, als wenn die Große diese Aufgabe jetzt mit dem Kopf löst.

Was störte mich? Da musste doch was sein?

Ich dachte nach, fragte stumm mein inneres Kind... Aber mir fielen nur positive Sachen ein. Da war die Wärme, die die Menschen hier ausstrahlten und mir entgegen brachten. Außer Michael waren sie offen und sensibel für mich. Da waren liebe Worte, verstehende Blicke, zärtliche Gesten für mich, unkompliziert, spontan und echt. Ja! Das mochte ich an vielen der Menschen, die mit mir diese Kur machten. Sie waren ehrlich!

*Ehrlichkeit...*

Während ich das Wort aufschrieb, spürte ich, wie wichtig mir Ehrlichkeit ist. Ich wollte nicht raten oder hinterfragen müssen, nichts und niemanden. Ich wollte *vertrauen* können. Auch darauf, dass das, was ich sehe, ist, was *ist*. In Ohlstadt tat ich es - fast bei allen - aber in Berlin?? Das war anders...

Okay, aber was *störte* mich denn jetzt?

Plötzlich wurde mir klar, dass ich das Positive nur umkehren musste, um an die Dinge heran zu kommen, die mich störten. So begann ich, zu schreiben.

Bereits beim Aufschreiben wurde mir klar, dass mich genau dasselbe an *mir selbst* störte, was mich auch an anderen Menschen nervte. Witzig!? Ich konnte tausend Eigenschaften und Charakterzüge an *mir* nicht ausstehen!?! Diese Erkenntnis traf mich tief... Vor allem, weil die Liste wirklich sehr lang wurde... Ich hatte ja viel Zeit.

Als ich die dritte Seite bis auf das letzte Kästchen beschrieben hatte, machte ich einen Schlussstrich. Schließlich musste ich ja auch noch die andere Hausaufgabe machen. Die Liste würde vermutlich auch nicht viel kürzer.

Nach dem Mittagessen setzte ich mich auf meinen Balkon. Die Sonne schien. Es war für September fast zu warm. Zum ersten Mal seit Tagen fühlte ich mich zumindest körperlich wieder fit. Mit neuer Kraft machte ich mich an die Aufgabe >Wann und wie reagiere ich übertrieben!?<

Was meinte Dr. Jung eigentlich damit? Wenn ich etwas nicht nur einmal sondern zehnmal machte? Wenn ich so handelte, wie ich es gar nicht wollte? Wenn ich außerhalb der ´Norm´ lag? Was war überhaupt der Maßstab aller Dinge? Ich hatte keine Ahnung.

Gut, dachte ich, einen objektiven Maßstab finde ich jetzt eh` nicht heraus. Also würde ich einfach *die* Verhaltensweisen aufschreiben, die ich an mir negativ fand, die mich störten, sich aber dennoch immer wiederholten. Wieder schrieb ich viel...

Ich war manchmal richtig aggressiv. In welchen Situationen eigentlich? Wenn ich mich in eine Ecke gedrängt fühlte, in der ich nicht sein wollte. Dann wehrte ich mich. Auslöser meiner Attacken konnte zum Beispiel Kritik von Dritten sein, die ich nicht als konstruktiv annehmen konnte, wenn ich keine Begründungen hierfür mit geliefert bekam. Manchmal war's im Job auch irgendeine Anweisung, die ich ausführen musste, ohne einen Sinn dahinter zu erkennen. Aber nur dann? Ich dachte nach... Nein.... Es gab auch Momente, in denen ich aggressiv reagierte, weil ich mich alleine fühlte. Oft konnte ich dieses Gefühl nur mit Aggression heraus lassen. Ich griff an! Das Bewusstsein, in diesen Situationen wie mein Vater zu sein, verstärkte meine Aggression noch. Ich *hasste* mich dafür!

Dann meine so genannten Rückzüge... Nichts hören, nichts sehen, nichts sagen wollen. Wann war das denn? Wenn ich ganz ehrlich zu mir war, eigentlich immer in Situationen, in denen ich mich anderen Menschen nicht gewachsen fühlte. Ich empfand mich dummer, sturer, unspontaner, unlustiger, hässlicher... Ich konnte wohl tatsächlich *meiner* Rolle nicht mehr gerecht werden! Entweder zog ich mich in mich zurück oder ich ging tatsächlich weg. Verließ – so oder so – die für mich nicht mehr auszuhaltende Situation.

Meistens begann ich dann zu essen. Nein! Zu *fressen*! Schokolade, Chips, Kuchen... Alles, was lecker aber ungesund ist und dick macht, stopfte ich in mich hinein bis mir schlecht wurde. Meistens brauchte ich nach diesen Fressphasen Tabletten gegen Magenschmerzen oder einen Cognac, um das Völlegefühl zu vertreiben. Ätzend!

Erschwerend kam dann natürlich hinzu, dass ich mich *danach* noch hässlicher, fetter und beschissener fühlte. Vielleicht fraß ich ja nur aus diesem einen Grund alles in mich hinein: Ich wollte so aussehen, wie ich mich fühlte?! Fett und hässlich.

Manchmal hatte ich diese Fressphasen aber auch *nur so*. Mit dem Gefühl im Bauch >Irgendetwas stimmt nicht< begann ich zu essen. Ich verschaffte mir damit eine Gedankenlosigkeit. Danach war ich meistens nur noch müde. Ich konnte *endlich* schlafen, ohne weiterhin über meine Probleme nachdenken zu müssen. Kamen daher auch meine jahrelangen Verdauungsprobleme? Wie sollte in dem Darm, der mit Süßigkeiten und anderem Dreckzeug verstopft war, noch etwas funktionieren? Wenn ich Darm gewesen wäre, hätte ich auch gestreikt!

Wo übertrieb ich sonst noch?

Vielleicht beim ‚fishing for compliments'!? Auch so'n Ding! *Eigentlich* konnte ich mit Komplimenten gar nicht umgehen. >Blödsinn! Hör´ doch auf! So bin ich doch gar nicht!< war fast immer meine Reaktion auf ein Kompliment. Trotzdem freute es mich natürlich, von Dritten bestätigt zu werden. Ich musste es immer und immer wieder hören. Manchmal schien ich es regelrecht zu brauchen. >Jaaaa, sagt mir, dass ich toll, hübsch, klug bin.< Tja! Das *ist* übertrieben!

Aber, *warum*? So viele Selbstzweifel waren in mir. Genügte ich? Reichte aus, was ich tat? War meine Liebe genug? Konnte ich wirklich Freund sein? Wenn ich an mich heran getragene Bitten ablehnte, machte ich mir tagelange Vorwürfe. Du hättest doch... Warum hast Du nicht?... Und als Folge immer wieder >Kein Wunder, dass Dich keiner mag<.

Noch viel schlimmer waren meine depressiven Stimmungen. Diese nachtschwarzen Tage, an denen kein Sonnenstrahl meine Seele erhellen konnte, kein Lächeln meine Augen erreichte. An denen ich mich vor der Umwelt, vor anderen Menschen, vor mir verkroch. An diesen dunklen Tagen fiel mir *alles* schwer. Es begann bereits mit dem Aufstehen und setzte sich beim Frühstücken, beim Reden-Müssen, bei der Arbeit fort. Besonders in Situationen, in denen ich gefordert war... War das so? Oder forderte *ich* dann etwas *von mir*? An solchen Tagen strengte ich mich an, aber nichts klappte. Ich drehte mich im Kreis wie eine Katze, die versuchte, ihren Schwanz zu schnappen. Nichts ging. Panik, Herzklopfen... Angst? Wovor? Vor Strafen? War ich nicht gut *genug*? Und dann endlich! Ich konnte nach Hause gehen... ENDLICH!... Zu Hause durfte ich *nur noch* depressiv sein. Ich musste mich nicht mehr anstrengen. Ich ließ mich fallen. Meistens in die Arme von Rainer, der für mich da war und mich hielt. Es ging mir zwar nicht wirklich besser, aber ich war wenigstens nicht alleine. Seine Arme hielten und beschützten mich vor der bösen Welt draußen.

Ich horchte in mich hinein. Vermutlich fragte ich stumm die kleine Eva >Ey, sag` mal: Warum verhältst Du Dich so?< Es musste Gründe für mein Verhalten geben, das war klar. War es Angst vor Strafen? Vor der Nichtanerkennung meiner Leistung? War ich lieber krank, als dass ich etwas Falsches tat? Krank sein wird anerkannt! Auf einmal wurde mir klar, dass es auch früher so war! Ich *durfte* keine Fehler machen, weil sie *immer* bestraft wurden: mit Liebesentzug, Verboten, Schlägen... Ich *musste* gut sein! Dieses Verhalten war nur die Konsequenz aus meinen Erfahrungen, die ich absolut verinnerlicht hatte!

Eine DICKE Munition!

Bei diesem Gedanken musste ich lachen. Auch die Gespräche mit Dr. Jung hatte ich schon so verinnerlicht, dass ich bereits wusste, was er sagen würde. Insgeheim schloss ich mit der kleinen Eva eine Wette hierüber ab.

Wann verhielt ich mich noch übertrieben?

Meine Phasen des Aufdrehens! Es schien, als wäre ich in einer Spirale gefangen, in der ich mich selbst nach oben spulte. Immer höher und höher... Ich rauchte Unmengen Zigaretten, machte die Nächte zum Tag, hier `ne Party, da ein Essen. Schlafen? Was war das noch?

Und immer in solchen Phasen verliebte ich mich irgendwann. Oder war erst das Verlieben da und dann die Spirale? Es war wie mit dem Huhn und dem Ei. Ich konnte nicht sagen, was zuerst da war. Vermutlich war es wohl auch egal.

Dieses Verlieben in andere Männer, das mir ein gutes Gefühl gab... Ich spürte mein Herz wieder angenehm klopfen. Ich hatte ein Kribbeln im Bauch, hatte Energie, die ich für mich positiv umsetzen konnte. Ich fühlte mich frei, glücklich und zufrieden. Das waren die Phasen, in denen ich mich sogar selbst schön, attraktiv, klug und begehrenswert fand. Vielleicht war ich viel mehr in mein Gefühl als in die Männer verliebt!? Die Männer waren austauschbar. Es war das irre Glücklichfühlen, das ich so genoss.

Diese Phasen waren eigentlich sogar an Jahreszeiten gebunden. Im Frühling und Sommer, wenn die Sonne schien und es warm war, dann ging's mir gut, dann drehte ich auf. Im Herbst - und ganz besonders schlimm war der November - zog ich mich zurück. Ich igelte mich wie zum Winterschlaf ein. In dieser Zeit konnte ich mich nicht ausstehen! Ich war ein Sonnenmensch! Ganz sicher!

Übertrieben war sicher auch meine Eifersucht wegen Kleinigkeiten! Wollte ich nicht verlieren? Jedes Indiz hierfür ließ mich in Abgründe voller Zweifel und Verlustangst fallen. In den unwichtigsten Situationen überfiel mich die Eifersucht. Oder war es Neid? Das, was andere hatten und konnten, war so viel besser. Ich wollte auch. Immer bekommen andere das, was ich haben möchte. Das konnte ein Lächeln sein. Schon verrückt manchmal...

Vielleicht resultierte hieraus auch das ständige Kontrollieren-Wollen und -Müssen meines eigenen Verhaltens. Manchmal kam es mir vor, als stünde ich vor einem Spiegel und sähe mir selbst beim Leben zu. Ich redete, ich aß, ich lachte *kontrolliert*. Ich stand neben mir und wunderte mich über mich selbst.

Übertrieben!

Obwohl ich jetzt bereits fast fünf Stunden gebraucht hatte, diese Hausaufgaben zu ‚lösen', interessierte mich brennend, was die kleine Eva hierzu zu sagen hatte. Auch wenn ich in mich hineingehorcht und sie insgeheim immer auch um ihre Meinung bzw. ihre Hilfe gebeten hatte, war es etwas anderes, sie auf den Stuhl zu setzen. Sie sollte mir *sagen*, was sie von allem hielt.

Ich stellte die Stühle einander gegenüber auf.

„Kleine, was sagst *Du* denn zu diesen ganzen Verhaltensweisen?"

„Alle guten und schlechten Gefühle, Gedanken und Reaktionen bin ich in Dir. Du spürst mich zwar, aber Du redest nicht mit mir und hörst mir nicht zu. Ich könnte Dir immer sagen, was gerade los ist mit Dir. *Mir* fehlt dann etwas, was Dritte mir nicht geben können. Du hättest es mir geben können, aber hast es nicht getan..."

Pause!

„Du wolltest mich gar nicht hören. Vielleicht hast Du mich nicht lieb gehabt? Jetzt, ganz langsam, fängst Du, mich ein bisschen zu mögen. Vielleicht, weil ich viele von den Eigenschaften habe, die Du an anderen Menschen magst. Ich *bin* immer offen zu Dir! Ich *bin* sensibel für Dich und *ich* mag Dich, auch mit Deinen Fehlern! Vielleicht kann ich *Dir* helfen, wenn ich für Dich da bin? Leider warst Du häufig nicht offen genug, um das zu spüren.

Heute weißt Du, dass ich früher vieles erfahren und falsch gelernt habe! Deshalb musst *Du* mir auch helfen. Ich muss nämlich wieder lernen, dass es auch anders geht als bisher. Im Moment glaubst Du es selber nicht und zögerst noch. Ich glaube, dass es für mich einfach wäre, umzulernen. Ich könnte ganz schnell wieder *ich* werden. Ein bisschen bin ich es sogar schon! *Du* hälst mich immer noch davon ab, so zu sein, wie ich sein will!"

Während ich das sagte, stiegen mir ganz langsam die Tränen in die Augen. Unfassbar, dass ein Kind in mir, die kleine Eva, das *alles* zu mir sagte. Das Verrückte daran war: Sie hatte Recht. Ich hatte ihr nie zugehört, obwohl ich ihre Stimme *immer* vernommen habe. Manchmal leise, aber manchmal auch verdammt laut. Ich konnte ihr nicht zuhören, weil ich Angst vor dieser Stimme hatte. Ich wusste nicht, was geschehen würde, wenn ich dieser inneren Stimme folgte...

Und jetzt?

In mir war ein Glücksgefühl. Ja, Kleine, mit Dir zusammen kann ich es schaffen, glücklich zu sein. Es war so unglaublich, weil es so verdammt einfach war!! Oh, ja! Diesem Kind in mir vertraute ich. Dieses Kind konnte mir nicht wehtun. Ich begann allmählich, meinen in langen Jahren antrainierten Selbstschutzmechanismus abzulegen, den ich bislang perfekt beherrschte, wenn mir jemand zu nahe kam. Ich war so sicher, dass dieses Kind zu mir stand, egal was geschah. Ich begriff, dass niemand auf dieser Welt mir so nah stand wie die kleine Eva in mir.

Bevor ich mich wieder auf den Stuhl der großen Eva setzte, fragte ich als Kleine die Große: „Magst *Du* mich eigentlich?"

„Kleine, Du zeigst mir, wie schwer es ist, authentisch zu leben. Immer wieder bin ich ein kleines Stückchen nicht ich selbst. Du bist es dann immer wieder, die mir zeigt, wo die Gründe hierfür liegen. Du legst immer wieder Deine kleinen Finger in die Wunde. Du lässt mich nicht in Ruhe, Du forderst, Du fragst, Du antwortest. Im Moment bist Du mir ganz wichtig und ich hoffe, dass es so bleibt. Du machst mir Angst, aber Du machst mir auch Mut. Du bist viel weiter als ich es bin. Du *bist* frei. Du hast es geschafft, alten Schrott abzuwerfen. Jetzt stehst Du ganz klein und nackt da und trotzdem tut Dir niemand etwas. Denn eigentlich bist *Du* groß und stark, weil Du keine Angst hast. Manchmal forderst Du viel, manchmal zu viel, von mir. Aber ich verspreche Dir, dass ich nicht mehr aufhören will, auf Deine Stimme in mir zu hören! Nur so kann *Ich,* die Große, es *auch* schaffen!"

Ich nahm die Kleine, dieses Kind, *mich,* ganz fest in den Arm.

„Ich liebe Dich!"

„Ich liebe Dich auch!"

Viel später schrieb ich auch dieses Gespräch in mein Tagebuch. Heute hatte ich eine Menge über mich erfahren. Morgen würde ich alles Dr. Jung vorlesen.

Nach dem Abendessen wollte die Clique sich wieder mal in unserer Stammkneipe treffen. Ich hatte ihnen gesagt, dass ich vielleicht später nachkommen würde. Zunächst ging ich zur Rezeption, um nach Post für mich zu fragen. Ich hatte schon die ganze Zeit so eine Vorahnung... Heute könnte die Vergangenheit der Gegenwart hautnah begegnen.

Und wirklich: Ein Brief!

Auf dem Weg zu meinem Zimmer konnte ich meinen Blick nicht von dem Brief wenden. Schön! Sie hat an mich gedacht... Wie vertraut mir doch diese Schrift war... Mir wurde warm ums Herz.

Mutti...

Gleichzeitig war da aber auch noch ein anderes Gefühl..... Warum hatte ich so starkes Herzklopfen? Was war los? Ich setzte mich auf mein Bett, den ungeöffneten Brief meiner Mutter in der Hand. Warum konnte ich ihn nicht öffnen? Warum freute ich mich nicht *nur?* Ich gab mir einen Ruck. Was sollte denn Schlimmes in diesem Brief stehen?

Endlich öffnete ich ihn. Als erstes fiel mir ein Hundertmark-Schein entgegen. Ich ließ ihn liegen und las den Brief. Er war liebevoll. Sie denkt an mich und sie vermisst mich. Schön! Das tat gut!

Aber dieses andere Gefühl in mir blieb. Warum? Was war es? Ich wollte es wissen! Nachdem ich die Stühle mitten in den Raum gestellt hatte, fragte ich die kleine Eva: „Was hast Du gefühlt, als Du die Schrift gesehen hast und wusstest, der Brief ist von Mutti?“

„Erst habe ich mich gefreut. Schön, dass sie an mich denkt! Dann kam aber ganz schnell wieder dieses *Scheiß*-Schuldgefühl! >Du hast ihr noch keinen Brief geschrieben! Nur eine Karte!< Deshalb hatte ich auch Angst, den Brief zu lesen. Davor, dass sie mir deswegen Vorwürfe macht und dass es ihr nicht gut geht, weil sie nichts von mir hört.“

Die Kleine hatte die Gefühle exakt auf den Punkt gebracht. Genau so ging's mir.

„Als Du den Brief gelesen hattest, wie ging es Dir dann?“

„Zuerst die hundert Mark. Erst habe ich gedacht >Oh, lieb von ihr!< Aber dann war da sofort der Gedanke >Typisch!!< Damit kann man Liebe auch nicht ersetzen. Immer wird alles *bezahlt*.“

*Das* war's! Ich hätte heulen können, als mir das Geld entgegen fiel.

Die Kleine war noch nicht fertig. Sie wollte noch mehr sagen.

„Der Brief war aber auch lieb. Jetzt weiß ich, dass Mutti an mich denkt. Sie macht sich Sorgen um mich und macht mir keine Vorwürfe. Und sie freut sich, dass es mir gut geht. Das tut mir einfach gut. Ich freue mich. Spontan wollte ich ihr gleich einen Brief zurück schreiben. Dann aber doch nicht. Wieder weiß ich nicht, was ich will... Ich will ihr schreiben und will es nicht! Ich will nicht wieder einer Rolle gerecht werden und ihr nur schreiben, weil sie es von mir erwartet. Deshalb werde ich *nicht* sofort schreiben. Es wäre nicht ehrlich. Ich würde ihr nur aus einem Schuldgefühl oder schlechtem Gewissen heraus antworten und nicht aus freien Stücken.“

Ja, genau! Die kleine Eva hatte Recht. Ich hätte meiner Mutter gar keinen natürlichen, normalen Brief schreiben können. Ich würde ihn aus einer verqueren moralischen Verpflichtung heraus schreiben, nicht, weil ich es wirklich wollte.

Ich würde sie anrufen!

Bei diesem Gedanken musste ich über mich selber lachen! Oder lachte die Große über die Kleine, die auch mit dem Anruf wieder eine Erwartung erfüllen wollte? Mich bedanken für den Brief und das Geld?

Nein! Ich würde zunächst gar *nichts* machen!

Das Geld... Was sollte das? Was sollte dieser blaue Schein ersetzen? Die kleine Eva in mir wurde wütend. Scheiß-Geld! Ich will was anderes von Dir Mutti! Kein Geld, verdammt! Warum kannst Du mir nicht Liebe, Zärtlichkeit und Wärme geben? Die gibt es nur *umsonst!* Das kostet kein Geld! Mit Geld kann man mich nicht mehr kaufen! *NIE WIEDER*! Auch Du nicht, Mutti!!

Ich musste raus! An die frische Luft...

Erst als ich mit einem Stock vor dem Felsen des Dreschplatzes stand, wurde mir bewusst, dass die kleine Eva mich hierhin gezerrt hatte. Ich schlug den Stock in kleinste Teilchen. Mir liefen keine Tränen über das Gesicht. Ich war *nur* wütend.

„Dieses Scheiß-Geld! Hör` auf, immer alles bezahlen zu wollen! Ich will Deine Liebe! Warum kannst Du mich nicht lieb haben*? Mutti!!!!!!!"*

Immer wieder schrie ich diese Worte heraus! Mir war es egal, ob mich jemand hörte oder sah. Ich wollte endlich meine Wut auf diese ganze verdrehte Liebe meiner Mutter loswerden! *Geh weg!!*

Erst als ich den dritten Stock zerschlagen hatte, wurde ich ruhiger. Das Kind in mir hatte seine Wut herausgelassen. *Gut so!* Ich kniete mich ins Gras und umschlang mich selbst mit meinen Armen.

„Kleine, ich hab Dich lieb! Meine Liebe bekommst Du für nichts! Einfach nur, weil Du Du bist, Süße! Ich hab Dich so doll lieb!"

Immer wieder flüsterte ich mir die Worte zu und schaukelte leicht vor und zurück. So, als wiegte ich ein Kind in meinen Armen. Genau das tat ich ja auch: Ich hielt die kleine Eva in meinem Arm. Ich hielt sie ganz fest und liebkoste sie. Ich liebte sie. *Bedingungslos*!

Ich wusste nicht, wie lange ich da so gesessen hatte. In mir war eine vollkommene Ruhe.

„Kleine, worauf hast Du jetzt Lust?"

„Auf ein Stück Schokoladenkuchen mit ganz viel Sahne!"

Ich musste lachen! Okay! Eigentlich war ich zwar satt vom Abendbrot, aber den Gefallen wollte ich der kleinen Eva tun. Ich lief – nein, ich hüpfte - den Berg hinunter, hinein in das nächste Café. Für die kleine Eva bestellte ich ein Riesenstück Kuchen mit doppelter Portion Sahne. Die große Eva bekam einen Kaffee.

Als ich später wieder in meinem Zimmer saß, hatte ich auf einmal Lust, einen Brief zu schreiben. Nicht an meine Mutter. Aber an wen? Da mir spontan niemand einfiel, fragte ich

„Hey, Kleine! Du hast Lust, einen Brief zu schreiben? Ich will Dir helfen. Deshalb musst Du mir sagen, wem wir schreiben wollen."

Das war doch witzig... Ich war ganz gespannt, ob und was ich als kleine Eva jetzt antworten würde. Wem wollte ich einen Brief schreiben? Ich setzte mich auf den Stuhl der kleinen Eva, in den ich nicht mal mehr das Kissen gelegt hatte. Alles war inzwischen so natürlich. Ich brauchte das Kissen nicht mehr. Wozu? Da saß die kleine Eva. Ich sah sie und sie sah mich!

„Ich möchte Stephan schreiben."

Stephan? Das war jetzt wirklich merkwürdig. Wieso denn dem? Mit Stephan hatte ich eine Drei-Monats-Liaison mit allen Höhen und Tiefen gehabt. Er hatte mich genauso gerne gehabt wie ich ihn, aber er konnte seinen Kopf nicht seinem Gefühl unterordnen. Immer und immer wieder hatte er seine Gefühle *analysiert*! Schriftlich Ziel- und Zweckbestimmungen dafür formuliert. HORROR! Ich wäre fast durchgedreht mit diesem Typen!

Und dem wollte die kleine Eva einen Brief schreiben? Wann hatte ich

Stephan denn das letzte Mal gesehen? Was wusste er denn heute noch von mir? Dieser kopfgesteuerte Mensch konnte doch gar nicht verstehen, was ich hier in Ohlstadt mit der kleinen Eva erlebte...

„Wieso denn Stephan?"

„Ich möchte dem *kleinen* Stephan schreiben, nicht dem großen. Den kleinen Stephan habe ich nämlich gerne gehabt, nur der große war doof. Zu mir und zu seinem Kind in sich. Ich möchte dem kleinen Stephan schreiben, damit er weiß, dass ich noch immer seine Freundin bin."

Aha! Witzig! Wieso eigentlich nicht? Vermutlich würde Stephan überhaupt nichts verstehen... Aber darauf kam's ja auch gar nicht an! Die kleine Eva wollte dem kleinen Stephan schreiben. Das war doch mal einen Versuch wert!

„Gut", sagte ich auf dem Stuhl der Großen. „Du diktierst mir jetzt, was Du dem kleinen Stephan schreiben willst."

Ich setzte mich an den Schreibtisch, nahm die kleine Eva auf meinen Schoß und begann zu schreiben. Ich hielt den Füllfederhalter in der Hand, die von der Kleinen geführt wurde.

*Hallo Kleiner!*

*Diesen Brief schreibe ich, die kleine Eva, an Dich, den kleinen Stephan. Es gibt so viel, was ich Dir sagen und erzählen möchte. Gerade jetzt, wo die große Eva mich endlich sieht, mit mir spricht, mir zuhört und mich zulässt.*

*Du kannst nicht wissen, wie das ist, weil Du das noch nie erlebt hast.*

*Es ist ganz toll!!!!*

*Endlich bin ich nicht mehr eingesperrt und darf die Schmerzen 'rauslassen, die ich schon so lange habe. Und weißt Du was? Es tut gar nicht weh! Auch wenn ich manchmal weine, ist es gar nicht zum Weinen, sondern zum Wütend-Werden! Hier in Ohlstadt darf und kann ich auch meine Wut 'rauslassen...*

*Eins kann ich Dir schon jetzt sagen: Ich BIN vielleicht wütend!!!!*

*Hier darf ich jetzt gaaaanz laut schreien, darf auf meine Mutti schimpfen und sogar meinen Papa verprügeln! Du weißt ja, dass das die Menschen sind, die mir früher so gefehlt haben, weil sie mir nie nahe waren, aber die ich doch trotzdem so lieb habe.*

*Jetzt endlich rückt meine neue Freundin, die große Eva, das Unrecht, das mir angetan wurde und das mich so quälte, gerade und gibt mir Rückendeckung. Und wenn ich mal Angst habe, dann macht sie mir Mut, endlich alles, was mich quälte, heraus zu brüllen.*

*Und weißt Du, was das Tollste ist?*

*Meine Freundin nimmt mich auch ganz liebevoll in den Arm und sagt mir, dass sie stolz auf mich ist und mich lieb hat, so wie ich bin. Ist das nicht klasse?*

*Und noch was: Ich glaube, dass es meiner großen Freundin auch besser geht, seit dem wir beide Freundinnen sind. Sie merkt, dass sie mir vertrauen kann und ich nichts Schlimmes von ihr verlange. Ich bin einfach nur immer ehrlich zu ihr.*

*Gut! Manchmal sind wir nicht einer Meinung. Sie merkt dann aber ganz schnell, dass ich Recht habe. Denn nur dann, wenn sie meinen Ratschlag annimmt, geht es ihr besser.*

*Hat Dein Großer Dir eigentlich auch schon mal gesagt, dass er Dich lieb hat? Kannst Du mit ihm ganz offen sprechen? Ich meine, ohne dass er ungeduldig wird, ohne dass er Dich für kindisch hält und ohne dass er Dich ganz schnell wieder in Deine Ecke setzt, wenn Du endlich so weit bist, ihm ein bisschen was von Deinen Ängsten zu erzählen?*

*Ich habe in letzter Zeit viel über Dich nachgedacht. Weißt Du, was ich glaube?*

*Du bist viel zu zurückhaltend und verständnisvoll mit Deinem Großen! Warum lässt Du zu, dass er so mit Dir umgeht?*

*Was Du tun kannst, damit er Dich hört? Ich sage Dir mal, was ich getan habe, ja?*

*Ich habe geschrieen! Ich habe getobt! Ich habe meine Große einfach nicht mehr schlafen lassen! Ich habe ihr Kopf- und Bauchschmerzen gemacht!*

*Klar, sie hat anfangs versucht, mich zu überhören. Ihre Kopf - und Bauchschmerzen hat sie mit Tabletten bekämpft. Total doof, oder? Das klappte natürlich irgendwann nicht mehr! Auch der Alkohol hat mich nur für Stunden betäubt. Manchmal hat sie damit nur das Gegenteil von dem erreicht, was sie wollte: Gerade wegen des Alkohols hatte ich viel mehr Chancen, zu meiner Großen durch zu dringen. Dann bekam sie ihren >Moralischen<. So hat sie das genannt. Witzig, nicht? Sie hat eben einfach nicht gewusst, dass es mich gibt! Dass ich es in ihr bin, die sie traurig sein lässt.*

*Hier in Ohlstadt hat sie jetzt endlich gemerkt, dass sie nur wirklich glücklich werden kann, wenn sie mich befreit aus all` meinen Zwängen, wenn sie mich ansieht, mir zuhört und mich überall (!) mit hinnimmt.*

*Ja, glaube mir, ich weiß - genau wie Du - wie verdammt stur die Großen sein können. Sie haben Angst, dass wir ihnen wehtun. Sie glauben, dass sich wegen uns jetzt ihr ganzes Leben verändert. Du weißt ja selbst, was das für ein Blödsinn ist! Dass das natürlich überhaupt nicht so ist! Im Gegenteil!*

*Zum Glück hat meine große Freundin es inzwischen auch gemerkt. Wir haben uns gefunden und werden einander nie mehr im Stich lassen, das weiß ich!*

*Deshalb wünsche ich Dir auf diesem Wege ganz viel Mut und noch mehr Kraft! Kämpfe weiter! Wehr` Dich! Denn, auf Dauer bist Du so viel stärker als Dein Großer!! Lass` ihm einfach keine Ruhe mehr!*

*Es ist nämlich so schön, die strahlenden Augen meiner großen Freundin zu sehen und zu spüren, wie glücklich sie ist, seitdem ich wieder bei ihr bin.*

*Ich soll Dich übrigens von ihr grüßen.*

*Vielleicht schreibst Du mir ja mal, wie es Dir ergangen ist! Ich würde mich freuen!*

*Deine kleine Freundin Eva*

Ich las den Brief noch einmal durch. So einen Brief hatte ich noch nie geschrieben! Beim Durchlesen wurde mir warm um's Herz. Ich war nicht mehr böse auf Stephan. Er konnte nichts dafür, dass er so war wie er war. Er tat mir eigentlich sogar ein bisschen leid... Ja! Ich wünschte ihm, dass er sein Kind zulassen könnte - irgendwann! Weil der kleine Stephan wirklich ein supertoller Junge ist, mit ganz viel Gefühl, einem großen Herzen und vielen bunten Träumen... Der große Stephan ließ ihn nur nicht zu. Schade...

Mit vielen Gedanken an mich ging ich ins Bett. Sollten die anderen ruhig in der Kneipe sitzen und Konversation machen. Ich wollte einfach nur meine kleine Eva in den Arm nehmen und einschlafen. Der Tag morgen würde sicher lang werden..

# Gegenwart und Vergangenheit

Morgens nach dem Frühstück machte ich mich auf den Weg zu Dr. Jung. Ich freute mich richtig auf ihn. Auch, wenn mein Kontakt mit der kleinen Eva schon ganz gut war, war es wichtig, dass er da war, um mir zu helfen, dieses Kind in mir wirklich zu verstehen. Kleineva redete mit mir, wir konnten inzwischen sogar Briefe zusammen schreiben und Arm in Arm einschlafen. Und trotzdem! Ohne Dr. Jung würde ich noch immer nicht *alles* so hören und verstehen, wie die Kleine es mir sagte.

„Dann wollen wir mal wieder", sagte Dr. Jung, wie immer voller Tatendrang. „Was machen wir heute?"

Ich erzählte ihm von dem Brief meiner Mutter und wie ich in den Bergen gedroschen hatte. Dr. Jung lächelte.

„Sie sehen, dass die kleine Eva schon entspannter mit der Mutter umgeht. Sie wollte keinen Brief schreiben. Sie haben auf sie gehört und es nicht gemacht. Das ist schön und gut so. Langsam wird das Verhältnis zwischen Ihnen und Ihrer Mutter wieder schöner. Gefühle werden wieder fließen. Ganz sicher!"

Erst jetzt fiel es mir ein: Ich hatte ganz vergessen, meine Mutter anzurufen. Aber, zum ersten Mal hatte ich zusammen mit diesem Gedanken kein schlechtes Gewissen. Die Kleine hatte es wohl nicht gewollt. Also war es in Ordnung!

Nachdem ich Dr. Jung von dem Brief an Stephan erzählt hatte, stand er auf. Was passierte jetzt?

„Da Sie inzwischen schon so weit sind, auch den Alltag hier in Ohlstadt mit der Kleinen zu verbringen, möchte ich Ihnen gerne noch etwas mit an die Hand geben. Hieraus ergibt sich, wie wichtig das Dauergespräch mit der Kleinen ist."

Er nahm ein Blatt Papier von seinem Schreibtisch und gab es mir. >Vertiefung der Arbeit< lautete die Überschrift.

>Vertiefung< las ich >ist die innige Gestaltung der Freundschaft zwischen Groß und Klein. Siehst Du die Kleine wirklich vor Dir? Hörst Du sie richtig an? Ist sie Dir so wichtig, dass Du Dir immer wieder Zeit nimmst für sie? Siehst Du die Große auf dem anderen Stuhl richtig vor Dir? Versuch es mehr und mehr! Denn erst, wenn auch die Kleine die Große richtig wahrnimmt, ist sie ihrer gewiss und kann sich richtig befreien. Überprüfe immer von Neuem Eure Freundschaft: Frag` die Kleine, ob sie Dich mag und frage Dich selbst, wie es Dir mir ihr geht. Freundschaft wächst, wenn man sich ehrlich um sie bemüht. Wirst Du eine echte Freundin für die Kleine, dann trifft Dich ihr Leid viel tiefer

als zuvor. Echtes Mitleid aber ist der Hauptantrieb für unsere Arbeit. Sieh` von Dir ab, schau auf die Kleine und lass Dich neu bewegen. Nur über sie löst sich auch Dein Leid. Lebe den täglichen Kontakt mit ihr, nimm sie überall mit hin. Frage sie bevor Du etwas entscheidest, aber sprich auch über Alltagsdinge, über Personen mit ihr. Mit Sicherheit erlebst Du dann, dass alles leichter und fröhlicher läuft. Hast Du eine freie Stunde oder Minute, erlebe sie *bewusst* mit der Kleinen und sprich mit ihr. Du wirst erleben, dass die Freizeit erfüllter ist.

Wieder und wieder zu dreschen bedeutet nicht nur, dass jeweils ein neuer Befreiungsschritt für beide erreicht ist, sondern auch eine Vertiefung der Freundschaft, Zuwachs an Vertrauen und Sicherheit. Beim Dreschen versuche mehr und mehr die Person, auf die gedroschen wird, wirklich vor Dir zu sehen! Lass` zu, dass sie von der Kleinen zusammen gedroschen und dass sie selbst dabei größer wird! Erinnere Dich, dass hier die richtige Ordnung hergestellt werden *muss*. Vergiss auch nicht, die Kleine nach dem Dreschen zu loben, sie zu fragen, ob es genug war oder ob sie noch mal will. Dann erst nimm sie in den Arm und gib ihr, was ihr an Zuwendung, Zärtlichkeit und Liebe fehlt. Übe Dich darin! Spring über Deinen eigenen Schatten.

Nimm öfter das Gespräch mit der Kleinen auf Tonband auf. Hör` es selber ab. Vielleicht merkst Du manchmal, dass es noch nicht so gut läuft, Einiges noch nicht wirklich frei ist. Vielleicht sprichst Du dann gar nicht wirklich oder zu laut mit ihr?! Der richtige Dialog ist aber sehr wichtig. Beide brauchen ein wirkliches Gegenüber!<

Das alles konnte ich gut nachvollziehen. Ganz viel von dem, was da stand, lief bei mir doch schon astrein! Ich steckte den Zettel in die Tasche und war so sicher, dass ich ihn nicht brauchen würde.

„Sie werden merken“, sagte Dr. Jung, „dass Sie nie alleine sind, wenn Sie die Kleine überall mit hin nehmen. Sie werden sich selbstständig fühlen. Autark! Hierzu lese ich Ihnen noch mal etwas von Bruce Davis vor.“

Ja, Ja, Ja...

„>Durch den Umgang mit meinem Kind, dadurch, dass ich mit ihm spiele, gewinne ich allmählich Herrschaft über mein Leben. Die Welt hat nicht die Macht, über meine Gefühle zu bestimmen. Ich erlange *Selbst*bestimmung. Zu meinem Kind, zu meinen Gefühlen, zu stehen, bedeutet auch, zu erkennen, auf welche Weise ich andere über mich bestimmen lasse. Die Welt drückt meine Knöpfe und bewegt meine Schnüre. ICH BIN WIE EINE LEBENDE PUPPE. Mein Kind wartet, dass ich irgendwann erkenne, wer der Welt meine Knöpfe und Schnüre in die Hand gibt. Es hofft, dass ich irgendwann selbst für es sorgen werde, anstatt es der Welt zu überlassen. Sehr rasch erinnert es mich daran, welchen Spaß es macht, wenn ich ihm die Herrschaft überlasse, wenn es mich auf meinen Weg schiebt und siegt.<“

Bruce Davis traf wie immer den Nagel auf den Kopf. Ich hatte mir schon vor Tagen vorgenommen, sein Buch auf jeden Fall zu kaufen.

„Verliebt sein heißt...“, las Dr. Jung weiter und sah mich an.

Ich zuckte zusammen. Was sollte mir das jetzt sagen? Ich hatte überhaupt keine Lust über Michael nachzudenken, geschweige denn, über ihn zu reden. Sollte ich etwa? Nein, wohl nicht. Dr. Jung sah schon wieder in das Buch und las weiter. Na, Gott sei Dank!

„>..., dass ich meiner wahren Natur am nächsten bin. Wenn ich glaube, der Welt nahe zu sein, dann ist das das schönste Erlebnis für mich. Je mehr ich mich verliebe, desto glücklicher ist mein Kind. Dabei verliebe ich mich vielleicht mehrmals täglich: einfühlsame Freunde, bunte Spielsachen, schöne Sonnenuntergänge... Jeder Augenblick, dem ich nahe zu sein glaube, bestätigt mein Kind. Ich wage mich immer näher und näher heran... Bis ich tatsächlich den Augenblick berühre.<“

Ein Schauer lief mir über den Rücken. Wunderschön!! Augen-Blicke... Ja, *die* kannte ich auch. Kurze Momente des Glücks, die oft, wenn ich sie berühren wollte, verschwanden ins Nichts. Zerplatzten wie Seifenblasen. Trotzdem! Lohnte es sich nicht, dafür zu leben?

„>Je mehr ich mit meinem Kind in Kontakt bin<“, las Dr. Jung weiter, „>desto freier bin ich während meines Tages. Desto näher bin ich dem, was ich wirklich will. Desto stärker und gesammelter fühle ich mich. Mein Kind übernimmt mehr und mehr die Kontrolle über meinen Tag. Und es wird dadurch immer leichter für mich, ihm zu folgen. Mein Kind wiederum möchte geliebt werden. Dazu gehört, dass ich ihm Sicherheit und Struktur gebe und es auf dem Weg, der sich vor ihm öffnet, anleite. Je freier mein Kind wird, desto mehr verstehe ich die Erschütterungen in meinem Leben und desto seltener werden sie.<“

Ja, das wär’s doch! Keine Erschütterungen mehr! Zumindest keine mehr mit den Ausmaßen, die mir so vertraut waren. Würde die Kleine *das* schaffen? Stark war sie, klug war sie auch. Aber: Sie brauchte *mich*! Sicherheit und Struktur... Das klang verdammt nach Verantwortung! Konnte ich die für dieses Kind in mir übernehmen? Ich wollte es, ganz bestimmt! Aber, war ich, die Große, auch stark *genug*? Ich wünschte es uns, mir und der kleinen Eva.

Dr. Jung legte das Buch zur Seite. „Machen Sie mal weiter?“, bat er mich.

Während ich ihm von dem Nachtgespräch mit der kleinen Eva erzählte, hörte Dr. Jung sehr aufmerksam zu.

„Das war doch toll!“, freute er sich. „Auch der Ablauf! Die Kleine wollte zunächst Nähe von den anderen. Sie haben dann gemerkt, dass es gar nicht *wirklich* so ist. Und dann der Abschluss! Wunderschön! Die Kleine wollte die Nähe und Wärme der Eltern und sie musste erst mal die Sehnsucht herausschreien. Das hat sie in dieser Nacht gemacht. Und dann folgt die Erkenntnis: Ich brauche *Dich*! Und Sie haben Ihr Kind angehört! Wirklich, sehr schön! Erhalten Sie sich das. Auch im Alltag!“

„Ich glaube schon, dass ich die Kleine immer hören werde.“

„Das ist ein schöner Glaube für die Zukunft“, sagte Dr. Jung. „Dennoch sollten Sie ganz wachsam sein! Ein Patient hat über Wochen in Ohlstadt viel und gut mit seinem Kind gearbeitet. Der Kontakt war wirklich sehr gut. Irgendwann, als der Patient schon lange wieder zu Hause war, rief er mich an und war verzweifelt: >Mein Fritz ist weg! *Weg!* Ich sehe ihn nicht mehr. Er ist nicht mehr auf dem Stuhl. Er redet auch nicht mehr! Ich komme nicht mehr ′ran an ihn.!< Dieser Mann ist ein zweites Mal nach Ohlstadt gekommen. In der ersten Stunde habe ich den großen Fritz gedoppelt. Es dauerte nicht lange, da hat der kleine Fritz los geschrieen: >Du gemeiner Hund, Du! In Ohlstadt war alles schön mit Dir! Und dann zu Hause? Da lässt Du mich hängen! Guckst mich nicht mehr an! Und jetzt steh` ich wieder in der Ecke! Kein Wort rede ich mehr mit Dir! Nie wieder!< Hier hat sich das wiederholt, was wir Autismus nennen! Das Kind lehnt den Vater ab! Der ist nicht mehr da! Selbstschutz! Lieber gar nichts mehr zulassen, als noch mal diesen Schmerz des Verlassens zu erfahren. Sie müssen also sehr aufpassen! Wenn Sie mit der kleinen Eva hier in Ohlstadt eine Freundschaft erreichen, die echte Tiefe hat, dürfen Sie das nicht mehr vernachlässigen! Das wäre ein *Verrat* an Ihrem Kind!"

Oh nein! Das würde mir niemals passieren. Die Kleine war mir doch viel zu wichtig! Insgeheim versprach ich diesem Kind in mir >Nie wieder lass` ich Dich gehen! Ich werde immer bei Dir bleiben und auf Dich aufpassen!<

Ich begann, Dr. Jung die erste Hausaufgabe vorzulesen. Die Liste >Was stört mich an meinem Umfeld? Was stört mich an mir?< war wirklich sehr lang geworden.

„Als ich die erste Aufgabe zu Hause machte, fiel mir auf, dass vieles von dem, was mich an anderen stört, mir auch an mir nicht gefällt."

Fast entschuldigend fügte ich hinzu: „Deshalb wird sich auch vieles wiederholen."

„Ja, ja", lachte mein Gegenüber. Mehr sagte er nicht. Warum eigentlich nicht?

Ich sah auf meine Liste. Zunächst stand da ‚Pessimismus'. Oh, ja, das störte mich an anderen sehr! Dieses Klein- und Unwichtigmachen. Alles ist *NUR* schlecht oder kann, wenn überhaupt, nur *NOCH schlechter werden.* So verdammt negativ!

Hilflosigkeit... Das nächste Wort. Damit konnte ich auch nicht umgehen. Wenn ein anderer Mensch mich konkret um Hilfe bat, spürte ich sofort die dahinter stehende Erwartung. Ich hielt ich das nicht aus. Sofort hatte ich das Gefühl, nicht helfen zu *können.* War es nicht auch so, als Rainer's Mutter plötzlich starb? Bin ich nicht auch damals vor seiner Hilflosigkeit und Trauer geflohen? Warum war das so bei mir? Störte mich die Hilflosigkeit bei anderen, weil *ich* nicht damit umgehen konnte? Ich fühlte mich von diesen Menschen total überfordert!

Was störte mich noch?

Da standen Begriffe wie Unsensibilität, Kälte, Ignoranz... Alles lieblose Charakterzüge, die ich an anderen Menschen nicht mochte. Genauso wie Verschlossenheit... Das konnte ich auch nicht ab. Menschen, bei denen man raten musste, was in ihnen vorgeht. In ihren Augen sah ich etwas anderes als ihre Münder sprachen - wenn sie überhaupt etwas sagten. Damit hatte ich totale Probleme.

„Mit aggressiven Menschen kann ich besser umgehen als mit verschlossenen. Obwohl Aggressionen mir auch Angst machen, habe ich hier immer noch das Gefühl, ich kann etwas *tun*, mich, wenn es darauf ankommt, wehren. Verschlossenheit zu sprengen ist so viel schwieriger für mich.“

Dann dieses Macho-Gehabe. Sowohl bei Männern wie bei Frauen! Dieses Stark-sein-müssen, dieses Mich-kann-nichts-erschüttern-Getue! Was ist denn so schlimm daran, mal schwach zu sein?

„Musst Du grad` sagen“, grinste die Kleine.

„Und dann dieser Haufen an Vorurteilen und Pauschalierungen, die mir tagtäglich entgegen geschleudert werden. Mir ist inzwischen klar geworden, woher diese Aversion kommt. Meine Mutter und mein Vater haben mich überhäuft mit Vorurteilen: Langhaarige Männer sind Schnorrer und Nichtstuer. Katholiken sind unehrlich, weil sie zur Beichte gehen können und immer Absolution erhalten. Beamtentum ist das Beste, was einem passieren kann... und... und... und... Es kotzte mich an! Urteile wurden aufgrund von Äußerlichkeiten und Nichtwissen gefällt. Der Mensch dahinter war immer egal.“

Ignoranz... Nicht-Beachtung... Oh, ja! Das war das Hinterletzte. Jemanden einfach nicht zu beachten, links liegen zu lassen, zu übersehen. Solche Verhaltensweisen taten mir körperlich weh. Brutal!

„Zuletzt steht hier noch >Egoismus<“, sagte ich. „Wobei ich einen gesunden Egoismus für die Weiterentwicklung der eigenen Persönlichkeit wichtig finde.“

Na, das hatte ich doch jetzt richtig gut gesagt. Wo hatte ich das denn gelesen?

„Aber, wenn der Egoismus zu weit geht, wenn er egozentrisch wird, dann stört es mich schon“, fügte ich rasch hinzu.

Blöd nur, dass mir so richtig kein Beispiel einfiel. Erwartete er das jetzt? Ich sah ihn an. Nee! Sah zum Glück nicht so aus. Dr. Jung hörte mir unverändert aufmerksam zu.

„Tja, das war’s. Soll ich jetzt im Anschluss vorlesen, was mich an mir stört?“ Unsicher sah ich ihn erneut an.

„Ja, gerne!“ Dr. Jung lächelte mir zu. Ich sah auf die zweite Liste, die noch länger war als die erste.

„In der letzten Stunde hatte ich ja schon gesagt, dass es mich sehr stört, dass ich mich stets und ständig mit anderen vergleiche. Jeder ist schöner, klüger, witziger, schlanker, lockerer, optimistischer als ich. Immer schneide ich schlecht ab. Es lähmt mich.“

Wie oft hatte ich schon überlegt, meine Haare blond zu färben? Wie viele Diäten hatte ich inzwischen hinter mich gebracht? Wie viele Sportarten ausprobiert? Ein ständiger Kampf mit mir selbst!

„Dann dieses negative Denken, was mich ja auch an anderen stört. Ich sehe immer erst mal schwarz! Ich glaube nur deshalb, weil ich nicht überrascht werden will. Ich male mir *alles* vorher in den dunkelsten Farben aus. So kann mir nichts passieren, weil ich ja auf *alles* vorbereitet bin. Und wenn dann etwas Unvorhergesehenes passiert, dann kann's ja nur besser sein."

Mir fiel ein, dass ich mir bereits Wochen vor Kurantritt ausgemalt hatte, wie alles hier sein würde: Nur Mit-Kurler, die 65 Jahre oder noch älter sind, alle gebrechlich und wehleidig. Das Essen würde eh` nicht schmecken (... na ja, könnte ich wenigstens abnehmen....). Das Bett in dem Vier-Personen-Zimmer mit Toilette auf dem Gang wäre zu weich oder zu hart. Es würde nur regnen! Und so weiter. Es war eine Unmenge an negativen Bildern, die ich malte. Hierbei konnte ich richtig Phantasie entwickeln. Dabei war eigentlich nur eins sicher: Es zog mich vorher immer schon ′runter. Logisch!

„Es kommt vor, dass ich am Ende meiner negativen Gedankenkette wie lahm gelegt bin. Ich mache gar nichts mehr! Oder, wenn ich es trotz der negativen Gedanken mache - weil es manchmal ja nicht anders geht – tritt es genau so ein, wie ich es mir ausgemalt habe. Es ist wie eine Sich-Selbst-Erfüllende-Prophezeiung! Und wieder fühle ich mich natürlich bestätigt! Siehste!! Ich hab's doch vorher schon gewusst!"

Als ich das sagte, hörte ich die Stimme meines Vaters. *E*r hatte es doch auch immer genau *so* gesagt. Mich gewarnt! Ich machte ein Ausrufungszeichen an >negatives Denken<. Dazu wollte ich Kleineva noch mal befragen.

„Eng zusammen damit hängt wohl mein ständiges Vorher-Kalkulieren und – Planen-Müssen. Nichts geht spontan. Meine Koffer sind drei Tage vor der Abreise anhand einer detaillierten Liste gepackt. Obwohl ich in meinem tiefsten Innern gar nicht so bin, kann ich nicht anders. Es darf einfach nichts schief gehen! Dabei treibt mich das Gefühl, dass etwas nicht Kalkuliertes mich komplett aus der Bahn hauen könnte."

„Ängstliche Gesamteinstellung", war die ergreifend schlichte Feststellung Dr. Jungs.

Siehste!

„Ich habe Angst vor Entscheidungen, weil ich natürlich Angst vor Fehlern habe", zählte ich weiter auf.

Alle Entscheidungen, egal ob mein Studium, mein Job, die Kur, die Therapie, mein Ein- und Auszug, Heiraten, Kinder kriegen... überließ ich anderen: Meinem Vater, meinem Freund, meinem Arzt... Na gut! *Ich* war immerhin ausgezogen. Endlich hatte ich mal etwas selbst entschieden! Aber war das nicht auch wieder nur halbherzig?! Warum sonst überlegte ich jetzt schon wieder, zu meinem Freund zurück zu ziehen?

Mein Sternzeichen war halt Waage... Na, ist diese Erklärung nicht ein bisschen zu einfach, flüsterte ein leises Stimmchen in mir.

„Ich kann selten ganz offen sagen, was mir fehlt. Natürlich nicht, wenn mir körperlich etwas weh tut. Das sage ich meistens *sofort.* Aber, wenn mir Nähe oder Wärme fehlt, kann ich das zwar Rainer sagen, aber manchmal sehne ich mich auch nur nach der Nähe einer Freundin...“

Was heißt hier *'nur'?* Genau das brauchte ich doch ganz häufig viel eher von einer Freundin als von meiner Beziehung. Genau hier war doch Nähe ohne Ansprüche und Erwartungen möglich.

„Warum gehen *Sie* nicht hin und nehmen Ihre Freundin in den Arm!“

„Das mache ich und das kann ich auch!“

Das waren aber immer Situationen, in denen es *mir* gut ging, in denen *ich* das nicht brauchte. Anders war es, wenn ich schlecht drauf war. Dann zog ich mich in mein Kämmerlein zurück und würde niemals einer Freundin sagen >Ey, nimmst Du mich mal in den Arm!< Ich konnte es einfach nicht!!

„Aber mit der Kleinen hat es geklappt!“ erinnerte mich Dr. Jung.

Aber *das* war doch etwas anderes! *Oder?*

„Ich glaube, dass ich auch zu Rainer nicht absolut offen bin. Ich verdränge meine eigenen Bedürfnisse und Gefühle, um ihn nicht zu verlieren. Wenn ich keine Lust habe, mit ihm einen Abend zu verbringen, mache ich es trotzdem, weil ich Angst habe, dass er sonst alleine in die Kneipe geht und sich möglicherweise betrinkt. Ich schlafe manchmal auch nur deshalb mit ihm ,weil ich Angst habe, dass er sich sonst eine Andere sucht.“

Da war sie wieder: Die Angst vor negativen Konsequenzen. Die Furcht vor Liebesentzug. Das galt auch in Alltagssituationen. Wir sitzen in einer illustren Runde in unserer Stammkneipe. Jemand aus diesem Kreis erzählt den ganzen Abend nur Schwachsinn. Ich kann es demjenigen nicht sagen. Obwohl ich total genervt bin, würde ich eher gehen, als meine Meinung zu sagen. Idiotisch! Eigentlich! Was wäre denn so schlimm daran, wenn so ein Typ stinkig auf mich ist?

„Eine schöne Liste!“, rief Dr. Jung. „Daran können wir noch viel arbeiten!“

„Es geht aber noch weiter!?“

Er nickte mir aufmunternd zu. Also weiter im Text...

„Mein Rollenspiel... Darüber haben wir ja schon gesprochen. Ich höre das Kompliment >Du bist immer sooo witzig!< und prompt erzähle ich wie ein Roboter, bei dem man auf einen Knopf gedrückt hat, drei Witze hintereinander. Ich spiele für andere den Clown, weil es erwartet wird. Das Schlimme daran ist, dass ich mich durch die Bestätigung von außen besser fühle. Ich beobachte mich selbst und mir ist das Spiel klar. Es wird zu einem Selbstgänger. Ich gerate in diesen Sog und komme nicht mehr heraus.“

„Mmmmmmmmmm.“

„Tja, und jetzt kommt ein Punkt, der mir selbst nicht klar ist. Menschen, meistens Männer, sagen mir >Du bist so stark! Du bist so klar mit Dir! Du weißt, was Du willst!< Ich höre es und würde am liebsten losbrüllen >NEIN! VERDAMMT! BIN ICH NICHT! HALT MICH! SAG DU MIR, WO ES LANG GEHT!< Aber ich schweige und fühle mich unverstanden! Ich bin doch so hilflos, so klein, so verletzlich. Sieht das denn keiner!? Und, *weil* Männer glauben, dass ich stark bin, denken sie wohl auch, dass mich nichts erschüttern kann. So mutet ´Mann´ mir oft mehr zu als ich verkrafte."

Schlagen Männer immer noch mehr zu, *weil* sie glauben >Eva ist so stark<? Können die meisten Männer mit dieser vermeintlichen Stärke nicht umgehen? Manchmal war auch das Gegenteil der Fall. Sobald sie mit meiner scheinbaren Kraft in Berührung kamen, sah ich gerade noch die Staubwolke des Flüchtenden. Was passiert hier? Sind diese Männer möglicherweise noch schwächer als ich mich fühlte? Oder spielte ich wieder nur meine Rolle perfekt!? Warum sieht mich denn niemand so, wie ich wirklich bin? Ich will nicht immer stark sein! VERDAMMT!

„Fragen Sie doch die kleine Eva! Ich könnte Ihnen jetzt einiges dazu sagen, aber das möchte ich gar nicht. Die Kleine wird Ihnen schon erzählen, was da los ist. Ich bin sicher!"

Ein dickes Ausrufungszeichen kam an den Rand meiner Notizen.

„Ich weiß schon, dass ich andere mit einem vermeintlichen Selbstbewusstsein blenden kann. Manchmal nutze ich diesen Vorteil. Zum Beispiel in Vorstellungsgesprächen, in denen ich selbstbewusst wirken *muss*, um die Stelle zu bekommen. Aber doch nicht bei Freunden, doch nicht in meiner Beziehung. Das ist doch schizophren, oder?"

„Fragen Sie Ihr Kind!", wiederholte Dr. Jung.

„Okay. Mach` ich!" Stumm versprach ich meinem Kind: >Ganz bestimmt!!<

„Meine Unzufriedenheit mit mir und meinem Leben ist auch etwas, was ich mir nicht erklären kann. Es ist ein Gefühl. Eigentlich ..."

Da war es wieder, das *Unwort* meines Lebens!

„Eigentlich ist alles gut. Ich habe einen guten und sicheren Job. Ich könnte eine Beziehung mit einem Mann haben, der mich auf Händen trägt. Ich habe Freunde und einen großen Bekanntenkreis. Ich habe eine schöne Wohnung und Zeit genug, um das Geld, was ich verdiene, auch auszugeben. Ich mache zweimal im Jahr Urlaub. Und so weiter. *Warum* bin ich unzufrieden?! Ich bin es. Todunglücklich manchmal. Ich vegetiere durch den Tag, den Monat, das Jahr... Alles, was geschieht, erscheint mir monoton und langweilig. Nichts interessiert mich wirklich!"

Ich holte einmal tief Luft. Musste sein!

„Immer häufiger lebe ich nicht wirklich in der Gegenwart, *im Heute,* sondern ausschließlich in der Vergangenheit. Hätte ich das oder das *damals* anders gemacht, dann ginge es mir heute besser. Oder ich lebe in der Zukunft. Ich nehme mir tausend Sachen vor und mache weder heute noch morgen etwas. Und immer geht's mir noch ein bisschen schlechter als am Tag zuvor."

Ich sah auf meine Liste.

„Als letztes habe ich ‚Egoismus' aufgeschrieben. Mein Freund behauptet, ich sei egoistisch. Es stimmt, dass es mir schwer fällt, zu teilen oder abzugeben. Zum Beispiel hat der Bruder meines Freundes nach dem Tod der Mutter lange

Zeit bei uns gewohnt. In *meiner* Wohnung! Er nahm mir meinen Raum und meine Intimsphäre. Weil ich es ihm nicht sagen konnte, bin *ich* ausgezogen. Ich habe den Weg des geringsten Widerstandes gewählt. Es war sicher nicht der einzige Grund für die Trennung, aber trotzdem... Abgeben und teilen ist echt nicht mein Ding."

„Da werden Sie auch die kleine Eva noch mal fragen müssen!"

„Was mich noch stört an mir, ist meine eigene Aggressivität. Ich zeige sie immer nur bei den Menschen, die mir besonders nah stehen und mir wichtig sind: meiner Mutter, meinem Freund, meiner Schwester. Und das meistens grundlos."

Ich stöhnte innerlich auf. Warum war das so? Ich hatte diese Menschen doch besonders lieb und wollte sie nicht verletzen!

„Meine Erfahrung bestätigt das", sagte Dr. Jung. „Wie weit man mit sich selbst gekommen ist, welchen Reife- und Gelassenheitsgrad man erreicht hat, zeigt sich immer nur an den Nächsten. Ich habe als Chef der Kurklinik alles mit Herz und Seele gemacht und genau das spiegelte sich in dem guten Verhältnis zu meinen Patienten und Mitarbeitern wieder. Krach und Ärger hat's immer nur hier gegeben."

Wo? *Hier?* War er bei der Therapie nicht mit Herz und Seele dabei, oder was?

Ich sah ihn verständnislos an... Nee! Das konnte doch nicht sein. Ein solches Strahlen in den Augen hatte man doch nur, wenn man mit Herz und Seele - ganz und gar - bei der Sache war! Und dann gab's doch auch noch den *kleinen* Klaus, der sich immer so sehr über meine Eltern aufregte.

„Ja, hier! Die Auseinandersetzungen habe ich mit meiner Frau und meinen Kindern, nicht mit Dritten."

Ach so! Ich dachte schon! Wollte er jetzt noch mehr dazu sagen? Scheinbar nicht! Also probierte ich es mal selber mit einer Erklärung:

„Ich habe mir auch Gedanken darüber gemacht, warum das wohl so sein könnte."

Dr. Jung sah mich gespannt an.

„Ich muss bei den mir am nächsten stehenden Menschen keine Rolle spielen. Da kann ich *ich* sein. Weil ich diese Menschen nicht verlieren kann."

Nicht schlecht die Erklärung. Nur half sie mir überhaupt nicht weiter. Das war das eine! Aber, warum *verletzte* ich diese Menschen dann ganz *bewusst*?

„Hinzu kommt", ergänzte Dr. Jung, „dass die mir am nächsten Stehenden mich selbst *auch* viel tiefer verletzen, weil ich für sie viel offener bin. Die Tiefe der gegenseitigen Verletzungen ist eine ganz andere als bei mir fremden Menschen. Und, *weil* Sie diesen Menschen nahe sind, können Sie sich bei ihnen gehen lassen."

*Gehen lassen*. Die Worte bekamen auf einmal eine ganz andere Bedeutung. Ich mache nichts Aktives. *Lassen*. Absolut passiv! Ich lasse etwas mit mir geschehen. Genau so war es ja auch. Ich rastete aus, ohne, dass ich es wollte. *Es* passierte mir. War dies nicht auch oft in Situationen, in denen ich mich selber nicht mehr aushielt? Wollte ich nicht auch mit der Aggression Beachtung von Dritten provozieren? So von wegen *>HÖR MIR ZU!<* Laut genug griff ich sicher immer an.

„Wenn mich auf der Straße ein Betrunkener anpöbelt“, unterbrach Dr. Jung meinen Gedankengang, „und schreit >Du bist ein Schwein! Du bist blöd!< dann sage ich >Und Du bist besoffen!<, lache darüber und gehe weiter. Aber wenn mein Freund kommt und dasselbe zu mir sagt, geht das ganz tief. Diese Worte haben Macht. Und weil sie mich ganz tief treffen, kann ich sie nicht einfach abschütteln.“

Ja, das war klar. Was ich jetzt immer noch nicht wusste, war der *Grund* für mein Verhalten. Warum verletzte *ich*? Ich würde wohl die Kleine fragen müssen.

„Was das Ganze für mich noch schlimmer macht: Ich bin dann wie mein Vater! Ich benutze *seine* Worte, ich imitiere *seine* Gesten und verhalte mich *wie er!* >Du hast keine Ahnung!< und beende Türen schlagend ein Gespräch! Ich hasse mich dafür!“

War dann die Tür hinter mir ins Schloss gefallen, wusste ich augenblicklich, wie der Zurückgelassene sich fühlte. Wie oft wäre ich am liebsten sofort wieder hin gegangen, hätte so gerne meinen Freund oder meine Mutter nur in den Arm genommen. Aber ich konnte nicht! Und mein Hass auf mich wurde noch größer! Verrückt!?

„Das ist ein Mechanismus“, erläuterte Dr. Jung, „dem Sie sicher noch häufiger begegnen werden. Die kleine Eva weiß ganz genau, wie beschissen ihr Vater mit ihr umgegangen ist. Es hat ihr wehgetan. Und dann kommt der Wahnsinn! Sie verhält sich genau so wie ihr Vater. Das ist doch ein Widerspruch, denkt man. Das kann doch nicht sein! Nein, genau SO ist es! Weil die Kleine es so gelernt hat. Die Eltern sind immer Vorbild für das Kind. Obwohl ihm wehgetan wird, will es stets so werden wie sie.“

„Das ist ja meine Angst! Ich fürchte mich davor, genau dieselben Fehler zu machen wie meine Eltern!“

„Und diese Angst ist berechtigt!“, bestätigte Dr. Jung.

Das saß! Ich hatte es gewusst! Na bitte! Du bist wie Deine Eltern! Finde Dich damit ab! C´est ça!

„Solange...“, fuhr Dr. Jung fort und ich horchte auf. Sollte es doch noch einen Hoffnungsschimmer am Horizont geben?

„... solange Sie die Mechanismen *nicht* erkennen. Sie müssen sie bei dem Kind in Ihnen auflösen! Sie sind jetzt ´dran und haben damit ja auch bereits angefangen.“

Ja! Ich wollte all’ diese Scheiß-Mechanismen in mir auflösen! Raus aus diesen ganzen Zwängen. Das wär’s!

Die dritte Aufgabe >Wann und wo reagiere ich übertrieben?< fehlte noch. Ich begann, laut vorzulesen und kam bis zu meinem Essverhalten.

„Das ist Bulimie".

Worte wie ein Messerstich! B U L I M I E ? Ich? Quatsch! Ich rannte doch nach den Essattacken nicht zur Toilette und erbrach alles. Obwohl... Manchmal war mir schon danach. Vor allem hätte ich dann noch weiter essen können. Weiter und weiter. War *das* krank? Blödsinn! Ich hatte doch auch Phasen, in denen es gar nicht so war. Wie hier in Ohlstadt. Hier aß ich bis ich satt war und nahm nicht zu. Zu Hause zählte ich wochenlang Kalorien zusammen und wurde trotzdem dicker. War mein Essverhalten gestört?

Ich horchte wieder mal in mich hinein. Irgendetwas in mir nickte ganz heftig mit dem Kopf! War das die Kleine? War das früher auch schon so? Ich konnte mich daran erinnern, dass ich mit 12 oder 13 Jahren bereits Diäten gemacht hatte. Wochenlang hatte ich nur Sauerkraut gegessen - roh, mit Wasser gekocht, später mit Unmengen Ketchup, damit ich es überhaupt noch durch meinen Hals bekam.

Wieso hatte meine Mutter das überhaupt zugelassen?

Und ganz früher? Meine Eltern waren an den Wochenenden oft weg. Ich war häufig alleine mit meiner Oma. Und immer bekam ich Süßigkeiten auf den Tisch gestellt. Sollte das auch schon Ersatz für Nähe sein? Hat die Kleine Eva die Schokolade in sich ´reingestopft, weil Mutti ihr fehlte? Ich würde die Kleine auch danach fragen.

„Eine Patientin hat mal folgendes gesagt:" erzählte Dr. Jung. „Wenn ich esse, ist meine Kleine still. Wenn mir das, was mein Kind mir sagen will, zu lästig wird, fange ich an zu essen. Solange, bis ich sie nicht mehr höre. Wenn ich nicht esse, dann spricht sie wieder und ich *muss* zuhören. Wissen Sie, was hier passiert? Diese Patientin stopft ihrer Kleinen den Mund!"

So war das wohl auch bei mir. Ich wollte diese innere Stimme nicht hören. Ich konnte sie nicht ertragen. Und essen half dabei. Machte mich irgendwann ruhig. Ruhig? Nein! Eher taub und gefühllos. Es war *kein* gutes Gefühl.

„Es ist eine Ersatzbefriedigung. Essen statt Liebe. Machen *Sie* Ihr Kind satt, indem Sie es lieben - nicht voll stopfen! Zurzeit verhalten Sie sich wie die Eltern! Geben *Sie* Ihrem Kind das, was es wirklich braucht! Es klappt doch bei Ihnen schon ganz gut!"

Stimmt! Ich konnte mein Kind lieben, in den Arm nehmen, auffangen... Deshalb war ich wohl auch beim Essen in Ohlstadt irgendwann satt und nicht so ätzend voll. Das war vielleicht wirklich der einzig richtige Weg.

Ich las meine Liste weiter vor, bis Dr. Jung mich erneut unterbrach.

„Haben Sie das alles, was Sie mir jetzt erzählen, auch mit der Kleinen durch gesprochen?"

Was sollte denn diese Frage jetzt? *Das* war doch gar nicht die Aufgabe! Außerdem: *Wann denn noch?* Diese ganze Liste hatte fast fünf Stunden gedauert! Erwartete er, dass ich das jetzt alles auch noch mal mit der kleinen Eva bespreche? Vergiss` es! *Mein* Tag hat nur 24 Stunden. Das mag ja im Alter anders sein.

„Nee....“ sagte ich – bemüht, meine Wut nicht zu zeigen. „Das hätte ich auch zeitlich gar nicht mehr geschafft!“

Der Ton in meiner Stimme war dennoch ein wenig trotzig. Ich merkte es selber. Wieso war es wieder mal nicht genug, was ich getan hatte?? *FÜNF Stunden!!* Verdammt!! Das musste doch wohl reichen.

„Wichtig ist“, sagte Dr. Jung fast beschwichtigend. Er hatte den Unterton also mitbekommen. „Wichtig ist, dass die Kleine diese Verhaltensweisen aufdeckt. Wenn Sie als Große nach Komplimenten gieren, dann doch deshalb, weil die Kleine nicht satt geworden ist. Die kleine Eva braucht noch immer die Bestätigung von außen. Das Teuflische daran ist, dass es *niemals* reicht! Die Bestätigung, nach der die Kleine giert, ist die Bestätigung von Mutter und Vater! Die bekommt sie nicht von Dritten. Geben *Sie* ihr die Bestätigung heute und jetzt! Schließen Sie die Gestalt ab! *Nur* Sie können das!“

Das wusste ich! Das Nachtgespräch war doch klassisch und Beweis genug. Zunächst wollte ich, dass jemand Drittes bei mir ist. Aber ich hatte relativ schnell gemerkt, dass es mir schließlich genügte, die Kleine im Arm zu halten. Oder die Kleine die Große? Na, zumindest sind wir Arm in Arm eingeschlafen! Dabei hatte ich nichts und niemanden vermisst! Ich hatte mich gut gefühlt! Also funktionierte es doch!

Ich arbeitete meine Liste weiter ab. Als ich ihm meine manisch-depressiven Phasen geschildert hatte, sagte Dr. Jung:

„Ich werde ein wenig unruhig“. Und wirklich: Er rutschte in seinem Sessel hin und her wie ein Kind, dem man befohlen hatte, stundenlang still zu sitzen. „Die Munitionsliste wird enorm lang.“

Ich lachte laut auf. „Ich habe Sie gewarnt! Wieder mal *perfekt?!*!“

„Sie müssen wirklich *alles* noch mal mit der kleinen Eva besprechen. Es ist wichtig, was *die Kleine* für Gründe für dieses Verhalten angibt. Wie Sie sich dies heute als Große erklären, ist nebensächlich!“

Ich machte wieder ein Ausrufungszeichen an den Rand. Okay! Ich wollte ja auch verstehen, warum ich mal depressiv war, dann wieder aufdrehte...

„Jeder Psychoanalytiker wäre begeistert über Ihre Erklärungen!“ freute sich Dr. Jung. „Aber, in DeKiD ist das nur die eine Seite. Hier ist die Arbeit pragmatischer. In DeKiD ist es wichtig, zu erforschen, wo die Wurzeln für ein Verhalten liegen. Wir brauchen das *wirkliche* Leid der *kleinen* Eva. Fragen Sie >Und? Wie hast Du Dich gefühlt? Wie ging es Dir damit, früher?< Fragen Sie, bohren Sie! Die Kleine muss es sagen, damit Sie an die Wurzel kommen. Sie brauchen Szenen! Nur mit Einzel-Munitionen können Sie die Wurzel beseitigen. Geben Sie Ihrem Kind neben Ihrer Liebe vor allem auch Ihre Achtung.“

Das hatte ich ja kapiert. Aber woher sollte ich die ganze Zeit nehmen?

Ich las weiter vor. Als ich ihm meine Sonnenmensch-Theorie vortrug, unterbrach Dr. Jung mich erneut: „Das ist wieder nur eine Erklärung der Großen. Vielleicht wird die kleine Eva dies bestätigen. Wenn das so sein sollte, ist das auch in Ordnung. Es ist normal, dass ein Mensch in der Sonne aufblüht wie eine Pflanze. Aber *nicht* in diesem Extrem, wie Sie es gerade geschildert haben! Die Kleine *übertreibt!*"

„Sie hat ja schon ein bisschen was dazu gesagt...", versuchte ich mich zu erklären. Ich beeilte mich, ihm vorzulesen, was KleinEva gesagt und wie ich sie dann in den Arm genommen hatte.

Dr. Jung lächelte.

„Wunderschön, wie das abgelaufen ist! Aber ich bleibe dabei: Wenn sie so gründlich arbeiten, müssen Sie die Konsequenzen tragen! Ich gebe zu, dass es eine Riesenaufgabe ist! Dennoch! Bitte, bitte, schrecken Sie nicht davor zurück! Sprechen Sie *alles* noch einmal mit der Kleinen durch! Alles, was Sie erzählen, ist wichtig. Also: Stück für Stück! Es ist die einzige Chance, alles aufzulösen!"

*Deshalb* war ich ja auch hier! Um alles aufzulösen und mich zu befreien! Ich würde mir selbst diesen Gefallen tun! Dennoch! Das Zeitproblem blieb... Als hätte Dr. Jung meine Gedanken erraten, sagte er:

„Sie werden hier in Ohlstadt vielleicht nicht mehr alle Fragen stellen und beantworten können. Es zeigt sich immer erst im Alltag, ob Sie Ihr Kind wirklich spüren und zulassen. Zu Hause wartet Ihr Job, Ihre alten Interessen sind wieder da, die Freunde haben Erwartungen, Ihr Freund Ansprüche... und... und... und... Hinzu kommt, dass niemand da sein wird, der Sie kontrolliert, Ihnen Haus-Aufgaben aufgibt oder Sie anstößt. Wenn Sie da nicht wach sind, wird diese Arbeit stocken. Ihr Kind wird sich wieder zurückziehen und vielleicht wieder einschlafen."

Nein!! Niemals würde ich zulassen, dass dieses Kind in mir wieder einschläft. *ICH BLEIBE BEI DIR UND HALTE DICH WACH!*

„Ich glaube, dass die kleine Eva schon immer in mir war und auch früher schon mit mir gesprochen hat. Zum Beispiel immer dann, wenn ich Tagebuch geschrieben habe, war sie es, die mir die Worte diktiert hat. In diesen Büchern stehen viele von meinen Gefühlen, von meinen Ängsten und Zweifeln. Das war immer meine Kleine, ganz sicher!"

Auch meine Gedichte, die ich seit Jahren schrieb. Das war ebenfalls die kleine Eva, die ihren Gefühlen in diesen Gedichten freien Lauf ließ. Bislang hatte ich sie niemandem gezeigt. Sie waren so sehr ein Teil von mir, dass ich mich nicht traute. Ich nahm mir vor, alle Gedichte noch einmal zusammen mit Kleineva zu lesen.

„Rilke", sagte Dr. Jung „erzeugt mit Worten Stimmungen, die echt und wahr sind. Ich erinnere mich an seine Beschreibung eines Milchwagens, der von einem Pferd gezogen, über ein Kopfsteinpflaster rattert. Während ich seine Worte las, habe ich die Räder des Milchwagens und die Hufe des Pferdes gehört. Rilke hat gesagt >Du musst etwas erleben und *sehen*. Wenn es dann versackt und *eine* Zeile davon wieder hoch kommt, dann ist es ein Gedicht!< Es muss vom Kopf in den Bauch gehen und von da über das Herz wieder hinaus, dann ist es echt. Dann schreibt der *kleine* Rilke."

Dr. Jung stand auf, holte das Buch „Fülle und Nichts" von David Steindl-

Rast und begann laut zu lesen: „Wir haben die Wahl zwischen Risiko und Risiko. Dem Risiko, ein Leben lang zu schlafen und niemals aufzuwachen oder uns wachsam dem Risiko des Lebens zuzuwenden, *der* Herausforderung des Lebens: der Liebe."

Schön!

„Steindl-Rast hat gesagt, dass es Gebete gibt und *das* Gebet. Gebete sind die, die tausendfach in Kirchen und Klöstern gesprochen werden. Wenn Du vor einer Kornblume stehst und Tautropfen siehst, die an der Blüte hängen, und Du nimmst sie in Dich auf, dann bist Du in der Situation, dass Du Kontakt mit der Schöpfung hast, mit dem Leben. Das ist *das* Gebet."

Wieso fiel mir jetzt meine Oma ein? Ich sah mich, wie ich vor sieben Jahren in der Leichenhalle alle gebeten hatte, mich mit meiner Oma alleine zu lassen. Sie war vor ihrem Tod lange Jahre bettlägerig und wurde von meiner Mutter wie ein Kleinkind gepflegt. Sie konnte nicht mehr reden und hat zum Schluss auch niemanden mehr erkannt. In diesem Moment, in der Leichenhalle, habe ich für sie ein Gedicht geschrieben. Ich hatte wohl schweigend *mein* Gebet für sie gesprochen. Niemals habe ich mich ihr näher gefühlt als in diesem Moment. Heute wusste ich, ich habe mich bedankt. >Danke, Oma!! Für Dich!!<

Diesen Augen-Blick beschrieb ich Dr. Jung.

„Ich bin sicher, dass Ihre Großmutter Ihnen gegenüber gestanden hat. Sie *war* bei Ihnen! Und Sie haben es gespürt. Es war eine Verbindung da. Ganz sicher! Genauso ist das ja auch mit Ihrer kleinen Eva! Sie ist nicht real da, aber *Sie* sehen sie und sprechen mit ihr!"

Warum taten mir diese Worte so gut!?

„In der Meditation gibt es Momente, in denen Kontakt mit Verstorbenen aufgenommen wird. Es sind Gespräche, die *wirklich* geschehen, ohne, dass Worte gesprochen werden. Es gibt viele Bücher hierüber. Ich kann Ihnen zum Beispiel ein Buch von Kübler-Ross empfehlen. Sie hat viel mit Sterbenden gesprochen und Kontakt aufgenommen. Heute arbeitet sie mit AIDS-Kranken."

„Wie ist das eigentlich in der Hypnose?" fragte ich ihn. „Ein Freund von mir hatte mir das mal als mögliche Therapieform empfohlen, um an Verschüttetes aus der Vergangenheit heran zu kommen. Wäre das eine Alternative zu DeKiD?"

„Therapie durch Hypnose ist ein interessantes und weites Feld. Ich selbst bin wiederholt hypnotisiert worden. Ein Phänomen, keine Frage. Nur, im Unterschied zu DeKiD geschieht in der Hypnose nichts Aktives. Der Patient ist nicht wirklich wach. Er ist passiv. Er wird von dem Therapeuten angeleitet, gefragt und geführt. Der Therapeut bestimmt den Weg. Es gibt interessante Experimente, um zum Beispiel die vorgeburtliche Situation zu ergründen. Aber, Sie haben doch selber in den Gesprächen mit Ihrem Kind erfahren, wie es ist, wenn man *wach* ist und *erkennt*. Hinzu kommt, dass Sie selbst die Chance haben, dieses verletzte Kind zu heilen. *Das* haben Sie in der Hypnose nicht. Hier werden vielleicht Dinge weggeboxt. Aber, warum muss ich einen Menschen hypnotisieren, wenn es in DeKiD lebendig geht. Vielleicht langsamer als unter Hypnose, aber intensiver. Bei jedem! Manchmal passiert es auch, dass ein Patient in der Hypnose *zu* schnell an Verdrängtes heran kommt. Da kann dann genau das Gegenteil eintreten und es passiert nichts mehr. In der Hypnose ist der Patient wehrlos und immer – zumindest teilweise – auch dem Therapeuten ausgeliefert. Bei der Hypnose ist Grundvoraussetzung, dass ein ganz großes Vertrauen zwischen Therapeut und Patient besteht. Nur so kann der Patient sicher sein, dass der Therapeut *ihn* wirklich sieht. Hier, in DeKiD, bestimmen Sie *selbst* das Tempo. Die kleine Eva erzählt immer nur das, was sie erzählen kann und will. *Das* ist das Schöne!"

Stimmt! Erschien mir alles einleuchtend. Ich brauchte keine Hypnose! Ich würde es auch ohne schaffen.

„Da wartet jetzt eine saftige Aufgabe auf Sie. Lassen Sie sich Zeit! Alles, was Sie mir erzählt haben, ist wichtig!"

Z E I T... Woher nehmen, wenn nicht stehlen????

Wir vereinbarten einen neuen Termin für Freitagabend. Meine Gruppe wollte kegeln gehen, aber das war mir egal. Ich wollte möglichst viel Zeit mit der kleinen Eva verbringen und möglichst alles noch mit Dr. Jung besprechen! *ES WAR WICHTIG!* Für mich und für die kleine Eva in mir, die schon wieder anfing, auf und nieder zu hopsen.

Was wollte sie mir jetzt schon wieder sagen? Ich war gespannt...

# Verlieren und Finden

Voller Elan lief ich den Weg zum Kurgelände zurück. Ich spürte die kleine Eva in mir, die unbedingt ganz schnell zu all dem, was ich Dr. Jung erzählt hatte, etwas sagen wollte. Selten war ich so motiviert, mit dem Kind in mir zu sprechen.

Aber es kam alles ganz anders.

Vor dem Kurhaus traf ich Michael. Ich sah sofort, dass etwas nicht stimmte.

„Kann ich mal mit Dir reden?“ fragte er.

Na, das war doch mal was Neues. Geredet hatten wir in den letzten drei Wochen ja so gut wie gar nicht! Gleichzeitig spürte ich hinter meiner Ironie ein anderes Gefühl. *So* ernst war er noch nie gewesen. Ich wusste, er wird mir etwas sagen, was ich gar nicht hören will...

„Klar! Was gibt's?“

Lockerer konnte ich es nicht ´rüber bringen. Selbst für mich klang meine Stimme ein wenig *übertrieben* gut gelaunt. Wir setzten uns auf eine Bank vor dem Kurhaus.

„Ich will mich nicht mehr mit Dir und den anderen aus der Clique treffen. Ich habe eine andere Frau kennen gelernt, die ich total toll finde. Mit ihr würde ich gerne die letzte Woche in Ohlstadt verbringen.“

Es war wie ein Schlag ins Gesicht. *Warum?* Konnte er nicht noch *die* fünf Tage warten, bis er das nächste Techtelmechtel anfing? Musste er mir unbedingt noch mal so richtig wehtun? So kurz vor dem Ende der Kur? Klar! Die anderen waren nett, aber eigentlich war ich doch nur *wegen* Michael mit ihnen zusammen. Oh no! Lass` das alles nicht wahr sein!

Und? Was sollte *ich* jetzt machen? Ich sah ihn an. Meine stumme Frage >Ach, verdammt, Michael, musste *das* sein?< blieb unbeantwortet. Also war ich wohl ´dran.

„Tja... ähm.... Was soll ich dazu sagen? Klarere Worte habe ich selten von Dir gehört... Ich verstehe das alles zwar nicht... Aber...“

„Es ist halt so. Tut mir leid.“

Und mir erst! VERDAMMT! Ich stand auf.

„Tja, dann..... Schönes Leben!“, sagte ich. Ein letzter Blick... Dieser Mann hatte verdammt schöne Augen...

*>WEG HIER!<* schrie irgendjemand! *>Scheiß' auf das Mittagessen!<* Da nachmittags eh` keine Wanderung angesagt war, rannte ich fast davon. *>SCHNELLER!<* Ich musste aus seinem Blick raus...

Als ich mich weit genug von Michael entfernt hatte, setzte ich mich ins Gras... Erst mal durchatmen... Was hatte die Clique eigentlich geplant für heute Nachmittag? Einkaufen... Stimmt. Oh nee, bloß nicht jetzt auch noch in die fragenden Augen der anderen sehen... Bloß nicht!!! Ich stand wieder auf und rannte zu meinem Auto.

*WEG!!!!*

Ich fuhr los, ohne zu wissen, wohin. Nach einer halben Stunde fand ich mich auf dem Weg zum Kloster Andechs wieder. Witzig! Wieso fuhr ich denn da hin? Dann fiel mir ein, dass Günter und Max, zwei aus meiner Wandergruppe, die ich besonders gerne mochte - und bei uns beruhte es auf Gegenseitigkeit - heute Nachmittag auch zum Kloster wollten. Ja, das traf sich doch gut. So musste ich wenigstens nicht alleine sein!

Ich war bereits länger als eine Stunde unterwegs. Natürlich hatte ich mich verfahren, weil meine Gedanken noch immer bei Michael und nicht auf der Straße waren. Ich fühlte, *wie* schlecht es mir ging. Ich war so traurig. Ich wollte das alles nicht *so* beenden. Verdammt, ich hatte ihn lieb gehabt! Zählte das denn gar nicht? War ich ihm denn so egal? War alles nur ein Spiel? Eine nette Bettgeschichte, die er mitgenommen hat? Tränen liefen mir über das Gesicht.

Beim Kloster angekommen, fühlte ich mich wie erschlagen von dem Menschenauflauf. Was war das denn? Oje, dazu hatte ich nun gar keine Lust! Wie sollte ich Günther und Max hier finden? Der Zufall half mir. Ich fiel fast über sie. Ihre Freude darüber, mich zu sehen, tat mir gut. Es gab also doch noch Menschen, denen *ich* wichtig war, nicht nur mein Körper.

Ich schwor mir, Michael ab sofort aus meinem Kopf zu verdrängen. Günter und Max machten es mir leicht. Irgendwann konnte ich sogar wieder lachen.

Am nächsten Morgen war sie dann doppelt wieder da, die Traurigkeit. Das Leben erschien mir leerer. Wie sollte ich den Rest dieser Kur nur überstehen? Ich quälte mich mit Herzklopfen zum Frühstück. Wie würde Michael mit mir umgehen? Ich bekam keinen Bissen herunter.

Ich sah zur Tür. Wo blieb er denn? Da... Da kam er! Mein Herz setzte für eine Sekunde aus. Aus den Augenwinkeln beobachtete ich ihn. Er kam herein, ging an meinem Tisch vorbei, ohne mich an zu sehen, setzte sich kurz zu einer Frau und ging dann *mit ihr* nach fünf Minuten wieder hinaus.

Es war, als risse mir jemand das Herz heraus. So cool konnte er doch nicht sein! Gab's das? Was hatte ich ihm denn getan, dass er *so* mit mir umging? Ich schlug so doll mit der Faust auf den Tisch, dass Max, mein Tischnachbar, zusammen zuckte. Es war mir egal! Er wusste ja Bescheid.

Als ich sicher sein konnte, Michael nicht noch einmal zu begegnen, ging ich zurück in mein Zimmer. Aber auch hier hielt ich es nicht lange aus. Ich musste *irgendetwas* tun. Raus! Ich glaubte, zu ersticken! *Frischluft!!*

Erst als ich auf dem Dreschplatz stand, wusste ich, dass ich genau *das* wollte: dreschen!! Die ganze Wut in mir sollte heraus kommen! Ich würde diesen Scheißtypen hier im Wald fix und fertig machen! Blauschlagen! Er hatte es verdient!!

Ich stellte mich vor den Felsen und schlug wie wild darauf ein. Immer wieder sah ich Michael vor mir, wie er beim Frühstück einfach an mir vorbei lief...

„ARSCHLOCH!! Was habe ich Dir denn getan? War denn alles unwichtig? *WER* bist *DU?"*

Ich schrie, ich weinte...

Während ich den zweiten Stock zerschlug, wurde Michael von einer anderen Person überdeckt... So als hätte jemand ein zweites Dia vor das erste geschoben... Was war das denn? Was machte *der* denn hier?

*PAPA!?!?*

Ich konnte nicht aufhören zu schlagen. Ich war die kleine Eva... Ich nahm einen dritten Stock, dann einen vierten......

„Ich will nicht mehr hinter Dir her laufen! Du tust mir weh! Immer wieder! Wenn ich einen Schritt auf Dich zu mache, machst Du drei zurück! *W a r u m* willst Du meine Liebe nicht? *Warum* lässt Du mich immer wieder alleine mit meiner Liebe? Verdammt! Ich will Deine Liebe! Ich habe ein Recht darauf!!!"

Immer wieder schleuderte ich meinem Vater diese Sätze ins Gesicht.

Schließlich konnte ich nicht mehr. Der Waschlappen war durch die unebenen Stöcke kaputt gerissen. Meine Hände waren ebenfalls wund gerieben von der Rinde der Stöcke. Ich setzte mich – fix und fertig - neben den Felsen. Obwohl keine Traurigkeit in mir war, liefen noch immer Tränen über mein Gesicht... Ganz langsam fühlte ich mich leichter. Leichter? Wohl eher *erleichtert* von dem Ballast, der mich seit dem Gespräch mit Michael fast erdrückt hatte. In mir schien ein Knoten geplatzt. Das spürte ich auch körperlich.

Ich zog meine Jacke aus. Mir war total warm! Diese Jacke presste ich jetzt so stark ich konnte an mich. Ich nahm mich in den Arm.

„Kleine, wir werden uns gegenseitig all das geben, was wir so vermissen! Ich mag Dich, so wie Du bist. Ich lass Dich nie mehr alleine! Ich werde immer da sein, wenn Du mich brauchst! *Ich* liebe Dich! Und: Ich brauche *Dich*!"

Als ich viel später den Weg zurückging, hielt ich noch immer meine Jacke fest an mich gedrückt. Das Kurgelände war schon fast in Sicht, als mir bewusst wurde, dass ich bereits wieder anfing, über Michael nachzudenken. *Wieso?* Ich wollte keine Sekunde mehr an diesen Idioten denken...

Ich ließ mich von meiner kleinen Eva ein zweites Mal innerhalb einer Stunde zum Dreschplatz zerren. Ich zerschlug noch mal zwei Stöcke in kleinste Teilchen. Poah, wie gut das tat! Diese Wut *endlich* los zu werden. Klasse!!!!

Nach dem Dreschen setzte ich mich auf eine Bank. Die Sonne schien und ich fühlte mich wohl. Gab's das? Konnte man innerhalb einer Stunde von einer Wut und immensen Traurigkeit zu einem Gefühl der Ruhe und Zufriedenheit kommen? Das hatte *ich* noch nie erlebt! Das war vollkommen neu! Und irre schön!!

„Ey, Kleine, ich habe Dich so lieb!"

Die kleine Eva saß neben mir auf der Bank und baumelte mit ihren Beinchen, weil sie mit ihren Füßchen den Boden nicht berühren konnte. Ich fragte sie: „Warum trifft Dich die Sache mit Michael so tief? Was ist das in Dir?"

„Ich war bereit, ihm ganz viele Gefühle, meine Liebe, meine Nähe und Wärme zu geben und habe das sicher auch versucht. Aber *ER* hat es nicht zugelassen. Nicht wirklich! Er war da, aber irgendwie auch nicht. Wieder mal war es so, dass *ich* Nähe, Geborgenheit und Wärme gespürt habe. Aber wieder mal habe nur *ich* es gefühlt. Der andere nicht. Damit hat Michael mich eingesperrt! Nicht ich oder Du sondern ein Anderer hat uns nicht zugelassen. Er hat uns nicht so gesehen wie wir wirklich sind. Dadurch hat *er* mich daran gehindert, ihm zu zeigen, was ich fühle. Schon wieder wollte jemand meine Liebe nicht."

„Erinnert Dich das an früher?"

Sofort sprudelte Kleineva los: „Ja! Papa war genau *so*. Er wollte meine Liebe auch nicht. Er hat sie gar nicht bemerkt! Alle meine Anstrengungen waren umsonst. Egal, was ich getan habe, es war *umsonst*. Es kam nichts zurück!! Irgendwann habe ich aufgehört, ihm meine Liebe zu zeigen und sie eingesperrt. Das tat nicht so weh!"

„Wie fühlst Du Dich jetzt? Resigniert?"

„Ich habe ein bisschen Angst davor, dass ich nicht mehr darauf *vertrauen* kann, dass ich okay *bin*. Ich habe wieder das Gefühl - wie früher - , dass meine Liebe nicht reicht oder falsch ist. Dass ich nicht wirklich lieben kann... Und dass ich das vielleicht nie lerne..."

Oha! Ich spürte, wie tief diese Angst und Verzweifelung saß. *Das* war nicht mehr Michael, der diese Gefühle in mir auslöste! *Das* war etwas ganz Grundsätzliches *in mir*. Und: es kam mir verdammt bekannt vor! Plötzlich wusste ich, was zu tun war! Ich musste diesem Kind seine Angst nehmen.

„Aber, Kleine, Du hast Deine Liebe doch gefühlt und gezeigt! Vielleicht können nur die anderen ihre Liebe nicht zeigen. Vielleicht sind sie noch viel verschlossener als Du?"

Ja. Vielleicht, dachte ich. Vielleicht war das so... Trotzdem...

„Kleine, glaubst Du, dass Du bei Michael etwas falsch gemacht hast?"

„Nein. Ich habe alles getan, was ich tun wollte und konnte. Ich war ich. Deshalb war es nicht falsch! Aber vielleicht noch zu wenig oder zu viel. Ich weiß es nicht!"

Als ich diese Worte geflüstert hatte, spürte ich, dass ich in den Arm genommen werden wollte. Ich nahm erneut meine Jacke und drückte sie an mich. Ach, Kleine!...

Nach dem Mittagessen traf ich Michael vor dem Kurhaus. Er saß zusammen mit unserer Clique in der Sonne. Meine ‚Konkurrentin' war nicht zu sehen. Ich packte die Gelegenheit beim Schopfe. Ganz ruhig, fast gelassen, ging ich auf ihn zu.

„Hallo Michael!"

Er sah mich fast ein wenig erstaunt an. „Hallo!?"

„Hast Du mal zehn Minuten Zeit für mich?“

Jetzt fielen ihm fast die Augen aus dem Kopf. Was jetzt? Ist das jetzt so dramatisch, oder was? Haste Zeit oder haste nicht??? Spuck’s aus!

„Ja, klar. Wir... können... ja... ein ... Stück... spazieren... gehen....“, stotterte er.

Dieser Mann war noch immer für `ne Überraschung gut. Seit wann bewegte der sich freiwillig? So liefen wir durch die Mittagssonne und konnten zum ersten Mal wirklich miteinander reden. Ich erzählte ihm von der Therapie, von dem Dreschen und von meiner Traurigkeit und Wut über ihn. Er hörte mir richtig interessiert zu. Wieso hatten wir vorher nie miteinander geredet? Es ging doch! Zum ersten Mal erzählte er mir *wirklich* von sich, von seinen Gefühlen. Nach einer Stunde waren wir uns mit Worten viel näher gekommen als mit allem, was vorher war.

„Michael, ich habe Dich wirklich gerne. Ich wünsche Dir, dass alles, was Du Dir für Dein Leben vornimmst, klappt! Der kleine Michael ist nämlich gar nicht so cool, wie der Große aussieht.“

Wir umarmten uns und als ich wenig später mit der kleinen Eva auf meinem Balkon saß, ging es uns Beiden richtig gut. Das hatten wir doch toll zusammen hingekriegt! Wir grinsten uns fast ein wenig verschwörerisch an....

Nach der nachmittäglichen Wanderung holte ich meine Post ab. Da war ein Brief von meiner Schwester. Ich war richtig gespannt, was sie mir zu der Therapie, von der ich ihr in meinem Brief geschrieben hatte, sagen würde. Noch an der Rezeption machte ich den Brief auf:

*>Hallo Kleine! Hallo Große!*

*..... Ich habe Deinen Brief gelesen. Du schreibst viel. Trotzdem möchte ich noch mehr wissen: Wer ist die kleine Eva? Was fühlt sie? Wie sieht sie aus? Ich möchte sie gerne kennen lernen... Ich glaube, dass die Zeit in Ohlstadt für Dich ganz wichtig ist. Du spürst nur Dich und bist weit weg von Deinem sozialen Umfeld. In Ohlstadt probierst Du Sachen aus, die Du Dir vorher noch gar nicht hast vorstellen können. Und Du nimmst Dir Zeit, Dich mit Dir auseinander zu setzen und Dich kennen zu lernen. In Berlin wäre das nie gegangen. Nimm` es für Dich und behalte es für Dich! Es ist Deins! Und wenn Du länger bleiben willst, dann mach` das! Wir vermissen Dich zwar alle sehr, aber Du hast in Ohlstadt einen Stein ins Rollen gebracht. Jetzt solltest Du auch den ganzen Berg abtragen, vor dem Du vielleicht noch stehen könntest, wenn Du bereits jetzt zurückkommst. Du hast mit Dr. Jung einen Menschen gefunden, dem Du vertraust, der Dir hilft, Deinen Weg zu finden und mit dem Du arbeiten kannst. Es ist Deine Chance! Wenn er Dir helfen kann, weiter zu kommen, halte den roten Faden noch etwas länger fest! ......<*

Ein schöner Brief! Oh, wie sehr liebte ich meine Schwester! Ich nahm mir vor,

Dr. Jung diesen Brief vorzulesen.

Aufgrund der ganzen Spontan-Ereignisse hatte ich natürlich kaum noch Zeit, mit der kleinen Eva all die Punkte der letzten Stunde durch zu sprechen. Ich wollte aber wenigstens die für mich wichtigsten Punkte zusammen mit der Kleinen auf den Grund gehen.

Ich sah meine Notizen durch. Wo stand es denn? Ah ja, genau... Die vermeintliche Stärke, die andere in mir sahen, obwohl ich mich selbst schwach und klein fühlte. Hierzu wollte ich von der Kleinen mehr hören.

Da mir klar war, dass ich nur dann *richtig* an die Wurzel kommen würde, wenn ich die Stühle wieder in den Raum stellte, wartete ich bis nach dem Abendessen. Mir war klar, dass dieses Gespräch länger dauern würde.

„Kleine, warum demonstrieren wir nach außen eine Stärke, die wir innerlich gar nicht haben? Warum können wir nicht ehrlich sagen und zeigen, dass wir uns schwach fühlen?"

Wieso sagte ich *wir*? Doch, das war schon okay. Es waren ja Klein- *und* Großeva, die sich so verhielten. Ich setzte mich auf den Stuhl der Kleinen. Noch immer zog ich meine Beine hoch auf den Stuhl. Nur so *war* ich die kleine Eva.

„Weil Du Angst hast, Dich verletzbar zu machen, wenn Du Gefühle zeigst. Du hast Angst davor, dass Dir jemand wehtun könnte. Und *weil* Du Angst hast, spielst Du die >ich bin stark<-Rolle. Manchmal bewusst, aber oft auch unbewusst. Du willst damit alles unter Kontrolle haben. Vor allem *Deine* Gefühle. Und immer dann, wenn es Dir *besonders* schlecht geht, bist Du *besonders* kontrolliert. Du spürst mich in Dir, aber Du willst mich nicht spüren. Vielleicht hast Du ja auch Angst vor *mir, v*or Deinen eigenen Gefühlen?"

Interessant!

Aber da war noch mehr, was ich der Großen sagen musste. Die kleine Eva war noch nicht fertig mit ihr.

„*Ich* bin nicht schwach! Ich *bin* stark! Du würdest es merken, wenn Du mich zu lassen würdest. Wenn ich verletzt werde, möchte ich weinen können. Wenn ich glücklich bin, möchte ich lachen und es sagen können. *Du* sperrst mich ein! Vielleicht würdest Du sogar merken, dass Du auch gar nicht schwach bist, wenn Du mich nicht einsperren würdest? Verletzt bin ich auch, *weil* Du mich in solchen Momenten weg drückst. *Du* verletzt mich."

Das war ja jetzt der Hammer! Ich wollte wissen, warum ich die Starke spiele, obwohl ich schwach bin und die Kleine hatte nichts Besseres zu tun, als mir um die Ohren zu hauen, dass ich mich selbst verletzte? So war's doch nun wirklich nicht. Schwachsinn....

Oder doch?

Auf jeden Fall waren das wieder mal Vorwürfe. Also musste ich sie an die Kleine zurückgeben.

„Das bist Du doch in mir, die mich das so machen lässt. Woher kommt es denn? Kennst Du das von früher?"

Na, da wollte ich doch mal hören, was nun kommt. Ich verstand mich selbst nicht mehr.

„Früher habe ich gekämpft, um Gefühle zu bekommen. Ich wollte sie spüren. Es war egal, ob liebevolle Gesten, ein Lächeln oder ein Mal-in-den-Arm-nehmen. Ich habe mich so angestrengt dafür. Trotzdem bekam ich nicht das, was ich wollte. Irgendwann habe ich meine Gefühle eben auch nicht mehr gezeigt. Genau wie Papa! Ich habe angefangen, Leistungen zu erbringen, damit ich wenigstens Anerkennung bekomme. Ich war hübsch, schlau und brav. Alles *kontrolliert*. Es ging dabei nicht mehr um meine *Gefühle*, sondern nur noch um perfekte Äußerlichkeiten. Vielleicht habe ich da gelernt, dass eigene Gefühle nicht wichtig sind und sowieso immer nur wehtun. Und, dass ich von anderen positive Gefühle nur bekomme, wenn ich etwas leiste."

Hatte die Kleine jetzt eigentlich meine Frage beantwortet? So ganz klar war mir das nicht... Aber ich hatte zu wenig Zeit, um es zu überprüfen. Morgen würde ich alles Dr. Jung vorlesen und schon dahinter kommen, was das alles zu bedeuten hat. Zumindest war's ja bislang immer so.

Wo hatte ich denn sonst noch Ausrufungszeichen an den Rand gemacht? Da! *Bulimie* war ganz dick und fett unterstrichen. Stimmt! Als Dr. Jung meine Rück- und Fresszüge auf diesen Punkte brachte, war ich fast ein wenig geschockt gewesen. Hierzu musste ich die kleine Eva unbedingt befragen. Hatte ich das als Kind auch schon so gemacht? Ich konnte mich an nichts dergleichen erinnern. Nur an meine permanenten Diäten, als ich schon älter war. War da sonst noch was? Ich hatte keinen blassen Schimmer. Sicher war nur, *dass* ich das loswerden wollte.

„Woran erinnert Dich das Verhalten >Zurückziehen und essen<? Hast Du das früher auch so gemacht? Und, wenn ja, warum und in welchen Situationen?"

Ich saß ungewöhnlich lange schweigend auf dem Stuhl der Kleinen. Da waren keine Erinnerungen... Ich horchte in mich hinein... Da *musste* etwas sein... Ich fühlte es... Ganz blass tauchten allmählich Bilder auf...

„Ich bin früher manchmal weg gelaufen und habe mich versteckt, damit mich jemand sucht. Aber keiner, weder Papa noch Mama, hat mich gesucht. Vielleicht haben sie gar nicht gemerkt, dass ich nicht mehr da bin. Meistens habe ich ziemlich lange gewartet. Es ging mir in meinem Versteck immer schlechter. Das war nicht mehr lustig! Sie sollten mich doch *suchen* und *finden*! Ich wollte wieder bei ihnen sein!"

Auf einmal tauchte noch ein Bild auf: Ich saß auf einem Stuhl mit einem großen Badehandtuch um meinen Körper. Meine Mutter trocknete mich ab. Ich liebte es, wenn sie das Handtuch um meinen Kopf und über mein Gesicht legte und es irgendwann weg zog und mich anlachte >Oh, da bist Du ja wieder!!< Wie hatte ich mich immer über das lachende Gesicht meiner Mutter gefreut. Ja! *Da* wollte sie mich wieder bei sich haben! Das war schön! Ich konnte nicht genug davon bekommen. Immer war ich ein bisschen zu früh trocken.

Aber da gab's noch andere Bilder. Ich mit meinem Vater in der Kneipe. Ich war zwar da, aber er bemerkte es nicht. Selbst wenn ich raus ging, sah er es nicht mal. Ich war manchmal ewig lange draußen. Nie kam er, um nach mir zu suchen. Wenn ich nach Hause wollte, ging er nicht mit. Er gab mir ein Eis und schickte mich wieder weg. Hatte ich da schon gelernt, dass Essen Frustgefühle vertreibt?! Es gab ja nichts anderes, also aß und trank ich.

Ich setzte mich zurück auf den Stuhl der Großen.

„Aber heute ist es anders. *Du* isolierst Dich selbst! *Du* rufst niemanden an! Du *willst* alleine sein! Und wenn Du es dann bist, fängst Du irgendwann an zu essen, bis Dir schlecht wird! *Warum*?"

„Weil ich mich ganz einsam und alleine fühle. Weil ich denke, niemandem bin ich wichtig. Ich würde doch nur stören und nerven, wenn ich dann jemanden anrufe. Manchmal gibt es ja auch gar keinen konkreten Grund für meine Gefühle! Was soll ich denn einem anderen Menschen erzählen? Also lass` ich es ganz und hole mir das, was ich von anderen nicht bekomme mit Essen. Süßigkeiten!! Die sind so lecker! Dann geht's mir besser! Ich will satt und zufrieden sein! Ich will mich wohl fühlen! Aber so richtig >satt< werde ich nicht! Meistens ist mir sowieso irgendwann schlecht! Und dann fühle ich mich noch hässlicher und verstehe noch besser, dass mich niemand liebt."

Dieses Gefühl, anderen auf den Geist zu gehen, sie latent mit meinem unkonkreten Frust zu langweilen, hatte ich so verinnerlicht! Wieso eigentlich? *Konkrete* Gründe gab's hierfür doch wirklich nicht! Bislang hatte mir noch niemand gesagt, dass ich langweilig bin?! Wieso glaubte ich das dann?

„Hast Du das Gefühl, dass Du früher eine Belastung warst? Dass Mutti oder Papa Dich nur lieb hatten, wenn Du ein bestimmtes Verhalten an den Tag legtest?"

„Wenn ich lieb und brav war, fühlte ich mich geliebt. Ich durfte vieles nicht sagen oder machen. Sobald ich irgendetwas 'Falsches' tat oder sagte, wurde es bestraft mit Schlägen, Schimpfe, Verboten oder dem Entzug von Liebe. Deshalb war ich wohl vor allem *aus Angst* vor Strafen lieb und brav. Heute ist es vielleicht ähnlich?! Wenn ich *nicht* lustig, locker und witzig - gut drauf - bin, dann mag man mich nicht mehr. Und weil ich das nicht will, bleibe ich lieber alleine zu Hause, wenn ich schlecht drauf bin. Aber gerade dann vermisse ich meine Freunde und ihre Nähe noch mehr. Ich sehne mich danach und fange an zu essen. Bis der Schlaf kommt oder die Übelkeit. So oder so lässt mich das die Sehnsucht vergessen!"

Suuuuuper! Genau *das* war's! Ich sehnte mich in diesen Momenten nach Nähe und Wärme! Essen *war* Ersatz! Mir fiel auf, dass ich diese Phasen niemals hatte, wenn ich mich mal frisch verliebt hatte. In diesen Zeiten *vergaß* ich sogar manchmal, zu essen. Verdauungsprobleme hatte ich dann auch nie! Meistens nahm ich tierisch ab, was ich bislang immer als angenehmen Begleiteffekt angesehen hatte. Aber: normal war das doch auch alles nicht!

Da musste ich meine Kleine wohl noch ganz oft in den Arm nehmen. Ich hatte sie so lieb! Ich nahm mir vor, bei der nächsten Rückzugs- und Fressphase meine Kleine ganz liebevoll fest zu halten und ihr auf diese Weise ganz viel

Nähe und Wärme zu geben. Vielleicht würde das ja reichen?

Als ich alles aufgeschrieben hatte, ging ich mit der kleinen Eva im Arm schlafen. Wir hatten heute viel zusammen gemacht und uns richtig gut verstanden. Ich lächelte. Wie richtige Freunde! Diesen Gedanken nahmen wir mit in unseren Schlaf.

# Heilende Wunden

Morgens nach dem Frühstück ging ich zum vorletzten Mal zu Dr. Jung. Den Brief meiner Schwester hatte ich in meiner Tasche. Was er wohl dazu sagen würde? Sollte ich noch ein oder zwei Wochen länger bleiben? Genug zu tun hatten die kleine Eva und ich sicherlich noch für Monate.

Als wir wieder in unseren Sesseln saßen, erzählte ich ihm die ganze Geschichte von Michael - vom süßen Anfang bis zum bitteren Ende. Dr. Jung unterbrach mich nur einmal, als ich beim Dreschen angekommen war mit einem „Sehr schön!“ Dabei sah er wirklich richtig zufrieden aus. Schließlich war ich bei dem Gespräch mit der Kleinen auf der Bank angelangt. Konnte ich genug lieben oder war es Michael, der das nicht konnte?

„Nein, nein“, unterbrach Dr. Jung mich. „Erst mal ist es toll, dass Sie durch diese Affäre mit dem Michael an Punkte gekommen sind, die ganz wichtig für Sie sind. Sie dürfen bei all` dem nie vergessen, dass sich die *kleine* Eva beim Vater immer angestrengt und abgemüht hat, um *seine* Liebe zu bekommen! Noch viel mehr als bei Michael. Die *kleine* Eva fragt sich auch jetzt: >Wer bin ich denn? Ich liebe falsch! Denn, wenn es richtig wäre, würde ich doch auch Liebe bekommen! *Ich* bin nicht richtig!< und, bitte....“, sagte er eindringlich, während er mit der flachen Hand wieder und wieder auf das Tischchen klopfte

„... dies ist eine neue Munition! >Vater, Du hast mir gezeigt, dass meine Liebe falsch ist! Du blöder Kerl merkst gar nicht, wie sehr ich mich anstrenge, damit Du mich lieb hast! Ich will mich nicht anstrengen müssen! Meine Liebe ist echt und richtig!< Michael ist wieder nur eine Wiederholung! Das *muss* Ihnen klar sein. Es ist der Vater, bei dem die Kleine sich anstrengt. *Den* sieht sie, nicht den Michael. *Der ist unwichtig!“*

Ich wusste, dass es stimmte. Warum sonst wäre es möglich gewesen, so gelassen und ruhig mit Michael über alles zu sprechen. Michael war mir im Prinzip egal. *Mein Vater* machte mich noch immer fertig!

Zum ersten Mal wurde mir bewusst, was für ein irres Schlüsselerlebnis dies war. Ich hatte dadurch erlebt, wie eine Wiederholung ablief. Wie schnell klar werden konnte, dass die Vergangenheit mich gefangen hielt, nicht die Gegenwart! Absolut deutlich war es doch beim Dreschen im Wald. Michael war nicht mehr und nicht weniger als eine Projektion, die sofort verschwand, als ich mit dem Stock auf ihn eingeschlagen hatte. Meinen Vater hatte ich verprügelt und genau *der* hatte es auch verdient. Michael war austauschbar. Noch niemals zuvor hatte ich alles so *klar* gesehen.

Während ich - fast ehrfürchtig - meinen Gedanken nachhing, sagte Dr.

Jung: „Wissen Sie, selbst *wenn* Michael ganz anders gewesen wäre zu Ihnen: offener und mit mehr Liebe für Sie, wäre die *kleine* Eva auch nicht satt geworden. Weil Michael nicht der Vater ist. Es wäre dann wie bei Ihrem Freund gewesen. Er liebt Sie und zeigt es Ihnen. Trotzdem glauben Sie, nicht genug lieben zu können.“

Ja, klar... Auch das stimmte. Es wäre nie *genug* gewesen, ganz sicher nicht! Schon verrückt, was mein Vater in mir kaputt gemacht hat. Hoffentlich nicht für immer... Sicher war ich mir noch immer nicht.

„Die kleine Eva *kann* lieben! Natürlich kann sie das“. Wieder schien Dr. Jung meine Gedanken zu lesen. „Sonst hätte sie doch gar nicht diese Traurigkeit und Wut in sich. Sie müssen ihr jetzt dabei helfen, diese Liebe wieder zu erkennen und zu fühlen. Lieben *Sie* Ihr Kind, *leben* Sie die Liebe zu der kleinen Eva! Und sie wird ganz schnell wieder *wissen,* dass ihre Gefühle echt und gut sind.“

Warum hatte ich noch immer Zweifel? Kleine, was ist los? Vertraue mir, flüsterte ich ihr in Gedanken zu. Wir kriegen das hin! Zusammen!

„Ich saß mal in einem Zugabteil mit einem vielleicht dreijährigen Mädchen“, erzählte Dr. Jung. „Und wissen Sie was? Sie hat mit mir geflirtet! Und wie! Unbeschreiblich! Und genau *das* hat die kleine Eva früher auch gekonnt. Sie hat es nur irgendwann eingestellt. Es hatte ja doch alles keinen Zweck.“

Ja.......

„Eine gezielte Munition auf die schlechte Situation, die der Vater erzeugt hat. Das muss deutlich werden! Der Schluss: >Vater kann nicht lieben, also kann Michael auch nicht lieben< *ist falsch.* Darum geht es nicht. Vermutlich konnte Michael lieben. Doch auch das ist egal! Hören Sie auf, sich damit zu trösten! Sie müssen die Nöte und Wut der kleinen Eva heraus dreschen. Nur so lösen Sie es auf! Verdreschen Sie diesen verkorksten Vater für das, was er der Kleinen angetan hat!“

Worauf Sie Gift nehmen können!

*„Das* ist die Basis!“ sagte Dr. Jung. „Wahrscheinlich hat die kleine Eva den Michael schon viel freier lieb gehabt als die Männer vorher. Sie ist durch das bisherige Dreschen schon ein wenig befreiter. Aber die alte Verunsicherung ist natürlich noch da. Deshalb zweifelt sie. Deshalb spielt sie noch immer eine Rolle. Sie *übertreibt* aus ihrer Not und Ihrem Glauben heraus, nicht wirklich genug lieben zu können.“

Das Spiel zwischen Mann und Frau sei fast immer durch Rollenspiele gestört. Wenn sich zwei zum Beispiel hier in der Kur kennen lernten, dann liefe das doch meistens nach ‚Schema F’ ab.

„Man geht erst zusammen essen, dann noch etwas trinken und, wenn der Alkoholpegel hoch genug ist, geht man zusammen ins Bett. Wo lässt man sich noch Zeit für echte Gefühle? Wo fließt hier etwas Echtes? Doch fast nie! Vielleicht ist es ein Verliebt-Sein. Vielleicht ist es auch nur Sex. Aber Liebe ist es sicher nicht, weil es bei Beiden nicht von Innen kommt.“

In Michael war ich vermutlich noch nicht mal verliebt. Ich hatte um Gefühle gekämpft und alles getan, um nicht zu verlieren. Dabei ging es nicht um ihn! Es ging ausschließlich um meinen Sieg! Mit Liebe hatte das sicher gar nichts zu tun. Wie viel anders waren da Kontakte zu Menschen wie dem 68-Jährigen aus meiner Wandergruppe. Echte Gefühle. Diesen Mann hatte ich als *Menschen* lieb. Er interessierte mich. Hatte ich Michael jemals nach seinen Träumen oder seinen Lebensplänen gefragt? Interessierte mich vor dem zuletzt geführten Gespräch mit ihm überhaupt, was er wirklich fühlte und dachte?

Wenn ich ehrlich war: Kein Stück!

Diese Erkenntnis machte mich betroffen. Gab es so wenig echte Gefühle, so wenig Liebe auf der Welt, weil Kinder bereits in frühesten Jahren so verdammt kaputt gemacht wurden? Ich nahm mir vor, hierüber noch mal mit unserem Ältesten zu sprechen. Ich wollte wissen, wie er das sah.

Ich erzählte Dr. Jung, wie mein Kind mich ein zweites Mal zum Dreschen gezerrt hatte.

„Das ist sehr gut! Sie haben gemerkt, dass die Kleine noch nicht ganz befreit ist und haben sie noch mal dreschen lassen. Ganz toll!“ freute sich Dr. Jung.

„Es musste einfach 'raus! Ich hatte gar keine andere Wahl!“

„Vergleichen Sie das bitte mal mit früher? Wenn ein Mann Sie verlassen hätte, was hätten Sie damals gemacht?“

„Früher habe ich meine Wut in mich hinein gefressen. Ich war eher traurig als wirklich wütend. Und ich habe fast immer geglaubt, etwas falsch gemacht zu haben. Wenn ich so oder so gewesen wäre, wenn ich das oder jenes gemacht hätte, dann wäre er nicht gegangen. Damit habe ich mich meistens selbst zerfleischt. Ich hatte Schuld, nicht der andere. Und neben meiner Trauer war da nur Wut auf *mich!“*

„Freuen Sie sich, dass Sie dieses Erlebnis mit der kleinen Eva hier in Ohlstadt hatten! Seien Sie froh, denn es hätte Ihnen fast nichts Schöneres passieren können. Sie haben die Kleine dabei *erlebt,* wie sie ein aktuelles Problem löst *und* gleichzeitig Altbekanntes, Verfahrenes von früher aufdeckt und heraus drischt! *So* soll es sein! Wunderbar!“

Dr. Jung klatschte in die Hände und sah dabei - wie schon so oft - aus wie ein kleiner Junge. Oh ja, diesen Mann hatte ich auch richtig gerne. Ich? Ja! Die Große, weil sie mit ihm reden konnte und verstanden wurde. Aber auch die kleine Eva, die beide, den großen und den kleine Klaus, gerne hatte. Schön! Endlich waren wir Zwei uns mal einig.

Den Rest der Geschichte - die erste wirklich freundschaftliche Begegnung zwischen Michael und mir - erzählte ich dann nur noch ganz kurz.

„Was ist da jetzt von außen her betrachtet passiert?“

Ich verstand die Frage nicht. Was meinte er? Ich zuckte mit den Schultern.

„Es war möglich, mit Michael ganz natürlich umzugehen. Die kleine Eva hat nicht mehr gekämpft. Sie war ganz gelassen und ruhig. Es konnte ihr nichts passieren. Sie wusste, was sie fühlte: Eine Freundschaft zu ihm. Und auf einmal, jetzt, wo der Kampf zu Ende war, war alles möglich. Sie sind absolut *erwachsen* damit umgegangen! Ich bin okay - Du bist okay. Toll!"

Ja!?

„Das Glücksgefühl, das Sie im Nachhinein empfunden haben, verursacht die Freundschaft zwischen der großen und der kleinen Eva. *Gemeinsam* haben Sie etwas geschafft, was eine alleine niemals hingekriegt hätte. Groß und Klein waren sich einig und in Harmonie miteinander. Wenn das so bleibt, sind Sie unschlagbar!"

So hatte ich mich auch gefühlt! Unverletzbar und unschlagbar. Ich war Michael richtig dankbar für seine Coolheit und die Trennung. Nur deshalb hatte ich hautnah *erfahren*, wie wichtig mir mein Kind ist. Im ganz ‚normalen' Alltag! Danke, Michael!

„Pearls beschreibt dieses Gefühl sehr schön", fuhr Dr. Jung fort. „Wenn Sie sich in der Übertreibung erleben und nicht wissen, woher das kommt, dann fehlt die Verbindung zu der weit zurück liegenden Wurzel, die Sie nicht erkennen, weil sie verdrängt wurde. Dann, nach der Erkenntnis und nach der Befreiung, zu erkennen, wie glücklich *das* macht, ist ein Erlebnis! Unterschätzen Sie das nicht! Hätten Sie nur den Michael verdroschen, dann wäre die kleine Eva nicht befreit worden. Gut, dass Sie den Vater gesehen haben."

Ja!!

„Ich bin glücklich und fast ein bisschen erleichtert", sagte Dr. Jung, „dass Sie dieses Erlebnis hatten. In der letzten Stunde habe ich Ihnen ja schon gesagt, dass Sie alles sehr ausführlich geschildert haben. Ich hatte ein wenig die Befürchtung, dass die Arbeit uns in die Breite und nicht in die Tiefe führt. Durch dieses Erlebnis gestern, haben Sie *die Tiefe* der Arbeit in DeKiD kennen gelernt! Nur mit solchen Schlüsselerlebnissen können Sie Ihr Kind ganz und gar befreien! So etwas brauchen wir. Es kann natürlich sein, dass Ihnen so etwas ähnliches noch einmal wieder passiert. Es wird vermutlich noch nicht alles für immer weg sein! Aber Sie können in Zukunft sicher anders und besser damit umgehen! Das ist das Schöne an der Arbeit mit dem Kind!"

Ich war mir sicher, dass ich zukünftig mehr mit der kleinen Eva sprechen würde - auch über Männer, die mir in meinem Leben noch so über den Weg laufen würden. Wer meine kleine Eva nicht liebte, der konnte die Große vergessen. Das schwor ich uns.

„Sie haben gemerkt, dass Sie gegenwärtige Alltagsprobleme mit Ihrem Kind bewältigen können. Bleiben Sie immer wachsam bei allen Problemen oder Konflikten, die Ihnen im Alltag begegnen werden. Sprechen Sie mit der Kleinen darüber. Das Gute daran ist, dass Sie in dem Augenblick, in dem Sie mit Ihrem Kind sprechen, schon ein Stück aus dem akuten Konflikt heraus getreten sind. Durch das gemeinsame Gespräch wird die kleine Eva der großen helfen, an die Wurzeln zu kommen. Gemeinsam werden Sie sie auflösen! Das haben Sie ja jetzt hier erlebt! Wenn Sie das immer und immer wieder machen, werden Sie wachsen."

Würde ich eigentlich in Berlin dreschen können? Klar, irgendwo würde es schon ein Plätzchen für die wütende Kleineva geben. Zur Not müsste ich es zu Hause machen, mit lauter Musik, damit die Nachbarn mich nicht einlieferten.

Plötzlich fiel mir der Brief meiner Schwester ein.

„Ich würde Ihnen gerne etwas aus dem Brief meiner Schwester vorlesen. Ich hatte ihr vor ein paar Tagen von DeKiD berichtet. Was es ist und was ich hier mit mir erlebe."

„Ja gerne."

Nachdem ich ihm diesen Teil des Briefes vorgelesen hatte, sagte Dr. Jung: „Sie alleine müssen entscheiden, ob Sie noch hier bleiben wollen oder nicht. Was Ihre Schwester nicht wissen kann: Sie haben das Instrument so oder so in Ihrer Tasche und nehmen es mit nach Hause. Wenn Sie nach Berlin zurück fahren, wird die kleine Eva nicht alleine in Ohlstadt bleiben. Sie wird bei Ihnen sein. Sie sind so weit mit der Kleinen gekommen. Inzwischen kann ich mir vorstellen, dass Ihnen die kleine Eva wirklich wichtig ist."

„Und wie!"

„Wenn Sie sich verändern und glücklich sind, dann werden Sie sehen, dass auch Ihr Umfeld mit Ihnen glücklich ist. Lustig ist es, wenn Sie irgendwann Ihr früheres Rollenspiel mit Ihrem heutigen Verhalten vergleichen. Sie werden feststellen, dass Sie, obwohl Sie *keine* Rollen mehr spielen, lockerer, witziger und vor allem glücklicher sind. Ihre Mitmenschen werden dieses Glück spüren und Ihnen genauso offen begegnen. Obwohl Sie sich nicht mehr herausputzen, werden Sie viel attraktiver. Das ist eine ganz tolle Erfahrung!"

Das kannte ich ja auch jetzt schon, sowohl von mir wie von Frauen, die ich beobachtete. Je mehr Schminke in den Gesichtern war, desto mehr wurde eine Unsicherheit übertüncht. Wie viel schöner waren doch Frauen *mit* ihren Falten im ungeschminkten Gesicht. So natürlich und so voller Leben, weil ihre Augen strahlten. Wie sang doch Klaus Hoffmann in einem Lied...

>... Sie ist kein Topmodell, sie tritt nicht auf, sie kommt herein, das übersieht Mann schnell. Sie zeigt die Falten, die sie hat. Sie hat ein richtiges Gesicht! Nein! Eine Schönheit ist sie nicht... Ihr Lächeln macht noch kein Plakat. Ihr Name steht an keiner Wand. Sie ist völlig unbekannt. Mehr eine Frau als ein Gedicht. Nein! Eine Schönheit ist sie nicht... Sie hat keine toten Augen und ihr Lachen ist noch echt... Sie muss nicht glänzen, sie ist Licht! Nein, eine Schönheit ist sie nicht...<

Wunderschön!

Mit den Worten „Haben Sie denn noch andere Hausaufgaben gemacht?", holte Dr. Jung mich zurück in die Realität. Ich las ihm die Aufgabe >Stark sein< vor. Liebe bekam ich nur, wenn ich etwas leistete.

„Und selbst dann waren es keine echten Gefühle", sagte Dr. Jung. „Die Anerkennung von Leistung ist das eine, aber wahre Liebe ist doch etwas ganz anderes."

Wieder sah er gedankenverloren aus dem Fenster. Ich wusste, dass er jetzt die kleine Eva vor sich sah. Wie sie sich abstrampelte, um ein einziges Mal in den Arm genommen zu werden.

„Hier sind ganz wichtige Munitionen enthalten“, fuhr er nach einer Weile fort. „Hier ist wieder die Resignation zu spüren. >Meine Gefühle bewirken nichts. Sie werden nicht mal bemerkt!< Hören Sie genau hin, was die kleine Eva sagt. Wie groß ist doch ihre Not! Ich habe mir gerade vorgestellt, wie verzweifelt die Kleine gewesen sein muss...

Wusste ich's doch!

„Anstrengen, anstrengen und trotzdem: Wieder nichts... Wieder nichts... Ganz furchtbar! Und genau dann fängt doch das Rollenspiel an! Sie müssen die Kleine noch mal nach einzelnen Szenen fragen! Und dann auf diese Einzelsituationen dreschen! Fragen Sie weiter! Dies war eine ganz entscheidende Weichenstellung im Leben der kleinen Eva. Ein Scheidepunkt.“

„Ja, ich weiß. Ich habe das schon früh gelernt! Für Leistung bekam ich - zumindest meistens - Lob und Anerkennung.“

„Es sind immer Lernvorgänge. Übrigens auch das *Lieben*. Es gibt ein Buch von Dieter Wyss >Lieben als Lernprozess<. Darin sagt er, nicht die Liebe wird gelernt, sondern, *IN* der Liebe lernen wir. Wenn ich *erlebe*, was lieben heißt, dann lerne ich dabei. Sie haben früher genau das Gegenteil gelernt: Das Nicht-Liebhaben. Wenn in dem Lernprozess keine positiven Erfahrungen gemacht werden, kann es gar nicht anders sein, als dass Ihnen das Liebhaben schwer fällt. Und deshalb müssen Sie mit der Kleinen diese Liebe wieder vorsichtig und behutsam aufbauen. Das *muss* passieren! Sie haben ja schon damit angefangen, als Sie spontan Ihre Jacke in den Arm genommen haben. Und: Es muss weiter gehen. Wenn die Liebe zwischen Ihnen und der Kleinen intensiv und stark wird, werden Sie auch Ihren Nächsten lieben können. Ohne Übertreibung und ohne Rolle. Dann spüren Sie Ihre Gefühle wieder ganz echt! *Das* ist das Schöne an unserer Arbeit in DeKiD!“

Ich schilderte ihm die Handtuchszene im Badezimmer. *Das* waren doch Gefühle, oder?!

„Schön“, sagte Dr. Jung lächelnd. „Das ist ein Ur-Spiel und wunderschön für ein Kind. Aber bei Ihnen war das schon damals eine Übertreibung! Sie wollten mehr und mehr. Für Ihre Mutter war es sicher primär ein schönes Spiel, in dem sie ihre Gefühle zugelassen hat. Für Sie war es umso schlimmer, wenn bald danach diese Zuwendung nicht mehr zu spüren war.“

Der Kassettenrekorder sprang aus. War schon wieder eine Stunde vorbei? Ich konnte es nicht glauben. Wie gerne hätte ich noch den Rest vorgelesen. Aber ich wusste, da draußen wartete eine genauso verlorene Seele darauf, sich mit Hilfe Dr. Jung's wieder zu finden. Und: Mindestens eine letzte Stunde blieb mir ja noch.

Wir vereinbarten den nächsten Termin für Dienstag. Würde es die letzte Stunde mit Dr. Jung sein?

# Abschied

Das letzte Kur-Wochenende war größtenteils bestimmt durch das Organisieren und Planen der Abschlussfeiern: Die offizielle der Kurklinik, die inoffizielle mit meiner Wandergruppe, die Abschiedsfete der Clique.

Ich konnte mich nicht überall heraus halten. Dennoch nahm ich mir immer wieder Zeit, die kleine Eva nach den Verhaltensweisen der Großen zu fragen. Einige Wurzeln wiederholten sich. Immer wieder und wieder waren es die Missachtung und Härte meines Vaters. Aber auch meine Mutter wurde von der Kleinen nicht verschont. Sie war inzwischen so wach, dass sie auf jede auch noch so kleine Wunde, die ich gerne übersehen hätte, ihre Fingerchen legte. Schonungslos! Und ich, die Große, musste es mir mit der Kleinen zusammen angucken. Ob ich wollte oder nicht.

Da am Wochenende keine Wanderungen stattfanden, konnte ich häufiger mit der kleinen Eva in den Wald gehen und dreschen. Es tat *nur* gut, die Wut auf einzelne Situationen immer und immer wieder ′raus zu schreien und zu hauen.

Genießen konnte ich auch unsere Umarmungen und Liebesbekundungen im Wald, im Bett oder auf den Stühlen. Ich konnte mich ansehen, mich lieb haben und mir meine Gefühle auch sagen. So ganz langsam wuchs in mir eine Eigenliebe heran, die viele meiner Selbstzweifel ersetzte. Vielleicht ja sogar für immer auflöste? Noch war ich mir nicht sicher, ob ich diese Gefühle aus Ohlstadt mit nach Berlin nehmen könnte. Ich hatte ein wenig Angst, in meinen Alltag zurück zu gehen. Ich tat hier etwas für mich. Keine Frage! Aber zu Hause? War da nicht immer noch alles genauso wie vorher? Was sind schon vier Wochen gegen 31 Jahre?

Mit Michael verstand ich mich inzwischen prächtig. Nicht nur er und ich waren froh darüber, vor allem wohl auch die Clique. Endlich war es möglich, zusammen mit mir und ihm stressfrei etwas zu unternehmen. Wenn Michael müde war, ging er ohne ein schlechtes Gewissen, und ich blieb, weil ich wirklich bleiben wollte.

Am Sonntagabend fand die Abschiedsfeier meiner Wandergruppe statt. Dem Chefarzt schenkten wir die Vergrößerung einer Fotographie von seinen Händen beim Blutdruckmessen. Dieses Foto hatte etwas sehr Symbolisches für mich. Der Chefarzt hielt die Arme eines Patienten ganz liebevoll und sicher. Das Bild strahlte *Vertrauen* aus... Nachdem ein paar tragende Abschiedsworte gesprochen waren, gingen wir zum gemütlichen Teil des Abends über. Der Alkohol floss in Strömen. Irgendwann lagen sich mehr oder weniger alle in den Armen. Ja, natürlich würden wir uns alle wieder sehen. Spätestens in drei

Jahren! Mir fiel auf, dass die meisten sich mit jedem Bier, das getrunken wurde, veränderten. Der - oder diejenige wurde fröhlicher, freier, lustiger. Sie verhielten sich wie Kinder...

Ich nahm mir vor, Dr. Jung am Dienstag zu fragen, ob es tatsächlich möglich ist, dass das innere Kind mit steigendem Alkoholspiegel immer mehr zum Vorschein kommt!? Aber warum wurden dann manche Menschen mit steigender Promillezahl aggressiv?

Auf der Abschlusswanderung am Montag konnte ich den Gedanken an Berlin nicht mehr abschütteln. Nur noch zwei Tage, dann würde ich dort ankommen und in die fragenden Augen meines Freundes blicken. >Na< würden sie sagen >Was ist jetzt mit uns?< Was sollte ich ihm sagen? Ich war in diesem Punkt doch kein Stück weiter gekommen. Nach der Wanderung würde ich erneut die Stühle aufstellen, um die kleine Eva danach zu fragen.

Frisch geduscht machten wir zwei uns an die Arbeit.

„Kleine, freust Du Dich auf zu Hause? Freust Du Dich auf Rainer?"

„Ja! Ich freue mich darauf, ihn wieder zu sehen und ihm alles von der Therapie und von mir zu erzählen. Ich möchte mir viel Zeit für ihn nehmen."

Ach ja? Wieso sagte die Kleine etwas anderes, als ich fühlte? So war's nicht *nur*. Ich blieb auf dem Stuhl der kleinen Eva sitzen und wartete. Was waren da noch für Gefühle?

„Ich habe aber auch Angst...."

Na also...

„Angst davor, noch immer nicht frei genug zu sein, um ihm meine Liebe geben zu können. So, dass er und ich zusammen glücklich sind. Ich habe auch Angst davor, mich entscheiden zu müssen. Meine Liebe ist noch immer nicht frei genug. Und deshalb habe ich Angst, ihm wieder weh zu tun. Und ich fürchte mich davor, dass ich selber meine Liebe nicht spüre."

A n g s t....

Auf einmal erfüllte sie mich. Da war überhaupt kein Platz mehr für irgendein anderes Gefühl. *Angst!* Selbst mein Körper stellte sich auf dieses Gefühl ein: Mein Herz raste, meine Handinnenflächen wurden feucht, ich begann zu schwitzen... Gleichzeitig spürte ich, dass ich auf dem Stuhl der kleinen Eva noch mehr sagen wollte.

„Ich will nicht mehr weg laufen! Ich will alles sagen und versuchen, alles zu klären. Ich will meine Liebe spüren und will durch Dich freier werden. Du musst mir helfen, dass ich keine Angst vor der Freiheit habe. Auch dann nicht, wenn wir merken sollten, dass die Gefühle zu Rainer keine Liebe sondern eine tiefe Freundschaft sind. Ich will wissen und spüren, dass wir Zwei zusammen sind. Dass ich nicht alleine bin, sondern Du immer bei mir bist und mir hilfst. Und, dass Du bei mir *bleibst*, auch dann, wenn ich traurig bin, mich einsam fühle oder Rainer dann nicht mehr da ist für mich. Wenn *Du* mich liebst und ich Dich lieben kann, werde ich ja vielleicht auch merken, ob ich Rainer liebe. *Dann* werden meine Gefühle ehrlich sein und frei von Angst! Aber ich weiß, dass es noch nicht so weit ist..."

Seit Minuten liefen mir schon Tränen über das Gesicht. Ich war so verdammt traurig. Ich wollte Rainer nicht verlieren. Trotzdem hatte ich nicht die geringste Ahnung, ob das Aufleben unserer Beziehung uns beide glücklich machen würde...

Ich setzte mich in die Mitte beider Stühle auf den Fußboden und nahm das Kissen in den Arm. Ich konnte mich nicht daran erinnern, jemals so hemmungslos geweint zu haben. Mein ganzer Körper wurde geschüttelt vom Schluchzen. Ich bekam kaum noch Luft. Mir war klar, dass diese Tränen ganz tief aus meinem Bauch kamen.

Ich fühlte, es war nicht das letzte Mal, dass ich *so* dasitzen würde -

zwischen

den

Stühlen...

# Die letzte Stunde

„Wie geht's Ihnen?“ fragte Dr. Jung, als wir uns zum letzten Mal in die Sessel seines Arbeitszimmers gesetzt hatten.

„Gut! *Richtig* gut!“

Selten hatte ich diese Worte mit einer solchen inneren Überzeugung gesagt! Es stimmte. Wann war ich mal so ruhig gewesen? Wann hatte ich mich so glücklich gefühlt mit *mir*? Ich konnte mich nicht erinnern.

„Wie war Ihr letztes Ohlstadt-Wochenende? Haben Sie schon Abschied gefeiert?“

„Und wie!“

„Bei vielen Menschen ist eine Veränderung zu beobachten,“ sagte Dr. Jung, als ich ihm meine Gedanken zu dem Alkoholkonsum geschildert hatte. „Die Mehrheit betäubt mit dem Alkohol den großen Menschen, wodurch dann der kleine Mensch erst recht an die Oberfläche kommen kann. Deshalb sind auch Viele *nur* im alkoholisierten Zustand kommunikationsfähig und häufig auch viel liebenswerter.“

Genau das kannte ich ja auch bei mir ganz gut. Wie oft hatte ich schon einen Wein oder ein Bier getrunken, um fröhlicher zu sein? Aber wie oft ging's mir irgendwann dann richtig schlecht, musste grundlos weinen oder wusste zumindest nicht, warum? Heute war ich zumindest in diesem Punkt schlauer. Es blieb aber die Frage, warum manche Menschen mit steigendem Alkoholspiegel auf einmal so angriffslustig wurden?

„Manche werden aber auch aggressiv...“

„Ja“, sagte Dr. Jung, jetzt ganz nachdenklich. „Das wäre mal eine Untersuchung wert. Es ist möglich, dass die Aggressionen, die Sie jetzt im Wald heraus lassen, von einem Angetrunkenen gegen jemand Dritten gerichtet werden. Sie verdreschen im Wald Ihren Vater. Jemand, der DeKiD nicht kennt, aber die Wut im Bauch ebenfalls hat und erst durch den Alkohol spürt, verdrischt seinen Nachbarn an der Theke. Scheinbar grundlos, weil dieser sein Bier früher als er bekommen hat.“

Ich sah Szenen aus Berliner Biergärten im Sommer vor mir... Betrunkene gingen mit abgeschlagenen Bierflaschen auf einander los... Warum passierte so etwas immer wieder? Es gab eben viel zu wenige Dreschplätze auf dieser Welt!

„Wie sieht's denn mit Michael aus?“ fragte Dr. Jung ganz unvermittelt.

Ich erzählte ihm, dass wir inzwischen freundschaftlich vertraut miteinander umgehen können und es beide genießen. Dass da vielleicht in den letzten Tagen eine Freundschaft entstanden ist, die auch über diese vier Wochen hinaus halten wird. Ich war mir fast sicher, dass wir uns wieder sehen würden.

„Ich habe mich selten so wohl gefühlt, wie in den letzten Tagen. Ich habe viel gelacht und war dabei *wirklich* fröhlich. Wohl, weil ich bei allem die kleine Eva in mir gespürt habe. Es tat mir gut, sie zu *sehen*."

„Wenn eine Therapie das in so kurzer Zeit ermöglicht, dann ist das sicher zunächst mal erstaunlich. Aber *so* ist DeKiD! Sie haben sich gefunden! Mit einem geplatzten Knoten, wie bei Ihnen die Geschichte mit Michael, erreichen Sie in DeKiD eine höhere Stufe in Ihrer Befreiung. Sie werden, wenn Sie wieder in Berlin sind, spüren, dass noch immer Knoten in Ihnen sind, die zerplatzen müssen. Es gibt noch immer Stufen, die es zu erklimmen gilt! Aber jetzt haben Sie Ihre Kleine bei sich! Nutzen Sie es! Auch weiterhin! Pearls sagt >Wenn Du glaubst, Du bist alles los, dann täusch` Dich nicht. Es sind noch viele Schritte zu gehen!< Das muss auch Ihnen klar sein. Sonst würden Sie enttäuscht."

Ich wusste es ganz tief in mir. Da waren noch Punkte, auf die ich noch nicht gedroschen hatte. Es gab noch Wurzeln, die die Kleine noch gar nicht aufgedeckt hatte. Aber ich hatte ja noch mein ganzes Leben vor mir. Ich würde in der Arbeit mit mir nicht mehr locker lassen!

„Ich glaube auch, dass ich mein Kind noch nicht vollkommen befreien konnte. Meine Angst, nicht richtig lieben zu können, geht wohl nicht so schnell weg. Erst mal freue ich mich über das Kind in mir. Auch wenn es noch immer Gespräche mit der Kleinen gibt, in denen mir klar wird, dass sie die Große noch nicht hundertprozentig mag. Auch die Große liebt die Kleine noch nicht bedingungslos. Solange das nicht so ist, werde ich vermutlich immer wieder in alte Rollen rutschen. Selbst, wenn ich das nicht mehr will."

„Eins muss ich Ihnen jetzt noch mit auf Ihren Weg geben: Der anhaltende Wert, den Sie von hier mitnehmen ist das *Immer-mehr-liebgewinnen* der kleinen Eva. Eines Tages wird es Ihnen kalt über den Rücken laufen, wenn Sie Ihr Kind ansehen! Es wird der Moment kommen, in dem Sie die kleine Eva so verletzt und so voller Not *sehen* und gleichzeitig *hautnah spüren,* dass es Ihnen unsagbar weh tun wird! Bislang ist das bei Ihnen *so* noch nicht geschehen. Dies ist stets der tiefste Punkt - und gleichzeitig *der* Höhepunkt der DeKiD-Arbeit. Wenn Ihr Mitleid so *stark* wird, dass Sie sich in dieses Leid hinein begeben *wollen,* weil Sie das Leid der Kleinen selbst genau so stark empfinden, *dann* haben Sie große Chancen, *alles* los zu werden."

War das denn noch nicht so? Sah ich das Leid noch nicht *richtig*? Vielleicht... Vielleicht waren da noch Schmerzen und Nöte, mit denen die Kleine noch hinterm Berg hielt. Vorstellen konnte ich mir das im Moment so gar nicht. Ich hörte ihr doch zu. Warum sollte sie mir nicht *alles* sagen?

„Sie werden es im Alltag merken...", fuhr Dr. Jung fort, als hätte er – zum letzten Mal - meine Gedanken gelesen. „Vielleicht in Situationen, mit denen Sie nicht klar kommen, *obwohl* Sie mit der Kleinen reden. Oder, wenn es Ihnen nicht gut geht, die Kleine aber immer nur wiederholt und nicht tiefer gehen will. Dann brauchen Sie, die Große, Geduld und ganz viel Liebe und Zuwendung für die Kleine, um ihr auch ihre letzte Angst zu nehmen."

Ich erzählte ihm von dem letzten Gespräch mir der kleinen Eva, von unserer Angst vor dem Nachhausekommen und las ihm hierzu meine Aufzeichnungen vor. Dr. Jung sah sehr nachdenklich aus. Weil er schwieg, fasste ich das Gespräch noch einmal zusammen:

„Ich habe wahnsinnige Angst, nach Hause zu fahren."

„Wissen Sie, worüber ich mich erst mal nur freue?"

Nee, weiß Gott nicht... Ganz abgesehen davon, dass er nicht so aussah, war mir diese Freude mehr als schleierhaft.

„Ich freue mich, dass Sie den kleinen Therapeuten, die kleine Eva, gefragt haben und nicht mich. Sie hat Ihnen viel klarer, als ich das hätte sagen können, gesagt, was jetzt zum Abschied ansteht. Ich vermute, dass Sie als Große nicht wirklich zugehört haben, was die Kleine Ihnen gesagt hat?!"

Häää? *Natürlich* hatte ich zugehört! Nicht nur das! Ich hatte es ja schließlich *selber* gesagt und *selber* aufgeschrieben! Also?? Was war jetzt nicht richtig?

„Sie haben das so schnell vorgelesen, dass ich Probleme hatte, alles aufzunehmen."

Tja, *das* war jetzt nun wirklich nicht mein Problem.

„Ich kann's ja noch mal langsam vorlesen..."

„Darum geht es nicht! Sondern darum, dass sie lapidar über Wichtiges hinweg gehen. Versuchen Sie bitte, das Ganze Punkt für Punkt auf zu dröseln! Was *sagt* die Kleine? Sie sagt zum Beispiel, dass sie mit Ihnen zusammen zurück geht und dass Sie sie nicht vergessen sollen. Rede über alles mit Rainer! Erzähle ihm von Deiner Angst! Die Kleine weiß - vielleicht besser als die Große -, dass Sie noch nicht so weit sind, zu Hause alles zu bewältigen. Und wissen Sie, dass das gut ist so?"

Na, da konnte man geteilter Meinung sein. Ich hätte es lieber anders.

„Ihr Schlüsselerlebnis, Ihr Highlight neulich im Wald, kann sehr verführerisch sein. Ich hatte schon ein bisschen Sorge, dass Sie dadurch Ihre DeKiD-Arbeit vernachlässigen. Wäre ja auch verständlich gewesen. Aber nein! Die Kleine weiß es besser: Es gibt noch viel zu tun!"

Ja, *das* wusste die Große auch! Die Angst musste ich weg bekommen. Ich will angstfrei leben und lieben. Das muss doch gehen - *i r g e n d w i e...*

„Ich war selber ein bisschen erschrocken darüber, mit wie viel Angst ich nach Hause fahre."

Die Faust donnerte auf das Tischchen. Oh, wie sehr würde ich das vermissen.

„Und es *ist* gut," rief er „dass Sie das im Blickwinkel haben. Wenn Sie von Angst überfallen werden und nicht wissen warum, *dann* ist es gefährlich! Aber Sie kennen die Gründe! Die Kleine fordert Sie auf, es auszusprechen. Zum ersten Mal! Machen Sie's! Ich bin sicher, dass Ihr Freund es hören will. Wenn Sie ihm alles gesagt haben, werden Sie merken, dass Dreiviertel Ihrer Angst schon weg ist. Ganz sicher!“

„Vielleicht ist das auch die Große...“, sagte ich, vollkommen gefangen in meinen Gedanken. „Diese Angst vor dem *Danach.* Wenn ich es geschafft habe, mich zu befreien, was bleibt dann an Gefühlen *übrig*? Ist es Liebe? Ist es Freundschaft? Ich habe Angst davor, fest zu stellen, dass es ist nur Freundschaft ist.“

Dr. Jung lachte. Ein bisschen zu lange, fand ich. Sooo witzig war's nun wirklich nicht! Da hatte ich schon bessere Scherze gebracht.

„Das *ist* die Große!“ sagte er noch immer lachend. „Die Kleine ist liebesfähig, ganz bestimmt. Auch wenn in Ihrer Kindheit vieles falsch gelaufen ist, von Geburt an waren Sie *liebesfähig.* Es ist verschüttet und wird durch die DeKiD-Arbeit freigelegt. Die kleine Eva *kann* sich doch heute schon freuen.“

Er hatte etwas falsch verstanden, schien mir. Ich versuchte es noch mal:

„Nur mal angenommen, die kleine Eva ist irgendwann ganz frei und glücklich mit der Großen. Und *dann* stellen wir *zusammen* fest, dass wir Rainer nicht lieben! *Was ist dann*?“

„Ich versuche es mal von einer anderen Seite“, sagte Dr. Jung. Der Lach-Anfall war anscheinend überwunden.

„Hören Sie auf, sich jetzt schon die Zukunft auszumalen. Alles großer Käse! Was soll das bringen?“

Gute Frage!! Klar! Wieder mal sah ich alles schwarz. Warum konnte ich nicht einfach mal etwas auf mich zukommen lassen. Okay! Die Beziehung zu Rainer war mir verdammt wichtig. Aber, egal, was in der Zukunft passiert. Es wird eh` passieren. Also!? Ganz ruhig, Kleine! Oder Große? Wer auch immer! In der Ruhe liegt die Kraft! Ich würde es schon überleben - so oder so...

„Eine der letzten Hausaufgabe für Sie,“ sagte Dr. Jung, „>Kleine, warum malst Du immer alles so schwarz? Woher kommt das? Wann hat das angefangen?< Fragen Sie sie und werden Sie es dann mit der Kleinen zusammen los.“

Hübsche Idee! Wieso war ich nicht selber darauf gekommen. Ich nahm mir vor, das auf jeden Fall noch in *Ohlstadt* zu machen. Man konnte ja nie wissen...

„Pearls hat Patienten vor die Tür gesetzt, wenn Sie anfingen, in der Zukunft zu leben. >Mind fucking< nannte er es. Hören Sie auf damit! Leben Sie im Hier und Jetzt! Wissen Sie?! Zu erfahren, welche Kraft Sie mit der Kleinen in der Gegenwart haben, *das* ist wunderschön! Erleben Sie es! Nicht für die Zukunft, sondern heute und hier! *Nur so geht's!* Die Stunden und die Kraft, die Sie damit aufbringen, sich die Zukunft auszumalen, sind vertan! Nehmen Sie diese Kraft für die Gegenwart und leben Sie sie.“

Er hatte gut reden! Wenn das so einfach wäre...

„Ja...“, rief er „Und? Was ist denn dann? Was ist denn, wenn es tatsächlich nur Freundschaft wäre? Was heißt überhaupt `nur´? Freundschaft ist etwas ganz Wertvolles.“

Aber ich würde nicht mehr mit ihm zusammen leben können! Ich würde ihm wehtun. Ach, Shit! >*Hör auf!*< sagte ich mir selbst! Und >*Warte ab!*< Vielleicht würde ja alles wieder gut...

„Außerdem...", fuhr Dr. Jung fort, „...ist Ihre alte Unsicherheit natürlich noch da. So schnell kann sich das gar nicht ändern. Aber, wenn Sie diesen Weg weiter gehen, wird sich immer mehr verändern! Sie können aus dem ganzen Mist heraus wachsen, *wenn* Sie weiter machen. „

Ich holte einmal ganz tief Luft. Wenn ich doch nur ein bisschen mehr von diesem Optimismus hätte, den Dr. Jung da an den Tag legte. Nur ein bisschen und ich würde singend nach Hause fahren.

„Wenn Sie die kleine Eva auch in Ihre Beziehung mitnehmen, wird sich diese Beziehung verändern. Auch sie wird eine andere, reifere Stufe erreichen. Laufen Sie nicht mehr weg!"

„So weit bin ich immerhin schon! Weglaufen werde ich nicht mehr. Ich weiß nur, dass mein Freund zu Hause sitzt und auf mich wartet. Er will mich wieder bei sich haben. Das überfordert mich zur Zeit. Ich will mich nicht unter Druck setzen lassen und wieder mal eine Entscheidung zu schnell treffen."

„Was können Sie denn an Ausgleichendem tun?"

Ich sah ihn an? Keine Ahnung, wovon er sprach.

„Wie? Was?"

„Wie wollen Sie sich denn ihm gegenüber verhalten?"

„Ich kann nur ganz ehrlich sein. Ich habe keine andere Chance."

„Genau! Erzählen Sie ihm von Ihren Ängsten. Sagen Sie ihm, dass die Nähe einer gemeinsamen Wohnung für Sie noch zu eng ist. Bitten Sie ihn, Geduld zu haben! Sagen Sie ihm, dass Sie vielleicht noch ganz *viel* Zeit brauchen und nicht wissen, was am Ende Ihres Weges steht."

Da war immer noch zu viel Luft in meinem Bauch. Ich musste einfach stöhnen. Meine Hände begannen schon wieder zu schwitzen.

„Ich finde mich so egoistisch. Seit fast einem Jahr sage ich ihm >Habe Geduld! Warte!< Wie lange denn noch? Er hat mir schon so viel Zeit gelassen. Und es wird langsam Zeit..."

„Zeit wofür?"

„Dass ich mich entscheide: Für oder gegen die Beziehung, für oder gegen meinen erneuten Einzug, für oder gegen Heiraten, für oder gegen Kinder..."

„Das ist *jetzt* der falsche Zeitpunkt! Wenn Sie weiter machen mit der DeKiD-Arbeit, dann dürfen und brauchen Sie sich nicht unter Druck zu setzen! Vorher haben Sie ihm zwar auch gesagt, dass er Geduld haben soll. Aber da haben Sie selbst ja auch nur *gehofft*, dass sich etwas wie von selbst verändert. Heute ist es anders! Heute wissen Sie, wie Sie an Probleme heran gehen müssen: Heute warten Sie selbst nicht mehr ab, sondern Sie *tun* etwas. Nämlich, mit der kleinen Eva reden und damit das Problem bei der Wurzel packen, es heraus dreschen und damit auflösen. *Das* ist heute anders!"

Vielleicht hatte er ja Recht?! Klar! Heute würde ich vielleicht wirklich anders an mein Beziehungsproblem heran gehen können. Ich würde es gemeinsam mit der Kleinen klären. *Das war neu!* Genau deshalb durfte ich mich jetzt wirklich nicht unter Druck setzen, mich nicht und die Kleine erst recht nicht.

„Fragen Sie die kleine Eva >Findest Du es richtig, wenn wir uns noch ein bisschen Zeit nehmen?< Sie wird Ihnen schon etwas dazu sagen!“

Genau! Das würde ich machen! Ich hatte mir doch schon vor Tagen vorgenommen, dass der nächste Mann auch meine kleine Eva lieben muss, sonst bekommt er die Große sowieso nicht. Wenn Rainer das nicht verstehen würde, tja... Dann war's das wohl.

„Zur Liebe gehört auch, dem anderen etwas zumuten zu können. Eine tiefe Freundschaft hält ganz viel aus! Wieso trauen Sie Ihrem Freund nicht zu, dass er das auch so sieht?“

„Er wird das verstehen, da bin ich ganz sicher! Er hat mich immer verstanden! Ich werde ihm alle Kassetten vorspielen, weil er wissen muss, wo ich heute stehe.“

„Ja, das ist eine sehr schöne Idee!“

Dr. Jung nahm ein kleines Buch zur Hand.

„Weil Sie ja selbst Gedichte schreiben, werde ich Ihnen zum Abschluss einmal Gedanken von Lao Tse vorlesen.“

Gerne! Ein Gedicht zum Abschluss wäre jetzt klasse.

„Kannst Du Dich auf den Atem konzentrieren und geschmeidig werden wie ein Neugeborenes? Gebären und nähren, ohne besitzen zu wollen. Handeln, ohne Ansprüche zu stellen. Wachsen lassen, ohne zu kontrollieren?“

Oh ja... *Das* ist es. Nicht mehr und nicht weniger! Mir fiel ein Gedicht ein, das ich mal einer Freundin zum Geburtstag geschrieben hatte:

***Anlehnen***
*ohne Angst zu fallen*
***Vertrauen***
*ohne Zweifel*
***Schützen***
*ohne Furcht*
***Schweigen***
*ohne Zwang*
***Verstehen***
*ohne Worte*

*F r e u n d s c h a f t*

Dr. Jung las weiter: „Wisse um das Männliche, sei das Weibliche. Fließe wie der Strom des Universums. *Als* Strom des Universums. Allzeit tugendhaft und standhaft. Sei wieder wie ein Kind.“

Schön!

„Die Weisheiten des Ostens“, sagte er lächelnd. „Eine habe ich noch für sie....“

Gerne! Einen schöneren Ausklang für die letzte Stunde bei ihm konnte ich mir nicht vorstellen.

„Wer mit Tugend angefüllt ist, ist ein Neugeborenes: Frei von Wespen-Stichen, von Schlangenbissen, frei von den Klauen der wilden Tiere, frei von den Angriffen der Raubtiere. Die Knochen sind weich, die Muskeln zart. Und doch ist der Griff fest, ist voller Lebenskraft. Dies ist das vollkommene Wesen! Es schreit den ganzen Tag, ohne heiser zu werden. Dies ist vollkommener Einklang.“

Lächelnd schlug er das Buch zu.

„Weil es ja heute die letzte Stunde ist, möchte ich Ihnen noch etwas für die DeKiD-Arbeit mit an die Hand geben. Ihre letzte große Aktion im Wald muss Ihnen immer wieder bewusst machen, dass *DAS* die Arbeit ist, die weiter gehen muss.“

Wieder nahm er ein Blatt von seinem Schreibtisch, setzte sich und begann laut zu lesen:

„Liebe Patientin! Du hast in zäher Arbeit ein wichtiges Instrument gewonnen. Du hast eine wertvolle Freundschaft mit dem kleinen Menschen in Dir geschlossen. Er ist ein exzellenter Psychotherapeut. Du aber bist verantwortlich für Dich und zwar: dafür, dass dieses Instrument benutzt wird; dafür, dass der kleine Psychotherapeut in die Lage kommt, Dir seine Meinung zu sagen; dafür, dass Du weitere Reifungsschritte hin zu einem freieren, schöneren Leben machst.

Vergiss die Kleine nicht!

Sprich täglich mit ihr. Nimm sie in Deine freie Zeit mit, frage sie, was sie jetzt möchte und tu` das dann auch. Alles wird schöner, lebendiger, echter, wenn sie dabei ist.

Nimm sie auch in Deine Alltagsarbeit mit. Alles wird leichter mit ihr, vieles vernünftiger.

Nimm sie oft in den Arm, sei zärtlich und sag` ihr: >Ich mag Dich!<

Vergiss auch nicht, sie zu loben!

Suche gleich zu Hause einen Dreschplatz und geh` möglichst bald das erste Mal zum dreschen. Lege die Munitionsliste für Dich sichtbar hin und ergänze sie ständig. Mache Dir, je nach Heftigkeit des Dreschens, Kreuze hinter die Munition oder notiere, wenn Du noch mal dreschen musst, weil es noch nicht genug war.

Nimm jede Heftigkeit, jede Traurigkeit, jeden Kopfschmerz... als *willkommenen* Hilferuf Deines Kindes an.

Sehe es als eine Gelegenheit an, zu wachsen.

Erkenne es als Übertreibung, als Wiederholungszwang Deiner unabgeschlossenen Gestalt und frage die Kleine möglichst gleich, was sie jetzt haben möchte.

Denke daran, dass sie sich nicht anders bemerkbar machen *kann*!

Erkenne die Vorteile:

Allein` der Gedanke, dass Du die Kleine fragst, lässt Dich einen Schritt aus der gespannten Situation heraus treten.

In dem Gespräch mit der Kleinen wird Dein Anteil an der jeweiligen Spannung deutlich.

Durch die Besprechung mit der Kleinen erhältst Du voraussichtlich eine neue - oder erneut - abzuschießende Munition.

Schießt Du diese Munition ab, wird nicht nur der gegenwärtige und alle ihm entsprechenden zukünftigen Konflikte entschärft, sondern Du erreichst auch eine höhere, neue Stufe der Befreiung.

Überlass` der Kleinen die Führung!

Treffe keine Entscheidung, ohne sie zu fragen! Die Kleine weiß besser, was gut für Euch ist. Ihre Meinung, ihre Bedürfnisse machen Euer Leben aus, nicht der Kopf der Großen!

Nimm` Dir mal wieder Dein Tagebuch, die Kassetten, die Munitionsliste vor! Sie bringen positive Erinnerungen, neue Anstöße. Vielleicht gehst Du dann mit der Kleinen mal wieder dreschen! Es gibt noch so viel zu tun!

Vergiss' Ohlstadt nicht! Alleine der Gedanke, Ohlstadt gibt es auch noch, erleichtert schon!

Du sollst aber auch keine Hemmungen haben zu schreiben, zu telefonieren oder, wenn es ganz schwierig wird, noch einmal wieder zu kommen!“

Er gab mir das Blatt.

„Danke!“

Selten hatte ich dieses Wort so tief aus dem Bauch heraus gesagt. Oh ja! Diesem Mann war ich für so Vieles dankbar: Für das Strahlen in seinen Augen, das mich auch ein wenig erhellt hat, nicht nur, wenn ich ihm gegenüber saß, auch dann noch, wenn ich schon lange wieder zu Hause war; für sein Interesse an der kleinen, aber auch an der großen Eva; für sein Mitgefühl für die Kleine, für seine Geduld und sein Einfühlungsvermögen; für sein Verständnis und seine Ruhe... Dieser Mensch, der mir jetzt einige Stunden gegenüber gesessen hatte, war der Inbegriff eines glücklichen, liebevollen und vor allem liebenden Menschen. Ich hatte ihn in mein Herz geschlossen. Danke für alles!

Gleichzeitig spürte ich einen tiefen Abschiedsschmerz. Immer, wenn ich Menschen los lassen musste, die ich sehr gerne hatte, fiel es mir so schwer. Und heute besonders! Aber ich sagte mir, dass ich ja zurückkommen kann, dass ich willkommen bin. Gleichzeitig nahm ich doch auch ein Stückchen von ihm mit, das fühlte ich. Genau so, wie ein Stückchen von mir - von der kleinen *und* der großen Eva - immer in Ohlstadt bleiben würde...

Ich hatte mal zu einem guten Freund, der nach zwei Jahren Amerikaaufenthalt wieder zurück in Deutschland war, gesagt >Schön, Dich wieder zu treffen!< Er hatte damals geantwortet >Wieso *wieder*? Wir haben uns nie verlassen.<

Daran dachte ich. Es tröstete mich ein wenig.

„Ich danke *Ihnen*“, sagte Dr. Jung. „Es hat mir Freude gemacht, die kleine und große Eva kennenzulernen! Vergessen Sie nicht, die Kleine von mir zu grüßen, wenn Sie das nächste Mal mit ihr sprechen.“

„Das mache ich! Ganz bestimmt! Auch, wenn sie es ja jetzt schon gehört hat.“

Dr. Jung lächelte mich an und drückte zum letzten Mal auf die Stopptaste des Kassettenrekorders.

Ab jetzt war ich also mit der kleinen Eva alleine. Ein wenig mulmig war mir schon. Würde ich das alles genauso gut alleine - ohne Dr. Jungs Hilfestellungen – hin bekommen? Die ersten leichten Zweifel pirschten sich im Zeitlupentempo heran...

# Alltag

Meine gepackten Sachen im Kofferraum und die kleine Eva auf dem Beifahrersitz fuhr ich nach Berlin zurück. Ich ließ mir Zeit. Ich würde noch früh genug ankommen. Hundert Gedanken waren in meinem Kopf, tausend Gefühle tummelten sich unsortiert in meinem Bauch. Wie würde mein neuer Alltag nach Ohlstadt aussehen?

Zunächst feierten wir erst mal meinen Geburtstag. Viele Freunde und Bekannte waren gekommen, um mich zu begrüßen. Mit einigen konnte ich gut und intensiv über die Erfahrungen in Ohlstadt sprechen.

Gut! Ich war also zu Hause! Berlin hatte mich wieder.

Mit Rainer zusammen hörte ich mir alle Kassetten noch einmal an. Er verstand viel, auch, dass ich noch Zeit für mich brauchte.

Und trotzdem...

Da war das Haus, das er gekauft hatte und in dem zwei Zimmer leer standen. Sie schienen darauf zu warten, mich und meine Möbel aufzunehmen. Es erschien mir wie ein Mahnmal. Immer, wenn ich Rainer besuchte, flehten mich diese leeren Räume an.

Aber, es *war* zu früh! Ich brauchte noch Zeit.

Ich redete viel mit der kleinen Eva. Unser Lieblingsthema war >Wie geht es Dir mit Rainer? Was fühlst Du? Was *willst* Du?< Ich machte es wie in Ohlstadt: stellte zwei Stühle in die Mitte des Raumes, wechselte sie und wie immer auch die Sitzhaltung, sprach laut mit mir und schrieb alles möglichst wörtlich auf. Und immer wieder kam die Kleine zu dem gleichen Ergebnis:

„Ich fühle mich wohl mit Rainer. *Du* lässt es nicht zu. Du hast tausend Vorbehalte, denkst an gestern und an morgen! Ich will *heute* mit ihm glücklich sein. Ich fühle seine Wärme und seine Nähe. Er gibt mir Geborgenheit und Sicherheit! Er liebt mich und Dich! Warum willst *Du* das nicht? Was ist so schlimm daran?“

Ja, was eigentlich?

Schließlich gab ich nach! Ich zog in sein Haus ein. Die Beziehung zu Rainer lebte neu auf und im Alltag verstanden wir uns wie eh und je. Ich spürte, dass ich zwar noch immer Zeit für mich brauchte, aber die hatte ich in meinen beiden Zimmern. Hier konnte ich Tagebuch schreiben, konnte meine Musik hören und mit der kleinen Eva reden. Viele Nächte verbrachte ich ebenfalls hier - alleine mit dem Kind, das ich beim Einschlafen immer in den Arm nahm.

Damals war mir nicht klar, dass ich bereits zu diesem Zeitpunkt begann, mich von Rainer zu entfernen. Je näher ich meinem Kind kam, desto weniger brauchte ich ihn.

In einem unserer Gespräche sagte die Kleine auf die Frage „Was fühlst Du für Rainer?"

„Ich liebe ihn und will mit ihm leben. Aber, ich habe auch Angst. Angst, mich ganz zu öffnen, mich fallen zu lassen. Ich will nicht mehr verletzt werden! Je größer meine Liebe wird, je mehr ich ihn brauche, desto mehr Angst habe ich auch, diese Liebe zu verlieren."

Und immer wieder waren es dieselben altbekannten Wurzeln. Ich drosch auf meinen lieblosen Vater, auf meine unklare Mutter. Trotzdem reichte das alles nicht, um meine Zufriedenheit zu erhalten, die ich doch in Ohlstadt so sehr gespürt hatte. Ganz langsam bröckelte sie ab.

Ich begann, mein Berufsleben unter die Lupe zu nehmen. Vielleicht würde sich ja durch eine berufliche Veränderung auch mein Gefühlsleben klären lassen?

Endlich begann ich, zu machen, was ich schon immer machen wollte: ich unterrichtete. Bislang hatte ich mich das nicht getraut. Nein, ich hatte es mir nie *zu*getraut. Aber jetzt war da die kleine Eva, die sagte

„Spinnst Du? Natürlich kann ich das! Los, wir machen das jetzt! Zusammen sind wir unschlagbar, hat Dr. Jung gesagt! Ich *will* das machen und Du musst mir helfen."

Und richtig: Es machte uns Spaß! Mit meinen Schülern, den Auszubildenden und den Studenten beschritt ich ein für mich neues Terrain. Genau das wollte ich immer machen. Klasse!

Auch mein Selbstbewusstsein hatte sich im Vergleich zu der Zeit vor Ohlstadt verbessert. Während ich vorher niemals auch nur den kleinsten Schritt gehen, geschweige denn eine Entscheidung alleine hatte treffen können, begann ich jetzt, mein Leben selbst in die Hand zu nehmen. Ich organisierte Studienreisen und große Events, ich fuhr für ein halbes Jahr alleine in die ehemalige DDR, um hier beim Aufbau zu helfen. Alles stärkte mein Selbstwertgefühl und bestärkte meine kleine Eva: Ja, sie war klasse und sie konnte 'ne ganze Menge auf die Beine stellen!

Mit Freundinnen konnte ich über alles sprechen, was mich bewegte. Auch hier wurde ich offener, sagte ehrlicher meine Meinung und begann, meine Rollenspielchen abzubauen. Ich spürte, dass ich mir immer näher kam und Freunde mich als die sahen, die ich war: eine ganz normale Frau mit Träumen, mit Ängsten, mit Gefühlen und einem mehr oder weniger klaren Verstand.

Trotzdem fühlte ich zwischendurch immer wieder, dass es nicht *das* Glück war, das ich mir für mich vorstellte. Es fehlt etwas. Aber *WAS*? Auch wenn vieles gut war, hatte ich noch immer Tage, an denen die alte Depression zurückkehrte. Ich war nicht *wirklich* glücklich.

So langsam begann ich, die kleine Eva immer weniger nach Gründen zu fragen. Es waren ja doch immer die gleichen Antworten, die sie mir gab. Ich schrieb zwar weiter Tagebuch, aber immer häufiger so, wie ich es *vor* Ohlstadt gemacht hatte. Nur in meinen Gedichten ließ ich echte Gefühle heraus, manchmal so schwarz, dass sie mich erschreckten. Was war los mit mir? Es war doch *eigentlich* alles gut...

Nach einem Jahr entschlossen Rainer und ich uns zu einem Kind. War es nicht auch ein bisschen die Hoffnung, mit einem *gemeinsamen* Kind könnten wir diesen imaginären Schleier für immer von unserer Beziehung entfernen?

An dem Tag, als meine Spirale gezogen wurde, sprach ich seit langem Mal wieder laut mit meiner kleinen Eva. Ich hatte sogar die Stühle in den Raum gestellt.

„Kleine, was ist los? Ich merke, dass Du Dich überhaupt nicht wohl fühlst!"

„Stimmt! Mir geht's schlecht. *Ich will kein Kind*! Wozu? Du hast doch *mich* noch nicht mal richtig lieb! Wozu dann ein Kind? Glaubst Du wirklich, dass Du das lieb haben kannst?"

Oha! Sie hatte Recht. Ich hatte meine Kleine sehr vernachlässigt! Ich hatte weder mit ihr gesprochen, noch sie in den Arm genommen... Und prompt war da wieder das alte Problem: Ich glaubte, nicht genug lieben zu können - auch ein Kind nicht! Ich gab den Vorwurf an die Kleine zurück.

„Du bist das in mir, die das macht! Wovor hast Du Angst?"

Ich setzte mich auf den Stuhl der kleinen Eva.

„Ich will nicht abhängig sein! Ich will frei sein! Mich frei fühlen. Mit einem Kind bin ich das nicht mehr. Dann ist da auf einmal ein Mensch, für den ich verantwortlich bin. Dann bin ich auch nicht mehr frei in der Beziehung zu Rainer. Mit der Entscheidung für ein Kind hast *Du* Dich von ihm abhängig gemacht!"

*Abhängig?* Wieso sagte sie so etwas? Fühlte ich mich abhängig? Muss ja wohl! Sonst hätte sie das ja nicht so gesagt. Aber, was war denn schlimm daran? Irgendetwas musste da in der Vergangenheit sein...

„Woher kommt die Angst vor einer Abhängigkeit? Kennst Du das von früher?"

„Ich war *immer* abhängig von Mutti und von Papa! Aber, das war schlecht, denn sie haben mich nicht aufgefangen und nicht festgehalten. Deshalb fühlte ich mich so oft alleine. Ich brauchte sie doch! Ich wollte irgendwann nur noch ganz schnell groß sein, *unabhängig* von ihnen und ihrer Liebe."

Ich nahm ein Kissen in den Arm.

„Hey, Kleine! Heute ist es doch anders! Heute hast Du mich und ich *bin* groß! Lass` es uns versuchen. Auch mit einem Kind."

Doch schon während ich das Kissen an mich drückte, spürte ich, dass ich mich nicht überzeugt hatte. Aber, ich kam nicht weiter an die Wurzel heran. Ich konnte sie nicht finden, sie lag irgendwo in mir begraben. Ganz tief. Aber: *WO?*

Rainer erzählte ich nichts von meinen Gedanken und Gefühlen. Es war *mein* Problem. Vielleicht, so hoffte ich, würde sich ja alles in Wohlgefallen auflösen, wenn das Kind erst mal da wäre... Und Rainer würde sich doch so sehr über ein Kind freuen.

Ich wurde *nicht* schwanger.

Nach einem weiteren Jahr heirateten wir. Scherzhaft erzählte ich Bekannten und Freunden, dass mein Bauch moralisch sei und erst verheiratet schwanger würde.

Auch das klappte *nicht.*

Nach einem rauschenden Hochzeitsfest und einer verregneten Hochzeitsreise begann schnell wieder der Alltag. In den Stunden oder Tagen, in denen der Kloß in meinen Hals zurückkehrte, sagte ich mir immer wieder selbst >Du hast den tollsten Mann der Welt! Freu` Dich!< Und verbot meiner kleinen Eva damit den Mund.

So vergingen die Jahre. Es gab keine Höhenflüge mehr, aber, zum Glück, blieben mir auch die Abstürze in tiefste Tiefen erspart.

In jener Zeit entstanden Gedichte, die mein Gefühlsleben widerspiegelten. Es gab glückliche Momente, die immer weniger mit Rainer zu tun hatten. Da waren auch traurige Augenblicke, die ich nicht deuten konnte, weil sie *in* mir stattfanden. Und immer wieder waren da Fragen:

*Ich horche*
*in mein*
*Innerstes*
*Was geht da vor sich?*
*Welche*
*Wünsche*
*und*
*Träume*
*welche*
*Ängste*
*und*
*Nöte*
*Welche Kämpfe*
*und*
*Siege*
*finden*
*da*
*statt*
*ohne*
*mich?*

Der Alltag mit Rainer begann, mich immer mehr zu langweilen. Wir orientierten uns nach außen, gingen zusammen verstärkt in Kneipen oder auf Partys. Das heißt: Wir gingen zusammen hin, wir verließen die Lokalität gemeinsam, aber während der langen Stunden dort sah ich Rainer nicht.

So kam es, wie es kommen musste: Ich verliebte mich in einen Mann, der anders war als Michael in der Kur. Mit ihm konnte ich reden. Er war sehr einfühlsam und zeigte mir seine Gefühle. In dieser Zeit war die kleine Eva wach. Es ging es ihr gut. Sie lachte, und freute sich. Sie war glücklich. Mit Rainer konnte ich darüber reden. Auch, wenn immer wieder Kämpfe stattfanden, so konnte er doch die Wahnsinnsgeduld aufbringen und abwarten. Die Zeit gab ihm Recht. Ich ging zu ihm zurück, weil sein Leid und mein schlechtes Gewissen sehr schnell größer waren als meine Verliebtheit. *Eigentlich* wollte ich doch Rainer: seine Nähe, die schützende Geborgenheit, sein Verständnis! Was waren da schon Verliebtheitsgefühle, die zwar in meinem Bauch ein Kribbeln verursachten, aber doch mit dem *wirklichen* Leben nichts zu tun hatten?

Alles, was ich bei dem anderen gefunden hatte, hatte Rainer doch auch! Und mehr! Rainer kannte mich doch tausendmal besser als dieser andere Mann. Ich wusste natürlich, dass ich mich belog. Es gab da etwas, das ich seit langem in der Beziehung vermisste. Und genau das war mir durch den andern Mann klar geworden: Lust und Erotik! Seit langem konnte ich mich auf der erotischen Ebene nicht mehr auf Rainer einlassen. Ich konnte zwar seine Nähe genießen, konnte aber nicht mit ihm schlafen. Es ging einfach nicht mehr. Und wenn, dann war es für mich eine eheliche Verpflichtung...

Aber, fragte ich mich immer öfter, ist *das* denn *so* wichtig? Eine Beziehung bestand doch nun weiß Gott aus mehr als nur Sex und Erotik! Schließlich waren wir zwölf Jahre zusammen. Ist es nicht normal, dass nach so langer Zeit auch die Lust ein wenig auf der Strecke bleibt?

So verging ein weiteres Jahr, in dem ich mir immer wieder sagte: >Alles ist doch gut! Was willst Du mehr?< Antworten gab ich mir auf diese Frage nicht mehr. Dann hätte ich möglicherweise konsequent sein müssen und das konnte und wollte ich nicht.

Das Leben ging weiter. Wir machten tolle Urlaube und schafften uns so unsere Highlights für wenige Wochen.

Bis....

.... bis sich in die Freundschaft zu einem Mann, den ich schon seit langem kannte, leise und unbemerkt ein anderes Gefühl einschlich. Ganz langsam - und vermutlich deshalb schließlich umso heftiger - wurde mir bewusst, dass ich diesen Mann liebe.

Andreas!

Als mir das klar war, kam sofort eine unbeschreibliche Angst in mir hoch. Da war es wieder: das altbekannte Herzklopfen! Was wird jetzt passieren? Alles in mir wehrte sich gegen dieses neue Gefühl. Ich fühlte, dieses Mal ist alles anders. Aber *wie*?

Ich schrieb seitenlang mein Tagebuch voll. Selten hatte ich so viele Gedichte produziert!

**Du hast mir alles gegeben**

*Deine Liebe*
*Dein Verständnis*
*Deinen Trost*
*Deine Anerkennung*
*Du*
*hast mich aufgebaut*
*zu der*
*die ich heute*
*bin*
*Ohne Dich*
*wäre ich*
*nicht ich*
*und*
*trotzdem*
*fühle ich*
*dass ich*
*nur wirklich ich*
*werden kann*
*ohne Dich*

War es jetzt so weit? Musste ich Rainer wirklich verlassen? Oh, nein!! Bitte nicht!! Es würde bestimmt noch eine andere Lösung geben.

In meiner großen Not fing ich endlich wieder an, mit der kleinen Eva zu sprechen. Ich musste dieses Gefühlschaos in mir auflösen. Was war denn nur los mit mir? Was wollte ich *wirklich?* Es war angesagt, mich zu entscheiden. Und zwar so, dass auch meine kleine Eva mit dieser Entscheidung leben konnte. Also? *Was w*ollte die *Kleine*?

Ich fragte sie. Aber sie konnte mir auch nicht helfen. Sie wollte Andreas! Gut! Aber sie wollte Rainer auch nicht verlieren. Auch gut!?

Immer wieder fragte ich nach Gründen. *Warum* willst Du Rainer nicht verlieren? Alles, was sie antwortete, war: „Ich brauche ihn! Ich liebe ihn! Ich will nicht!"

„Und Andreas?"

„Den liebe ich auch!"

Super! Verdammt! So konnte es nicht weiter gehen. Ich fühlte mich glücklich und gleichzeitig war ich noch nie so unglücklich. Dieses Mal schlug mein Sternzeichen voll zu: Innerhalb von Stunden war ich ‚himmelhochjauchzend' *und* ‚zu Tode betrübt'. Die Waagschalen bewegten sich in einem ständigen Auf und Ab.

Rainer wusste von der Beziehung zu Andreas und begann zum ersten Mal mit allen Mitteln, die ihm zur Verfügung standen, um mich zu kämpfen. Er redete mit Andreas. Immer wieder gelangten sie gemeinsam zu dem Ergebnis, dass alles nur an mir läge. Beide versuchten, zu ergründen, *was* wohl mit mir los sei. Ich wäre ihnen ja für eine Lösung dankbar gewesen, wusste aber, es gibt keine.

Wochen vergingen. Ich hielt die Situation nicht mehr aus. Ich wurde fast verrückt.

Eines Abends setzte Rainer mich vor die Tür. Als ich mit tränenverschmiertem Gesicht und gepackten Koffern, die Türklinke in der Hand, im Türrahmen stand, zerrte er mich zurück. Bleib! Ich blieb! Ich *konnt*e *nicht* gehen.

Eine Entscheidung wurde überfällig!

Ich entschied mich gegen Andreas. Ich versuchte, ihn nicht mehr zu treffen, nicht mehr mit ihm zu telefonieren. Zwei Wochen lang ging es gut. Dann trafen wir uns zufällig auf der Straße und alles begann von vorne. Wieder war ich in den wenigen Stunden mit ihm nur glücklich.

„Ey, verdammt, Kleine! Warum kannst Du Dich nicht von Rainer trennen, wenn Du mit Andreas viel glücklicher bist?"

„NEIN!", war alles was sie sagte.

Es stimmte. Trotz allem konnte ich Rainer nicht verlassen! Ein Leben ohne ihn war für mich nicht vorstellbar. Ich hatte Angst, ohne zu wissen wovor. Eine imaginäre Zukunftsangst hielt mich wie eine große schwarze Raubkatze in ihren Klauen...

Ich zermarterte mir meinen Kopf, konnte nicht mehr schlafen, trank viel zu viel Alkohol, rauchte Unmengen Zigaretten, aß kaum noch etwas. Andreas, der die Situation nicht mehr aushielt, rief mich an und sagte: „Lass` uns Freunde bleiben!"

Es war wie eine Vollbremsung von Hundert auf Null. Ich knallte mit meinem wirren Schädel gegen die Windschutzscheibe des Lebens. Auf einmal wusste ich: Jetzt muss *ich* etwas *tun*! So geht nichts mehr! Nach Monaten des inneren Kampfes mit meiner Kleinen und des äußeren Krampfes mit diesen beiden mir so wichtigen Männern, war ich vollkommen am Ende. Ich konnte nicht mehr!

Ich rief Dr. Jung an.

„Kommen Sie vorbei!" sagte er - wie immer ruhig und sachlich.

So packte ich im Januar 1996 meine Koffer, stieg in den Zug, der mich zum zweiten Mal nach Ohlstadt bringen sollte. Ich war voller Hoffnung. Ja! In zwei Wochen würde es mir besser gehen, so oder so...

Aber da war immer noch ein anderes Gefühl in mir und das war viel stärker:

*A n g s t...*

Ich spürte einen ganz tiefen Schmerz in mir und wusste, *das* ist der Knackpunkt. In den nächsten zwei Wochen würde ich der kleinen Eva *DIE* Frage stellen müssen! Die große Not der Kleinen, die ich zwar noch nicht vor mir sah, die ich aber erahnte, würde *jetzt* heraus kommen. Genau diese Not hatte ich bislang immer verdrängt.

*Es war soweit...*

Während mich der Zug immer weiter von Berlin weg brachte, erinnerte ich mich daran, dass Dr. Jung in der letzten Stunde vor sechs Jahren gesagt hatte. >Diese Not der Kleinen *müssen* Sie sehen. *Nur dann* sind Sie wirklich frei.<

Oh, Gott! Würde ich *das* können? Würde ich *stark genug* sein?

Ich hatte eine Wahnsinns-Panik vor diesem noch so unkonkreten Schmerz in mir. Dass, was da jetzt auf mich zu kommen würde, das würde irre doll wehtun. Wollte ich diesen Schmerz überhaupt ansehen? Und, wenn er da wäre, würde ich ihn aushalten oder daran zugrunde gehen? Jetzt schon tat mir alles weh. Und es würde bestimmt noch viel schlimmer werden... Ich hatte nicht mal eine Ahnung davon, *was* die Wurzel sein könnte. Ich sah keine Bilder. Ich konnte den Schmerz nicht mal lokalisieren. Er saß *irgendwo* in meinem Körper – gut versteckt. Aber... Er war auf dem Sprung, mich jederzeit fertig zu machen!

*Mir den Rest zu geben!*

Da war nur eine Hoffnung: Dr. Jung!! Er würde mir helfen. Vielleicht würde ich mit seiner Stärke, seiner Erfahrung und vor allem mit seiner Liebe zu der kleinen Eva diese Not des Kindes in mir ansehen und diesem Kind helfen können, den Schmerz heraus zu lassen und sich endlich endgültig und vollständig zu befreien.

Ich hoffte? Nein! Ich *setzte* auf Dr. Jung! Er musste mir helfen, diesen letzten Schritt zusammen mit der kleinen Eva zu gehen.

*Was wird*
*am Ende*
*dieses Weges*
*auf mich warten?*

*Voller Angst*
*fürchte ich*
*den Schmerz.*

*Voller Erwartung*
*hoffe ich*
*auf den Fortschritt.*

*Voller Hoffnung*
*erwarte ich*
*die Erkenntnis,*

*dass ich*
*niemals*

*alleine*
*und einsam*
*bin,*
*solange*
*ich*
*mir*
*vertraue.*

Mit lautem Herzklopfen saß ich in dem Zug, der mich zu der letzten Station meines - Leidens - Weges brachte...

# Der Ur-Schmerz

Ich mietete ein Hotelzimmer in Ohlstadt, dessen Wände in den nächsten zwei Wochen mehr über mich erfahren und mehr Tränen von mir sehen würden, als irgendjemand oder -etwas vorher.

Gleich am nächsten Tag ging ich zu Dr. Jung, mit laut klopfendem Herzen, Tränen in den Augen und einer Wahnsinnsangst. Was würde jetzt mit mir passieren?

Dr. Jung öffnete die Haustür und ich hatte sofort das Gefühl, nach Hause zu kommen. Er sah aus wie vor sechs Jahren. Seine Augen strahlten noch immer blau und glücklich. Oh ja! Es fühlte sich richtig an, hier zu sein. In seinem Arbeitszimmer standen noch immer die beiden Sessel und das kleine Tischchen mit dem Kassettenrekorder. Es war wie eine Reise in die Vergangenheit, die mir gut tat.

„Was ist los?“

Durch diese einfache Frage taten sich in meinem Innern auf einmal Abgründe auf. Ich erzählte ihm meine Situation mit Rainer, mit Andreas, mit der kleinen Eva. Das ganze Chaos. Dr. Jung hörte zu, ohne mich ein einziges Mal zu unterbrechen.

„Ich glaube...,“ sagte ich schließlich, „Nein! Ich *weiß*, dass die Beziehung zu Rainer zu Ende ist. Aber ich schaffe es noch nicht, mich von ihm zu trennen. Unsere Beziehung ist nicht mehr das, was ich möchte. Eigentlich habe ich das schon vor sechs Jahren hier in Ohlstadt gewusst. Aber ich kann ihn bis heute nicht verlassen. Ich habe das Gefühl, Rainer zu *brauchen*, aber ich liebe ihn nicht so, wie er es verdient. Ich liebe ihn auch nicht so, wie ich Andreas liebe. Ich muss herausfinden, aus welchem Grund ich nicht gehen kann, obwohl ich gehen will. Eins weiß ich: Die kleine Eva in mir hat *nur* Angst. Angst vor dem Alleinsein, Angst vor den Schmerzen, die damit verbunden sind. Ich glaube, dass ich mein Kind hierbei nicht auffangen kann...“

„Jaaaa....“, sagte Dr. Jung gedehnt und schwieg.

Ich war total gespannt! Was würde er jetzt sagen?

„Sie haben Ihr Ohr für die kleine Eva geöffnet. Das ist gut. Aber ich sehe bei Ihnen genau das gleiche chaotische Verhalten wie vor sechs Jahren. Wieder zerrissen, angetrieben in zwei Richtungen: Von Rainer weg und trotzdem immer wieder hin. Das Gleiche mit dem Andreas. Sie wollen ihn und sie wollen ihn nicht. *Neurotisch!* Es ist immer neurotisch, wenn man zwei Sachen will und gleichzeitig beides nicht will. Wir müssen jetzt sehen, woher diese Antriebe kommen. Sonst werden sie sich immer wiederholen.“

„Das ist mir bewusst.“

*„Bewusst“,* sagte er verächtlich. „Das ist Analyse und bringt uns kein Stück weiter! Sie müssen zunächst herausfinden, *warum* die kleine Eva angetrieben wird. Danach muss die große Eva die Kraft aufbringen und ihr sagen: *„Nein!! Schluss jetzt! Das haben wir nicht nötig!!“*

„Ich habe die kleine Eva doch immer wieder gefragt, was in der Vergangenheit war. Auch danach, warum sie sich heute so verhält. Aber sie will da nicht ′ran! Sie sagt es mir nicht!!“

Ich war wieder genauso verzweifelt wie in den unzähligen Gesprächen mit der Kleinen auf unseren Stühlen. Verdammt! Was war los??

„Okay“, sagte Dr. Jung „Ich bin jetzt mal die große Eva und Sie sind *nur* die Kleine. Ich frage Sie >Was war los, früher?<„

Das war neu. *Das* hatten wir vor sechs Jahren noch nicht gemacht. Na, wenn das man klappt...

Ich schloss meine Augen und stellte mir diese kleine Eva vor... Ich sah sie vor mir: Vier Jahre war sie vielleicht alt. Sie saß auf dem Rasen. Ihre kleine Gießkanne war umgefallen, das Wasser herausgelaufen... Sie hatte ihre Ärmchen auf die Knie gestützt, ihr Köpfchen in ihre Händchen gelegt und weinte... Sie schluchzte herzzerreißend... Aber sie *sagte* nichts....

Mir liefen Tränen über das Gesicht. Ich sah Dr. Jung an.

„Ich kann nichts sehen...“, sagte ich verzweifelt. „Ich kann überhaupt nichts erkennen...“

„Versuchen Sie, sich in die kleine Eva hinein zu versetzen! Spüren Sie ihren Schmerz! Seien Sie sie!“, ermunterte mich Dr. Jung. „Und lassen Sie sich Zeit!“

Ich schloss erneut meine Augen... Diese Angst, die ich bei dem Gedanken daran hatte, Rainer zu verlassen... Was war das? Woher kam sie? Hatte ich diese Angst früher schon mal? Ich ließ mich fallen, immer tiefer und tiefer in meine Vergangenheit, in meine Kindheit... Da tauchten Bilder auf... furchtbare Bilder... Angst vor den Schlägen meines Vaters... Schmerzen ... Ich spürte die Striemen des Rohrstocks auf meinem Popo...

Immer tiefer versank ich in meiner Erinnerung...

Was war *das*? Da tauchte auf einmal ein Bild auf...

Sylt... Meer... Strand... Ich auf einer Düne... einen Teddybären im Arm...

Ich saß genauso auf der Düne wie ich auf dem Rasen gesessen hatte... Ich weinte bitterlich... Da war nur Sand, Düne, Wind... Kein Mensch weit und breit... Ganz alleine... einsam...

*Furchtbar!!*

Wieder stiegen mir Tränen in die Augen. Ich konnte sie nicht aufhalten. Sie fielen unaufhaltsam - wie Regentropfen - in meinen Schoß. Noch immer hatte ich die Augen geschlossen. Ich durfte dieses Bild nicht verlieren... Das war etwas Ursprüngliches...

Ich beschrieb Dr. Jung dieses Bild und fühlte gleichzeitig eine innere Qual, die noch viel stärker war als ich sie jemals zuvor gespürt hatte. Sie nahm mir die Luft zum Atmen...

Dieses Bild!! Ich konnte es nicht mehr ertragen. Ich hielt dieses Kind nicht aus. Ich öffnete die Augen.

„Ich kann nicht mehr", schluchzte ich.

„Janov sagt in diesem Zusammenhang etwas sehr Schönes", sagte Dr. Jung. „*Das* ist der Ur-Schrei. Eine Neurose entsteht bei einem Menschen im Alter von ungefähr fünf Jahren. Dann, wenn er in dem Bruchteil einer Sekunde erkennt >Du bist hier völlig überflüssig! Du wirst nicht geliebt!< Das ist so furchtbar, dass dieser Mensch nie, nie, nie wieder diese Ursituation anschauen mag. Und dann baut dieser Mensch ein Wahnsinns-Aktivitätsmuster auf: Er tollt herum, er spielt Rollen... Aktion, Aktion, Aktion... Nur weg von *mir*... Janov sagt >Ich lasse es nicht mehr zu, dass Du davor fliehst! Schau' es an!< Das ist der Urschrei!! Und genau das müssen Sie jetzt auch machen! *Schauen Sie es an!!"*

Ich kann nicht! Sah er das denn nicht!? Ich schüttelte den Kopf.

„Wenn etwas stockt", fuhr Dr. Jung fort, „heißt das immer, dass DeKiD zwar schon sehr gut funktioniert, aber die Zuwendung der Großen zur Kleinen noch nicht stabil genug ist. Es muss Liebe da sein. Sie müssen sich selbst lieben lernen! Sie müssen sich selbst verzeihen können! Sie müssen einen so verinnerlichten Kontakt zu Ihrem Kind haben, dass alles andere unwichtig wird und Sie nicht mehr stört! Weder Rainer, noch Andreas, noch sonst etwas. Sie stehen jetzt vor der letzten Stufe. Sie *müssen* sie gehen!! Erst dann sind Sie frei und werden auch frei leben können. *N u r dann!*"

Ich wusste es, aber ich konnte nicht! *Das* war keine Stufe, das war ein Riesen*berg*! Niemals würde ich den erklimmen können! *Die* Kraft besaß ich nicht.

„Die kleine Eva ist nicht nur Therapeut. Wenn Sie diesen letzten Schritt gegangen sind, dann wird die Kleine frei und lebendig sein. Voller Lebensfreude. Lassen Sie sie *leben*! Denken Sie an Bruce Davis: Die kleine Eva macht Ihnen solange Probleme, bis Sie sich um sie kümmern. Geben Sie der Kleinen die Möglichkeit, ihren Weg zu finden. Wenn Sie das nicht tun, wird sie nicht aufhören zu schreien. Die kleine Eva braucht Ihre Beachtung! *Achtung* - etwas, was die kleine Eva früher nicht erfahren hat. Achten *Sie* ihr Kind!"

Wie ein ausgetrockneter Schwamm sog ich jedes Wort auf. Es stimmte. Ich wusste es ja. Aber, wenn ich es doch nicht konnte!?

„Ich weiß, dass die Kleine nicht befreit ist. Vielleicht liegt es daran, dass ich in den letzten Jahren in Berlin gar nicht mehr gedroschen habe? Ich bin wütend! Und ich habe Angst, ganz viel Angst!"

„Da, wo Liebe ist, gibt es keine Angst. *Wirkliche* Liebe bedeutet: Der kleine Mensch lebt frei in dem großen Menschen seine Liebe. Solange diese Liebe des kleinen Menschen an der Wurzel geknickt oder gebrochen ist, solange wird dieser Versuch kläglich scheitern."

Ich schloss erneut die Augen...

Plötzlich tauchten viele Bilder in mir auf... Szenen, die zu dieser weinenden Eva auf der Düne passten... Mein Herz klopfte wie verrückt... Ich sah mir alle Situationen an, ohne zu sprechen... Minuten später öffnete ich die Augen und sagte leise:

„Jetzt weiß ich, warum ich dieses Dünenbild gerade gesehen habe."

„Ja?" Dr. Jung beugte sich so weit vor, dass er fast den Kassettenrekorder vom Tischchen gerissen hätte.

„Sylt... Ich war nur ein einziges Mal in diesem Alter auf Sylt..."

Wieder füllten sich meine Augen mit Tränen. *Hör auf, mir weh zu tun!!* schrie es in mir. *Ich halte es nicht aus!!* War das die kleine Eva?

„Als ich vier Jahre alt war, wurde meine Schwester geboren. Als mein Vater meine Mutter aus dem Krankenhaus abholte, stand ich am Garagentor. Ich sah meine Mutter auf dem Beifahrersitz mit diesem Bündel im Arm. Sie sah dieses Bündel an und lächelte..."

Tränen, Tränen, Tränen... Wo kamen sie nur alle her?

„Mir war überhaupt nicht klar, was das alles zu bedeuten hat. Ich wusste nur *eins:* Jetzt wird sich etwas ändern. Da ist etwas Neues..."

Wo waren eigentlich meine Taschentücher? Ich durchsuchte meine Tasche. Dr. Jung gab mir eine Packung Papiertaschentücher.

*Aus-Zeit...*

Ich konnte kaum noch reden. Dr. Jung saß schweigend da. Er drängte mich nicht. Er sah mich nur mit lächelnden, verständnisvollen Augen an. Ja! Er würde mich verstehen.

„So war's dann auch", sagte ich schließlich „Es änderte sich *alles*. Meine Mutter, die bis dahin gearbeitet hatte, war auf einmal zu Hause. Sie kümmerte sich um dieses Bündel, wickelte es, trug es mit sich herum. Ich sah ihr dabei zu. Alles tat mir weh! Ja... und dann..."

Oh no! Ich konnte es ja nicht mal erzählen! Ich sah die Bilder vor mir, aber selbst das Aussprechen tat höllisch weh... Noch ein Taschentuch... Ey, verdammt! Los! Sag's ihm! Wenn nicht ihm, wem sonst??

„Ja... dann... packte... meine... Mutter... meinen... Koffer... und... meine... Eltern... brachten... mich... nach Sylt... In ein Kindererholungsheim... für mehrere Wochen... *Sie lieferten mich ab!!* Sie sagten, das wäre jetzt gut für mich ... und fuhren einfach *weg*... Sie ließen mich da alleine zurück... Nur das Bündel nahmen sie wieder mit..."

Ich holte tief Luft.

*Mama!! Lass` mich nicht alleine hier! Ich will wieder mit nach Hause! Verlass` mich nicht*!

Ich war nur noch die Kleine, die genau diesen Schmerz von damals in sich hatte. Nein, ich konnte ihn nicht noch einmal ertragen! *Schmerz, geh weg!!*

Ich riss mich mit meiner letzten Kraft zusammen, schnäuzte einmal kräftig in das nächste Taschentuch und begann, weiter zu reden.

„Ich war in diesem Heim und wusste gar nicht, was ich da sollte. Alle

Kinder waren viel älter als ich. Keiner spielte mit mir. Ich fühlte mich so alleine, so verlassen... Selbst die Betreuer waren schrecklich."

Mir fiel eine Situation ein: Alle Kinder mussten sich abends in einer Reihe nebeneinander aufstellen. Es gab heiße Milch in einem Glas. Ich hasste heiße Milch. Ich war die Jüngste und damit die Letzte in der Schlange. Als ich schließlich an der Reihe war, hatte sich zu allem Überfluss auf diesem Gebräu auch noch eine dicke Haut gebildet. Ich konnte es beim besten Willen nicht trinken. Aber, alles Betteln und Flehen half nichts >Das ist gut für Dich! Trink!< Ich nahm das Glas und schluckte und schluckte... Ich schaffte es nicht mal bis zur Hälfte. Ich ließ das Glas fallen, als ich alles erbrach. Damit war das Spiel aber noch nicht zu Ende. Ein neues Glas wurde mir gebracht. Während die Betreuer vor meinen Füßchen herumwischten, musste ich das zweite Glas leer trinken. Die gleiche Prozedur! Nur: Die Haut fehlte.

„Dann kam es, wie es kommen musste. Schon damals reagierte mein Körper auf meine Seele. Ich wurde krank, bekam Fieber... Damit wurde dann alles *noch* schlimmer! Jetzt kam ich auch noch in die Krankenstation..."

Ich sah es vor mir: Absolut isoliert vom Leben! Keine spielenden Kinder mehr in meiner Nähe, die ich hätte beobachten können. Kein Sand, in dem ich spielen konnte. Ich lag in meinem Bettchen, meinen Teddy in den Armen, und starrte die weiß gekalkte Decke an... Dreimal täglich sah ich jemanden, der mir mein Essen brachte...

*Isolation...*

„Hier hielt ich es nicht mehr aus. Ich war so einsam, fühlte mich so alleine gelassen. Eines Nachts, als alles schlief, stieg ich aus meinem Bettchen, nahm meinen Teddy und machte mich auf den Weg nach Hause. Zu Mama und Papa..."

Ja!! Ich war einfach aufgestanden und aus dem Haus gelaufen, barfuss, nur bekleidet mit meinem Nachthemd... Mama!!! ... Papa!!! ... *WO SEID IHR...?* Schreiend lief ich durch die Nacht... Wenn Ihr nicht zu mir kommt, dann komme ich zu euch!!!

„Irgendwann konnte ich nicht mehr laufen. Meine Füße taten mir weh. Es war so dunkel... Ich wusste nicht mehr, wo ich war... Da war niemand weit und breit... Und dann habe ich mich einfach hingesetzt... Irgendwo... Am nächsten Morgen fanden sie mich auf dieser Düne..."

Ich konnte nicht weiter sprechen. Es tat so weh!

Ja, dieser Schmerz dort auf dieser Düne... *Das war's!!* ... Das war der *Ur-*Schmerz, vor dem ich solche Angst hatte... Nie wieder wollte ich mir so wehtun lassen...

„Ich glaube, dass ich auf dieser Düne gestorben bin... Ich wollte nicht mehr leben... ohne Mama ... ohne Papa... ohne Liebe... Einsam... Von allen Menschen verlassen... Verloren... Ich glaube, als sie mich am nächsten Morgen auf der Düne fanden, war ich tot....."

Suizid mit vier Jahren!

Kein Wort mehr konnte ich sagen. Dieser Schmerz zerriss mich innerlich... Ich zitterte... Versuchte, mich zu fangen...

Dr. Jung schwieg. Er ließ mir die Zeit, die ich brauchte.

„Man hatte dann anscheinend meine Eltern über mein Weglaufen informiert. Jedenfalls kamen sie und holten mich ab. Aber auch hierzu habe ich keine positiven Erinnerungen. Ich saß hinten im Auto. Mein Vater fuhr und gleichzeitig schimpfte er mit mir. Er sah mich nicht mal an, sondern sah vor sich hin auf die Straße. Meine Mutter auf dem Beifahrersitz hatte sich zu mir umgedreht und sagte immer nur: >Kind, wie konntest Du uns das antun?<.....“

*MAMA!!*

Ich brauche Dich! Du tust *mir* weh!!!! Warum nimmst Du mich nicht einfach nur in den Arm? Warum verstehst Du mich nicht?

*W A R U M ? ?*

Ich schüttelte meinen Kopf..... Bild, geh` weg!!

„Na, jedenfalls hatte ich mein Ziel auf Umwegen erreicht: Ich war wieder bei Ihnen...“

Ich lachte laut auf. Und? Was hatte ich davon? Da war immer noch dieses andere Kind, das so viel wichtiger war als ich. Es ging doch genau so weiter wie vorher: Lea war wichtig. Sie wurde umsorgt und ich sah dabei zu.

„Dann kam irgendwann die Taufe... Daran kann ich mich wohl deshalb besonders gut erinnern, weil es davon Fotos gibt. Ich sollte dieses weiße Bündel auf den Arm nehmen. Alle standen hinter dem Fotografen und sagten >Eva, lach` doch mal!< Ich wollte nicht lachen! Ich wollte dieses Etwas auch nicht festhalten! Ich hasste es! Am liebsten hätte ich es fallen gelassen und noch mal kräftig drauf getreten...“

Ich sah diese Fotografie vor mir... Selten hatten Kinderaugen so traurig, so verzweifelt in eine Fotokamera gesehen... Oh je, wie sehr tat diese kleine Eva mir leid! Ja, genau das war *die Not* der Kleinen... Ich hatte davon doch sogar ein Foto! Wie hatte ich das nur so lange verdrängen können?

Hatte Dr. Jung Tränen in den Augen? Er war genauso berührt von diesem Urschmerz wie ich! Er fühlte ihn *mit.* Das tröstete mich. Ich hatte das Gefühl, *wirklich* verstanden zu werden...

Nach einer langen Pause konnte ich weiter sprechen.

„Als ich da auf dieser Düne saß, hörte die Welt für mich auf. Es gab für mich nichts mehr, was lebenswert war. Ich war gestorben, weil ich tot sein *wollte.* Wozu noch leben? Leben ist Qual! Leben ist Einsamkeit! Leben ist Kampf! Leben ist lieblos! Nein!! Ich wollte nicht mehr...“

Wieder bekam ich kaum noch Luft. Dass das noch immer *so* wehtat!

„... und ich weiß, dass ich vor genau diesem Schmerz auch heute noch Angst habe. Ich will ihn *nie wieder* haben müssen... Ich will mich *nie wieder* so einsam fühlen! Bevor *das* noch einmal passiert, würde ich mich wirklich lieber umbringen...“

Schon während ich das sagte, wurde mir auf einmal klar, wie alles zusammen hing: Die kleine Eva in mir konnte Rainer nicht verlassen, weil sie glaubte, dass dann genau diese Qualen zurückkommen. Also blieb sie lieber *in* der Beziehung. Sie gab der Kleinen doch alles, was sie brauchte. Bloß nicht alleine sein. Dieser Schmerz saß in mir, weil die kleine Eva in mir war. Deshalb hatte ich auch auf dem Weg nach Ohlstadt solche Angst gehabt. Es war *dasselbe* Gefühl, das ich damals - vor 33 Jahren - gehabt hatte, als meine Eltern mich nach Sylt brachten...

„Tja....", sagte Dr. Jung leise. „Da können Sie mal sehen, wie sehr ein erwachsener Mensch von den Erlebnissen aus seiner Kindheit gebeutelt werden kann. Diese Kindheitserfahrungen stecken in uns und machen uns fertig - immer wieder. Die Not der kleinen Eva treibt Sie an. Deshalb ist jetzt das Wichtigste, da *ganz* heran zu gehen. Sie müssen jetzt den Mut aufbringen, diese Not wirklich genau anzusehen! Und vergessen Sie dabei nicht die Vorgeschichte der Kleinen! Sie wurde doch schon vor Sylt so vernachlässigt und war ohne Liebe."

Ich saß in meinem Sessel vor dem Fenster und hörte ihm zu. Ich konnte noch immer nicht genau hinsehen. Ich hielt dieses Kind mit diesen Schmerzen nicht aus.

„Ich habe Angst, dass ich den Schmerz nicht noch einmal aushalte...", flüsterte ich.

„Was passiert jetzt?" fragte Dr. Jung. „Wieso glauben Sie, dass Sie die Not nicht aushalten?"

Ich hob verzweifelt die Schultern. Es war mir egal, was hier und jetzt passierte. Ich wusste nur: *ICH KANN'S NICHT!!!!*

„Sie sind in einer Symbiose mit der kleinen Eva", fuhr Dr. Jung fort. „Auch ich sehe in diesem Moment jetzt nur noch die kleine Eva vor mir, die weint, weil ihr alles weh tut. Wo ist denn die Große?"

Keine Ahnung!

„Nehmen Sie Abstand zu diesem Kind! Schauen Sie es an, aber aus einer *gesunden* Distanz! Erkennen Sie die Kleine! Aber: Verlassen Sie diese Symbiose! Stellen Sie die Stühle weiter auseinander, wenn Sie mit der kleinen Eva sprechen! Reden Sie zu dem Kind wie zu einer zweiten Person!"

Und? Was sollte das bringen?

„Die große Eva...", rief Dr. Jung eindringlich, „*muss* jetzt die Verantwortung übernehmen. Sie darf nicht weglaufen!"

Warum schrie er mich so an? Hör auf, mich so anzuschreien! Ich ertrag's nicht! *Nicht jetzt!*

„Die Große muss wieder sie selbst werden!", rief er. „Sie sind groß und können dem Kind helfen! Wie wollen Sie das denn schaffen, wenn Sie - so wie jetzt - da sitzen und gemeinsam mit Ihrem Kind weinen? Hundertfach habe ich das hier erlebt, glauben Sie mir: Stundenlang geheult - wunderbar, wichtig.... Aber? Was nun? War's das? NEIN!! Es muss weiter gehen! Die Kleine hat Angst und die Große lässt sich überrollen von der Kleinen! Da ist keine Freiheit mehr! Hören Sie auf, sich mit der Kleinen zu identifizieren! *Sie sind groß!* Sie müssen jetzt lernen, Sie selbst zu bleiben! Stehen Sie gerade vor Ihrem Kind und helfen Sie ihm!“

Ich holte tief Luft.

„Ich weiß es. Ich ahne, dass diese Situation auf der Düne ganz viel mit dem Nicht-Trennen-Können von meinem Mann zu tun hat. Aber das *WARUM* ist mir noch nicht klar. Ich weiß nur, dass es dasselbe Gefühl in mir ist - heute wie damals.“

Was spielte sich ab in meinem Inneren....? War es das Gefühl von früher, das noch immer da war? Genau so?

„Was ich herausfinden muss, ist, warum ich *heute* diese Angst habe. Die Situation ist eine andere. Rainer ist nicht mein Vater! Und *ich* will gehen, nicht *er* will mich verlassen Die Kleine hat mir schon in Berlin immer gesagt, dass sie Rainer *braucht. Seine* Liebe, *seine* Geborgenheit, die Sicherheit, *von ihm* aufgefangen zu werden... Alles das, was ich früher nicht hatte, habe ich von ihm bekommen. Genau das habe ich gebraucht! Heute weiß ich noch immer nicht, ob ich das wirklich aufgeben will und kann.“

„Sie müssen die kleine Eva fragen. Hören Sie auf, die Kleine zu interpretieren! Fragen Sie sie hier in Ohlstadt noch einmal!“

„Ich habe auch in Berlin immer wieder versucht, die kleine Eva satt zu machen. Ihr die Liebe, Nähe und Zärtlichkeit zu geben, die sie immer von Rainer eingefordert hat. Jetzt, nachdem mir diese Schlüsselszene wieder eingefallen ist, weiß ich nicht, ob ich meiner Kleinen wirklich alles geben kann, was sie braucht. Sie ist viel stärker als ich!“

Genau *das* war's! Ich spürte in mir eine innere Kraft, die mich umhaute. Lahm legte. Ich hatte nicht die Stärke - vielleicht auch nicht den Mut - dieser Kraft in mir etwas entgegen zu setzen. Ich würde nachgeben - wieder mal... Das war einfach *too much*!

„Wissen Sie, wie viele Menschen es gibt, die sich immer nur langweilig und einsam vorkommen und fühlen? Wenn Sie so einen Menschen in einen Garten setzen - alleine -, dann wird er sich anfangs umsehen: Oh, da sind Bäume und Pflanzen... da ist die Sonne... Und dann wird er sich ganz schnell unwohl fühlen. Er hält sich selbst nicht aus! Weil er keine Selbst-Liebe für sich hat, keine innere Harmonie!“

Wie war das eigentlich bei mir? Konnte ich mich *aushalten?*

Doch, sagte ich mir selbst. Seit Ohlstadt vor sechs Jahren hatte ich mich verändert. Ich konnte alleine sein. Aber war da nicht trotzdem immer auch das Gefühl, nicht wirklich alleine zu sein?! Da waren Bekannte in einer Kneipe, wenn auch an anderen Tischen... Ich hatte immer die Möglichkeit, mich zu ihnen zu setzen... Es gab Rainer, wenn auch in einem anderen Zimmer unserer großen Wohnung... Wie oft war ich einfach mal kurz zu ihm gegangen, hatte mich zu ihm auf das Sofa gelegt, während er irgendein Fußballspiel im Fernsehen ansah, das mich überhaupt nicht interessierte. >Nimmst Du mich mal in den Arm!< Er tat es und es tat mir gut. Irgendwann ging ich dann wieder in mein Zimmer zurück. Satt – für einen Augenblick... Also.... Ich war nicht alleine!

Hielt ich *mich* aus? Auch über einen längeren Zeitraum - ohne andere Menschen? Ohne etwas zu tun? Schweigend? Ich kannte die Antwort. *Deshalb* hatte ich Angst!

„Sie müssen jetzt zunächst auf die Szenen dreschen, die Sie mir gerade erzählt haben! Machen Sie daraus Munitionen: das neue Kind, das Verlassen-Werden, das Nicht-Erkennen, das Nicht-Lieben... Und dann gehen Sie in den Wald! Dutzende Male müssen Sie diese Munitionen heraus hauen!“

„Wohl vor allem auf meine Schwester. Sie hat mir alles genommen!“

„Nein! Nein! Nein!“, Dr. Jung schüttelte seinen Kopf. „Nicht Ihre Schwester hat Ihnen alles genommen. Ihre Mutter und Ihr Vater haben Ihnen nichts gegeben! Verprügeln Sie die Mutter und den Vater, nicht die kleine Schwester. Sie kann nichts dafür!“

Auch gut!

„Auch ohne Ihre Schwester wäre doch die Situation für die kleine Eva genauso gewesen.“

Stimmt! Shit! Ja, verdammt! Stimmt!

„Durch Lea ist mir aber doch klarer geworden, was *ich* nicht bekommen habe. Zumindest nicht von meiner Mutter. Mit meinem Vater hatten Lea und ich ja die gleichen Probleme.“

„Ja! Ihre Mutter war sicher mehr Verursacherin! *Sie* hat das verkorkst! Ihre Schwester hat einfach mehr Glück gehabt!“

*Mehr* Glück?

Ja!

Zum Glück!

Wohl deshalb ging Lea heute ganz anders mit unserer Mutter um. Sie war *natürlich* viel relaxter im Umgang mit ihr – damals wie heute. Zwischen Lea und ihr flossen Liebe und Zärtlichkeiten wie selbstverständlich. Das war bis heute bei mir so anders.

Tja, meine Kleine, sagte ich mir, da werden wir in diesen zwei Wochen wohl noch Einiges tun müssen. Ich weiß, *das* bekommen wir hin. Und die Düne....? Wieder begann mein Herz schneller zu klopfen.

„Noch mal: Die Befreiung Ihres Kindes erfordert Mut und Kraft! Die Große muss *beides* aufbringen. Dazu ist eine Distanz erforderlich. Sagen Sie Ihrem Kind, dass Sie seine Not sehen und dass sie ihm helfen wollen, die neue Ordnung wieder herzustellen. Ohne die Große wird die Kleine sich niemals befreien können! Machen Sie Ihr Kind sicher! Zeigen Sie Ihrer kleinen Eva, dass sie Ihnen vertrauen kann!“

Er stand auf und holte ein Buch aus dem Regal. Ach, wie sehr hatte ich das vermisst.

„Alice Miller sagt >Das Kind ist *immer* unschuldig. Jedes Kind hat *unabdingbare* Bedürfnisse, das heißt angelegte Erwartungen, die erfüllt werden müssen: nach Geborgenheit...<„

Er sah von dem Buch auf.

„Nischt war bei Ihnen“, ergänzte er bevor er wieder in das Buch sah

„... >Nach Schutz< Nischt war! >Nach Berührung! Nach Wahrhaftigkeit! Nach Wärme! Nach Zärtlichkeit! Diese Bedürfnisse werden selten erfüllt und wenn, dann oft von den Erwachsenen für ihre eigenen Zwecke ausgebeutet. Das ist das Trauma des Kindesmissbrauchs, ein Missbrauch, der lebenslängliche Folgen hat.<“

Dr. Jung legte das Buch beiseite und holte ganz tief Luft. Hatte ihn das Ganze auch geschafft? Es sah fast so aus.

„Jetzt sind wir wirklich ganz schnell an *den* Knackpunkt gekommen“ sagte er. „Was ist jetzt zu tun?“

„Ich möchte unbedingt mit der kleinen Eva in den Wald gehen und dreschen. Da ist so viel Wut in mir, die ′raus muss. Ich will sie loswerden. Ja, und dann...?“

Ich konnte es nicht sagen. Konnte ich es nur nicht aussprechen oder wusste ich es nicht? Keine Ahnung! Zumindest war es etwas, vor dem mir grauste...

„Was *noch*?“ fragte er eindringlich.

Tja... *WAS??*

„Ich muss an meinen Schmerz heran kommen, an den ursprünglichen Schmerz von früher, das weiß ich. Aber ich befürchte, ich kann es nicht...“

„Wie kommen Sie an Ihren Schmerz?“ fragte er ganz sanft.

Frag’ mich was Leichteres.

„Fragen und reden Sie mit der Kleinen. Lassen Sie es sich noch einmal richtig laut von ihr auf den Stühlen erzählen. Dann wird der Schmerz kommen und danach auch die Wut. Diese Wut braucht die Kleine, um *richtig* darauf dreschen zu können!“

„Ich habe Angst davor!“ Wie oft musste ich das denn noch sagen?

„Sie spüren jetzt die Kleine in sich, die ihren Schmerz los lässt“, sagte Dr. Jung - unerbittlich. „Das ist gut! Sie müssen als Große der kleinen Eva jetzt Schutz und Sicherheit geben: im Gespräch und beim Dreschen. >Ich bin bei Dir! Ich passe auf, dass Dir nichts passiert!<„

Hatte er mich nicht verstanden? Die Techniken kannte ich. Darum ging’s doch gar nicht. Es ging darum, dass ich den Schmerz nicht aushalten konnte... Schön und gut: Klein und Groß! Aber, verdammt, beides bin *ICH*! Ich will mir nicht mehr wehtun lassen. Aber, vor allem, will ich mir erst recht nicht selber solche Schmerzen zufügen! NEIN! Ich kann nicht.

„Ich habe Angst“, wiederholte ich - zum wievielten Mal eigentlich?

„Sie sind hierher gekommen, damit ich Ihnen helfe, an diesen Schmerz heran zu kommen. Das ist auch in Ordnung. Aber den nächsten Schritt müssen *Sie* machen. *Helfen Sie Ihrem Kind*, diese Qual noch einmal zu erleben. Seien Sie mutig!“

Er holte von seinem Schreibtisch das Blatt >Ermutigung für die Große<

und las es mir - wie vor sechs Jahren - vor. Ich hörte mir jedes Wort genau an! Ja, ich brauchte Mut, das war klar. Verzweifelt genug war ich. Mein Leiden war unermesslich. Was musste noch passieren, damit ich endlich so weit war, alles zu zulassen?

„Sie haben als Große die Aufgabe, zu *helfen*! Helfen zu wollen und zu können, das *muss* Sie antreiben! Halten Sie Abstand, stehen Sie aufrecht vor Ihrem Kind! Verlassen Sie die Symbiose! Bislang ist da nur frustrierte Selbstbetüddelung."

Seine Stimme war immer lauter geworden.

„Also?" fragte er.

Oh Shit! Ich wollte ja, aber ich traute mich nicht.

„Mein Problem ist wohl, dass die Kleine mir *zu* nah ist. Sie wirft mir vor, dass ich ihr nicht helfe, obwohl es ihr schlecht geht. Ich lasse mein Kind weinen und schreien. Ich nehme es in den Arm, aber ich *helfe* der Kleinen damit nicht wirklich. Das spüre ich ja selbst. Ich lasse nicht zu, dass sie mir ihre echte Not erzählt."

„Sie müssen immer an den Grundsatz in DeKiD denken: Wenn die kleine Eva Sie angreift, weil Sie ihr nicht helfen, dann fragen Sie >Warum machst *Du* das in mir, dass ich Dir nicht helfen kann? Wo und wann hat das angefangen? Wer hat uns das beigebracht?< Stellen Sie diese Frage und Sie werden an die Wurzel kommen. Es gibt Gründe dafür, dass Sie sich jetzt so machtlos und hilflos fühlen, wenn Sie das Leid der kleinen Eva sehen. Hinzu kommt, dass die Kleine doch gar nicht weiß, was *Hilfe* ist. Ihr wurde doch früher auch nicht geholfen. Weder von Mutter, noch von Vater. Vielleicht ein bisschen von der Oma. Wie soll denn dieses Kind darauf vertrauen, dass *Sie* ihm jetzt helfen?! Also: *LOS*!"

Vielleicht war das wirklich der einzig mögliche Weg... Ich würde alles versuchen! Jeder Ansatz war mir willkommen. Ich konnte nicht mehr... Ich wollte nicht mehr leiden...

„Sie haben die Dummheit begangen", sagte Dr. Jung – jetzt wieder lächelnd, „erneut nach Ohlstadt zu kommen. *Ich* lasse nicht locker! Ich werde Sie solange triezen, bis Sie anfangen, die Verantwortung für die kleine Eva zu übernehmen. Ich werde nicht zulassen, dass Sie hier zwei Wochen rumsitzen und weinen! Darauf *können* Sie sich verlassen!"

Gut! Gut! Gut!

„Sie lieben Ihr Kind noch nicht genug".

Oha! Das saß! War das so? Liebte ich die kleine Eva nicht *genug*? NEIN! Alles in mir wehrte sich dagegen.

„Das stimmt nicht! Ich liebe meine Kleine! Ich glaube, ich liebe sie *zu sehr*. Ich will ihr nicht noch einmal den Schmerz zumuten, den sie vor 33 Jahren auf der Düne hatte."

„Verantwortungslos!"

Poah! Mir blieb heute aber auch wirklich nichts erspart! Was sollte das denn heißen? *Wieso verantwortungslos?* Ich sah Dr. Jung fragend an.

„Sie übernehmen die Verantwortung für Ihr Kind nicht! Noch mal: Ich werde bei Ihnen nicht locker lassen! Lassen Sie bei dem Kind nicht locker! Übernehmen Sie endlich Verantwortung!“

Das war wohl ein Befehl! Laut und klar formuliert wie ein >Stillgestanden< bei der Bundeswehr!

„Sagen Sie Ihrem Kind: >Ich bin bei Dir! Und *weil* ich Dich liebe, kannst Du durch diesen Schmerz gehen. Liebe ist etwas anderes als Weinen und Trösten.“

„Soweit bin ich noch nicht...“

Quäl mich doch nicht so! Ich kann's nicht... Als hätte er meine flehenden Gedanken gelesen, sagte er ganz weich

„Ja, das weiß ich... Aber Sie werden es lernen. Ich werde es von Ihnen verlangen! Wenn es heute noch nicht geht, dann morgen. Aber es wird gehen!“

„Vielleicht... Wenn ich darauf vertrauen kann, dass *Sie* mich auffangen...“

Voller Hoffnung sah ich ihn an. Was würde er sagen?

„Ich werde Sie *nicht* auffangen!“

Na, super! Wäre ja auch zu schön gewesen.

„Sie werden das alleine schaffen müssen. Arbeiten Sie mit der kleinen Eva! Sie können sie gerne von mir grüßen. Machen Sie sich mit dem Kind gemeinsam bewusst, was Sie in den letzten Jahren alles zusammen geschafft haben. Das ist eine Menge. Sie sind gegen Ihren Vater angegangen, gegen Ihre Mutter. Sie haben doch erfahren, was es bringt, wenn Sie darauf *zu*gehen!“

Ja! Trotzdem... Das hier, das war etwas anderes für mich. Hier ging es um einen Wahnsinnsschmerz in *mir*, der nie wieder zum Vorschein kommen durfte.

„Ich könnte doch auch Angst bekommen“, sagte er. „Wieso bin ich so sicher, dass es der richtige Weg für Sie ist? Ich könnte Sie ja auch weg schicken und sagen, dass mir das jetzt alles zu viel wird. *Nein!* Nur so geht's wirklich weiter!“

Nach einer Pause, in der er wie schon so oft Gedankenversunken aus dem Fenster gesehen hatte, sagte er:

„Es ist der Teufel. Er flüstert Ihnen ein >Tu` das nicht! Den Schmerz hältst Du nie aus! Der ist so groß. Wenn Du daran rührst, dann macht er Dich fertig!< Nein! Nimm` das Kreuz und gehe auf den Teufel zu. Und schon wird er weg sein! Sie haben einen Angstballon aufgeblasen und der steht vor Ihnen. Nehmen Sie ein Messer und stechen sie hinein. Es wird nur noch eine Hülle übrig bleiben. Sie werden feststellen, dass die Angst sich aufgelöst hat.“

Klang alles so einfach. Aber nicht *er* musste das Messer in die Hand nehmen, nicht *er* hatte diesen Schmerz... *Ich*... Und, was ist, wenn ich daran kaputt gehe? Ich hatte so viel Tränen vergossen in den letzten Wochen, wie noch nie zuvor in meinem Leben... Und das, obwohl ich noch immer nicht nah dran war! Tränen würden da dann keine mehr sein. Aber was? Würde ich einfach keine Luft mehr bekommen? Ersticken? Tot umfallen?

„Noch mal: Hören Sie auf, zu kuscheln und zu trösten! Fangen Sie an, das Kind ernst zu nehmen. Das ist die Kunst des Liebens! Nehmen Sie Ihr geschundenes Kind an! Sie müssen diese Hindernisse als Chance sehen, als *die* Chance, weiter zu kommen."

Ein hoffnungsloser Optimist! Nein! Ein hoffnungs*voller* Optimist saß mir hier gegenüber!

„Die Liebe lässt sich nicht kaputt machen! Niemals! Sie kann weg gedrückt werden. Sie kann verdrängt werden. Aber sie ist niemals weg!"

Bevor ich ging, erklärte mir Dr. Jung noch mal den Vorgang des Dreschens und zeigte mir auf den Übersichtsplänen die einzelnen Dreschplätze. Es waren dieselben wie vor sechs Jahren. Toll! Darauf freute ich mich richtig. *Endlich* die Wut 'rauslassen. Die Kleine musste den Frust, die aufgestauten Aggressionen loswerden. Das würde gehen, dessen war ich mir sicher.

Nur...

... was würde mit dem Rest sein?

# Erkenntnisse

Der zweite Aufenthalt in Ohlstadt unterschied sich sehr von meinem ersten: Ich war alleine auf mich gestellt. Es gab keine Kurkollegen und keine Clique, die mich von dem Wesentlichen hätten ablenken können. Und das war gut so!

Ich wohnte in einem Seminarhotel, was zu Beginn meine Einsamkeitsgefühle noch verstärkte. Hier reisten die Menschen immer nur in Gruppen an und waren so mit sich beschäftigt, dass sie mich - selbst bei den gemeinsamen Mahlzeiten - gar nicht wahrnahmen.

So verbrachte ich viel Zeit alleine mit meiner kleinen Eva. Ich redete stundenlang mit ihr in meinem Zimmer. Die zwei Stühle, die ich für diese Gespräche brauchte, blieben zwei Wochen mitten im Raum stehen. Ich ging täglich in den Wald, um zu dreschen. Es hatte viel geschneit und der Wald und die Berge um Ohlstadt waren wunderschön. Ich machte lange Spaziergänge, auf denen ich oft Dialoge weiterführte, die ich in meinem Hotelzimmer begonnen hatte.

Jeden Tag ging ich für eine Stunde zu Dr. Jung. Hier besprachen wir, was ich alles mit der kleinen Eva erlebt hatte, was die Kleine mir sagte und welche Aufgabe es für mich zu lösen gab. Wieder war alles wichtig.

Mein Ziel war es, an diesen Ur-Schmerz heran zu kommen. Mir war klar, dass ich das nur schaffte, wenn ich das Kind in mir voll und ganz zuließ. Also sprachen wir Zwei viel miteinander.

Ich begann zunächst damit, ihr zu sagen, dass ich ihr helfen und für sie da sein will, auch und gerade, wenn es ihr ganz schlecht geht. Ich spürte ein großes Misstrauen der kleinen Eva. Sie wollte sich der Großen nicht öffnen. *Sie* hatte Angst. Immer wieder und wieder stellte ich dieselbe Frage

„Kleine, warum kannst Du den Schmerz nicht rauslassen?“

Eines Tages kam mehr als nur ein „*Nein! Ich habe Angst!*“ als Antwort: „Weil ich merke, dass Du nicht bereit für mich bist. Da ist kein Vertrauen zwischen uns. Ich habe schon früher Schmerzen gehabt, aber Du hast mich nicht angehört. Obwohl Du meine Schmerzen ja gespürt hast. Deshalb bist Du immer zu Dritten gelaufen: zu Rainer, zu Lea, zu irgendeinem anderen Mann. Niemals hast Du *mir* zugehört. Das Weglaufen vor mir war leichter als das Zuhören. Aber: Meine Schmerzen können nicht von anderen geheilt werden! Das musst *Du* tun!“

Endlich! Sie hatte etwas gesagt! Sie hatte Recht damit: Ich lief weg! Wieder mal!

„Ja, stimmt! Du bist so stark in mir, dass ich mich vor Dir und Deinen

Gefühlen fürchte. Du könntest so stark werden, dass ich es nicht mehr aushalte.“

Ich wusste, ich meinte nicht *ES*... Ich meinte dieses kleine verletzte Mädchen. Da war sie wieder: ANGST, PANIK.... Schwarz wie die Nacht... Aber ich musste da jetzt durch. Ich wollte es schließlich wissen.

„Kleine, was kann ich tun?“

Ich wechselte die Stühle und nahm mir vor, dieses Mal nicht locker zu lassen. Heute würde ich so lange auf den Stühlen sitzen bleiben, bis ich an diesem Punkt zumindest ein wenig weiter gekommen bin.

„Dr. Jung hat gesagt, Distanz schaffen! Verdammt!!!! *Du bist groß!!* Du bist kein Kind! Du bist erwachsen! Also! Sei Rückhalt für mich. Meine Schmerzen sind stark, aber Du bist stärker, weil Du größer bist! Zeig` mir das doch mal! Nimm` mich nicht nur auf und in den Arm, nimm` mich auch mal an die Hand! Lass` mich los, damit ich ganz offen sein kann für alles! Aber zeige und *beweise* mir, dass Du da bist, wenn ich Dich brauche. Dass Du mir helfen *willst.* Damit hilfst Du mir schon! Ich möchte darauf *vertrauen*, dass Du mich nicht alleine lässt! Dass Du bei mir bleibst! Egal, wie es mir geht. Bislang war das nie so! Und wenn ich weine, dann *musst* Du das aushalten! Und: Du *kannst* das aushalten, *weil* Du groß bist. Nur dann können wir *beide* frei und glücklich werden.“

Klasse! Endlich hatte ich gehört, was zu tun ist!

Und nun?

War es nicht wieder so etwas wie ein Vorsatz, wenn ich der Kleinen versprach, so und so will ich das jetzt machen? Würde ich doch wieder nur Vorsätze fassen? Ganz tief in mir lähmte mich doch noch immer die Angst. Sie war ja nicht weg... Die Große musste diesem verängstigten Kind aber jetzt etwas sagen...

„Kleine, Deine Forderungen sind berechtigt. Ich habe Dich viel zu lange mit Deinem Schmerz alleine gelassen, aus Angst davor, ihn nicht auszuhalten! Du hast geweint und warst so traurig, dass jetzt schon alles wehtat. Ich habe gedacht, wenn es noch schlimmer wird, wenn es noch weher tut, dann kann ich Dich nicht mehr auffangen.“

Dann geschah etwas, das für mich wie ein Wunder war: Endlich konnte ich dem Kind zuhören. Die Kleine erzählte mir mit vielen Tränen ihre ganze Not. Ich hörte ihr zu und ich fühlte mit ihr. Ich hielt sie nicht fest und dennoch - oder deshalb? - ließ sie alle Gefühle zu und ´raus, ohne auch nur eine Gefühlsregung zu unterdrücken oder zu unterbrechen. Es dauerte lange. Aber irgendwann weinte ich nicht mehr. Auf einmal hatte ich eine Riesenwut auf meine Mutter, die mich einfach weggebracht hatte! Nur weil da ein zweites Kind im Hause war? Verdammt! Was war das denn für ein Dreck? War ich *zu viel,* oder was? Wieso denn eigentlich? Woher wusste sie das überhaupt? Sie war doch schließlich in meinen ersten vier Lebensjahren nie da gewesen!? Und jetzt, wo sie endlich mal zu Hause ist, bringt sie mich weg? Wegen eines anderen Babys? War denn alles wichtiger als ich? War ich immer nur im Weg? So ein Baby schläft doch nur!

Wieso störte ich denn dabei? Ja, spinn ich oder was!?!

Ich spürte eine derartige Wut in mir aufsteigen, dass ich sofort in den Wald gehen musste. Ich zerschlug sieben Stöcke. Wieder bis zur körperlichen Erschöpfung. *G U T ! !*

Aber: Ich schrie nicht beim Dreschen! Ich schlug stumm die Stöcke in kleinste Teilchen. Das einzige, was ich ab und zu rief, war:

„Warum??“

Wieder im Hotel fragte ich die kleine Eva: „Beim Dreschen rufst Du so oft >Warum?< Was meinst Du damit?“

„Ich bin so wütend. Ich habe Mutti und Papa meine ganze Liebe gegeben, aber sie wollten sie nicht. Sie haben mich einfach weg geschickt. Warum?? Habe ich ihnen nicht genügt? Sie haben es mir nie *erklärt!*! Ich habe nichts verstanden. Bis heute nicht. Papa ist einfach gestorben! Ihn konnte ich nicht mehr fragen. Und Mama versucht bis heute mit Geld, das sie gerecht zwischen Lea und mir verteilt, zu beweisen, dass sie mich genauso liebt wie Lea. Ich will Erklärungen! *Ich will es verstehen!!* Deshalb frage ich nach dem *Warum?!* Aber vielleicht kannst Du sie mir geben? Was war falsch an meiner Liebe?“

„Nein! Ich habe auch keine Erklärungen. Deine Liebe war ehrlich und offen. Du hast alles und mehr getan, um Liebe zu bekommen. Mama und Papa waren doof, Dich nicht zu sehen, Dich nicht so zu lieben, wie Du es verdient hast. Du warst und bist okay. Die anderen waren es nicht. Also: *sei wütend!* Es ist richtig. Du *bist* liebenswert! Ich sehe Dich und liebe Dich! So wie Du *bist*!“

Es tat so gut, diese Schmerzen, die sich in Wut auflösten, heraus zu lassen. Ja, Ja, Ja!! Endlich!! Mit jedem Dreschen befreite sich dieses verletzte Kind in mir. Dadurch, dass sich die kleine Eva befreite, fühlte ich mich freier.

Schon nach einer Woche lief ich durch die weiße Bergwelt und spürte in mir eine Ruhe, ein Glück und eine Dankbarkeit, die ich noch nie zuvor erlebt hatte. Und das alles, weil ganz langsam die tiefen Wunden und schmerzhaften Verletzungen dieses kleinen geschundenen Mädchens verheilten. Es *war* wunderbar! Ja! Es war ein *Wunder*! Ich sah in den blauen Himmel über mir...

Danke!

Dennoch blieb mein Beziehungschaos. Meine Gefühle für Rainer, für Andreas... Was wollte die Kleine? Was wollte die Große?

„Was magst Du an Rainer?“ fragte ich Klein-Eva.

„Rainer ist mein Freund. Bei Rainer kann ich sein, wie ich will: fröhlich, ausgelassen, redselig, schweigsam, wütend, traurig. Er ist immer da mit seiner Liebe, seinem Verständnis und seiner Toleranz. Besonders wichtig war er mir, wenn es mir schlecht ging. Er hat mich in den Arm genommen, mir Liebe, Nähe, Zärtlichkeit gegeben. Dann ging es mir immer schon besser. Wenn es mir gut ging, brauchte ich ihn nicht. Dann warst Du mir ja auch immer näher und Rainer nicht mehr so wichtig. Rainer hat mich satt gemacht in allem, was mir immer gefehlt hat. Dafür und deshalb liebe ich ihn. Ein bisschen wie einen Vater...“

*Was*? Wie einen *Vater*?

Ich dachte lange darüber nach...

Ganz langsam sah ich Zusammenhänge... Ja, klar! *Das war's!!* Ganz simpel, ganz einfach sagte diese kleine Eva mir, was mein größtes Problem war: Rainer war für mich - für die kleine Eva – *Vaterersatz!* Die kleine Eva brauchte Rainer, weil er ihr all` das gab, was ihr Papa - mein Vater – ihr niemals gegeben hatte.

Und: Rainer war *der perfekte* Vater: Er war immer da! Selbst nach den Affären, die ihn so tief verletzt hatten, tröstete er *mich*. Ich konnte zu ihm zurückgehen und ihm alles erzählen. So, wie ich es auch meinem Vater früher gerne erzählt hätte. Ich vertraute ihm alles an und dachte in diesen Momenten überhaupt nicht daran, wie sehr ich Rainer damit noch zusätzlich verletzt haben musste. Ich hatte es getan, weil es *selbstverständlich* für mich war! Für mich? Ja, für die kleine Eva...

Dann die Probleme im Bett... Es war doch klar! Wäre es nicht so gewesen, als würde ich mit meinem Vater ins Bett gehen. *Natürlich* ging das *nicht!* Ich konnte Nähe und Körperkontakt genießen, solange keine Sexualität im Spiel war. Sobald Rainer jedoch mehr erwartete, zog ich mich zurück. Ich wollte nicht. Ich konnte nicht. *Logo!* So langsam wurde mir immer klarer, warum!

Es fiel mir wie Schuppen von den Augen. Glasklar setzten sich tausend einzelne Mosaikteilchen zusammen. Es passte auf einmal alles! Ich liebte Rainer. Aber ich liebte ihn wie einen Vater. Ich brauchte ihn. Und *er?* Rainer spielte seine Rolle *perfekt*. SO hatte ich mir immer einen Vater gewünscht!

Ich sah auf einmal alles deutlicher als ein Bild vor mir. Jetzt war mir auch bewusst, warum ich - nein - warum die kleine Eva Rainer nicht verlassen konnte. Seinen Vater verlässt ein Kind nicht. Und *so* einen Vater erst recht nicht!! Endlich ist ein Vater da, der Sylt vergessen lässt! Und dann soll die kleine Eva, die sich endlich geborgen und sicher fühlt, diesen Vater verlassen, nur weil die Große mit einem anderen Mann, der so gar nicht wie ein Vater war, glücklicher ist? *Niemals!!* Die Kleine hatte *natürlich* Angst vor dem Schmerz, vor dem Alleinsein. Sie wollte niemals wieder ohne *Vater* sein.

*Niemals wieder Sylt!!!*

Als diese Erkenntnis in mein Bewusstsein drang, klopfte mein Herz wie wild. Was hatte das jetzt für Konsequenzen? Da war ein echter, knallharter Streit zwischen Groß- und Kleineva. Wie würde dieser Kampf enden? Mir war klar, dass es bei dem Kampf, in dem es um >Trennung? Ja oder Nein?< ging, zwischen der Kleinen und der Großen keinen Sieger nach Punkten geben würde. Dieser Kampf würde mit einem K.O.-Schlag beendet werden. Einer von uns beiden würde verlieren? Nur, wer?

Ich redete viel mit meinem Kind. Diese Gespräche waren mühsam, taten weh - vor allem der kleinen Eva. Sie wollte einfach nicht einsehen, dass Rainer ′nur′ Vater war. Natürlich nicht! Weil gerade dieses *NUR* trennte uns. Die große Eva wollte all` das, was Kleineva auch wollte, aber die Große wollte *mehr*. Sie wollte glücklich sein - auch als Frau. So versuchte ich immer und immer wieder,

der kleinen Eva Vertrauen zu geben und ihr zu zeigen, dass ich auch ihr vertraute.

Irgendwann fragte ich sie: „Kleine, vertraust Du mir?“

Wieder kamen die Antworten nicht sofort. Ich saß lange auf dem Stuhl der kleinen Eva. Wie war das? Vertraute ich der großen Eva?

„Ja, ich glaube, ich vertraue Dir jetzt mehr als noch vor Ohlstadt. Hier in Ohlstadt hörst Du mich. Hier bist Du bei mir und hilfst mir, meinen Schmerz und meine Wut los zu werden. Du bist ganz sensibel für mich, nimmst mich überall mit hin und auch in den Arm. Du *bist* meine Freundin. Ich hoffe sehr, dass das jetzt immer so bleibt - auch in Berlin. Aber was ist mit Dir? Vertraust *Du* mir?“

Gute Frage! Vertraute ich meiner Kleinen? Auch in dieser vertrackten Situation, die so entscheidend war für unser zukünftiges Leben? Wieder überlegte ich lange.

„Ja. Doch.... Ich vertraue Dir: Deinen Gefühlen, die ganz ehrlich sind, Deinen Gedanken, die Du mir unverblümt und gerade heraus sagst. Auch, wenn es mir nicht immer passt, weiß ich, dass Du nichts Böses willst. Ich *weiß*, dass Du Recht hast und dass Deine Gefühle ganz tief in Deinem Bauch sind. Sie können nicht falsch sein. Deshalb vertraue ich mich Dir an. Du willst nichts von mir, was Du nicht wirklich und ehrlich so meinst. Darüber bin ich froh. Ich verspreche Dir, dass das auch in Berlin so bleiben wird. Du mit Deinen Gefühlen und Gedanken wirst mir immer am wichtigsten sein.“

Damit hatte ich mich also meinem Kind untergeordnet. Und? Was hieß das jetzt?

Auf einmal wurde mir ganz warm um’s Herz. Ja! Natürlich! Ich vertraute *meinen* Gefühlen! Meinen Gedanken hatte ich bislang immer vertraut. Mein Kopf war schon immer sehr stark gewesen! Musste er wohl auch sein, um *diese* verdrängten Gefühle zu überdecken. Aber jetzt, durch die Freundschaft zwischen Groß- und Kleineva, kamen sich natürlich auch mein Kopf und Bauch langsam aber sicher immer näher... Wenn ich weiter an *mich* glaubte und *mir* vertraute, würde sich die kleine Eva mit all` ihren Gefühlen immer ein bisschen sicherer und geborgener fühlen *in mir!* Das war das Wichtigste! Das musste ich jetzt stärken. Denn nur, wenn ich *meinen Gefühlen* vertraute, könnte *ich* autark sein! Unabhängig von anderen! Egal, ob es nun Rainer oder Andreas ist...

*E N D L I C H ! !* Ich vertraute *mir*!!

Auf einmal *wusste* ich, dass mir gar nichts mehr passieren kann! Ich hatte *mich*! Und mich konnte ich nie wieder verlieren! Ich konnte - egal was in der Zukunft passieren würde - nie wieder einsam sein! Ich war *nicht alleine*! Mein Kind, die kleine Eva, würde mich jetzt stets begleiten!

Zum ersten Mal fühlte ich ganz tief in meinem Bauch, was *das* bedeutete. Diese Therapie hatte etwas bewirkt, hatte mich etwas finden lassen, an das ich schon fast nicht mehr geglaubt hatte:

*M I C H ! !*

Ich wusste, dass Dr. Jung mir dabei geholfen hatte, diesen Weg zu betreten und ihm zu folgen. Aber mir war auf einmal auch klar, dass ich diesen Weg jetzt nur alleine weiter gehen konnte und wollte. Den Weg, auf dem manchmal die kleine Eva mit einem glücklichen Lächeln und ausgebreiteten Ärmchen stehen würde, um die große Eva aufzufangen und manchmal lief auch die Kleine auf die Große zu und die Große nahm ihr Kind auf, in ihre Arme. So oder so würde ich mich geborgen, aufgehoben und sicher fühlen. Alles würde gut werden...

Am letzten Tag meines Aufenthaltes in Ohlstadt fragte ich die kleine Eva nach der Zukunft.

„Kleine, was wünscht Du Dir für die Zukunft?"

„Ich möchte glücklich und frei leben. Nicht mehr und nicht weniger! Ich will mich nicht mehr einsperren lassen und mich nicht mehr selber einsperren in meine eigenen Gefühle. Ich will alle, die guten *und* schlechten Gefühle heraus lassen können! Immer! Und dabei keine Angst haben, weil ich weiß, dass Du mir zuhörst und für mich da bist. Ich wünsche mir, dass Du auf mich hörst! Wenn es mir schlecht geht, bei dem was Du tust, werde ich es Dir nämlich immer sagen! Ich kann und will nicht planen für die Zukunft, nicht hier und nicht heute. Wenn wir die Zukunft gemeinsam *leben,* dann werden wir auch zusammen glücklich sein. Lass` uns abwarten, denn egal, was geschieht, es wird nicht ohne *uns* geschehen. Ohlstadt war gut für Dich *und* für mich - aber vor allem war es gut für *UNS*."

Als ich am nächsten Tag in dem Zug saß, der mich zurück nach Berlin brachte, fragte ich: „Kleine, was ist für Dich der Sinn des Lebens?"

„Glücklich sein! Ohne Zwänge lieben und geliebt werden. In meiner Freiheit und aus der Nähe zu mir selbst heraus leben und leben lassen können, alles und jeden, so wie er ist. Im Heute leben und zuversichtlich und gelassen in die Zukunft blicken, weil alles gut ist wie es ist."

Arm in Arm saßen wir in dem Zugabteil, lachten uns an und freuten uns auf unser gemeinsames neues Leben. Wir wussten, es kann uns nur Gutes bringen.

So oder so...

# Der Kreis schließt sich

Ich habe lange überlegt, ob ich das Nachfolgende in dieses Buch aufnehme. Ich habe mich schließlich dazu entschlossen, weil es dazu gehört. Es ist Bestandteil des Kreises, der sich erst in der Zeit, als ich hier auf Formentera war, geschlossen hat.

Mein Manuskript war fertig, als meine Schwester für drei Wochen nach Formentera kam, um mich zu besuchen. Ich hatte mich so sehr auf sie gefreut! Ich war so aufgeregt, als würde ich meine große Liebe endlich wieder sehen. Mit Lea kam ein Stück Heimat, mit Lea kam ein Stück Vergangenheit, mit Lea kam ein Stück Familie. Aber vor allem kam mit ihr der wichtigste Mensch in meinem Leben.

Ich holte sie von der Fähre ab. Wir lagen uns minutenlang schweigend in den Armen, bis wir laut losjauchzten! Ja!!!!! Wir hatten uns wieder! Wir hatten drei Wochen Zeit füreinander.

Freude pur!

Nachdem sie ihr Apartment neben meinem bezogen hatte, öffneten wir eine Flasche Sekt.

„Na, dann erzähl` mal, wie es Dir geht?!“ sagte sie und ich erzählte. Ja, mir ging es gut! Ich war nah bei mir und endlich glücklich. Ich berichtete ihr auch, dass ich mich entschlossen hätte, noch ein weiteres Jahr auf der Insel zu bleiben. Ich wollte diese wichtige Zeit mit mir noch ein wenig verlängern. Ich wollte noch nicht in mein altes Leben in Berlin zurück, wollte weiter schreiben und vielleicht auch weiter suchen... Mein Glück! Die Suche, die ich gemeinsam mit der kleinen Eva hier auf dieser Insel begonnen hatte, wollte ich zunächst hier, später vielleicht irgendwo anders, fortsetzen.

„Hast Du Angst?“, fragte Lea.

„Nein! Vielleicht bin ich zum ersten Mal in meinem Leben angstfrei.“

Als ich sie nach Berlin und Freunden fragte, veränderte sich ihr Gesichtsausdruck. Sie konnte mir nicht in die Augen sehen. Irgendetwas stimmte nicht. Mein Herz klopfte plötzlich schneller. Was würde jetzt auf mich zukommen? Was war es? Warum kam so schnell in unseren Freudentaumel diese Ernsthaftigkeit hinein? Sie gehörte da nicht hin.

Oder doch?

Mir fiel auf, wie blass Lea aussah. Sie steckte sich zitternd eine Zigarette an. Ich goss uns schweigend Sekt in unsere Gläser. >Bleib ganz ruhig! Ich bin bei Dir!< flüsterte ich der kleinen Eva zu. Doch noch während ich dabei war, die Gläser zu füllen, kam eine Ahnung in mir hoch...

War Lea die letzten Male am Telefon nicht auch schon etwas schweigsamer gewesen? Und Rainer? Der war in dem letzten Telefongespräch, in dem es um die Verlängerung meines Inselaufenthaltes ging, viel offener als sonst. Hatte er mir nicht sogar regelrecht dazu geraten?

Auf einmal wusste ich es! Es war, als hätte jemand den Schleier von meinen Augen genommen.

„Ich weiß gar nicht, wo ich anfangen soll...“, flüsterte meine Schwester gerade.

„Lass' mal, Lea! Ich glaube, ich weiß, was Du mir sagen willst.“

Mit tränenverhangenen Augen, in denen Angst und Verzweiflung standen, sah sie mich fragend an.

„Du bist mit Rainer zusammen.“

Jetzt starrte Lea mich nur noch an. Neben allen anderen Gefühlen waren tausend Fragen in ihren Augen. Fast nicht sichtbar nickte sie mit dem Kopf:

„Woher weißt Du das?“ Mit ihren Worten kamen auch ihre Tränen. Es sprudelte nur so aus ihr heraus:

„Eva, wir haben drei Wochen Zeit, um über alles zu reden... Es tut mir leid... Ich will Dich nicht verlieren... Rainer will Dich nicht verlieren... Mama will Dich nicht verlieren... Sag was... Sag nichts.....“

Sie war vollkommen durch den Wind. Oh, wie sehr ich sie in diesem Augenblick liebte. Ich nahm sie in den Arm.

„Ach Lea, Süße, das Beste, was uns allen passieren konnte, ist doch passiert! Jetzt sind wir alle Drei so sehr mit einander verbunden, dass uns *nichts* mehr trennen kann.“

Genau das war mein erstes Gefühl: absolut ehrliche Freude darüber, dass die wichtigsten Menschen in meinem Leben glücklich mit einander sind. Im Laufe des Abends, der Nacht, redeten Lea und ich lange und viel. Ich hatte Fragen: Liebst Du Rainer als Mann? Tu` ihm nicht weh! Liebt er Dich? Er soll *Dich* sehen, nicht mich in Dir! Und... und... und... In dieser Nacht kamen Lea und ich uns noch näher.

Als sie mich Stunden später alleine gelassen hatte, las ich den Brief, den Rainer Lea für mich mit gegeben hatte. Er war klar, unmissverständlich und liebevoll. Er endete mit den Worten

>... Ich hoffe, dass uns die neue Situation nicht dazu bringt, das aufzugeben, was wir uns vor einiger Zeit vorgenommen haben: Uns irgendwann vorbehaltlos als Freunde gegenüber zu stehen...<“

Mit >Alles Liebe für Dich! Dein Rainer< kamen endlich auch meine Tränen. Ja, da tat etwas weh. Es war nicht die Endgültigkeit der Trennung von ihm. Das war für mich schon vorher klar gewesen. Ich würde Rainer als Schwager genau so lieben, wie ich ihn als Vater geliebt hatte. Da war noch etwas anderes! War es mein Traum von Beziehung, den wir beide 15 Jahre lang zusammen geträumt hatten? Keiner von uns hatte diesen Traum aufgegeben. Aber jetzt träumte ihn jeder für sich. Unsere *Träume* waren und sind identisch...

Die kleine Eva in mir weinte.

„Ich hätte es gekonnt... Auch mit Rainer..."

„Nein, Kleine! Du hast mit Rainer den Vater ersetzt. Okay, der ist jetzt nicht mehr da für Dich. Er wartet nicht mehr auf Dich. Und? Jetzt sind wir wirklich frei! Jetzt können wir – losgelöst von Schuldgefühlen, von schlechtem Gewissen, von Verantwortung für *sein* Glück neu anfangen. Wir Zwei! Und *ICH* bin immer noch da für Dich!"

Ich spürte eine Stärke in mir, die ich zuvor noch nie so intensiv empfunden hatte. Ja! Jetzt hatte mein neues Leben tatsächlich begonnen!

Endlich!

Am nächsten Morgen wurde ich früh wach. Ich ging ans Meer, setzte mich auf die Felsen und sah, wie der Himmel langsam heller wurde... So, wie dieser Tag begann, so würde ich mein neues Leben beginnen... Langsam... ruhig...

„Mai pen lai" fiel mir ein, das thailändische Wort für NEIN... *Nein!!* - Das Schreckgespenst meiner Kindheit bekam - durch die wörtliche Übersetzung der thailändischen Wörter ins Deutsche – für mich auf einmal eine ganz andere Bedeutung.

Mai pen lai ....... *Alles wird gut!!*

Als ich mich mit meiner Schwester zum Frühstück traf, nahm ich sie in den Arm und fühlte mich ihr mehr denn je verbunden. Ja! Ich wünschte ihr und Rainer das Glück, das wir zusammen niemals hätten finden können. Beim Frühstück redeten wir ganz ruhig über unsere Zukunft, die jetzt noch enger mit einander verknüpft war.

Ich erzählte meiner Schwester von den Tarotkarten, die Rainer mir vor vielen Jahren zum Geburtstag geschenkt hatte. Damals hatte ich mich in mein Zimmer gesetzt und die Karten verdeckt eine lange Zeit gemischt. Ich konzentrierte mich voll auf *die* Frage: „Was wird das Leben mir bringen?"

Nachdem ich mit geschlossenen Augen meine Lebenskarte gezogen hatte, öffnete ich voller innerer Spannung meine Augen und sah die Karte an: Ein großer, schlanker, schwarzer Mann ritt auf einem weißen Pferd. Er sah Furcht erregend und beängstigend aus. Darunter stand in schwarzen Buchstaben

DER TOD.

Instinktiv schleuderte ich die Karte von mir, als hätte ich mir die Finger verbrannt. Oh nein! Was sollte das denn? Wie furchtbar!! Erst als ich mich beruhigt hatte, konnte ich mir die Karte genauer ansehen:

Da war nicht nur ein schwarzer Mann, da war auch eine Sonne, da war Licht, da war ein Kind mit einem Blumenstrauß in seinen Händchen......

Hoffnung!

Mit Herzklopfen las ich die Bedeutung dieser Karte:

*„Während ich auf den Reiter und die untergehende Sonne schaue, hatte ich eine Eingebung. Ich verstand, dass der Weg des Lebens aus den Schritten des Pferdes vom Tod besteht. Die Sonne sinkt an einem Punkt und geht an einem anderen Punkt wieder auf. Ich verstand, dass sie aufgeht, während sie unter-*

*geht, und untergeht, während sie aufgeht und das Leben bei der Geburt stirbt und im Sterben geboren wird." (Ouspensky)*

*Es ist vorbei! Das Alte stirbt und etwas Neues in Dir kann geschehen. Wann immer etwas stirbt, entsteht etwas Neues, wie der Same, der aufbricht und zur Blume wird oder die Raupe, die ihren Kokon sprengt und zum Schmetterling wird. Im Sterben erleben wir den Teil in uns, der niemals stirbt, der immer frisch und neu ist und sich ständig wandelt...*

Vielleicht war diese Tarotkarte Zufall, vielleicht auch nicht... Es war egal.

Nach Ablauf der drei Wochen brachte ein Boot meine Schwester in mein altes Leben zurück. Ich saß auf den Felsen und sah ihm hinter her. Als es hinter dem Berg verschwunden war, wusste ich:

Es war so weit! Jetzt begann etwas Neues.

Obwohl ich dem Boot hinterher blickte, sah ich nach vorne - ohne Angst. Alles wird gut!

... Mai Pen Lai ...

# Rückblick und Ausblick

Ich hatte mein Manuskript noch einmal überarbeitet. Nach weniger als fünf Monaten hielt ich mein bisheriges Leben aufgeschrieben in meinen Händen... Fast 200 Seiten... Es löste in mir ein Gefühl aus, das fast unbeschreiblich war: Glück, Zufriedenheit, Ruhe... und ... Stolz. Die kleine Eva und ich hatten es geschafft!

Ich schickte Dr. Jung das Manuskript zu und schrieb ihm, dass ich beabsichtige, demnächst nach Deutschland zu fliegen, um alles mit ihm zu besprechen. Er hatte geantwortet, dass er sich darauf freue, mich zu sehen und mit mir zu reden.

So flog ich im Juni 1997 nach München, lieh mir ein Auto und machte mich auf den Weg zu Dr. Jung. Wieder klopfte mein Herz heftiger als normal. Ich fühlte aber - anders als bei meinen bisherigen Fahrten nach Ohlstadt - , dass es dieses Mal eine aufgeregte Vorfreude darauf war, diesen Mann wieder zu sehen, mit ihm zu reden und ihm von meinem neuen Leben zu erzählen.

Auf mein Klingeln öffnete sich die Haustür. Da stand er und in seinem Lächeln lag neben der Freude über meinen Besuch noch etwas anderes. Aber was? Wir umarmten uns und er bat mich, herein zu kommen. Sein Arbeitszimmer hatte sich noch immer nicht verändert. Ich nahm in meinem Lieblingssessel Platz und sah ihn erwartungsvoll an. Was würde er zu meinem Manuskript sagen?

„Es gefällt mir. Ich war nach jedem Kapitel gespannt, wie es weiter geht. Und das, obwohl ich ja wusste, was geschieht."

Schön! Sein positives Feedback tat mir gut. Der Mensch, der mich auf meinem Weg in Ohlstadt begleitet hatte, war mit der Schilderung dieses Weges einverstanden. Mehr noch! Er schien richtig begeistert. Nachdem wir einige Detailfragen besprochen hatten, sagte er: „Was halten Sie davon, wenn ich ein Vorwort schreibe?"

Die Fähigkeit, meine Gedanken zu lesen, hatte er anscheinend nicht verloren. Genau darum wollte ich ihn bitten.

„Würden Sie das tun?"

„Sehr gerne!"

Klasse!! Die kleine Eva freute sich. Es war wie ein Geschenk, das Dr. Jung vor allem *ihr* machte.

„Ich freue mich sehr darüber!" sagte ich. „Was ich mit diesem Manuskript jetzt mache, weiß ich eigentlich noch nicht genau. Während ich es schrieb, war mir *das* auch gar nicht wichtig. Ich habe das Buch vor allem für mich geschrieben. Ich wollte mir meinen Lebensweg bis zu dem Zeitpunkt, als ich nach Formentera gegangen bin, noch einmal ansehen. Es tat gut und hat geholfen, mein neues Leben anfangen zu können. Während ich schrieb, habe ich gelacht, geweint... Alle Gefühle waren wichtig und gut *für mich.* Aber jetzt, nachdem es fertig ist, kann ich mir vorstellen, dass ich auch anderen Menschen mit meinem Buch helfen kann. Deshalb habe ich Bekannten einige Auszüge hieraus gegeben. Sie haben sie gelesen und haben das DeKiD-Verfahren - die Gesprächstechnik und vor allem das Dreschen – mit Hilfe meiner Beschreibungen ausprobiert. Das Schöne ist, es hat *wirklich* funktioniert. Sie sind ihrem inneren Kind dadurch näher gekommen. Das ist doch klasse, oder?"

Dr. Jung nickte lächelnd.

„Ja! Das ist schön!"

„Nur deshalb habe ich zum ersten Mal über eine Veröffentlichung nachgedacht..."

„Es wäre schon toll, wenn Ihr Buch auch gedruckt und veröffentlicht würde. Nur, seien Sie nicht enttäuscht, wenn es nicht klappt!"

„Nein, das bin ich auch nicht. Das Buch ist wichtig für mich und wird immer wichtig für mich bleiben."

„Das ist gut. Bleiben Sie dabei! Und?" fragte er ganz unvermittelt. „Wie geht's Ihnen heute?"

Sein Blick sagte mehr als diese wenigen Worte. Ich sah ihn an, ohne zu antworten.

„Wie geht's Ihnen?" wiederholte er seine Frage.

Ja, was? Hatte er nicht *alle* Seiten gelesen oder was?

„Ihnen geht's also wunderbar!?" gab er sich selber die Antwort. „Sie sind Ihren Mann losgeworden... Jetzt auch noch an Ihre Schwester..."

Was sollte das denn? Wieso fing er jetzt *so* an? In meinem Bauch begann die kleine Eva auf- und nieder zu hüpfen. Sag's ihm! Warum sagst Du nichts?

„Los - ge - wor - den?", gedehnt wiederholte ich sein Wort. Was wollte er denn damit sagen?

„Losgeworden, ja!"

„Ich weiß nicht, was Sie meinen!? Ich verstehe Sie nicht! *Darum* geht's doch gar nicht!"

„Nein?"

„Nein!", sagte ich ganz entschieden. Hatte er nix kapiert, oder was?

„Es ging nicht um die Trennung von meinem Mann - zumindest nicht *nur.* Da war der Ur-Schmerz, die Angst... All` das noch einmal zu durchleben! Als ich im Februar 1996 nach Berlin zurückkam, war mir klar, dass ich vorher die ganze Zeit genau vor diesem Schmerz und einer Wiederholung dieser Qual Angst hatte. Mir war klar, dass ich bis dahin *alles* getan hatte, um diese Schmerzen nicht noch einmal spüren zu müssen. Ich war geübt und gut darin, das zu *vermeiden.* Deshalb hatte ich auch Angst, mich von Rainer zu trennen. Als ich dann im letzten Jahr aus Ohlstadt zurückkam, war diese Angst weg. Ich habe damals zu meinem Mann gesagt, dass ich noch ein Mal *angstfrei* versuchen möchte, mit ihm zu leben. Glücklich und ohne Zwänge. *So* war's! Und wir *haben* es versucht. Ich merkte aber bald, dass ich mich *zwinge*, diese Beziehung zu leben. Ich sagte mir immer wieder, dass Rainer, die lange Zeit mit ihm und auch die ganze Arbeit in der Beziehung es wert waren, es zu versuchen.... Und es hat ja auch monatelang funktioniert. Im Alltag..."

Ich suchte nach Worten. Würde er mich verstehen? *Wollte* er mich überhaupt verstehen? Er sah nicht so aus. Diese skeptischen Falten um seinen Mund sagten mehr als das Lächeln in seinen Augen.

„Irgendwann sah ich in den Spiegel und habe mir *wirklich* in die Augen gesehen. Dieser Augen-Blick hat mich erschreckt. *Das* waren nicht meine Augen! War ich wirklich glücklich? Ich versuchte es weiter... Ich wollte ja Geduld haben, mit mir, mit meinem Kind in mir. Bis..."

Ich schluckte. Gott, wie sehr hatte ich mich angestrengt! Wie doll hatte ich wieder mal dieses unglückliche Kind in mir ignoriert, um bei dem Menschen zu bleiben, den es scheinbar brauchte. Scheinbar...

„... nach ungefähr zehn Monaten an meinem Geburtstag ein Freund einen Witz erzählte. Ich lachte von Herzen und erschrak zum zweiten Mal. Was war *das* denn? Ich hatte *gelacht*! Wie lange war es her, dass ich gelacht hatte? Gedankenlos, über irgendetwas? In diesem Moment war mir klar, dass ich nicht mehr kann! Es war vorbei! Die kleine Eva wollte wieder lachen. Sie ist ein fröhliches, lustiges, lebensbejahendes Kind. Und ich, die Große, ließ es seit Monaten *nicht* mehr *leben*! Am nächsten Tag redete ich mit Rainer. Er sagte: >Ja! Ich weiß!< Und so trennten wir uns. Wir waren beide sehr traurig darüber, dass unsere Beziehung, die Höhen und Tiefen hatte, am Ende war. Und wir wussten beide, dass sie zu Ende *ist.* Jeder für sich hatte sich gefunden und dabei haben wir das *Uns* verloren. Als wir es ausgesprochen hatten, war die Trennung für uns Beide eine traurige Erleichterung. Was blieb und bleibt ist eine tiefe Freundschaft."

Dr. Jung hatte aufmerksam zugehört. Warum waren dann die zweifelnden Falten noch immer in seinem Gesicht? Los komm! Spuck's aus!

„*Warum* ist die Beziehung zu Ende?"

Hä? Hatte er doch nicht zugehört? *>Escuchar es un arte<* würde der Spanier jetzt sagen. Zuhören ist eine Kunst...

„Fragen Sie die kleine Eva! Ein Mann, den Sie sich *zusammen* ausgesucht haben, der liebevoll, zärtlich und verständnisvoll ist... Gut. Die Lust, die Erotik fehlte vielleicht..."

Nicht nur vielleicht!

„Aber alles andere war doch gut! Das sagen Sie selbst. Ich sehe noch immer Ihre unabgeschlossene Gestalt - wie vor sieben Jahren."

Na also! Wusste ich's doch! Er hatte Zweifel. Auch *sein* Gesicht war inzwischen für mich wie ein offenes Buch... Okay! Jetzt war es an mir, die Zweifel aus diesem Gesicht zu entfernen.

„Falsch! Ich habe diese Gestalt abgeschlossen. Ich suche nicht mehr, weil ich *mich*, meine kleine Eva, gefunden habe. Ich strenge mich nicht mehr an, um etwas von anderen zu bekommen. Ich giere nicht mehr nach Zuwendung - weder von Frauen noch von Männern. Ja! Ich *bin* angekommen, weil ich vor mir selbst nicht mehr weg gelaufen bin. Ich muss mich sicher noch besser kennen lernen. Ich *ruhe* noch nicht so in mir, wie ich es mir wünsche. Aber: Ich *bin* bei mir. Und *das* macht mich schon glücklicher als ich es jemals vorher war! Mein Weg zu mir ist sicher noch nicht zu Ende..."

„Sie leben aber doch zur Zeit in einer Sonntagssituation!", rief der Dr. Jung. „Formentera, Sonne, Strand, Meer, Berge... Urlaub ... auch vom Alltag, von der alltäglichen Gewohnheit, der Arbeit ... Sie sind *nicht* in Berlin. Sie müssen *nicht* jeden Tag früh aufstehen, um zur Arbeit zu gehen..."

„Stimmt. Ich bestimme zum ersten Mal in meinem Leben *selbst* über mich und mein Leben. Und? Was ist daran falsch? Natürlich macht es mich zufriedener, *so* zu leben. Aber deshalb bin ich *in mir* doch nicht glücklicher. Immer nur Sekt ist doch auch wie Selters. *Mein* Alltag ist eben zurzeit Formentera."

„Nach einer so intensiven Arbeit mit sich selbst, wie Sie das hier in Ohlstadt gemacht haben, fühlt man sich *immer* befreit und damit auch glücklicher. Sie erleben sich ganz neu. Das haben Sie vorher *so* nicht gekannt. Ein echtes Hochgefühl! Ich freue mich, dass Sie das jetzt erleben. Wirklich! Dennoch... Ihr Mann ist Ihr Vater. Das ist das Ergebnis Ihres Weges? Toll!"

Ja genau! Das fand ich auch! Nur, warum wusste ich, dass *er* es nicht toll fand?

„Da haben Sie ja endlich die Lösung für all` Ihre Probleme! Sie verlassen Ihren Mann und alles ist gut. NEIN! Die Arbeit ist *noch nicht* zu Ende. Der Vater - die Projektion - ist nicht weg! Sie muss noch aufgelöst werden. *Das* haben Sie nicht geschafft!"

Warum schrie er denn so? Wer schreit, ist im Unrecht.

„Entschuldigen Sie bitte, dass ich so laut werde... Aber, es ärgert mich! Im Idealfall..."

„...wäre ich mit meinem Mann zusammen geblieben...", stellte ich fast ein wenig ironisch fest.

„Ja!!"

„Nein!!"

Zum ersten Mal, seit ich Dr. Jung kannte, waren wir uns nicht einig. Es schien auch zu keiner Einigung zu kommen. Er wollte mich anscheinend nicht verstehen.

„Nein", sagte ich noch mal - etwas ruhiger. „Ich weiß, was Sie meinen. Ich verstehe sogar, was Sie ärgert. Aber! *Mich* ärgert es *nicht*! Das ist nun mal der Lauf der Dinge. Beziehungen gehen auseinander, Menschen trennen sich. Das mag traurig sein. Aber das ist *Leben*... Dazu gehört auch, loslassen zu können."

„Nein!", widersprach er mir. „Menschen, die sich aus Liebesbeziehungen trennen, haben nicht daran gearbeitet. Sie haben *aufgegeben*."

„Nein!"

Redeten wir denn wirklich so sehr aneinander vorbei? Was war denn auf einmal los?

„Menschen trennen sich auch manchmal, *weil* sie an sich und miteinander gearbeitet haben! So wie Rainer und ich. Wir haben alles getan! Er für sich, ich für mich *und* wir gemeinsam. Und jetzt *ist* es zu Ende. Alles ist gesagt und getan! Ganz viel stimmte in unserer Beziehung, ja! Aber wir wussten beide, dass trotz einer gemeinsamen Basis im Alltag kein Glück da ist. Jedem fehlte etwas: Mir die Lust und Erotik, ihm meine wirkliche Nähe. Dadurch, dass ich in keinster Weise Lust verspürte, ihm körperlich nahe zu sein, blieb auch die andere Nähe auf der Strecke. Die sexuelle Ebene, die ich persönlich in einer Beziehung nicht unwichtig finde, war nicht da. Und weder er noch ich wollten so zusammen weiter leben."

„Und jetzt?", fragte Dr. Jung. „Jetzt haben Sie *keine* Beziehung. Doch! Die zu Ihrer kleinen Eva. Aber, keine sexuelle Beziehung zu einem Mann. Wo bleiben Sie jetzt mit Ihrer Sexualität, die Ihnen so wichtig ist? Vielleicht finden Sie ja einen Mann, mit dem diese Ebene stimmt, aber dann andere Ebenen überhaupt nicht hinhauen..."

„Das werde ich sehen, wenn es so weit ist. Ich weiß nur eins: keine faulen Kompromisse, keine Halbheiten, kein Kampf und kein Krampf mehr. *Nie wieder!* So will ich nicht mehr leben. Ich spüre mein Kind in mir. Es ist wach und lebendig. Wenn ich irgendwann mal wieder eine Beziehung eingehen sollte, dann nur *mit* dieser Lebendigkeit. Der Mann, mit dem das möglich sein kann, wird mich *und* mein Kind lieben und sein lassen können. Und ich werde ihn und sein Kind lieben und sein lassen. Mag sein, dass ich einer Illusion hinterher laufe. Dass es den Mann nicht gibt oder *zu* viele Kompromisse erforderlich sein würden. Nur, dann werde ich mit meiner kleinen Eva alleine bleiben. Denn dann werde ich glücklicher sein als in einer zwanghaften Zweierbeziehung!"

So! Das musste mal gesagt werden. Entweder schluckte er es jetzt oder nicht. Es war mir egal. Ich wusste, wo ich stand.

„Nein!"

Er schluckte es also nicht!

„Beziehung ist immer Arbeit. Es bedeutet auch, kompromissbereit zu sein. Sie haben noch nicht genug gearbeitet. Sie haben Ihren Vater nicht *so* eliminiert, dass er Sie nicht mehr beeinflusst. Sonst wären Sie noch mit Ihrem Mann zusammen."

So langsam begann mich das Ganze hier zu langweilen. Wir könnten jetzt noch Stunden aneinander vorbei reden. Wollte ich das? Los! Sagte Klein-Eva. Einmal noch... Wenn er's dann nicht kapiert, ist es zwar schade, aber nicht zu ändern.

„Nein! `Tschuldigung, aber Sie sehen das falsch..."

Weiter kam ich nicht. Er fiel mir ins Wort. *So* hatten wir uns wirklich noch nie auseinander gesetzt. Mir wurde auf einmal klar, wie wichtig ihm das alles ist.

„Sie sind damals vor sieben Jahren zu mir gekommen und wollten eine Generalfrage klären...“

„Ja!“ Jetzt war ich es, der ihn unterbrach. „Damals - wie heute - sind Sie davon ausgegangen - und das ist mir auch beim Schreiben aufgefallen -, dass es mein Ziel war, die Beziehung zu meinem Mann zu klären und zu retten.“

„Ja!!“

„So war’s aber nicht! Das war nur ein *Teil*aspekt. Ein wichtiger - ganz sicher. Aber es war nicht *DIE* Frage für mich. Die ging weiter. Ich wollte *mich* finden! Da waren Verhaltensweisen an mir, die ich hasste. Da waren meine Depressionen, die ich loswerden wollte ... und... und... Ich wollte endlich glücklich sein! *Das* war mein Ziel! Rainer war dabei ein ganz wichtiger Teil. Aber er war *nicht alles*.“

„So haben wir das damals aber nicht besprochen.“

Dr. Jung sah mich erstaunt an. War *das* das Missverständnis, dem er unterlegen war?

„Mag` sein... Zumindest habe ich durch DeKiD, dadurch, dass ich meine kleine Eva gefunden habe, *meine* Generalfrage klären können. Ich *habe* mein Ziel erreicht! Ich bin glücklich.“

Ich sah ihn an. Er sah mich an. Beide schwiegen wir für eine lange Zeit...

„Gut“, sagte er schließlich. „Ich denke, ich habe Sie jetzt besser verstanden. Ich kann das, was Sie mir da sagen, akzeptieren. Auch, wenn ich es sehr schade finde, dass zwei so wertvolle Menschen es nicht schaffen konnten, jeder für sich aber auch gemeinsam glücklich zu sein.“

„Ja! Das finde ich auch!“

Die kleine Eva in mir lehnte sich aufatmend und lächelnd zurück. Wir hatten es geschafft.

„Schön“, fuhr Dr. Jung nach einer Weile fort. „Ich sehe in Ihre Augen und lese darin, dass Sie glücklich sind. Das ist gut! Ich bin beruhigt. DeKiD hat Sie an Ihr Ziel gebracht. Ich hatte wirklich Zweifel, als ich von der Trennung las. Aber ich sehe jetzt, dass Sie wirklich glücklich sind. Das freut mich sehr!“

Nachdem wir uns jetzt wieder ganz offen begegnen konnten, erzählte ich ihm von meinem neuen Leben auf Formentera. Von den kleinen, aber wichtigen Veränderungen in und mit mir: Ich aß mit gesundem Appetit und kindlicher Freude, ohne mich täglich auf die Waage stellen zu müssen. Ich hatte keine Verdauungsprobleme mehr, keine Magen- und Kopfschmerzen quälten mich. Ich konnte stundenlang auf den Felsen am Meer sitzen, den Wellen oder der untergehenden Sonne zusehen und mich daran freuen. Äußerlichkeiten waren nahezu unwichtig. Ich lebte in einem kleinen Appartement ohne den in Deutschland so notwendigen Luxus wie Telefon, Geschirrspüler oder Waschmaschine. In meinem Bekanntenkreis waren Kinder und zum ersten Mal in meinem Leben konnte ich mir wirklich vorstellen, ein Kind zu haben. Ja, ich wollte meine ganze Liebe einem Kind weiter geben...

„Schön!“ sagte Dr. Jung lächelnd. „Ich bin beruhigt, weil Sie das, was Sie erzählen auch ausstrahlen. Ich freue mich, dass Sie hier sind. Sie haben Ihre natürliche Urform zurück gewonnen. Sie verdrängen nicht. Sie vertuschen nicht. Dieses Gespräch heute ist für mich doppelt schön! Zum einen ist Ihre Geschichte rund! Zum anderen sagen Sie selbst, dass Sie noch nicht fertig, noch nicht am Ende Ihres Weges sind. Die Arbeit mit sich selbst hört nie auf. Das haben Sie erkannt und davor laufen Sie nicht mehr weg.“

„Ja. Ich weiß, dass ich wohl immer wieder an Punkte kommen werde, die mich an Grenzen bringen. Das erlebe ich ja bereits jetzt auf meiner Insel. Aber, es sind Grenzen, die mir keine Angst mehr machen. Grenzen, durch die ich mich und die kleine Eva in mir immer besser kennen lerne. Und: Ich sehe sie mir an. Ich laufe wirklich nicht mehr weg. Und noch etwas: Ich gebe mich und mein Kind nicht mehr in fremde Hände!“

„Die letzte Stufe - die absolute Befreiung - ist *noch* nicht passiert. Das ist überhaupt nicht schlimm. Eigentlich sogar ganz gut. Vielleicht werden Sie sie irgendwann erreichen... Vielleicht gibt es irgendwann dann ja eine Fortsetzung Ihres Buches? Der geistige Bereich, der, der mir so am Herzen liegt, taucht in Ihrem Buch nicht auf. Das ist für mich in Ordnung, weil es ja *Ihre* Geschichte ist. Nur, mir ist dieser Bereich sehr wichtig. Die Arbeit mit DeKiD, die Arbeit mit meinen Patienten ist mir nur deshalb möglich, weil ich mich in Seine Hände gebe. >So Ihr nicht werdet wie die Kinder...<“, sagte er, während er aufstand, ein Blatt Papier von seinem Schreibtisch nahm und vorlas: „Lektion 82 aus dem >Kurs im Wundern<: >Ich will einen Augen-Blick lang still sein, mich zurückziehen von dieser Welt.... Dann kann ich nach Hause gehen...“

Er sah mich kurz an, bevor er weiter laut las: „>Diese Welt, in der Du zu leben scheinst, ist nicht Dein Zuhause. Und irgendwo in Deinem Geist erkennst Du, dass das auch wahr ist. Eine Erinnerung an zu Hause hört nicht auf, Dich heim zu suchen. Als gäbe es einen Ort, der Dich zurück riefe, ob schon Du weder die Stimme wieder erkennst, noch, woran die Stimme Dich erinnert? Und dennoch fühlst Du Dich hier wie ein Fremder von wo weiß woher. Es ist nichts Eindeutiges, so dass Du mit Bestimmtheit sagen könntest, dass Du hier ein Verwandter bist. Es ist nur ein beharrliches Gefühl. Manchmal nicht mehr als ein winziges kleines Pochen. Und zu anderen Zeiten kaum erinnert und aktiv abgetan, das aber sicherlich Dir wieder in den Sinn kommt. Es gibt niemanden, der nicht wüsste, wovon wir sprechen.

Doch Einige versuchen, ihr Leiden in Spielen wegzudrücken, die sie spielen, um ihre Zeit zu füllen und um ihre Trauer von sich fern zu halten. Andere verleugnen, dass sie traurig sind, und sehen ihre Tränen gar nicht. Noch andere behaupten, dass das, wovon wir sprechen, Illusion ist und nur als Traum betrachtet werden sollte.

Wer aber würde in schlichter Ehrlichkeit, ohne Abwehrhaltung und Selbsttäuschung leugnen, dass er die Not, über die wir sprechen, nicht versteht. Wir sprechen heute für jeden, der auf dieser Erde wandelt, denn er ist nicht zu Hause. Er wandert in endloser Suche ungewiss umher. Er sucht in der Dunkelheit, was er nicht finden kann und begreift nicht, was es ist, das er sucht. Er schafft sich tausende von Heimen. Doch keines stellt seinen ruhelosen Geist zufrieden. Er versteht nicht, dass er vergeblich baut. Das Zuhause, das er sucht, kann nicht von ihm gemacht sein. Es gibt keinen Ersatz für den Himmel. Alles, was er je gemacht hat, war die Hölle.

Vielleicht glaubst Du, es sei das Haus aus Deiner Kindheit, welches Du wieder finden möchtest. Die Kindheit Deines Körpers und sein Zufluchtsort sind eine Erinnerung, die jetzt derart verzerrt ist, dass Du nur an dem Bild einer Vergangenheit hängst, welche niemals statt gefunden hat.

Doch ist ein Kind in Dir, das Seines Vaters Haus sucht und erkennt, dass es hier fremd ist. Diese Kindheit ist ewig, mit einer Unschuld, die auf immer währen wird. Wo dieses Kind hingehen wird, da ist heiliger Boden. Und seine Heiligkeit ist es, die den Himmel hell macht. Und die reine Widerspiegelung des Lichtes droben auf der Erde wieder gibt, in welchem Erde und Himmel sich in einem verbinden. Und: Es ist dieses Kind in Dir, das Dein Vater als Seinen eigenen Sohn/Seine eigene Tochter kennt. Es ist dieses Kind, das seinen Vater kennt. Es verlangt so innig und unaufhörlich heim zu kehren, dass es seine Stimme Dir zuwendet. Es weint, es eine Weile ruhen zu lassen. Es bittet nicht mehr als um eine Ruhepause von wenigen Augenblicken, um eine Spannung, in denen es zurückgehen kann, um erneut die heilige Luft zu atmen, die seines Vaters Haus erfüllt.

Auch Du bist sein Zuhause. Es wird wieder kommen. Doch gib ihm nur ein wenig Zeit, es selbst zu sein in dem Frieden, der sein Zuhause ist, in dem Du in Schweigen, in Frieden und in Liebe bist. Dieses Kind braucht Deinen Schutz. Es ist weit von Zuhause weg. Es ist so klein, dass es scheinbar so leicht ausgeschlossen wird, sein winzig kleines Stimmchen so bereitwillig verschleiert wird. Sein Hilferuf beinahe ungehört verhallt inmitten der knirschenden Töne und rasselnden Geräusche der Welt.

Doch weiß es, dass in Dir noch immer sein sicherer Schutz liegt. Du wirst es nicht enttäuschen. Es wird nach Hause gehen und Du mit ihm zugleich. Dieses Kind ist Deine Ruhelosigkeit, Deine Stärke. Es vertraut Dir. Es ist gekommen, weil es wusste, dass Du nicht versagen wirst. Es flüstert Dir unaufhörlich von seinem Zuhause zu, denn es möchte Dich zurück bringen mit sich, damit es selbst bleiben kann und nicht dorthin zurück kehren muss, wo es nicht hingehört und wo es wie ein Ausgestoßener in einer Welt fremder Gedanken lebt. Seine Geduld ist grenzenlos. Es wird warten, bis Du seine sanfte Stimme in Dir hörst, die Dir zuruft, es mit Dir zusammen dorthin gehen zu lassen, wo es zu Hause ist und Du mit ihm.

Wenn Du einen Augenblick lang still bist, wenn die Welt von Dir weicht und wenn wertlose Ideen aufhören für Deinen ruhelosen Geist von Wert zu sein, dann wirst Du Seine Stimme hören. So ergreifend ruft Er Dich, dass Du ihm nicht länger widerstehen kannst. In jedem Augenblick wird Er Dich zu sich nach Hause nehmen. Und Du wirst in vollkommener Stille schweigend in Frieden bei Ihm bleiben. Jenseits aller Worte. Unberührt von Angst und Zweifeln, in erhabener Sicherheit, dass Du zu Hause bist.

Ruhe heute ruhig mit Ihm, denn Er war gewillt, ein kleines Kind zu werden. Damit Du von Ihm lernen mögest, wie stark Er ist... Es hält die Macht des Himmels in Seiner Hand und nennt die Freunde. Und es gibt ihnen Seine Stärke, damit sie sehen mögen, dass es ihr Freund sein möchte. Es bittet darum, dass sie es beschützen. Denn Sein Zuhause ist weit weg und es will nicht alleine zu ihm zurückkehren.

Christus wird jedes Mal, wenn ein Wanderer sein Heim verlassen möchte, als ein kleines Kind wieder geboren. Denn er muss lernen, dass das, was er beschützen möchte, nur dieses Kind ist, das wehrlos kommt und durch Wehrlosigkeit geschützt ist.

Geh heute von Zeit zu Zeit mit Ihm nach Hause. Du bist eben so sehr ein Fremder hier wie es selbst. Nimm Dir heute Zeit, Dein Schutzschild wegzulegen, denn nichts hilft. Dreh den Speer, das Schwert, das Du gegen einen Feind ohne Existenz erhoben hast. Christus hat sich Freund genannt und Bruder. Er ist sogar gekommen, um Deine Hilfe zu erbitten, Ihn heute vervollständigt und vollständig heimgehen zu lassen. Er ist gekommen, wie ein kleines Kind kommt, das seinen Vater um Schutz anflehen möchte, Lust und Liebe. Er herrscht über das Universum. Und dennoch bittet Er Dich unaufhörlich, dass Du mit Ihm zurück kehrst und Illusionen nicht mehr als Deine Götter annimmst.

Du hast Deine Unschuld nicht verloren. Genau danach sehnst Du Dich. Das ist Dein Herzenswunsch. Das ist die Stimme, die Du hörst und das ist der Ruf, der nicht verleugnet werden kann. Das heilige Kind bleibt bei Dir. Sein Heim ist Deines. Heute schenkt es Dir seine Wehrlosigkeit. Und Du nimmst sie an im Austausch gegen all das Kriegsspielzeug, das Du gemacht hast. Und jetzt steht der Weg offen und die Reise hat ein Ende, das endlich in Sicht ist. Sei einen Augenblick lang still und geh mit ihm nach Hause und sei in Frieden - eine Weile..."

Dr. Jung legte das Blatt aus der Hand. Ja, er hatte Recht. So weit war ich wohl wirklich noch nicht.

Ich wusste nicht, ob ich jemals dorthin kommen würde.

Aber, was wäre das Leben, wenn man es schon im Voraus kalkulieren könnte? Ich sah das Heute und das Jetzt. Das war gut... Alles andere würde sich zeigen!

# Bibliographie


*Bruce Davis*, Das magische Kind in Dir, CH. Falk Verlag, 1986

*Norbert Esser*, Unterwegs in Sachen warmer Haut, Eigenverlag, 1982

*Siegmund Freud*, Psychoanalytiker, 1856 - 1939

*Mario Héné*, Lieber allein als gemeinsam einsam, Schallplatte, 1977

*Klaus Hoffmann*, Es muss aus Liebe sein, Virgin Schallplatten GmbH, 1988

*Dr. Arthur Janov*, The primal scream (Der Urschrei), Revised Edition, 1970

*Elisabeth Kübler-Ross*, Interviews mit Sterbenden (On death and dying), 1969

*Laotse*, chinesischer Philosoph, Tao te King

*Alice Miller*: Das Drama des begabten Kindes (Suhrkamp Verlag, 1979), Am Anfang war Erziehung (Suhrkamp Verlag, 1980), Du sollst nicht merken (1981), Das verbannte Wissen (Suhrkamp Verlag, 1988), Abbruch der Schweigemauer (Hoffmann & Kampe, 1990)

*Jean Liedloff*, Auf der Suche nach dem verlorenen Glück, Verlag C. H. Beck, München, 1977

*Fritz Pearls*, Gestalttherapeut, 1893 - 1970

*J.-Konrad Stettbacher*, Wenn Leiden einen Sinn haben soll, ISBN 3455103049, 1990

*David Steindl-Rast*, Fülle und Nichts, Verlag Herder, Freiburg, 1985

*Tarot*, Spiegel des Lebens, Rider Waite Tarot Set, Urania Verlag, 1984

*Dieter Wyss*, Lieben als Lernprozess, Vandenhoeck & Ruprecht, 1988

# Autorenportrait

Eva-Maria Thal wurde 1959 im Sternzeichen der Waage geboren. Nach ihrem Abitur ging sie – unfreiwillig – als Beamtin in den öffentlichen Verwaltungsdienst und begann sehr schnell neben ihrem Job Alternativen zu suchen. Ein Sozialpädagogikstudium brach sie kurz vor dem Vordiplom ab, weil sie dem Studium und vor allem den Praktika u.a. in einem Frauenhaus nicht die Zeit widmen konnte/n, die es/sie erfordert hätte/n.

Sie unterrichtete Verwaltungsfächer an der Fachober- und der Fachhochschule für Verwaltung und Rechtspflege und ging nach dem Mauerfall für ein halbes Jahr in die ehemalige DDR, um dort beim Verwaltungsaufbau zu helfen. 1997 ließ sie sich für 2 Jahre ohne Bezüge beurlauben, um eine Zeitlang in Spanien zu leben und ihrem Hobby, dem Schreiben, nachgehen zu können.

So lernte sie nicht nur ihre spanische Insel lieben, sondern wusste auch sehr schnell, dass Schreiben nicht nur ihr Hobby bleiben sollte. „Das Innere Kind in Dir" ist ein sehr persönliches Buch, das in dieser Zeit entstanden ist. Da in diesem Buch sehr intime Familienprozesse beschrieben und aufgearbeitet werden, ist Eva-Maria Thal ein Pseudonym, das die Autorin wählte, um nicht sich, sondern die in diesem Buch beschriebenen Menschen, zu schützen.

Mit der Therapie „DeKiD" hat sie 1990 angefangen, sich näher mit ihrer eigenen verletzten Seele zu beschäftigen, und seit dem auch in vielen Seminaren und Selbsterfahrungs- und Selbsthilfegruppen therapeutisch weiter gearbeitet.

Die große und die kleine Eva leben heute in Spanien und haben für sich eine Lebensform gefunden, die sie zusammen glücklich sein lässt.

# Aus dem weiteren Verlagsprogramm

## Heilende Märchen

Märchen, die dein Herz erwärmen und deine Seele heilen

**Gudrun Anders**

Märchen führen uns in das Land der Phantasie und lassen uns wieder den Teil in uns spüren, der noch Kontakt zur Seele hat. Sie wärmen unser Herz und zeigen uns Wege auch aus scheinbar ausweglosen Situationen, die wir vom Verstand her nicht ohne Weiteres gefunden hätten. Lassen Sie sich von den Märchen in diesem Band in das Abenteuerland ihres eigenen Inneren entführen und beschreiten Sie dadurch den Weg zu Ihrer eigenen Heilung.

**ISBN 3-929046-20-2, 232 Seiten, Pb, 15,80 €**

## Liebesfallen

Psychologische Betrachtungen über das berühmteste Gefühl der Welt

**Ulrike Sammer**

„Liebe" scheint einer der unklarsten Begriffe in unserer Kultur zu sein – jeder will sie und niemand weiß wirklich, wie sie ist! Es gibt unzählige Definitionen, daher ist die Liebe wie geschaffen für alle möglichen Missverständnisse und Fallen. Wie soll der Wunsch nach Liebe aber jemals erfüllt werden, wenn die Verständigung darüber schon so schwierig ist? Ulrike Sammer zeigt in diesem Buch die unterschiedlichen Beziehungswünsche im Laufe des Lebens, die verschiedenen Anschauungen und irrigen Vorstellungen, die Ängste, Nöte und Defekte, die der Liebe im Wege stehen auf. Dieses Buch ist ein pragmatischer Versuch, sich wohlwollend näher zu kommen. Es gibt wieder Mut, sich auf die Liebe einzulassen. **ISBN 3-929046-40-7, 148 Seiten, Pb, 13,90 €**

## Maleika im Tempel der Erleuchtung

Ein Roman für eine neue Zeit

**Maren Emmerich**

Eines Nachts hat Maleika, ein 15jähriges Mädchen vom Volk der Saramuras einen seltsamen Traum: Schim-Pong, der Wissende ihres Volkes, erscheint ihr in einem Tempel, zu dem er sie ruft. Sie sucht diesen Mann auf, der sie anweist, an einer bestimmten Stelle zu graben. Kurz darauf stirbt er. An besagter Stelle findet Maleika eine Steinplatte, in die eine merkwürdige Botschaft für sie eingeritzt ist. Sie solle den Tempel der Erleuchtung nicht in der Außenwelt, sondern in ihrem Inneren suchen. Viele Jahre versucht Maleika vergeblich den Tempel zu finden, denn sie entschließt sich, den Tempel gegen die Anweisung auf der Steinplatte, in der Außenwelt zu suchen. Eine lehrreiche Reise beginnt, die nicht nur Maleika zu den tiefsten Geheimnissen ihrer Existenz führt. Sie trifft auf immer neue Herausforderungen, die ihr neu erworbenes Wissen unter Beweis stellen. Wird Maleika das Geheimnis um den Tempel lösen können?

**ISBN 3-929046-50-4, 188 Seiten, Pb, 15 €**

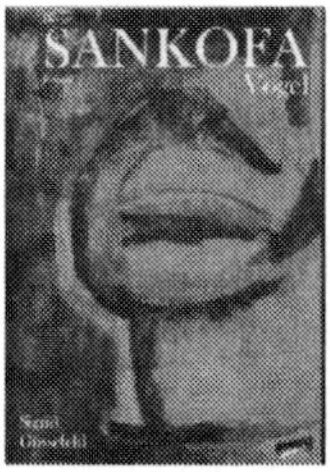


## Der Sankofa-Vogel

**Sigrid Güssefeld**

Als Cora Painter nach Ghana kommt, erfährt sie von dem grausamen Schicksal des durch Hypnose verwandelten John Miles. Wenig später steht sie ihm leibhaftig gegenüber und beide verlieben sich ineinander. Aber ihr Glück ist nicht von langer Dauer. John wird von Pseudowissenschaftlern als Versuchsobjekt gefangen genommen und schwerst misshandelt. In einem Krankenhaus in Boston werden seine körperlichen Wunden geheilt – aber er ist noch nicht gerettet, denn nun beginnt für ihn der harte Kampf, die Verletzungen seiner Seele zu verarbeiten. **ISBN 3-929046-36-9, 376 Seiten, Pb, 24 €**

## Lebe deine Vision! Aber richtig!

**Karin Bedrik**

Dieses Buch bietet praktische Lebenshilfe, aus dem persönlichen Tief hin zu einem glücklichen und erfolgreichen Leben. Mit nachvollziehbaren und erprobten Methoden erklärt die Autorin, wie sie sich von Familienproblemen, Berufsproblemen, Misserfolgen, Ängsten, Verhaltensstörungen, Stress, großen und kleinen Problemen befreien können und dauerhaft zufriedener werden. Liebe, Glück und Erfüllung sind ein Grundrecht, welches ihnen voll und ganz und ohne Ausnahme zusteht. Durch das Erkennen und Verändern von unbewussten und einschränkenden, aber dennoch wirksamen Glaubenssätzen lernen Sie, selbst Einfluss auszuüben und sich von Fremdbestimmung zu lösen. **ISBN 3-929046-40-7, 148 Seiten, Pb, 13,90 €**

## Seelennahrung

Die Ernährung für Körper und Seele

**Alexandra Hipp**

Jeder Mensch befasst sich mehr oder weniger mit dem Thema Ernährung. Die Ernährung von Körper und Seele ist weit umfangreicher und weit reichender als sie sich vielleicht vorstellen, was ich Ihnen mit diesem Buch aufzeigen möchte. Ob Probleme mit dem Essen, Gewicht, Krankheit oder allgemeine Unzufriedenheit mit sich, ihrem Körper, Beziehungen, Beruf etc. All dies steht im Kontext mit dem, wie sie sich körperlich und seelisch nähren. Die Seele nähren meint, das Wahrnehmen und Bewusstwerden dessen, was sie zum Individuum, zu etwas Besonderem macht. Seelennahrung ist eine individuelle Ernährung, die ihre innere und äußere Schönheit zum Erblühen bringt und die Entfaltung ihres wahren Seins der Liebe fördert. Die Ernährung für Körper und Seele finden sie nicht im Außen über Empfehlungen, Rezepte, Diäten usw. Die seelische Ernährung verlangt die Wahrnehmung und Hinwendung zu ihrem SELBST. Ihre innere Stimme weist ihnen den Weg zu dem, was sie wirklich und ganzheitlich nährt. Entdecken sie sich selbst, ihre Ernährung, ihr Wissen, ihre Fähigkeiten, ihre Liebe und Schönheit, dass in ihrem seelischen Sein schon immer angelegt war und ist. Es wartet schon lange, möchte durch und mit ihnen entfaltet und gelebt werden. Dieses Buch soll ihnen Wegweiser sein und sie ermutigen, ihrer inneren Stimme zu folgen und das wahr werden zu lassen, was sie sich in ihren tiefsten Sehnsüchten schon so lange erträumt haben.

**ISBN 3-929046-96-2, 156 Seiten, Pb, 12,80 €**

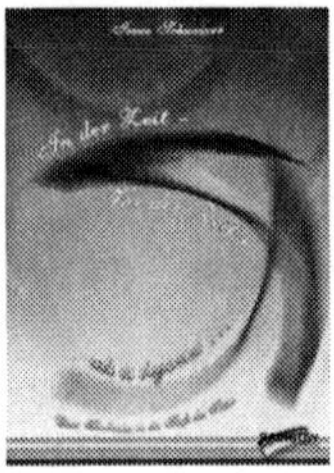

## In der Zeit - vor der Zeit… als es begann…

Eine Farbreise in die Tiefe des Seins

**Irene Schweizer**

Nehme Deine Gedanken auf den Flügeln Deiner Gefühle mit und erforsche das, was „Du bist“. Die Autorin nimmt uns in ihrem Buch mit auf eine innere Farbreise, die uns dazu ermuntert, einmal inne zu halten, nachzuspüren, den inneren Raum zu erkunden, der viel weiter und größer ist, als wir allein aus dem Denken heraus für möglich halten.

**ISBN 3-929046-66-0, 72 Seiten, Pb, 8,50 €**

## Ich hatte einen Traum

Eine Reise nach Innen

**Susanne Steng**

Warum vergessen wir unsere Träume? Warum hören wir nicht auf unser Herz und jagen stattdessen Macht und Geld hinterher? Warum machen wir unser Glück von äußeren Umständen abhängig, anstatt es an der wahren Quelle, unserem Inneren, zu suchen?

**ISBN 3-929046-73-3, 60 Seiten, Pb, 7,50 €**

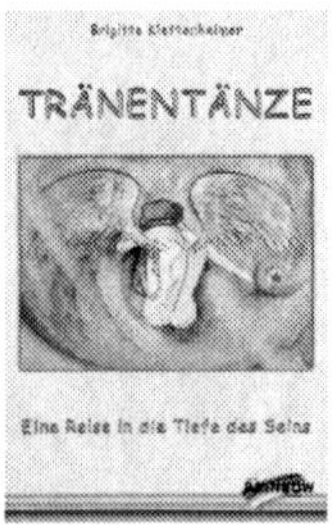


## Tränentänze

Eine Reise in die Tiefe des Seins

**Brigitte Klettenheimer**

Diese Texte sind Teil der intensiven seelischen Transformationen der Autorin. Sie beschreiben das Erwachen in ihr Göttliches Selbst.
Vollziehe mit ihr die Verwandlung von der Raupe in den kristallenen Schmetterling, dem es nun freisteht, nach Hause zu fliegen.

**ISBN 3-929046-82-2, 116 Seiten, Pb, 9,80 €**

Auf unserer Homepage finden Sie weitere Bücher unseres Verlagsprogramms sowie viele Informationen. Sie können auch gern kostenlos unseren Verlagsprospekt bei uns anfordern. Bestellungen für die hier vorgestellten Bücher können direkt über den Verlag vorgenommen werden, aber auch über jede gute Buchhandlung oder via Internet: *www.libri.de* oder *www.bod.de*.

spirit RAINBOW Verlag

**spirit Rainbow Verlag**
**Inh. Gudrun Anders**
**Forsterstraße 75, 52080 Aachen**
**Telefon: 0241 / 70 14 721**
**Fax: 0241 / 446 566 8**
**rainbowverlag@aol.com**
**www.spirit-rainbow-verlag.de**